Student Activities Manual

Megan Echevarría
University of Rhode Island

Curso elemental

SECOND EDITION

Audrey L. Heining-Boynton

Glynis S. Cowell
The University of North Carolina at Chapel Hill

PEARSON

Boston   Columbus   Indianapolis   New York   San Francisco   Upper Saddle River
Amsterdam   Cape Town   Dubai   London   Madrid   Milan   Munich   Paris   Montréal   Toronto
Delhi   Mexico City   São Paulo   Sydney   Hong Kong   Seoul   Singapore   Taipei   Tokyo

Executive Editor, Spanish: Julia Caballero
Editorial Assistants: Samantha Pritchard/Jessica Finaldi
Executive Marketing Manager: Kris Ellis-Levy
Senior Marketing Manager: Denise Miller
Marketing Assistant: Michele Marchese
Development Editor, Elementary Spanish: Celia Meana
Development Editor, Spanish: Meriel Martínez
Senior Managing Editor for Product Development: Mary Rottino
Associate Managing Editor (Production): Janice Stangel
Senior Production Project Manager: Nancy Stevenson
Executive Editor, MyLanguageLabs: Bob Hemmer

Senior Media Editor: Samantha Alducin
Development Editor, MyLanguageLabs: Bill Bliss
Editorial Coordinator, World Languages: Regina Rivera
Senior Art Director: Maria Lange
Operations Manager: Mary Fischer
Operations Specialist: Alan Fischer
Full-Service Project Management: Melissa Sacco, PreMediaGlobal
Composition: PreMediaGlobal
Printer/Binder: Edwards Brothers Malloy
Cover Printer: Edwards Brothers Malloy
Publisher: Phil Miller

This book was set in 10/12 Janson Roman.

10 9 8 7 6 5 4 3 2

ISBN-10: 0-205-05015-8
ISBN-13: 978-0-205-05015-4

Contents

To the Student

The Student Activities Manual to accompany *¡Anda! Curso elemental* is a completely integrated manual that includes "workbook" activities as well as audio activities and others based on the reading and video series *Ambiciones siniestras*. The activities in each chapter mirror the structure and content of the *¡Anda!* textbook and offer extensive practice of the vocabulary and grammar chunks as well as the cultural topics introduced in your text. Preliminary Chapters A and B provide you the opportunity to build on the initial points presented in the text, while Recycling Chapters 6 and 12 offer activities based on a cumulative review. Now you're ready to go!

Special features of the Student Activities Manual include the following:

- Recording activities with which to practice language proficiency and fluency by providing oral responses online
- *Más cultura* activities that provide additional cultural information relating to the main themes in the textbook chapters
- Engaging art- and photo-based activities
- *Comunidades* activities (experiential and service learning) that correlate to the main themes of each chapter
- *Heritage Language* activities that encourage all Spanish learners to reflect on the language and its culture. They will also elevate your level of performance.
- Section headings that include the corresponding textbook pages for reference
- Electronic version also available on *MySpanishLab*

Nombre: _____ Fecha: _____

P Para empezar

Comunicación

Vocabulario

1. Saludos, despedidas y presentaciones (Textbook p. 4)

A-01 Los saludos. Look at the clocks pictured and write the most appropriate greeting for each time of day.

1. _____.

2. _____.

3. _____.

4. _____.

5. _____.

6. _____.

A-02 Los saludos informales y formales. Indicate whether each expression is informal, formal or if it is appropriate for either context.

1. ¿Cómo está usted?   informal   formal   informal o formal

2. Encantado.   informal   formal   informal o formal

3. ¿Cómo te llamas?   informal   formal   informal o formal

4. Mucho gusto.   informal   formal   informal o formal

5. Chao.   informal   formal   informal o formal

6. ¿Qué tal?   informal   formal   informal o formal

7. Adiós.   informal   formal   informal o formal

8. Quiero presentarle a mi amigo (*friend*).   informal   formal   informal o formal

A-03 Las presentaciones. Choose the appropriate expression to complete the conversation between Adriana and Profesora Ruiz.

¿Y tú?	Quiero presentarle a mi amigo.	Igualmente.
¿Cómo te llamas?	¿Cómo está usted?	encantado.

ADRIANA: Hola, Profesora Ruiz. (1) _____

PROFESORA RUIZ: Muy bien. (2) _____

ADRIANA: Bien, gracias, profesora. (3) _____

PROFESORA RUIZ: Hola. (4) _____

ANTONIO: Soy Antonio, (5) _____

PROFESORA RUIZ: (6) _____

A-04 Heritage Language: *tu español*. As with English, in Spanish there are numerous colloquial and informal ways of greeting others. For example, "What's up?" is common in English and "**¿Qué tal?**" is common in Spanish. Find and write at least three colloquial greetings not mentioned in the textbook. If you are of Spanish-speaking heritage, consider the customs of your family's country or countries of origin. If you are not, then you should contact Spanish-speaking friends, relatives, or fellow students on your campus and ask them about their practices.

Nota cultural: Cómo se saluda la gente (Textbook p. 7)

A-05 Cómo se saluda la gente.

Paso 1. Based on what you read in **Capítulo Preliminar A** about the ways in which native Spanish speakers greet each other, indicate if the following statements are true (**Cierto**) or false (**Falso**).

1. Most Spanish-speaking men greet each other with a kiss.	Cierto	Falso
2. Some Spanish-speaking men greet each other with a hug.	Cierto	Falso
3. All Spanish-speaking men and women greet each other with a **besito.**	Cierto	Falso
4. Many Spanish-speaking women greet each other with two kisses, one on each cheek.	Cierto	Falso
5. An **abrazo** is a gentle air kiss.	Cierto	Falso
6. Some Spanish speakers may stand very close to each other while talking.	Cierto	Falso

Paso 2. Now review the sentences from **Paso 1**. This time, rewrite the selected portions of the statements that are false in order to make them true. For those that are true, leave the statement as it is.

7. Most Spanish-speaking men greet each other <u>with a kiss</u>.

8. <u>Some Spanish-speaking men</u> greet each other with a hug.

9. <u>All Spanish-speaking men and women greet each other with a **besito**</u>.

10. Many Spanish-speaking women <u>greet each other with two kisses,</u> one on each cheek.

11. An **abrazo** is a <u>gentle air kiss</u>.

12. Some Spanish-speakers may <u>stand very close to each other</u> while talking.

A-06 En una fiesta. You are at a party; one of your friends introduces you to a friend from Spain, who just happens to be the man or woman of your dreams. Use the following expressions to create the conversation among the three of you. Include actions in parentheses (such as **abrazo** or **besito**) to make your dialogue more interesting and culturally authentic.

¡Hola!	¿Y tú?	Igualmente.	Me llamo…	¿Qué tal?
Quiero presentarte a mi amigo/a…	Muy bien.	Soy…	Encantado/a.	¿Cómo te llamas?

_____

_____

_____

_____

_____

_____

_____

_____

_____

_____

_____

Nombre: _____   Fecha: _____

A-07 **Heritage Language:** *tu mundo hispano.* As you have learned, customs and word choice in greetings vary within the Spanish-speaking world. If you are of Spanish-speaking heritage, take a moment to consider the customs of your own culture. If you are not, interview a friend, relative or fellow student from your campus who is of Spanish-speaking heritage in order to find out about how people in that specific country greet each other.

Paso 1. Write at least five questions that you will reflect on or that you will ask the person that you plan to interview. The following are some ideas to consider while formulating your questions: gestures used while greeting others, variations in practices based on the gender and age of the person to greet, variations based on type of relationship, generational differences, and cultural variations and differences.

_____

_____

_____

_____

_____

Paso 2. If you are of Spanish-speaking heritage, reflect on the questions that you have written above and write in Spanish about how your cultural heritage compares to the customs described in your textbook and to the customs in the United States that you have experienced firsthand. If you are not of Spanish-speaking heritage, use the questions from **Paso 1** to guide you through an interview of a Hispanic friend, relative or fellow student from your campus. Then write in English about how that person's practices compare to the customs described in your textbook and to your own customs.

_____

_____

_____

_____

_____

Vocabulario

2. Expresiones útiles para la clase (Textbook p. 8)

A-08 ¿Qué significa? One of your friends from Spanish class is having difficulty understanding some of the new vocabulary that you are learning. Answer each of her questions in English.

MODELO   ¿Qué significa "escriba"?
Write

1. ¿Qué significa "vayan a la pizarra"? _____.

2. ¿Qué significa "lea el libro"? _____.

3. ¿Qué significa "escuchen"? _____.

4. ¿Qué significa "conteste, por favor"? _____.

5. ¿Qué significa "abran el libro"? _____.

6. ¿Qué significa "escriba en la pizarra"? _____.

A-09 ¿Cómo se dice en español? Your classmate is having difficulty remembering how to say some of the new vocabulary. Use the following expressions to answer his questions. Give your responses orally.

No comprendo.	¿Qué significa?	De nada.	¿Qué es esto?
No lo sé.	Repita, por favor.	¿Quién?	

1. ¿Cómo se dice "I don't know" en español?

2. ¿Cómo se dice "repeat, please" en español?

3. ¿Cómo se dice "what is this" en español?

4. ¿Cómo se dice "I don't understand" en español?

5. ¿Cómo se dice "what does it mean" en español?

6. ¿Cómo se dice "who" en español?

7. ¿Cómo se dice "you're welcome" en español?

🔊 **A-10 En la clase de español.** Listen to the directions that the professor gives to her students, and then select the expression or command that will most logically follow.

1. Escriban.   Escriba.   Lean.   Lea.

2. Escriban.   Escriba.   Lean.   Lea.

3. Escriban.   Escriba.   Lean.   Lea.

4. Escriban.   Escriba.   Lean.   Lea.

5. Escriban.   Escriba.   Lean.   Lea.

6. Escriban.   Escriba.   Lean.   Lea.

Gramática

3. El alfabeto (Textbook p. 9)

🔊 **A-11 ¿Con qué se relaciona?** Listen to the well-known abbreviations, and then select the categories from the list provided with which they are related. More than one category may apply.

la tecnología	la televisión	la música	el cine (*cinema*)	los automóviles

1. _____.

2. _____.

3. _____.

4. _____.

5. _____.

6. _____.

A-12 El mundo hispano. Listen as you hear someone spell the names of different Spanish-speaking countries and write down each country as you hear it.

MODELO   You hear: e, c, u, a, d, o, r
You write: Ecuador

1. _____.

2. _____.

3. _____.

4. _____.

5. _____.

6. _____.

A-13 ¿Cómo se escribe? Listen as the following people introduce themselves to you. Their names may not be very familiar to you, so they are also going to spell them. Write each person's first and last name.

1. _____.

2. _____.

3. _____.

4. _____.

5. _____.

6. _____.

A-14 ¿Cómo te llamas tú? Just as some Spanish names may be unfamiliar to you, your name might not be familiar to many native speakers of Spanish. Introduce yourself briefly in Spanish and then spell both your first name and your last name.

MODELO   *Hola, me llamo Kathleen Johnston. Mi nombre se escribe k, a, t, h, l, e, e, n y mi apellido se escribe j, o, h, n, s, t, o, n.*

A-15 Heritage Language: *tu español*. Spelling can be difficult in any language, both for native speakers of the language and for people who are studying it as a second language.

1. What are some letters or combinations of letters in English that are easily confused, even by native speakers of the language?

_____

_____

2. List at least five words in English that are commonly or easily misspelled by native speakers.

_____

_____

Nombre: _____ Fecha: _____

A-16 Heritage Language: *tu español*. In Spanish, because some letters have the same sound associated with them, there are words that are commonly misspelled. For example, **b** and **v** are easily confused, as are **ll** and **y**, **g** and **j** and also, particularly in the case of people from Latin America, **c, s** and **z**. It can also be especially difficult to remember when to use the silent **h**. Help yourself become more aware of and avoid making common spelling mistakes. For each word you hear, write the correct spelling.

1. _____.
2. _____.
3. _____.
4. _____.
5. _____.
6. _____.
7. _____.
8. _____.

Vocabulario

4. Los cognados (Textbook p. 10)

A-17 Categorías. As you know, many words in Spanish are very similar to words in English that have the same meaning. Demonstrate your understanding of the cognates below by correctly placing each word in its most appropriate category.

1. el hospital   people   places   foods
2. el actor   people   places   foods
3. el tomate   people   places   foods
4. el director   people   places   foods
5. el restaurante   people   places   foods
6. el novelista   people   places   foods
7. el mango   people   places   foods
8. el bar   people   places   foods
9. el aeropuerto   people   places   foods
10. el chocolate   people   places   foods
11. el artista   people   places   foods
12. la pizza   people   places   foods

A-18 Comparación y contraste. Use your understanding of cognates to identify the meaning of the following words and then match each word to its most logical opposite.

1. similar _____   a. horrible

2. optimista _____   b. pesimista

3. importante _____   c. diferente

4. fantástico _____   d. trivial

5. especial _____   e. tragedia

6. comedia _____   f. normal

A-19 ¿Cómo se pronuncia? Although cognates are spelled similarly in Spanish and English, they often sound very different. Listen to the native Spanish speaker pronounce the following words. Then give your personal best Spanish pronunciation of each word.

1. conclusión

2. responsabilidad

3. idea

4. televisión

5. imposible

6. universidad

7. generoso

8. ideal

9. biotecnología

10. dólar

Gramática

5. Los pronombres personales (Textbook p. 11)

A-20 **Los pronombres.** Fill in each blank with the correct subject pronoun in Spanish.

MODELO   I
               yo

1. you (singular, formal) _____.

2. they (a group of men) _____.

4. you (plural; a group of women, informal, in Spain) _____.

5. we (two men) _____.

6. we (a group of women) _____.

7. you (plural; in Latin America) _____.

8. you (singular, informal) _____.

A-21 **Los amigos.** Your new friend Laura from Argentina has invited you to a party at her apartment so that you can get to know some of her other friends. Fill in the blanks with the subject pronouns she needs to use to talk about herself and her friends.

MODELO   my friends watching TV in the living room (all men)
               ellos

1. The men that are playing pool _____.

2. My sister and I _____.

3. My girlfriends over there on the other side of the room _____.

4. My brother _____.

5. You (singular, informal) _____.

6. My boyfriend and I _____.

7. My friends over there dancing (both men and women) _____.

8. You and your best friend _____.

Nota cultural: ¿Tú o usted? (Textbook p. 12)

A-22 ¿Tú o usted? Based on what you have learned about how the use of **tú** and **usted** has evolved over time, choose the phrase that best completes each of the following statements. More than one may be correct.

1. In general, I should use the **tú** form when I am talking with…

   _____ people that I know well.

   _____ people whose names I do not know.

   _____ members of my family.

   _____ people older than I.

2. If I go to a supermarket in a Spanish-speaking country,

   _____ I must address the clerk as **tú.**

   _____ it is now generally acceptable to address the clerk as **tú.**

   _____ the clerk will be offended if I address him as **tú.**

   _____ it would be fine to address the clerk as **usted.**

3. If I am talking to young people in Latin America,

   _____ they will probably address me as **tú.**

   _____ they will probably address me as **usted.**

   _____ they will probably address me as **vosotros.**

   _____ they might address me as **vos.**

4. I can use the **usted** form in order to…

   _____ show someone that I think they are really old.

   _____ show someone respect.

   _____ play it safe in an uncertain situation.

   _____ show people that I want to be on a first-name basis with them.

5. In Spain, the **vosotras** form is used…

   _____ to talk to more than one female person, or "you all."

   _____ to talk to men and women in an informal setting.

   _____ to talk to more than one male person, or "you all."

   _____ to talk to people in any setting.

6. In Argentina, Costa Rica and other parts of Latin America, **vos**…

   _____ is sometimes used in place of **usted.**

   _____ is sometimes used in place of **vosotros.**

   _____ is sometimes used in informal situations.

   _____ is sometimes used in place of **tú.**

A-23 ¿Cómo hablo con las diferentes personas? You are studying abroad in Spain and come into contact with a variety of people on a daily basis. For the people below, indicate which subject pronouns (**tú, usted, vosotros,** or **ustedes**) you will use when you first meet with them.

1. The mother and father in your host family _____.

2. The children in your host family _____.

3. The young program assistant that works with new students during the orientation

   program _____.

4. The older man at the kiosk where you buy your newspaper every morning _____.

5. Your classmates at the university _____.

6. The server at the corner café where you stop every morning to have a cup of coffee _____.

A-24 ¿Relación formal o informal? Listen to the following conversations and then select the type of relationship the people have. Select **no se sabe** if the relationship is not known from the context.

1. informal   formal   no se sabe

2. informal   formal   no se sabe

3. informal   formal   no se sabe

4. informal   formal   no se sabe

5. informal   formal   no se sabe

A-25 Heritage Language: *tu español*. As you have learned, the use of formal and informal pronouns varies across the Spanish-speaking world. If you are of Hispanic heritage, consider your own cultural practices. If you are not, contact a Spanish-speaking friend, relative, or fellow student and ask the person about how people in that person's specific country of origin address each other.

Paso 1. Use the following questions as a guide for your reflection about your own cultural heritage or for your interview and write brief responses for each question.

1. When you speak to your parents or your grandparents do you use **tú** or **usted**? How do you think they would react if you were to use the other term?

    _____.

2. When you speak to close friends do you use **tú** or **usted**? How do you think they would react if you were to use the other term?

    _____.

3. In academic and professional settings, when do people in your country use **tú** and when do they use **usted**?

    _____.

4. When you address someone as **usted** does the other person usually respond to you using **usted** as well? Why or why not?

    _____.

5. Do you ever use **vos** or **vosotros**? In what situations and with whom?

    _____.

6. According to your knowledge and experience, do the customs you have described reflect the customs of most people in your country? How about the customs of other Spanish-speaking countries?

    _____.

Paso 2. A common mistake made by many students of Spanish and also by heritage speakers of Spanish is the use of both **tú** and **usted** in the same sentence with the same person, or the use of the inappropriate register in a specific context. In order to avoid making these mistakes, write appropriate expressions for each of the following people:

- **Abuela (*Grandmother*)**

7. Saludo: _____.

8. Despedida: _____.

- **Mejor amigo/a (*Best friend*)**

9. Saludo: _____.

10. Despedida: _____.

- **Jefe en el trabajo** (*boss at work*)

11. Saludo: _____.

12. Despedida: _____.

- **Profesor/a**

13. Saludo: _____.

14. Despedida: _____.

- **Compañero de clase**

15. Saludo: _____.

16. Despedida: _____.

- **Dependiente de una tienda** (*sales associate at a store*)

17. Saludo: _____.

18. Despedida: _____.

- **Cliente de tu negocio** (*a customer or client of your own business*)

19. Saludo: _____.

20. Despedida: _____.

Paso 3. Take a moment to consider the information that you collected in **Paso 1** and how you applied your knowledge in **Paso 2** in order to write a brief reflection in English on how this information has reinforced and/or modified your understanding of formal versus informal address in Spanish and how it compares to English. What are some strategies that you can use to demonstrate feelings like respect or personal closeness when speaking English? Is it possible to use these in Spanish as well? Why or why not? What are some strategies in Spanish that are not available in English? Have you discovered anything interesting about how specific practices vary across different Hispanic cultures?

21. _____

_____

_____

Gramática

6. El verbo *ser* (Textbook p. 13)

A-26 ¿Quién es? A friend from your class is having difficulty figuring out to whom the following sentences refer because he does not realize that in Spanish, subject pronouns are not necessary to communicate the subject of a verb. Help him by looking at each form of the verb **ser** and then writing the appropriate subject pronoun(s) in the space provided.

1. _____ soy romántico.

2. _____ somos profesores.

3. _____ eres importante.

4. _____ sois generosos.

5. _____ son idealistas.

6. _____ es ecologista.

A-27 ¿Cómo es tu personalidad? For each of the adjectives below, indicate if they apply to your personality by writing **soy** or **no soy** in the space provided.

1. _____ inteligente.

2. _____ idealista.

3. _____optimista.

4. _____ ecologista.

5. _____ diferente.

6. _____ activista.

7. _____ pesimista.

A-28 ¿Cómo son? Complete the sentences with the correct forms of the verb **ser.**

1. Nosotros _____ interesantes.

2. La profesora _____ idealista.

3. El profesor y usted _____ creativos.

4. Los estudiantes y tú _____ inteligentes.

5. La profesora y el profesor _____ amigos.

6. La clase y yo _____ generosos.

7. Tú _____ importante.

8. Yo _____ realista.

Nombre: _____ Fecha: _____

A-29 Marta y Gabriela. Listen to Marta describe how she and her sister Gabriela are similar and different, paying special attention to the forms of the verb **ser** that she uses throughout her description. Then, for each adjective, decide whether it applies to **Marta,** to **Gabriela** or to both **Marta y Gabriela** and select the correct name(s).

1. inteligente   Marta   Gabriela   Marta y Gabriela

2. idealista   Marta   Gabriela   Marta y Gabriela

3. realista   Marta   Gabriela   Marta y Gabriela

4. optimista   Marta   Gabriela   Marta y Gabriela

5. creativa   Marta   Gabriela   Marta y Gabriela

6. generosa   Marta   Gabriela   Marta y Gabriela

7. analítica   Marta   Gabriela   Marta y Gabriela

A-30 ¿Cómo son? Describe the people below by using the different components provided to create sentences. Be sure to use the correct forms of **ser.**

MODELO   Ella / artista.
            Ella es artista. / Es artista.

1. Ellos / diferentes   6. Nosotros / idealistas

2. Tú / optimista   7. Ellos / similares

3. Yo / inteligente   8. Ellas / activistas

4. Usted / especial   9. Yo / importante

5. Ella / generosa   10. Él / novelista

A-31 Heritage Language: *tu español.* In some parts of Latin America many people use the pronoun **vos** in lieu of **tú.** In Spain **vosotros** and **vosotras** are the pronouns used to refer to *you* plural in informal settings. The conjugation of the verb **ser** for **vos** is **sos,** and the conjugation for **vosotros** is **sois.** Listen to each sentence and then indicate which form each speaker uses.

1. vos   vosotros / vosotras

2. vos   vosotros / vosotras

3. vos   vosotros / vosotras

4. vos   vosotros / vosotras

5. vos   vosotros / vosotras

Vocabulario

7. Los adjetivos de nacionalidad (Textbook p. 14)

A-32 ¿De dónde son? Match the following famous people with their appropriate adjective of nationality.

1. Salma Hayek _____   a. es español.

2. Jacques Cousteau _____   b. son inglesas.

3. Fidel y Raúl Castro _____ c. es francés.

4. Kate y Pippa Middleton _____ d. es alemana.

5. Jackie Chan _____   e. son cubanos.

6. Claudia Schiffer _____   f. es chino.

7. Antonio Banderas _____   g. es mexicana.

A-33 Los amigos internacionales. Listen as Susana tells you about her friends from around the world. For each of the people listed below, write down their nationality. Pay special attention to the gender of each friend, and be careful to write the correct form of the verb **ser** and the appropriate masculine or feminine form of the adjectives.

MODELO   Carmen *es mexicana*.

1. Kiroko _____.

2. Antonio y Sara _____.

3. Olivier _____.

4. Richard _____.

5. Ming y Fong _____.

6. Eulogia _____.

7. Morenike _____.

8. Marie _____.

A-34 Heritage Language: *tu español*. Respond to the following questions.

1. What are your family's countries (or what is your family's country) of origin?

   _____.

2. Conduct research to discover how to say names for those countries (or that country) in Spanish.

   _____.

3. Conduct research to discover the Spanish adjectives to describe people from those countries (or that country). Is the masculine form different from the feminine form for any of the countries? If so, how?

   _____.

Nota cultural: Los hispanos (Textbook p. 16)

A-35 Heritage Language: *tu mundo hispano.*

Paso 1. Respond in English to the following questions about cultural identity using the information in your textbook where applicable and your own imagination where necessary.

1. What is the difference between the terms *Hispanic* and *Latino*?

   _____

   _____

2. What are some equivalent terms that you could use to describe people from more than one English-speaking country?

   _____

   _____

3. If you had to invent a term to refer to all English-speaking people and cultures, what term would you create?

   _____

   _____

4. Why do you think many people might prefer to describe themselves using specific adjectives of national identity (**mexicana, colombiano, peruana, argentino**, etc.) instead of using words like *Hispanic* or *Latino*?

   _____

   _____

5. Why might some people in some contexts prefer to use the general terms *Hispanic* or *Latino*?

   _____

   _____

Paso 2. Interview at least three people of Spanish-speaking heritage in order to find out how they feel about terms like *Hispanic* and *Latino*. Ask them whether or not they like to use these terms when talking about themselves and their families, and how it makes them feel when others use these terms. Write a brief description in English of the results of your interviews and how they have impacted your own understanding of the meaning of these words and how they relate to Hispanic cultures.

_____

_____

_____

_____

_____

Vocabulario

8. Los números de 0–30 (Textbook p. 16)

 **A-36 Números de teléfono.** Listen to each person's telephone number, and then write the numbers in the spaces provided. They do not live in the United States, so their phone numbers may not have seven digits. Write only the numbers; do not include any dashes or hyphens.

1. Pablo _____.

2. Cristina _____.

3. Emilia _____.

4. Saúl _____.

5. Enrique _____.

6. Lidia _____.

7. Soraya _____.

8. David _____.

A-37 Tu número de teléfono. State your own telephone number as well as your three most frequently called numbers.

MODELO   *Mi número de teléfono es 2, 0, 1, 7, 8, 3, 2, 2, 4, 5.*
          El número de teléfono de mi amigo Raúl es…

A-38 La lógica. For each group of numbers, find their logical relationship and then complete the sequence.

1. uno, tres, cinco, _____, nueve

2. dos, _____, seis, ocho

3. cinco, diez, _____, veinte

4. cuatro, ocho, _____, dieciséis

5. siete, _____, veintiuno, veintiocho

6. uno, dos, _____, ocho, dieciséis

A-39 Matemáticas. Listen to the following basic addition problems, and then write down the solution in numerals. Note that **más** means *plus*.

1. _____.
2. _____.
3. _____.
4. _____.

5. _____.
6. _____.
7. _____.

Nota cultural: El mundo hispano (Textbook p. 17)

A-40 El mundo hispano. Use what you have learned in your textbook as well as the information provided here to answer the following questions about Spanish-speaking countries.

PAÍS	POBLACIÓN
ARGENTINA	41.343.201
BOLIVIA	9.947.418
CHILE	16.746.491
COLOMBIA	44.205.293
COSTA RICA	4.516.220
CUBA	11.477.459
ECUADOR	14.790.608
EL SALVADOR	6.052.064
ESPAÑA	46.505.963
GUATEMALA	13.550.440
GUINEA ECUATORIAL	650.702
HONDURAS	7.989.415
MÉXICO	112.468.855
NICARAGUA	5.995.928
PANAMÁ	3.410.676
PARAGUAY	6.375.830
PERÚ	29.907.003
PUERTO RICO	3.978.702
LA REPÚBLICA DOMINICANA	9.823.821
URUGUAY	3.510.386
VENEZUELA	27.223.228

*CIA World Fact Book, 2010

1. Which country has the largest Spanish-speaking population?

_____

2. Which countries border this country?

_____,

_____

3. Which country has the second-largest Spanish-speaking population?

_____

4. On what continent is this country located?

_____

5. Which country has the smallest Spanish-speaking population? Where is it located?

_____,

_____

A-41 **Heritage Language:** *tu mundo hispano.* If you are a person of Spanish-speaking heritage, consider your own family's country (or one of your family's countries of origin) in order to answer the following questions in Spanish. If you are not a person of Spanish-speaking heritage, interview a friend, relative or fellow student who is and conduct whatever research necessary to answer the following questions in Spanish.

1. What is your family's country of origin? _____.

2. On what continent is the country located? _____.

3. Which country or countries (if any) border it? _____.

4. What is the population of the country? _____.

5. What other languages (if any) are spoken there? _____.

Vocabulario

9. La hora (Textbook p. 18)

A-42 **¿Qué hora es por el mundo hispano?** Listen as you hear what time it is in different Spanish-speaking cities throughout the world. Then write the correct time, in digits, next to each place.

1. La Paz (Bolivia) _____.

2. Valparaíso (Chile) _____.

3. Las Islas Galápagos (Ecuador) _____.

4. Bilbao (España) _____.

5. Tenerife (España) _____.

6. Central Falls (Estados Unidos) _____.

7. Los Ángeles (Estados Unidos) _____.

8. Malabo (Guinea Ecuatorial) _____.

9. Hermosillo (México) _____.

10. Montevideo (Uruguay) _____.

A-43 ¿Qué hora es? Listen to each statement of what time it is and then write the correct letter next to the clock it applies to.

1. ____

2. ____

3. ____

4. ____

5. ____

6. ____

7. ____

a. Statement A

b. Statement B

c. Statement C

d. Statement D

e. Statement E

f. Statement F

g. Statement G

A-44 ¿A qué hora? Look at profesora Parra's typical weekday schedule and then answer the questions in Spanish, writing out all of the words in your answer (including the numbers).

MODELO   At what time does her first Spanish 101 class begin?
A las ocho de la mañana.

8:00   Clase de español 101
9:15   Clase de español 102
10:00   Hora de oficina
11:30   Clase de español 102
12:45   Clase de español 101
2:00   Cafetería
2:45   Correcciones y preparación para las clases
4:50   A casa

1. At what time does her second Spanish 102 class begin?

   _____.

2. At what time does her office hour begin?

   _____.

3. At what time does her second Spanish 101 class begin?

   _____.

4. At what time does she take a break for lunch?

   _____.

5. At what time does she begin correcting student work and preparing her class lessons?

   _____.

6. At what time does she go home each evening?

   _____.

Vocabulario

10. Los días, los meses y las estaciones (Textbook p. 20)

A-45 ¿Qué días y a qué hora? Teresa is very responsible and plans her days carefully. Look at her schedule for the week and then answer the questions in Spanish. Write out all of the words in Spanish, including the numbers, as in the model.

	lunes	martes	miércoles	jueves	viernes
8:00	francés		francés		francés
9:00	música		música		música
9:30		biología		biología	
10:00	literatura		literatura		literatura
12:15		laboratorio		laboratorio	
1:00	computadoras		computadoras		computadoras
2:30	restaurante		restaurante		restaurante
5:00		gimnasio		gimnasio	
7:45	dormitorio	dormitorio	dormitorio	dormitorio	dormitorio

MODELOS   What days of the week does Teresa have biology class?

Los martes y los jueves

At what time does Teresa's biology class begin?

A las nueve y media de la mañana

1. What days of the week does Teresa have her French class?

_____.

2. At what time does Teresa have her literature class?

_____.

3. What days does Teresa have her biology lab?

_____.

4. At what time does her lab begin?

_____.

5. On what days and at what time is her computer science class?

_____.

6. How many hours per week does Teresa work at the restaurant, if she starts at 2:30 P.M. and leaves at 7:30 P.M.?

_____.

7. On what days and at what time does Teresa go to the gym?

_____.

8. At what time does Teresa go back to her room each evening to study?

_____.

A-46 ¿Qué día?

Paso 1. Look at each sequence of days, find the pattern and select the day that is out of place.

MODELO   jueves, martes, sábado, domingo
               jueves

1. lunes, martes, viernes, jueves

2. viernes, sábado, domingo, martes

3. domingo, lunes, sábado, miércoles

4. jueves, domingo, lunes, martes

5. miércoles, domingo, viernes, sábado

6. jueves, lunes, sábado, domingo

Paso 2. Now write the day that should take the place of each one you selected in **Paso 1**.

MODELO   jueves, martes, sábado, domingo
               viernes

7. _____.

8. _____.

9. _____.

10. _____.

11. _____.

12. _____.

A-47 Los días de la semana. Complete the crossword puzzle with the correct days of the week.

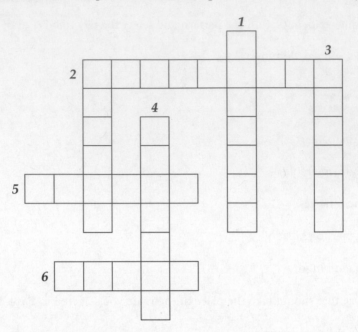

Vertical

1. El día antes del (*before*) lunes

2. Dos días antes del jueves

3. Cuatro días antes del miércoles

4. El día antes del sábado

Horizontal

2. Dos días antes del viernes

5. Un día después del (*after*) miércoles

6. Cuatro días después del jueves

A-48 Los meses. Find the pattern in each sequence, and then fill in each blank with the missing month. Be careful, some of the sequences skip a month or two.

1. diciembre, _____, febrero

2. junio, julio, _____.

3. _____, noviembre, diciembre

4. enero, febrero, _____.

5. _____, mayo, junio

6. enero, _____, mayo, julio

7. abril, _____, agosto, octubre

8. abril, julio, _____, enero

A-49 Los meses y los días importantes. Complete the crossword puzzle with the month in which each important day takes place, either in the United States or in the specified country.

Horizontal

1. El día de los veteranos

5. El día de Martin Luther King Jr.

6. El día de San Patricio

7. El día de las madres en los Estados Unidos

8. El día de la Independencia de Los Estados Uniidos

9. El día de San Valentín

Vertical

2. El día Cristóbal Colón (*Columbus*)

3. El día de los presidentes

4. El día de las elecciones

A-50 Heritage Language: *tu mundo hispano*. If you are of Spanish-speaking heritage, describe in Spanish some of the most important holidays in your country or countries of origin, on what days and months you celebrate them, how people generally celebrate them in those countries and how you and your family celebrate them where you live. How do they compare to important holidays in the United States? If you are not of Spanish-speaking heritage, interview a friend, relative or fellow student from your campus who knows about important holidays in his country of origin. Then list in Spanish each holiday and on what days and months he celebrates them. Finally, in English, describe how people celebrate those holidays and how they compare to holidays that are important to you and your family.

_____

_____

_____

_____

_____

A-51 Los meses y las estaciones. For each month, write the season of the year that is generally associated with it.

1. septiembre _____.

2. julio _____.

3. febrero _____.

4. octubre _____.

5. mayo _____.

6. enero _____.

7. agosto _____.

Vocabulario

11. El tiempo (Textbook p. 23)

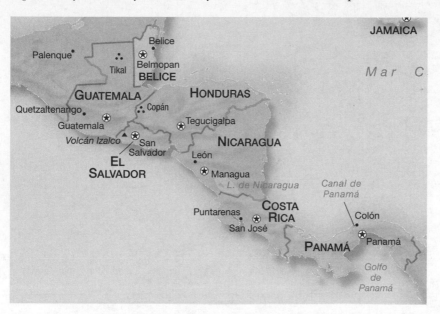 **A-52 El tiempo en el mundo hispano.** Listen to the meteorologist's report for the different capitals of Central America, and complete each sentence below using one of the expressions from the word bank. Although more than one option may be valid, you need only choose one for each response.

Hace sol.	Hace calor.	Está nublado.	Llueve.	Hace viento.
No hace frío.	No hace calor.	Hace buen tiempo.	Hace mal tiempo.	

1. En San Salvador (El Salvador) _____

2. En Guatemala (Guatemala) _____

3. En Tegucigalpa (Honduras) _____

4. En Managua (Nicaragua) _____

5. En San José (Costa Rica) _____

6. En Panamá (Panamá) _____

A-53 ¿Qué tiempo hace? Describe the weather conditions that are depicted in each image, using complete sentences.

MODELO

Está nublado.

1. _____

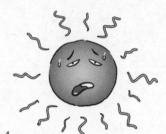

4. _____

2. _____

5. _____

3. _____

A-54 ¿Qué tiempo hace en tu zona? For each month below, describe what a typical day would be like in the area where you live.

MODELO   octubre

Hace viento y sol.

1. enero _____.

2. marzo _____.

3. mayo _____.

4. julio _____.

5. septiembre _____.

6. noviembre _____.

A-55 Heritage Language: *tú español.* It can be difficult to remember when to use the expression **hace** for some weather expressions and when to use other expressions like **está** in its place. In order to help you remember, for each expression select if it requires **hace, está,** or **nada** (*nothing at all*).

1. llueve
   a. hace
   b. está
   c. nada

2. frío
   a. hace
   b. está
   c. nada

3. viento
   a. hace
   b. está
   c. nada

4. nieva
   a. hace
   b. está
   c. nada

5. sol
   a. hace
   b. está
   c. nada

6. nublado
   a. hace
   b. está
   c. nada

7. calor
   a. hace
   b. está
   c. nada

8. buen tiempo
   a. hace
   b. está
   c. nada

A-56 Las estaciones y el tiempo

Paso 1. Lola is from Cuba and is studying at a university in New England. She has come to realize that the perception of seasons can be very subjective. Look at the table in which she shares her view of the seasons in Cuba and New England, and then answer the questions below.

	Cuba	Nueva Inglaterra
Primavera	febrero, marzo, abril y mayo	abril, mayo, junio
Verano	junio, julio, agosto, y septiembre	julio, agosto
Otoño	octubre, noviembre	septiembre, octubre
Invierno	diciembre, enero	noviembre, diciembre, enero, febrero, marzo

1. Have you ever been to the Caribbean or to New England? If you are not familiar with the weather in those regions, look up the average temperatures for each month of the year. Indicate whether or not you agree with Lola's description of the seasons in those areas and briefly explain why.

_____

_____

_____

_____

2. Give your own subjective description of the seasons in the region where you live. For each season, indicate (in Spanish) which months you associate with it and use the weather expressions you have learned to describe what kind of weather you associate with it.

_____

_____

_____

_____

3. Now choose a city in Argentina, Chile, or Uruguay and look up its average temperatures for each month of the year. For each season, indicate (in Spanish) which months correspond to it in the city you have chosen and use the weather expressions you have learned to describe what kind of weather one may typically encounter at that time of year.

_____

_____

_____

_____

Paso 2. If you are of Spanish-speaking heritage, describe in Spanish the weather and the seasons in your family's country or countries of origin. How do they compare to the place where you now live? How difficult was it for your family to adjust to the climate of the place where you now live? If you are not of Spanish-speaking heritage, interview a friend, relative or fellow student from your campus who is, and describe in Spanish the weather and the seasons in that person's country or countries of origin. Then relate in English how it compares to where the person lives now and how difficult or easy it was for the person's family to adjust to the new climate.

_____

_____

_____

_____

_____

Gramática

12. Gustar (Textbook p. 25)

A-57 ¿Qué te gusta? Answer the following questions about your likes and dislikes in complete sentences. Be sure to follow the model closely.

MODELO   ¿Te gusta la clase de español?

Sí, me gusta la clase de español. / No, no me gusta la clase de español.

1. ¿Te gustan los lunes?

   _____.

2. ¿Te gustan los viernes?

   _____.

3. ¿Te gusta la música hip-hop?

   _____.

4. ¿Te gusta la música rock?

   _____.

5. ¿Te gusta la nieve?

   _____.

6. ¿Te gusta el viento?

   _____.

7. ¿Te gusta la cafetería de la universidad?

   _____.

A-58 ¿Te gusta? Listen to Ramón's questions about your likes and dislikes and then write your answers below. Be sure to follow the sentence structure in the model closely.

MODELO   ¿Te gusta el invierno?

Sí, me gusta el invierno. / No, no me gusta el inverno.

1. _____.

2. _____.

3. _____.

4. _____.

5. _____.

6. _____.

A-59 ¿Y tú? Choose at least five things that you like and record yourself asking a classmate in Spanish if he or she likes them. Remember that each question should begin with "**¿Te gusta...?**" or "**¿Te gustan...?**", depending on whether the things you mention are in the singular or the plural.

Comunidades

A-60 Experiential Learning: *En un restaurante hispano.* Go with a friend to a local Hispanic restaurant and practice greeting the employees and introducing yourselves to them in Spanish. After you leave, make a list of all of the different ways you heard native speakers greet each other and/or introduce each other.

A-61 Service learning: *Profesores particulares.* Contact your university's tutoring center and offer to provide free tutoring services for international students of Spanish-speaking heritage who need help with their English. You may also contact a local community adult education center or church and offer tutoring services in English for adults whose native or heritage language is Spanish. Write a brief letter of introduction, proposing your idea and outlining what specific traits, skills, and knowledge you could contribute and why you feel it is important to use your skills to help others.

¿Quiénes somos?

Comunicación I

Vocabulario

1. La familia: Describing families (Textbook p. 32)

01-01 Las familias famosas. Complete the following sentences about famous Hispanic families with the correct vocabulary word.

hijo	padrastro	padres
hija	esposa	madre

1. Antonio Banderas no es el padre de de Dakota y Alexander Johnson-Griffith. Banderas está casado (*is married*) con la madre de ellos (*their mother*), Melanie Griffith. Antonio Banderas es el _____ de Dakota y Alexander.

2. Melanie Griffith es la _____ de Antonio Banderas.

3. Antonio Banderas y Melanie Griffith tienen una hija, Stella Banderas Griffith. Ellos son sus _____.

4. Julio Iglesias es el padre de Enrique Iglesias. Enrique es su _____.

5. Gloria Estefan tiene dos hijos: Nayib y Emily Estefan; ella es su _____.

6. El padre de Paloma Picasso Gilot es el famoso pintor, Pablo Picasso. Ella es su _____.

📢 **01-02 Las familias hispanas.** Listen to the information about some other famous Hispanic families and then complete the sentences with the correct expressions from the word bank.

La madre	La familia	Los abuelos maternos	Los hermanos
El padre	Los padres	Los abuelos paternos	

1. _____ de Cristina Aguilera es estadounidense.

2. _____ de Cameron Díaz son cubanos.

3. _____ de Salma Hayek son mexicanos.

4. _____ de Benicio del Toro es puertorriqueña.

5. _____ de Gael García Bernal son mexicanos.

6. _____ de Chucho Valdés es cubano.

01-03 La familia de Eduardo. Look at Eduardo's family tree and then answer the questions in complete sentences, using the first names of the appropriate family members. Be sure to follow the sentence structure of the model closely and to omit the known subject to avoid being repetitive.

MODELO   ¿Quién es el esposo de Francisca?
          Es Enrique.

1. ¿Quién es la prima de Sonia? _____.

2. ¿Quién es la hermana de Enrique? _____.

3. ¿Quién es el hijo de Carmen? _____.

4. ¿Quién es la esposa de Enrique? _____.

5. ¿Quién es la prima de Antonio? _____.

6. ¿Quién es el abuelo de Adriana? _____.

7. ¿Quién es la tía de Sonia? _____.

8. ¿Quién es la madre de Rosario? _____.

01-04 Crucigrama. Complete the crossword puzzle with the term that describes each family relationship.

1. La nueva esposa de mi padre es mi (*my*)…

2. La hermana de mi padre es mi…

3. La hija de mis tíos es mi…

4. El hermano de mi madre y la esposa del hermano de mi madre son mis…

5. El padre de mi hermana es mi…

6. La hija de mis padres es mi…

7. La madre de mi madre es mi…

8. El padre de mi madre es mi…

9. Soy el hijo de mi… (*feminine*)

10. El nuevo esposo de mi madre es mi…

01-05 Heritage Language: *tu español.* As in every language, both formal and informal expressions exist to refer to family members. If you are of Spanish-speaking heritage, use the words that are part of your own family's customs to answer the following questions. If you are not, then interview a friend, relative or fellow student of Spanish-speaking heritage in order to find out about their practices.

1. When you speak to your mother and your father, what words do you use to address them?

   _____

2. When your parents speak to you and your siblings, do they always call you by your names? If not, what other terms of endearment do they use?

   _____

3. What words do you use to refer to your grandparents?

   _____

4. Does your family use any nicknames or terms of endearment to refer to other family members (aunts and uncles, siblings, cousins)? If so, what are they?

   _____

Pronunciación: Vowels (Textbook p. 33)

The vowels are nearly always pronounced the same way. Their pronunciation is crisp and shorter than in English. For example:

a like the "a" in *father* but shorter

e like the "e" in *hey* but shorter

i like the "ee" in *meet* but shorter

o like the "o" in *zone* but shorter

u like the "u" in *rule* but shorter

Nombre: _____   Fecha: _____

🔊 **01-06 Palabras incompletas.** Listen to each word and fill in the missing vowels.

1. p_____dr_____str_____

2. h_____rm_____n_____

3. _____sp_____s_____

4. _____b_____ _____l_____

5. tr_____b_____j_____d_____r_____

6. _____b_____rr_____d_____

7. r_____sp_____ns_____bl_____

8. p_____r_____z_____s_____

🔊 **01-07 Algunos hispanos famosos.** Listen to and compare the pronunciation of the following names by the native speaker of Spanish and the native speaker of English. Then give your best imitation of the Spanish speaker's pronunciation, paying special attention to how you pronounce both the sound and the brevity of the vowels.

1. Antonio Banderas

2. Salma Hayek

3. Shakira Mebarak

4. Penélope Cruz

5. Juanes Aristizábal Vásquez

6. Javier Bardem

7. Gael García Bernal

8. Benicio del Toro

9. Alejandro Amenábar

10. Icíar Bollaín

01-08 ¿Hablante nativo o no? Listen carefully to the vowels as you hear each word pronounced and then indicate whether or not the person speaking is a native speaker of Spanish by selecting **sí** or **no** for each word.

1. sí   no

2. sí   no

3. sí   no

4. sí   no

5. sí   no

6. sí   no

Nota cultural: Los nombres en el mundo hispano (Textbook p. 33)

01-09 Los matrimonios. Based on what you have learned in this chapter about how women's last names change after marriage in many Hispanic countries, rewrite each woman's full name so that it clearly reflects her marital status.

1. Gloria Fajardo + Emilio Estefan _____.

2. Marivi Lorido + Andy García _____.

3. Lymari Nadal + Edward James Olmos _____.

4. Talisa Soto + Benjamin Bratt _____.

5. Janet Templeton + Ramón Estévez _____.

01-10 Los apellidos. In **Capítulo 1,** you learned about the ways in which Hispanic last names are passed from parents to children. Complete the following hypothetical sentences with the names as they would be written.

1. If Andy García's daughter had a baby with Gael García Bernal, and they named her Gracia, then her full

   name would be _____.

2. If Gloria and Emilio Estefan's daughter had a son with Emilio Estévez and they named him Esteban, his full

   name would be _____.

3. If Guillermo del Toro's daughter and Benicio del Toro's son had a son and named him Teodoro, his full name

   would be _____.

4. If Penélope Cruz and Tom Cruise had remained together and had a baby, naming him Cruz, then his full

   name would have been _____.

5. If Cameron Díaz and Alex Bueno had a daughter and named her Lola, her full name would be

   _____.

🔊 **01-11 Nombres curiosos.** Listen as the speaker says each name and then give your own best pronunciation, paying special attention to the vowel sounds.

1. ...

2. ...

3. ...

4. ...

5. ...

Gramática

2. El verbo *tener*: Expressing what someone has (Textbook p. 34)

🔊 **01-12 ¿Quién tiene?** Listen to each sentence, paying special attention to the form of the verb **tener** that you hear. Based on that, select the person or people that could be the subject of each sentence.

1.	yo	tú	él	nosotros	ustedes
2.	ella	tú	yo	usted	ellos
3.	ustedes	yo	ella	nosotros	tú
4.	usted	ellas	nosotros	yo	él
5.	yo	usted	tú	nosotros	ellos
6.	tú	ustedes	nosotros	ella	yo
7.	él	nosotros	tú	yo	usted

01-13 La familia de Yolanda. Read the following description of Yolanda's family and then answer the questions according to the information in the passage. Be careful to use the correct form of the verb **tener** in your answers, and follow the model closely.

¡Mi familia es muy grande! Tengo diez hermanos —cuatro hermanas y seis hermanos—. Mi madre también (*also*) tiene cinco hermanos y todos (*all*) ellos tienen esposa. Mi padre es de una familia pequeña, solamente (*only*) tiene una hermana. Ella tiene esposo. En total tengo quince primos; catorce son de la familia de mi madre y uno es el hijo de la hermana de mi padre. En contraste con mi familia, mi esposo Fernando tiene tres hermanos; solamente tiene un tío y una tía, y dos primos.

1. ¿Cuántas hijas tienen los padres de Yolanda?

   a. 3   b. 5   c. 6   d. 7

2. ¿Cuántos hermanos tiene la madre de Yolanda?

   a. 3   b. 5   c. 6   d. 7

3. ¿Cuántos tíos tiene Yolanda?

   a. 4   b. 6   c. 8   d. 10

4. ¿Cuántos nietos tienen los abuelos maternos de Yolanda?

   a. 5   b. 10   c. 12   d. 15

5. ¿Cuántos hijos tienen los padres de Fernando?

   a. 1   b. 2   c. 4   d. 5

6. ¿Cuántos tíos tiene Fernando?

   a. 1   b. 2   c. 3   d. 4

7. ¿Cuántos hijos tienen los tíos de Fernando?

   a. 1   b. 2   c. 3   d. 4

01-14 La familia de Ernesto. Listen as Ernesto describes his family and then select the names that belong in each category.

1. Abuelos maternos:

_____ Manuel   _____ Nerea   _____ Francisco   _____ Carmen

2. Abuelos paternos:

_____ Manuel   _____ Nerea   _____ Francisco   _____ Carmen

3. Padres:

_____ Nerea   _____ Francisco   _____ Alfonso   _____ Pedro   _____ María

4. Hermanos:

_____ Ana   _____ Emilia   _____ Rubén   _____ Justino

_____ Pedro   _____ Clara   _____ Antonio

5. Esposos de los hermanos:

_____ Justino   _____ Clemente   _____ Ana   _____ Pedro   _____ Emilia   _____ Antonio

6. Hijos de los hermanos:

_____ Rubén   _____ Justino   _____ Margarita   _____ Ana   _____ Antonio   _____ Mario

01-15 ¿Y tu familia? Answer the following questions about your own family using complete sentences in Spanish. Be careful to use the correct forms of the verb **tener** in your answers.

MODELO   ¿Cuántos abuelos tienes?
Tengo cuatro abuelos. / No tengo abuelos.

1. ¿Cuántos padres tienes? _____

2. ¿Tienes padrastro? _____

3. ¿Cuántos hermanos tienen tus (*your*) padres? _____

_____

4. ¿Cuántos hermanos tienes? _____

5. ¿Cuántos tíos tienen tus hermanos y tú? _____

_____

6. ¿Tienen tus hermanos y tú muchos primos? _____

_____

7. ¿Cuántos abuelos tienen tus hermanos y tú? _____

_____

01-16 Heritage Language: *tu español.* As you have learned, in some parts of the Spanish-speaking world, people use **vos** in place of or in addition to **tú.** The **tú** and **vos** forms of the verb tener are very similar because they both end in **es.** However, in the **vos** form —**tenés**— the stress falls on the second syllable, and the first syllable contains only **e,** not **ie.** Listen to each sentence and indicate which form the speaker is using.

1. tú   vos

2. tú   vos

3. tú   vos

4. tú   vos

5. tú   vos

Gramática

3. Sustantivos singulares y plurales: Using singular and plural nouns (Textbook p. 36)

01-17 Crucigrama. Complete the crossword puzzle with the opposite form of each word. If the word is in the singular, then write the plural form; if it is in the plural, then write the singular form.

1. alemán

2. francés

3. abril

4. japonés

5. problemas

6. jóvenes

7. nube

8. invierno

9. sol

10. universidad

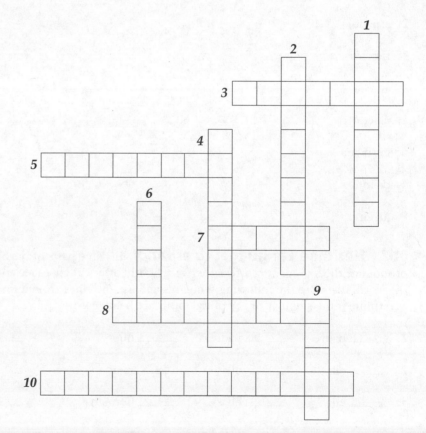

🔊 **01-18 ¿Singular o plural?** Listen as you hear each word stated and then select if it is singular or plural.

1. singular   plural

2. singular   plural

3. singular   plural

4. singular   plural

5. singular   plural

6. singular   plural

7. singular   plural

01-19 Singular y plural. Pronounce each word, first in its singular form and then in its plural form. Pay special attention to your pronunciation of the vowel sounds.

1. estadounidense

2. español

3. francés

4. abuela

5. usted

6. hermana

7. primo

8. joven

🔊 **01-20 Heritage Language: *tu español.*** In some parts of the Spanish-speaking world, people often pronounce the **s** in many words either very lightly or not at all, especially when the **s** appears at the end of the word. Listen to the following sentences and use the clues around the words (like the verb conjugation) to determine if the singular or the plural forms are being used.

1. _____ padre   _____ padres   _____ hijo   _____ hijos

2. _____ ella   _____ ellas   _____ nieto   _____ nietos

3. _____ ella   _____ ellas   _____ hermana   _____ hermanas

4. _____ usted   _____ ustedes   _____ madre   _____ madres

5. _____ madre   _____ madres   _____ responsabilidad   _____ responsabilidades

Gramática

4. El masculino y el femenino: Identifying masculine and feminine nouns (Textbook p. 37)

01-21 ¿Masculino o femenino? For each of the words you hear, select whether it is **masculino** or **femenino**.

1. masculino   femenino

2. masculino   femenino

3. masculino   femenino

4. masculino   femenino

5. masculino   femenino

6. masculino   femenino

7. masculino   femenino

8. masculino   femenino

9. masculino   femenino

10. masculino   femenino

01-22 Heritage Language: *tu español.* As you have learned, although many Spanish words ending in **a** are feminine words, some of them are masculine (and vice versa). Strengthen your understanding of the rules for determining the gender of nouns and reinforce your knowledge about exceptions to those rules by indicating if each word is masculine or feminine.

1. universidad   palabra masculina   palabra femenina

2. mapa   palabra masculina   palabra femenina

3. problema   palabra masculina   palabra femenina

4. computadora   palabra masculina   palabra femenina

5. moto   palabra masculina   palabra femenina

6. día   palabra masculina   palabra femenina

7. mano   palabra masculina   palabra femenina

8. programa   palabra masculina   palabra femenina

9. televisión   palabra masculina   palabra femenina

10. ciudad   palabra masculina   palabra femenina

Gramática

5. Los artículos definidos e indefinidos: Conveying *the, a, one,* and *some* (Textbook p. 38)

01-23 Los artículos definidos e indefinidos. In each sentence, select all of the definite and indefinite articles.

1. Tengo unos hermanos fabulosos.

2. La computadora de mi padre está en la oficina.

3. Hay una televisión en mi dormitorio.

4. Me gustan mucho los perros, pero no me gustan los gatos.

5. Todos los días escucho música. Prefiero escuchar la música rock.

6. Tengo una clase de español este semestre.

01-24 Los artículos.

Paso 1. Write the appropriate definite article for each noun. Be careful to be sure to use the correct masculine or feminine and singular or plural form.

1. _____ fotos

2. _____ abuela

3. _____ libertades

4. _____ mapa

5. _____ prosperidad

6. _____ moto

7. _____ problemas

8. _____ ciudades

Paso 2. Now write the appropriate indefinite article for each noun. Be careful to use the correct masculine or feminine and singular or plural form.

9. _____ pizzas

10. _____ hijo

11. _____ recepción

12. _____ mapas

13. _____ problemas

14. _____ hermanas

15. _____ día

16. _____ universidad

17. _____ abuela

18. _____ primo

Nombre: _____   Fecha: _____

01-25 Inventario. Listen as Pablo updates his mother on the inventory of their computer and electronics store. Write the definite and indefinite articles that he uses when referring to the following products. Pablo refers to each item twice, so be sure to write two responses for each. If no article is referenced, please write "x."

1. _____ _____ cables del Internet

2. _____ _____ teléfonos

3. _____ _____ computadoras

4. _____ _____ computadoras portátiles

5. _____ _____ calculadoras

6. _____ _____ teléfonos móviles

01-26 Una mochila (*bookbag*) perdida. Marga has just lost her bookbag, and it had a lot of important things inside. Complete the report of her missing items with the correct definite and indefinite articles. Be careful to choose the correct kind of article and to use the correct gender and number for each one.

En (1) _____ mochila, Marga tiene

(2) _____ computadora portátil (*portable*) y

(3) _____ cámara digital. También tiene

(4) _____ libro (*book*) de (5) _____

profesora de su clase de español. (6) _____ computadora

portátil tiene información importante, y (7) _____ cámara

digital tiene (8) _____ fotos especiales.

01-27 Heritage Language: *tu español*. Indefinite articles do not correspond perfectly in Spanish and English. In English it is correct to state that "I have *a* car," but in Spanish the indefinite article is usually not used in this context unless you want to specify that you have only one car or unless you are also going to describe the car with an adjective after it. Thus, one says: "Tengo coche" or "Tengo un coche rápido." If you use the indefinite article without a description after the item ("Tengo un coche") then you are communicating that you have *one* car (instead of two or three). Listen to each sentence and then indicate which message the speaker has conveyed.

1. a family   one family

2. a husband   one husband

3. a son   one son

4. a sister   one sister

5. a mother   one mother

6. a stepfather   one stepfather

Comunicación II

Vocabulario

6. Gente: Giving details about yourself and others (Textbook p. 40)

01-28 ¿Quiénes son? For each person or group of people, choose the word or words that best describe them.

1. unos chicos   unas niñas   unas muchachas   unas niñas

2. un chico   una mujer   un hombre   una niña

3. unos niños   unas señoras   unos jóvenes   unas muchachas

4. una muchacha   un joven   una mujer   una niña

5. _____   unos novios   un niño   una chica   un muchacho

6. _____   una mujer   unos jóvenes   un hombre   unos niños

01-29 Las personas. Match each description with the appropriate term for the person being described.

1. la persona femenina que (*that*) es el amor (*love*) de una persona

_____

a. el hombre

b. la chica

2. una persona femenina que tiene dieciséis años (*is 16 years old*)

_____

c. la mujer

d. la novia

3. una persona masculina que tiene diecisiete años

_____

e. el chico

f. el novio

4. un adulto que tiene 50 años _____

5. un joven que es el amor de una persona _____

6. una adulta que tiene 40 años _____

01-30 La gente. Using your new vocabulary, write the nouns that you would use to describe the following people (**chico, mujer,** etc).

1. Justin Timberlake _____

2. Shakira _____

3. Dakota Fanning _____

4. Penélope Cruz _____

5. Brad Pitt _____

01-31 Heritage Language: *tu español.* The expressions you have learned to use in order to refer to people are used throughout the Spanish-speaking world. Just as in English, people from specific cultures and countries also use colloquial terms. Look up each word in the online dictionary of the Royal Academy of the Spanish Language (http://buscon.rae.es), and write one vocabulary word you have learned from your textbook that has the same or a very similar meaning.

1. chaval _____

2. chamaco _____

3. chama _____

4. moza _____

5. pibe _____

6. chiquilla _____

7. crío _____

Gramática

7. Los adjetivos posesivos: Stating possession (Textbook p. 41)

01-32 Nuestras familias. Write the correct possessive adjective for each family member.

| MODELO | madrastra (yo) | *mi* |
| | hijas (nosotros) | *nuestras* |

1. hermana (usted) _____

2. abuelos (yo) _____

3. padre (ella) _____

4. primos (ustedes) _____

5. padrastro (tú) _____

6. familias (nosotros) _____

7. tía (yo) _____

8. tíos (tú) _____

9. madre (nosotros) _____

10. abuelos (usted) _____

01-33 La familia de Antonio. Listen as Antonio describes his family and then, using the word bank as a spelling guide for the names you hear, complete the following answers to the questions. Use possessive adjectives in order to avoid repeating evident information from the question.

Antonio	Arcadio	Carlos	Clara	David
Gabriela	Lucía	Pablo	Pedro	Violeta

MODELO   ¿Cómo se llama (*What is the name of*) la esposa de Antonio?

_____*Su*_____ esposa se llama (*is named*) _____*Violeta*_____.

1. ¿Cómo se llaman los hermanos de Antonio?

   _____ hermanos se llaman _____ y _____.

2. ¿Cómo se llama el esposo de Marta?

   _____ esposo se llama _____.

3. ¿Cómo se llaman los hijos de Marta?

   _____ hijos se llaman _____ y _____.

4. ¿Cómo se llama la esposa de Arcadio?

   _____ esposa se llama _____.

5. ¿Cómo se llaman los hijos de Arcadio?

   _____ hijos se llaman _____ y _____.

6. ¿Cómo se llaman los abuelos de Gabriela?

   _____ abuelos se llaman _____ y _____.

01-34 ¿De quién es? Look at the pictures and captions, and then use possessive adjectives to indicate to whom each item belongs.

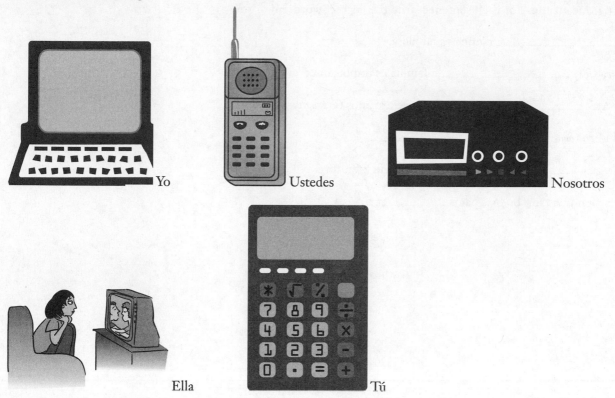

1. Es _____ calculadora.

2. Es _____ computadora.

3. Es _____ radio.

4. Es _____ teléfono móvil (*cell phone*).

5. Es _____ televisor.

01-35 ¿Y tu familia? Follow the steps to introduce your family to a friend.

Paso 1. Jot down the names of the family members you would like to introduce. Provide the word in Spanish that describes your relationship to them as well as the corresponding possessive adjective. Be sure that your words agree with the gender and number of your family members.

MODELO   Patrick Genoa, mi abuelo

_____

_____

_____

Paso 2. Your new friend is meeting your family for the first time. Using the information from Paso 1, introduce each person.

01-36 Heritage Language: *tu español.* It is often difficult to remember when to use accents. The word **mi** that you have learned is pronounced exactly the same as the word **mí**, but when the **i** has a written accent, it means **me**. For each sentence write the correct word: **mi** or **mí**.

1. _____ familia es fabulosa.

2. Para (*for*) _____ la familia es importante.

3. _____ hermana tiene veinte años (*is twenty years old*).

4. El libro (*book*) es para _____.

5. Me gusta _____ profesor de literatura.

6. Las vitaminas son buenas para _____.

Gramática

8. Los adjetivos descriptivos: Supplying details about people, places, and things (Textbook p. 43)

01-37 Nuestras características físicas. Match each word with its opposite.

1. delgado _____   a. pequeña

2. baja _____   b. débil

3. guapo _____   c. alta

4. fuerte _____   d. gordo

5. grande _____   e. feo

01-38 Las características físicas de los famosos.

Paso 1. Select the adjective that best describes the famous people listed.

1. Cameron Díaz   alta   gorda

2. Salma Hayek   grande   guapa

3. Ricky Martin   pequeño   alto

4. Shakira   pequeña   fea

5. Salma Hayek y Shakira   bonitas   feas

6. Enrique Iglesias y Ricky Martin delgados   gordos

Paso 2. Use the adjectives you chose for each item above and the correct form of the verb **ser** to write one sentence about the famous people listed.

7. Cameron Díaz _____.

8. Salma Hayek _____.

9. Ricky Martin _____.

10. Shakira Mebarak _____.

11. Shakira Mebarak y Salma Hayek _____.

12. Enrique Iglesias y Ricky Martin _____.

01-39 Nuestras personalidades. Complete the crossword puzzle with the correct opposite of each adjective.

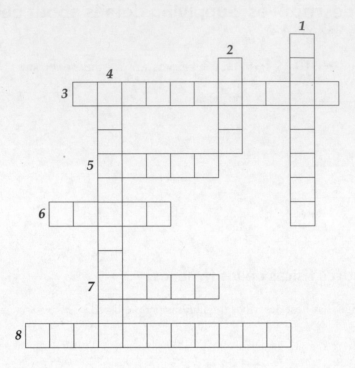

1. trabajador
2. bueno
3. perezosa
4. irresponsable
5. rica
6. inteligente
7. mala
8. aburrido

01-40 ¿Cómo son tú y tus amigos? Think about yourself and three of your closest friends.

Paso 1. Take notes on adjectives that describe each of you.

1. Yo
   Características físicas / Personalidad:

   _____

   _____

2. Mi amigo/a
   Características físicas / Personalidad:

   _____

   _____

3. Mi amigo/a
   Características físicas / Personalidad:

   _____

   _____

4. Mi amigo/a
   Características físicas / Personalidad:

   _____

   _____

Paso 2. Now write a paragraph describing you and your friends. Try to use the correct forms of the verb **ser** throughout your description, and also to make your adjectives agree in both number and gender with the person or people described.

_____

_____

_____

_____

_____

_____

_____

_____

_____

01-41 ¿Cómo son? You are studying abroad, and you take the following photograph during a gathering that your host family organizes. Using the vocabulary and verbs that you have learned so far, and the useful expressions provided, write a description of your host family. You should indicate what their nationality is, give each person a name, describe their relationships, use some of their physical characteristics to make it clear who each person is in the photograph, and also mention some of their personality traits.

una comida – *a meal, a luncheon*	mucha comida deliciosa – *plenty of delicious food, a lot of delicious food*
una fiesta – *a party*	el aniversario – *the anniversary*
el cumpleaños – *the birthday*	

_____

_____

_____

_____

_____

_____

_____

_____

_____

_____

_____

_____

01-42 Heritage Language: *tu español*. Vocabulary often varies from one region to another in most languages; the Spanish language is especially rich with such variety. Look up the following words in Appendix 3 **También se dice** of your textbook and match each word to its closest equivalent.

1. musculoso _____   a. simpática

2. graciosa _____   b. delgado

3. hermoso _____   c. cómica

4. amable _____   d. fuerte

5. flaco _____   e. guapo

Nota cultural: El español, lengua diversa (Textbook p. 46)

01-43 Lenguas diversas. Based on what you have learned in **Capítulo 1** about the diversity of the Spanish and English languages, answer the following questions.

1. What kind of variations in the English language does your textbook mention?

_____

_____

2. What different accents of native speakers of English from the United States can you distinguish and easily identify?

_____

_____

3. What different accents of native speakers of English from outside the United States can you distinguish and easily identify?

_____

_____

4. If you were to visit another English-speaking country, how much difficulty would you have communicating with the people that live there? Why?

_____

_____

5. In what ways are both Spanish and English "diverse" languages?

_____

_____

Nombre: _____   Fecha: _____

01-44 ¿Cómo se dice? Based on the cultural information in **Capítulo 1,** answer the following questions.

1. According to the textbook, what are three ways that people in different parts of the United States use to refer to soft drinks?

   _____

   _____

2. According to your dictionary (or an on-line dictionary), what does each of those words mean? Is "soft drink" one of the first definitions of those words?

   _____

   _____

3. According to the textbook, what are three different ways that native speakers of Spanish use to describe someone as "funny"?

   _____

   _____

4. According to your dictionary, what does each of those words mean? Is "funny" one of the first definitions that appears?

   _____

   _____

5. According to the textbook, what are three different ways to refer to a bus in Spanish?

   _____

   _____

6. Do all of those words appear in your dictionary? If so, according to your reference source, what does each of those words mean?

   _____

   _____

7. How will your awareness of the diversity of the Spanish language throughout the world influence your approach to studying the language and to trying to communicate in the language?

   _____

   _____

Vocabulario

9. Los números 31 a 100: Counting from 31 to 100 (Textbook p. 47)

01-45 Números de teléfono. Listen to Cristina's friends' phone numbers and write them as you would a 7-digit number in the United States. Follow the model closely.

MODELO   su abuela Marta *254-9733*

1. sus hermanos Roberto y Raúl _____

2. su amigo Tomás _____

3. sus primas Emilia y Rudi _____

4. su hermana Raquel _____

5. su madre _____

6. su abuelo José _____

01-46 Matemáticas. Give the following math equations and their solutions (plus = **más**, minus = **menos**, times = **por**, divided by = **dividido por**, equals = **son**).

1. $52 + 24 =$

2. $4 \times 11 =$

3. $36 \div 3 =$

4. $20 \times 4 =$

5. $60 \div 5 =$

6. $6 \times 12 =$

7. $67 - 9 =$

8. $78 + 5 =$

01-47 Matemáticas. Listen to the math equations and write their solutions in numerals.

1. _____

2. _____

3. _____

4. _____

5. _____

6. _____

Nombre: _____   Fecha: _____

01-48 Heritage Language: *tu español.*

Paso 1. Temperaturas. Listen to the report about the weather in Latin America on a Spanish-speaking radio station in the United States and write the correct temperature for each city.

1. Santiago, Chile   _____ °F

2. Bariloche, Argentina   _____ °F

3. San Vicente, El Salvador   _____ °F

4. La Esperanza, Honduras   _____ °F

5. Barranca, Perú   _____ °F

6. Cartagena, Colombia   _____ °F

Paso 2. Conversión de temperaturas. While in the United States people are accustomed to discussing temperatures in degrees Fahrenheit, in most of the Spanish-speaking world, people talk about degrees Celsius or **centígrados.** As a result, it can be confusing when discussing the weather with family or friends who are in other countries. Use the conversion to translate each temperature to its approximate equivalent in degrees Celsius and then describe the weather for each place using the expressions: **hace calor, hace buen tiempo,** or **hace frío.**

CONVERSIÓN DE TEMPERATURAS

35°C = 95°F

30°C = 86°F

25°C = 77°F

20°C =68°F

15°C = 59°F

10°C =50°F

5°C = 41°F

0°C = 32°F

7. Santiago, Chile   _____ °C _____.

8. Bariloche, Argentina   _____ °C _____.

9. San Vicente, El Salvador   _____ °C _____.

10. La Esperanza, Honduras   _____ °C _____.

11. Barranca, Perú   _____ °C _____.

12. Cartagena, Colombia   _____ °C _____.

Escucha (Textbook p. 49)

01-49 Los novios y sus familias. Esperanza and Martín are dating, and Esperanza is talking about how different their families are.

Paso 1. Before listening, write down some words that you think you might hear her say.

_____

_____

_____

_____

Paso 2. Now listen to Esperanza and write all of the words from Paso 1 that she actually says.

_____

_____

01-50 Las diferencias y las familias.

Paso 1

1. Listen to Esperanza's comparison of her family and Martín's family and select all of the words that you hear.

_____ similares   _____ pobres

_____ primos   _____ formal

_____ aburrida   _____ grande

_____ inteligente   _____ gusta

_____ vuestra   _____ fortuna

_____ abuelos   _____ elegantes

Paso 2. Las familias de Esperanza y Martín. Now indicate if the following statements are **cierto** or **falso.** If necessary, listen to the passage one more time.

2. La familia de Esperanza es muy grande.   cierto falso

3. La familia de Esperanza es rica.   cierto falso

4. Los hermanos de Esperanza son antipáticos.   cierto falso

5. La familia de Martín es pobre.   cierto falso

6. La familia de Esperanza es formal.   cierto falso

7. La familia de Martín es un poco aburrida.   cierto falso

¡Conversemos! (Textbook p. 50)

01-51 Nuestras familias y amigos. Contact a fellow student in order to discuss friends and family. Use the verb **tener** to tell the person about the friends and family you have, and use the verb **ser** to describe at least two physical characteristics and at least two personality traits for each person you mention. You should share information about at least ten people. Use **tener, ser,** and the vocabulary that you have learned to ask your partner questions about his or her friends and family. In preparation for your conversation, write at least five questions in Spanish that you plan to ask your partner.

1. _____

2. _____

3. _____

4. _____

5. _____

Escribe (Textbook p. 50)

01-52 Asociaciones y características. Think about the people in your life who are closest to you and choose four to focus on for the following writing activity.

Paso 1. For each person, write down some words in Spanish that you associate with him or her. These can be adjectives that describe the person's personality or physical traits, or they can be things that the person likes. Try to write as many words as possible for each person.

1. _____

_____

_____

2. _____

_____

_____

3. _____

_____

_____

4. _____

_____

_____

Paso 2. Letras y palabras. Choose two of the people you considered for the previous activity and using each person's first name, middle name, nickname or last name, write key words (descriptive nouns or adjectives) that begin with each letter of the name.

5. _____   6. _____

_____   _____

_____   _____

_____   _____

_____   _____

_____   _____

Paso 3. Frases. Now build phrases around each word using **tener, ser, gustar,** and any other useful expressions that you have learned.

7. _____   8. _____

_____   _____

_____   _____

_____   _____

_____   _____

_____   _____

_____   _____

Cultura: Los Estados Unidos (Textbook pp. 52–53)

01-53 Estados Unidos. Based on what you learned about Hispanics in the United States in Capítulo 1, match each person and place with the word or phrase most closely associated with it.

1. Cristina Saralegui _____   a. Ciudad fundada en 1565

2. Nueva York _____   b. Celebración de la herencia puertorriqueña

3. Albert Pujols _____   c. Mucha influencia en Estados Unidos

4. Miami _____   d. Ciudad con la población más grande de hispanos en Estados Unidos

5. St. Augustine _____   e. Origen del grupo de hispanos más grande de Estados Unidos

6. México _____   f. Béisbol

Nombre: _____ Fecha: _____

01-54 Vistas culturales: Estados Unidos. View the video segments in order to complete each part of the activity. You will likely not understand all of the words that you hear, but you should relax because you are capable of understanding more than enough to be able to respond to the questions without difficulty.

Estados Unidos: Introducción. Read the questions, then watch the video and then select the correct answer or answers to each question.

1. Según (*according to*) el video, ¿qué porcentaje de la población de los Estados Unidos es hispano?

_____ 2,5%   _____ 5%

_____ 12,5%   _____ 15%

2. ¿Cuántos países tienen una población hispana más grande que la población hispana de los Estados Unidos?

_____ 1   _____ 3

_____ 2   _____ 4

3. ¿De dónde son los grupos más grandes (*largest*) de inmigrantes en los Estados Unidos?

_____ México   _____ Puerto Rico

_____ Argentina _____ Cuba

_____ España

4. Según el video, ¿de qué país es el 66% de los hispanos en los Estados Unidos?

_____ Cuba   _____ México

_____ Argentina   _____ Puerto Rico

5. Según el video, ¿en qué ciudades estadounidenses es especialmente evidente la influencia de los hispanos?

_____ Los Ángeles

_____ Santa Fe

_____ San Francisco

_____ San Antonio

_____ San Diego

La comida hispana. Read the questions, watch the video and then select with which place each food item is associated according to the narrator.

6. mole

   a. México   b. Puerto Rico   c. Venezuela

7. piraguas

   a. México   b. Puerto Rico   c. Venezuela

8. bacalaitos

   a. México   b. Puerto Rico   c. Venezuela

9. arepas

   a. México   b. Puerto Rico   c. Venezuela

10. tostones

   a. México   b. Puerto Rico   c. Venezuela

Nombre: _____   Fecha: _____

El arte hispano. Read the questions, watch the video and then select the correct response or responses to each question.

11. ¿En qué ciudades estadounidenses tiene especial importancia el muralismo?

_____ San Francisco

_____ San Antonio

_____ El Paso

_____ Nueva York

12. ¿Con qué grupo indígena se asocian los orígenes del arte muralista?

_____ Los mayas

_____ Los aztecas

_____ Los aymara

_____ Los incas

13. ¿En qué ciudad hay murales indígenas?

_____ Los Ángeles

_____ Miami

_____ Bonampak

_____ El Paso

14. ¿Qué representan muchos murales?

_____ historia

_____ animales

_____ plantas

_____ literatura

Los deportes. Read the questions, watch the video, and then, based on the information in the video, select with which sport each place or person is associated.

15. Cuba

a. béisbol   b. jai alai   c. boxeo

16. República Dominicana

a. béisbol   b. jai alai   c. boxeo

17. Roberto Clemente

a. béisbol   b. jai alai   c. boxeo

18. José Canseco

a. béisbol   b. jai alai   c. boxeo

19. Alex Rodríguez

a. béisbol   b. jai alai   c. boxeo

20. Fernando Vargas

a. béisbol   b. jai alai   c. boxeo

21. Florida

a. béisbol   b. jai alai   c. boxeo

22. España

a. béisbol   b. jai alai   c. boxeo

Más cultura

01-55 Las familias hispanas. Read the following
information about Hispanic families and then answer the
questions, comparing them to your own concept of family.

- El concepto de la familia en muchas culturas del
  mundo hispano incluye (*includes*) más que la familia
  inmediata. La familia extendida —los primos, los tíos,
  y los abuelos— puede ser tan (*can be just as*) importante
  como la familia inmediata— los hermanos, los padres
  y los hijos—. Muchas personas se reúnen con (*get together with*) la familia extendida con mucha frecuencia.

- En muchas culturas del mundo hispano, las familias tratan (*treat*) a las personas mayores (*older*) con mucho
  respeto y admiración. Las personas mayores son muy importantes en la familia. Por sus experiencias, tienen
  muchos conocimientos y sabiduría (*knowledge and wisdom*) para ofrecerles (*offer*) a las personas más jóvenes de
  la familia.

- Otras personas importantes en las familias hispanas cristianas son los padrinos (*godparents*). Es posible tener
  como padrinos a tíos o a otras personas de la familia. También se puede (*one can*) tener como padrinos a los
  muy buenos amigos. En algunas familias, los padrinos participan en la educación religiosa y moral de los niños, en otras tienen un rol más simbólico. Siempre es un gran honor ser el padrino o la madrina de un niño.

1. How important do you feel your extended family is in your life? In what ways does the importance of your
   extended family (or lack thereof) manifest itself in the way you choose to live your life and make important
   decisions?

   _____

2. How often do you get together with your cousins, aunts, uncles, and grandparents? Would you like to get together more frequently? Why or why not?

   _____

3. Can you imagine gathering for a meal with many members of your family every week or once every month?

   _____

4. How much do you value the opinions of older people in your family?

   _____

5. Do you have godparents or people in your life that serve a similar role? What are the benefits of having those
   people as part of your personal support system?

   _____

6. In these areas of family practices and perspectives, do you think your case is similar to those of your friends?
   Do you think it's representative of many people across the United States? Why or why not?

   _____

01-56 Heritage Language: *tu mundo hispano.* Interview at least three people of Spanish-speaking heritage in order to find out about their own concepts of family. If you are of Spanish-speaking heritage, at least two people should be from outside of your own family.

Paso 1. Write at least five questions that you will ask the people you plan to interview. The following are some ideas to consider while formulating your questions: what kind of relationship they have with their immediate and extended family; what their attitudes are toward older family members, gender roles, and family meals; and whether or not they believe their own customs are similar to those of people throughout their culture.

1. _____

2. _____

3. _____

4. _____

5. _____

Paso 2. Write a brief description in English of the results of your interviews and how they have impacted your own understanding of Hispanic family practices.

_____

_____

_____

_____

_____

Ambiciones siniestras

Episodio 1

Lectura: *Conexiones* (Textbook p. 54)

01-57 ¿Comprendes? Using the words provided, complete the statements based on the reading in **Capítulo 1.** You may use each word only once.

aburrida	simpáticas	trabajador	perezoso	simpático	feo	hermanas	guapas
gordo	difícil	guapo	interesantes	cómico	jóvenes		

1. Las clases de Alejandra son _____.

2. En la opinión de Alejandra, Manolo es _____, _____ y

   _____.

3. Manolo tiene dos _____.

4. En la opinión de Eduardo, Cisco es _____.

5. La clase de Macroeconomía de Eduardo es _____ y _____.

6. Las mujeres que le gustan a "elrico" son _____, _____, y

   _____.

7. En la opinión de Lupe, "elrico" probablemente es _____, _____, y

   _____.

Video: *¿Quiénes son?* (Textbook p. 56)

01-58 ¿Quiénes son? The title of the episode of **Ambiciones Siniestras** for **Capítulo 1** is **¿Quiénes son?**. Based on that title and the following still shots from the episode, write a brief account of what you think this episode will be about, and what kinds of words you think the characters will use.

_____

_____

_____

_____

_____

_____

01-59 Escucha bien. As you watch the episode, mark the words that you hear used in the conversations.

_____ universidad   _____ pizarra

_____ chico   _____ tíos

_____ gracias   _____ hablar

_____ niño   _____ hermanos

_____ comprendo   _____ hola

_____ escucha   _____ familia

_____ encantado

01-60 Comprensión general. Answer the questions about the main events of the episode by selecting **sí** or **no.** If necessary, view the episode again.

1. Did Cisco end up helping Eduardo with his Macro homework?   sí   no

2. Do Lupe and Marisol know each other when the episode begins?   sí   no

3. Do Marisol and Phillip seem to get along well?   sí   no

4. Does Lupe seem to dislike him?   sí   no

5. Does Philip seem to like Marisol and Lupe?   sí   no

6. Do Manolo and Alejandra seem to be good friends?   sí   no

01-61 Los detalles. Complete the following statements using the words provided.

simpático	estadounidense	buena
guapo	interesante	

1. En la opinión de Cisco, la clase de macroeconomía es _____.

2. En su opinión, el profesor de la clase es _____.

3. Lupe es _____.

4. En la opinión de Lupe, Phillip es _____.

5. En la opinión de Marisol, Phillip es _____.

01-62 Hipótesis. Consider the following questions about the reading and the video from **Capítulo 1,** and then write a description in English of what you think might happen in the next episodes.

How do you think the relationships between Lupe, Marisol and Phillip will develop? What do you think might happen with Manolo and Alejandra? Do you think Lupe will respond to the mysterious e-mail message she received? Why or why not? Who do you think sent her the message? Why do you think the person sent her the message?

_____

_____

_____

_____

_____

_____

Comunidades

01-63 **Experiential Learning: Familias famosas.** Choose a famous Hispanic person and research the person and his or her family. Prepare a presentation for class in which you describe the person and also present his or her family tree. Some people to consider researching are Martin Sheen, Soledad O'Brien, Jimmy Smits, Cameron Díaz, Benicio del Toro, Princess Letizia Ortiz of Asturias, and King Juan Carlos I of Spain.

01-64 **Service Learning: Familia, cultura y niños.** Contact your local public library and volunteer to organize and hold a special Hispanic-themed story time event for children in your area. Find one or two books from your library's collection that relate to Hispanic culture and family practices (for example, *In My Family* by Carmen Lomas Garza, *Family Pictures* by Carmen Lomas Garza, or *Family*, *Familia* by Diane Gonzales Bertrand, Pauline Rodríguez Howard and Julia Mercedes Castilla). If your library does not have any such holdings, recommend that they acquire books of this kind and hold a fundraiser with your Spanish class in order to buy at least one of them and donate it to your library.

2 La vida universitaria

Comunicación I

Vocabulario

1. Las materias y las especialidades: Sharing information about courses and majors (Textbook p. 62)

02-01 ¿Qué aprenden los estudiantes en las clases? Using your understanding of cognates, match the topics below with the classes in which you would most likely learn about them.

1. la informática _____

2. la literatura _____

3. el periodismo _____

4. la música _____

5. la arquitectura _____

6. los idiomas _____

7. el derecho _____

8. la administración de empresas _____

9. las matemáticas _____

10. la biología _____

a. el piano o la guitarra

b. las ecuaciones diferenciales

c. el dinero y la economía

d. las computadoras

e. cómo escribir artículos

f. los poemas y las novelas

g. el vocabulario, la gramática y la cultura

h. la construcción de las casas

i. las plantas y los animales

j. la legislación

02-02 ¿Qué clases tienen? Using your understanding of cognates and based on each student's major, identify which class each person is taking.

inteligencia artificial	anatomía humana
introducción al fotoperiodismo	el cubismo y el surrealismo
derecho constitucional	introducción a la literatura hispanoamericana
finanzas de las empresas multinacionales	tecnología educativa

1. La especialidad de Pablo es administración de empresas; tiene una clase de _____.

2. La especialidad de Mariana y Yolanda es medicina; tienen una clase de _____.

3. La especialidad de Antonio y Ana es informática; tienen una clase de _____.

4. La especialidad de Marta es español; tiene una clase de _____.

5. La especialidad de Adriana y Pedro es pedagogía; tienen una clase de _____.

6. La especialidad de Enrique y Lucía es periodismo; tienen una clase de _____.

7. La especialidad de José Luis es arte; tiene una clase de _____.

8. La especialidad de Javier y María es derecho; tienen una clase de _____.

02-03 Personas famosas. Identify the class in which you would most likely study the following famous people or their work.

1. Bill Gates _____   a. arquitectura moderna

2. Pablo Picasso _____   b. introducción a la informática I: Software básico

3. Luciano Pavarotti _____   c. poesía norteamericana

4. Shakespeare _____   d. introducción a la ópera: grandes tenores y sopranos

5. Frida Kahlo _____   e. arte moderno español

6. Frank Lloyd Wright _____   f. literatura inglesa

7. Emily Dickinson _____   g. arte moderno mexicano

02-04 ¿Qué clases tomas tú?

Paso 1. Fill out the following form with information about yourself and your studies this semester.

1. Nombre y apellidos (*last names*): _____

2. Especialidad: _____

3. Número total de créditos este semestre: _____

4. Clases de este semestre:

   _____

   _____

5. Clase favorita: _____

6. La clase más interesante: _____

7. La clase más aburrida: _____

Paso 2. Now introduce yourself, identify your major and the classes you are taking, and share your opinion about your classes.

02-05 Heritage Language: *tu español.* Because some Spanish terms associated with educational settings look quite similar to other terms in English, it easy to forget which words are cognates and which are false cognates. Avoid making mistakes with the following words by looking them up in a dictionary and then selecting the correct definition of each term.

1. colegio
   a. elementary school
   b. high school
   c. college or university

2. bachillerato
   a. elementary school studies
   b. high school studies
   c. undergraduate university degree

3. licenciatura
   a. part of elementary school studies
   b. part of high school studies
   c. university degree

4. facultad
   a. professor
   b. academic subdivision (as in a college or school) within a university
   c. university degree

5. doctorado
   a. part of elementary school studies
   b. part of high school studies
   c. university degree

🔊 Pronunciación: Word stress and accent marks (Textbook p. 63)

In Spanish, written accents are used to distinguish word meaning, or when a word is "breaking" a pronunciation rule. Here are the basic rules of Spanish pronunciation and accentuation.

1. Words ending in a vowel, or in the consonants **n** or **s** are stressed on the *next-to-last syllable*. Listen to and then pronounce the following words.

   medi**ci**na, de**re**cho, **gran**de, **tie**nen, a**bue**los, no**so**tros, **ar**te

2. Words ending in consonants other than **n** or **s** are stressed on the *last syllable*. Listen to and then pronounce the following words.

   te**ner**, us**ted**, Rafa**el**, ciu**dad**, Ga**briel**, fe**liz**, lle**gar**

3. All words "breaking" rules #1 and #2 above need a written accent on the stressed syllable. Listen to and then pronounce the following words.

   televi**sión**, bio**lo**gía, infor**má**tica, **fá**cil, Ra**món**, **mú**sica

4. Written accents are used on all *interrogative* and *exclamatory* words. Listen to and then pronounce the following words.

   ¿**Có**mo?, ¿**Qué**?, ¿**Cuán**do?, ¿**Quién**?, ¿**Cuán**tos?, ¿**Dón**de?, ¡**Qué** bueno!

5. Written accents are also used to *differentiate meaning* of certain one-syllable words that are written and pronounced alike. Listen to and then pronounce the following words.

él (*he*)	el (*the*)	**sí** (*yes*)	si (*if*)
mí (*me*)	mi (*my*)	**tú** (*you*)	tu (*your*)

🔊 **02-06 ¿Qué dice?** Listen to each word and then select the spelling that corresponds with what you heard.

1. hablo   habló   4. separo   separó

2. trabajara   trabajará   5. contestara   contestará

3. llevo   llevó   6. estudio   estudió

02-07 Pronunciación y acentos.

Paso 1. Review the words below and select the syllable where the natural stress would fall according to the rules you have learned in this chapter.

1. mu si ca   5. bo rra dor   9. fe liz

2. ma te ma ti cas   6. u ni ver si dad   10. com po si cion

3. bo li gra fo   7. la piz

4. di ver si dad   8. e xa men

Paso 2. Now listen to the pronunciation of the words. Compare the pronunciation that you hear with the natural stress that you identified in **Paso 1.** Finally, decide which words require a written accent and write each word correctly.

11. _____

12. _____

13. _____

14. _____

15. _____

16. _____

17. _____

18. _____

19. _____

20. _____

02-08 Correcciones. Test your knowledge of how accents and word stress work in Spanish. Listen to each word and then write it, making certain to use written accents when needed.

1. _____

2. _____

3. _____

4. _____

5. _____

6. _____

Nota cultural: Las universidades hispanas
(Textbook p. 64)

02-09 Las universidades hispanas. Answer the following questions based on the information in your textbook.

1. How do the curricular requirements of your degree program at your university compare to those of a student at a university in the Spanish-speaking world?

_____

_____

2. How do the housing options on your campus compare to those of most universities in the Spanish-speaking world?

_____

_____

3. Where do most students attending your university choose to live? How does this compare to students in the Spanish-speaking world?

_____

_____

4. What kinds of extracurricular activities are available to students at your university? How do these compare to activities available at many universities in the Spanish-speaking world?

_____

_____

Vocabulario

2. La sala de clase: Describing your classroom and classmates
(Textbook p. 65)

02-10 ¿Cuáles son las palabras asociadas?
Study the words in each group and select the one that does not belong.

1. la pizarra   el borrador   la ventana   la tiza

2. la pared   el bolígrafo   el papel   el lápiz

3. la silla   el escritorio   el idioma   la mesa

4. la puerta   la ventana   la pared   la música

5. los apuntes   el bolígrafo   el cuaderno   la puerta

6. la mochila   la compañera   el libro   el cuaderno

02-11 ¿Qué relación hay entre las palabras? Complete the analogies logically with new words that you have learned in **Capítulo 2.**

profesora	bolígrafo	cuaderno
mapa	papel	libro

1. pizarra : tiza = _____ : bolígrafo

2. escriban : composición = lean : _____

3. calculen : calculadora = escriban : _____

4. estudiante : escritorio = _____ : mesa

5. novela : clase de literatura = _____ : clase de geografía

6. apuntes : _____ = definiciones : diccionario

02-12 ¿Qué es necesario en las clases? Mario is unsure about what to take to each class. Complete each statement with the item he will need.

1. Para la clase de matemáticas es necesario tener [un mapa, una pizarra, una calculadora].

2. Para la clase de literatura es necesario tener [la novela, la mochila, una computadora].

3. Para las clases de idiomas es necesario tener [la tarea, los apuntes, un diccionario].

4. Para la clase de geografía es necesario tener [la tiza, un bolígrafo, un mapa].

5. Para la clase de administración de empresas es necesario tener [el libro de economía, un diccionario, la novela].

6. Para la clase de informática es necesario tener [una mesa, una computadora, un lápiz].

02-13 Heritage Language: *tu español.* The classroom terms you have learned are common and easily understood throughout the Spanish-speaking world. However, in some regions and countries, other terms are also used. Look up the following words in the Appendix 3 *También se dice* section of your textbook and then select the correct synonym of each term.

1. alumno
   a. ex estudiante
   b. estudiante
   c. profesor

2. aula
   a. sala de clase
   b. ventana
   c. pared

3. pruebas
   a. apuntes
   b. exámenes
   c. papeles

4. pupitre
   a. silla
   b. escritorio
   c. pizarra

Gramática

3. Presente indicativo de verbos regulares: Relating daily activities (Textbook p. 67)

02-14 ¿Qué hacen en la universidad? Based on what you know about how to conjugate regular verbs in the present tense, look at the activities below and indicate the person or persons doing each activity.

1. Recibo buenas notas (*grades*).

   yo   tú   él/ella   nosotros/as   vosotros/as   ellos/as

2. Trabajamos mucho.

   yo   tú   él/ella   nosotros/as   vosotros/as   ellos/as

3. Tomáis muchos exámenes.

   yo   tú   él/ella   nosotros/as   vosotros/as   ellos/as

4. Comen en la cafetería.

   yo   tú   él/ella   nosotros/as   vosotros/as   ellos/as

5. Esperas aprender mucho.

   yo   tú   él/ella   nosotros/as   vosotros/as   ellos/as

6. Vivís en una residencia estudiantil.

   yo   tú   él/ella   nosotros/as   vosotros/as   ellos/as

7. Escribimos composiciones.

   yo   tú   él/ella   nosotros/as   vosotros/as   ellos/as

8. Enseña biología.

   yo   tú   él/ella   nosotros/as   vosotros/as   ellos/as

9. Aprendemos español.

   yo   tú   él/ella   nosotros/as   vosotros/as   ellos/as

10. Contesto el teléfono.

   yo   tú   él/ella   nosotros/as   vosotros/as   ellos/as

02-15 Una semana típica de Amaya.

Paso 1. Listen to the telephone conversation between Amaya and her mother. Then indicate which activities correspond to the days of Amaya's typical week.

1. tener clase

   _____ los lunes, los miércoles y los viernes

   _____ los martes y los jueves

   _____ todos los días de la semana

2. trabajar

   _____ los lunes, los miércoles y los viernes

   _____ los martes y los jueves

   _____ todos los días de la semana

3. comer en la cafetería

   _____ los lunes, los miércoles y los viernes

   _____ los martes y los jueves

   _____ todos los días de la semana

4. estudiar

   _____ los lunes, los miércoles y los viernes

   _____ los martes y los jueves

   _____ todos los días de la semana

5. contestar e-mails

   _____ los lunes, los miércoles y los viernes

   _____ los martes y los jueves

   _____ todos los días de la semana

6. hablar con las amigas

   _____ los lunes, los miércoles y los viernes

   _____ los martes y los jueves

   _____ todos los días de la semana

Paso 2. Listen to the conversation again and indicate which activities Amaya does alone and which activities she does with Enrique. In some cases, Amaya does the activity alone as well as with Enrique.

7. tener clase   Amaya _____   Amaya y Enrique juntos _____

8. trabajar   Amaya _____   Amaya y Enrique juntos _____

9. comer   Amaya _____   Amaya y Enrique juntos _____

10. estudiar   Amaya _____   Amaya y Enrique juntos _____

11. contestar e-mails   Amaya _____   Amaya y Enrique juntos _____

12. hablar con las amigas   Amaya _____   Amaya y Enrique juntos _____

02-16 ¿Cómo es mi universidad? Complete the following paragraph about university life by choosing the correct form of the appropriate verb.

En mi universidad, normalmente los estudiantes (1) (toman / tomas / comprenden / comprendes) entre (*between*) cuatro y seis clases cada semestre. Algunos (*some*) estudiantes (2) (estudiamos / estudian / trabajamos / trabajan) en una tienda (*store*) o en la librería (*bookstore*) también porque ellos (3) (necesita / necesitan / compra / compran) dinero.

Mis amigos y yo (4) (esperamos / esperan / vivimos / viven) en una de las residencias estudiantiles del campus, pero otros prefieren estar en un apartamento. Yo (5) (aprende / aprendo / comprende / comprendo) su preferencia porque la comida (*food*) en nuestras cafeterías no es muy buena –¡a veces (*sometimes*) es horrible!

02-17 Comparación y contraste. Compare Marta and her friends to yourself and your friends.

Paso 1. For each affirmation, compare yourself to Marta and her friends by stating whether or not you and your friends have similar habits.

1. Marta trabaja en un restaurante.

_____

2. Marta y sus amigas viven en una residencia estudiantil.

_____

3. Marta recibe buenas notas.

_____

4. Marta y sus amigos comen en la cafetería de la universidad.

_____

5. Marta toma cinco clases este semestre.

_____

6. Marta y sus hermanos comen con sus padres todos los domingos.

_____

Paso 2. Using the information above, describe the things that you have in common with Marta and her friends, and the things that you do not have in common. Be careful to use the correct forms of the verbs.

02-18 Heritage Language: *tu español*.

Paso 1. In some parts of the Spanish-speaking world, people often pronounce the **s** in many words either very lightly or not at all, especially when the **s** appears at the end of the word. As a result, it can be easy to forget to include the **s** when writing those words. Listen to the following sentences and use the clues around the words in order to determine if the speaker is talking about **tú** or if the person is referring to **ella** or **él** and select which spelling of the word is correct.

1. estudias   estudia

2. lees   lee

3. enseñas   enseña

4. necesitas   necesita

5. corres   corre

Paso 2. In some parts of the Spanish-speaking world, people use **vos** in place of or in addition to **tú**. These forms are easily distinguished in speech because of the syllable that is stressed. However, the conjugation of regular **-ar** and **-er** verbs in the **vos** form is written exactly the same as the **tú** form, with the exception of a written accent on the last vowel. Because of this close similarity, when one is writing it can be easy to forget to include the accent. Listen to each sentence and indicate which spelling of the word is correct.

6. preparas   preparás

7. aprendes   aprendés

8. regresas   regresás

9. corres   corrés

10. comprendes   comprendés

Nombre: _____   Fecha: _____

Gramática

4. La formación de preguntas y las palabras interrogativas: Creating and answering questions (Textbook p. 70)

02-19 ¿Cómo es la vida de Mario? Look at the images below and then complete the answers to the questions about Mario's life at school as in the model. To avoid being redundant, omit the known subject (*Mario*).

9:00 A.M., Sala de clase

1:00 P.M.–1:30 P.M., El jardín de la universidad con los amigos

10:00 A.M.–12:00 P.M., Trabajo en el centro de tutores

6:30 P.M., Autobús a su casa

12:00 P.M.–1:00 P.M., Cafetería

8:00 P.M., Preparación para dos exámenes

1. ¿A qué hora tiene clase?

   _____ clase _____ las _____.

2. ¿Cuántas horas trabaja?

   _____ _____ horas.

3. ¿Dónde come?

   _____ en _____ _____.

4. ¿Con quiénes habla después de (*after*) sus clases?

   _____ con _____ _____ después de sus clases.

5. ¿Adónde regresa a las seis y media?

   _____ a _____ _____ a las seis y media.

6. ¿Por qué tiene que (*has to*) estudiar?

   _____ _____ _____ porque tiene dos

   _____ mañana.

02-20 Tus hábitos y costumbres

Paso 1. Respond to the following questions about your habits and your life at school using complete sentences like those in the model. Notice that, in order to avoid being redundant, you should not use the subject pronoun **yo** in your responses.

MODELO   ¿Tomas apuntes en clase todos los días?
Sí, tomo apuntes en clase todos los días. OR *No, no tomo apuntes en clase todos los días.*

1. ¿Trabajas más de (*more than*) cinco horas a la semana?

   _____

2. ¿Estudias los sábados y/o los domingos?

   _____

3. ¿Durante cuántas horas lees y estudias todas las semanas?

   _____

4. ¿Escribes muchos apuntes cuando lees?

   _____

5. ¿Recibes muchos e-mails de tus amigos?

   _____

Paso 2. You are going to interview a new friend about his or her habits and life at school. Use the questions above as a starting point, and formulate at least five completely new questions of your own. Some ideas to consider when formulating your questions: class attendance; study habits; computer, Internet, and Facebook usage; cell phone usage, etc.

Paso 3. Using your responses to the questions in **Paso 1** and your own original questions from **Paso 2** as a guide, describe your habits and life at school.

02-21 ¿Cómo es tu vida en la universidad?

Paso 1. Respond to the following questions about yourself and your life at school using complete sentences.

1. ¿De dónde eres?

_____

2. ¿Dónde vives ahora?

_____

3. ¿Cuál es tu especialidad?

_____

4. ¿Cuántas clases tomas?

_____

5. ¿Qué clases tomas?

_____

6. ¿Cuál es tu clase favorita?

_____

7. ¿Cuántos estudiantes hay en tu clase favorita?

_____

8. ¿Cuáles son tus clases más difíciles?

_____

Paso 2. Using the information above, describe your life at school this semester.

02-22 ¿Qué preguntan? You are visiting your friend Miguel at his apartment, when suddenly the phone rings. Miguel answers, and it is clear that he has agreed to participate in a survey for Hispanic students in the area. Based on his answers, write down the questions that the person on the phone asks.

PREGUNTA 1:   ¿_____ usted?

MIGUEL: Muy bien, gracias, ¿y usted?

PREGUNTA 2:   ¿_____ usted?

MIGUEL: Soy de la Ciudad (*city*) de México.

PREGUNTA 3:   ¿_____ usted?

MIGUEL: Estudio informática.

PREGUNTA 4:   ¿_____ usted?

MIGUEL: Estudio en la universidad estatal (*state*).

PREGUNTA 5:   ¿_____ usted en esa universidad?

MIGUEL: Estudio aquí porque es una universidad que tiene un Departamento de Informática excelente y también porque la matrícula (*tuition*) no es muy alta.

PREGUNTA 6:   ¿_____ usted este semestre?

MIGUEL: Tomo cinco clases este semestre.

PREGUNTA 7:   ¿_____ de lunes a viernes?

MIGUEL: No, no tengo clases de lunes a viernes, solo tengo clase los martes y los jueves.

PREGUNTA 8:   ¿_____ normalmente?

MIGUEL: Normalmente estudio por las tardes.

02-23 Heritage Language: *tu español*. Because the two expressions **por qué** (meaning *why*) and **porque** (meaning *because*) sound exactly the same when pronounced, they are easily confused in writing. Listen to each sentence and use the context to determine which of the two terms the speaker uses.

1. por qué   porque

2. por qué   porque

3. por qué   porque

4. por qué   porque

5. por qué   porque

Vocabulario

5. Los números 100–1.000: Counting from 100–1,000 (Textbook p. 72)

🔊 **02-24 ¿Cuál es el precio?** Listen to each price and match each object with its most accurate price.

1. _____   a. un iPad de Mac

2. _____   b. el libro para la clase de español

3. _____   c. un disco compacto

4. _____   d. un televisor con una pantalla plana (*flat screen*) LCD de 46 pulgadas (*inches*)

5. _____   e. un teléfono móvil con cámara digital y con reproductor (*player*) mp3

🔊 **02-25 Datos importantes.** Listen as Clara tells her supervisor at the university bookstore about their next order. Help them by writing down the number of each item they need to buy. Use numerals, not words, to write you answers.

1. cuadernos _____

2. computadoras portátiles (*portable*) _____

3. calculadoras científicas _____

4. libros para la clase de biología 101 _____

5. libros para la clase de español 101 _____

6. diccionarios _____

🔊 **02-26 Los estudiantes internacionales.** Susana works at the International Center of her university and shares with you some statistics about the number of international students enrolled this year. Listen and write the number of students from each country who are studying at her institution.

1. China _____

2. Taiwan _____

3. Hong Kong _____

4. Japón _____

5. México _____

6. Canadá _____

02-27 Heritage Language: *tu español*. It can be difficult to remember how to correctly say numbers in Spanish, especially course numbers. Because we spend most of our time talking about university studies in English, it is easy to think of course numbers in English and it may feel awkward to say them in Spanish.

Paso 1. Here is Olga's schedule for this semester. Choose three of her classes in order to practice saying what courses she is taking, when they take place and where they take place. Remember to use the correct conjugation of **tener** and to use **los** to state on which days of the week each class takes place, **a las** or **a la** to indicate the time and **en** to indicate the location.

MODELO   Olga tiene la clase de japonés ciento uno, "Lengua japonesa, nivel elemental", los lunes, los miércoles y los viernes a las nueve menos cuarto de la mañana en la sala ciento diez del Centro de Idiomas.

El horario de Olga

lunes, miércoles y viernes

8:45   Japonés 101: Lengua japonesa, nivel elemental (Sala 110, Centro de Idiomas)

10:00   Matemáticas 114: Introducción al cálculo y la geometría analítica (Sala 214, Edificio Central)

11:00   Español 570: La novela hispanoamericana de los años 60 (Sala 245, Facultad de Filosofía y Letras)

1:00   Psicología 350: Introducción a la psicología cognitiva (Sala 347, Facultad de Ciencias Sociales)

martes y jueves

10:00   Arte 270: El muralismo mexicano y chicano en su contexto histórico y social (Sala 115, Facultad de Filosofía y Letras)

12:30   Música 410: Música afro-cubana (Auditorio Central, Teatro Bebo Valdés)

Paso 2. Now write down your own schedule, indicating when and where each class takes place.

_____

_____

_____

_____

_____

_____

Paso 3. Now use your notes above to describe at least three classes from your own schedule. Remember to use the correct conjugation of **tener** and to use **los** to state on which days of the week each class takes place, **a las** or **a la** to indicate the time and **en** to indicate the location.

Comunicación II

Vocabulario

6. En la universidad: Elaborating on university places and objects (Textbook p. 74)

02-28 **¿Cómo se llaman los edificios en tu campus?**

Paso 1. Indicate the names of the following buildings (or of the buildings where each campus entity is located) at your school.

1. La Facultad de Idiomas _____

2. La cafetería _____

3. El estadio _____

4. La Facultad de Biología _____

5. La biblioteca _____

6. El gimnasio _____

7. La librería _____

Paso 2. Use the correct form of the verb **estar** to describe where each place is located on your campus.

02-29 ¿En qué edificio?

Paso 1. For each of the activities below, indicate where you most often do them.

la biblioteca	el estadio	el gimnasio	la librería
el centro estudiantil	la residencia estudiantil	mi cuarto	la cafetería

1. Estudiar para los exámenes: _____

2. Escuchar música: _____

3. Preparar la tarea para mis clases: _____

4. Leer para mis clases: _____

5. Comer: _____

6. Comprar libros y materiales para mis clases: _____

Paso 2. List at least four more activities you do on a regular basis and indicate where you do them.

_____

_____

_____

_____

_____

Paso 3. Using your notes from **Pasos 1–2**, describe where you do each of the activities mentioned, being careful to use the correct form of each verb.

02-30 Las cosas que tenemos. Your new friend Diego is interested in learning more about students in the United States. Listen to his questions and then write your answers in complete sentences below. Be sure to follow the model closely; you should avoid unnecessary repetition by not using subjects or subject pronouns in your responses.

1. _____.

2. _____.

3. _____.

4. _____.

5. _____.

02-31 ¿Qué tienen tú y tus amigos?

Paso 1. Categorize the words in the word bank according to the person who has the following items: you, one of your two friends, both of your friends, or both of your friends as well as you.

un teléfono móvil	una computadora	un televisor
unos DVDs	una radio	un/a compañero/a de cuarto
dos compañeros/as de cuarto	un reproductor mp3	muchos discos compactos

1. Yo: _____

2. Amigo 1: _____

3. Amigo 2: _____

4. Mis amigos 1 y 2: _____

5. Mis amigos y yo: _____

Paso 2. Use your notes above to describe what you and your friends have. Be careful to use **tengo** when discussing the item that only you have, **tiene** when discussing items that only one of your friends have, **tienen** when discussing items that your friends have and that you do not, and **tenemos** for items that you and at least one of your friends both have.

Nombre: _____   Fecha: _____

Paso 3. Now write a short paragraph comparing and contrasting what you and your friends have. Be careful to use the correct forms of the verb **tener** throughout.

_____

_____

_____

_____

_____

_____

_____

02-32 Heritage Language: *tu español.* Cognates can be extremely helpful when one is trying to communicate in another language. However, false cognates can create confusion and misunderstandings. For that reason, it is wise to keep track of these words.

Paso 1. Indicate if each word is a cognate or a false cognate.

1. residencia   cognado   falso cognado

2. laboratorio   cognado   falso cognado

3. dormitorio   cognado   falso cognado

4. librería   cognado   falso cognado

5. apartamento   cognado   falso cognado

6. computadora   cognado   falso cognado

Paso 2. Select the correct meaning of each word.

7. residencia
   a. residence
   b. dorm

8. laboratorio
   a. classroom
   b. laboratory

9. dormitorio
   a. dorm
   b. bedroom

10. librería
    a. bookstore
    b. library

11. apartamento
    a. apartment
    b. bedroom

12. computadora
    a. calculator
    b. computer

Gramática

7. El verbo *estar:* Expressing *to be*
(Textbook p. 76)

🔊 **02-33 ¿Dónde están mis cosas?** Your friend Chucho is very disorganized, has just overslept and is running late for class. Listen to his questions and then, using the information provided in the image, tell him where his things are. Use the verb **estar** with the expressions **en la mesa** or **en tu mochila.**

1. _____.

2. _____.

3. _____.

4. _____.

5. _____.

6. _____.

7. _____.

🔊 **02-34 ¿Dónde están mis amigos?** Pablo does not know where any of his friends are and is concerned. Finally, he realizes that Gregorio left him a voicemail message, telling him where everybody is. Listen to the message and then fill in the blanks with the location of each person. Be careful to use the correct form of **estar** in each answer.

1. Gregorio _____.

2. Clara _____.

3. Chucho y Diego _____.

4. María y Lina _____.

5. Adolfo _____.

6. Justino _____.

Nombre: _____ Fecha: _____

02-35 ¿Qué les gusta hacer (to do) en los diferentes lugares? Pablo would like to know what you and your friends enjoy doing in different places across your campus. Listen to his questions and then respond to them. Be careful to use the correct form of the verb **estar** in each answer.

Vocabulario útil

escuchar música	estudiar	hablar	comprar
aprender	hablar con mis amigos	tomar café	escribir correos electrónicos
leer novelas	hablar por Skype	comer	hablar por teléfono
escribir en Facebook			

02-36 ¿Dónde están los países? One of your friends from Spanish class is very stressed out about a geography test coming up and needs your help. Why not review both your Spanish and your geography at the same time? Using the correct forms of **estar** and the expressions **al norte de** (to the north of), **al sur de** (to the south of), **al este de** (to the east of), and **al oeste de** (to the west of), indicate where the following countries are located in relation to each other.

1. Perú y Ecuador _____ Chile.

2. España _____ Portugal.

3. Paraguay y Bolivia _____ Argentina.

4. Panamá _____ Cuba.

5. Chile _____ Argentina y Uruguay.

6. Colombia y Panamá _____ Venezuela.

7. Puerto Rico _____ Cuba.

8. Venezuela _____ la República Dominicana.

02-37 Heritage Language: *tu español*. The second- and third-person singular forms of the verb **estar** are spelled very similarly to the Spanish words **esta** (the feminine form of *this*) and **estas** (the feminine form of *these*); the only difference is the accent. Listen to each sentence, paying attention to both the meaning of the word (through the context of the sentence) and also to which syllable the speaker stresses, in order to determine which of the two words the speaker uses.

1. está   esta

2. está   esta

3. está   esta

4. está   esta

5. estás   estas

6. estás   estas

Vocabulario

8. Las emociones y los estados: Articulating emotions and states of being (Textbook p. 79)

02-38 Tus emociones. Match each of the emotions with the event or word that relates most closely to it.

1. feliz _____   a. los exámenes

2. enfermo _____   b. un funeral

3. triste _____   c. una fiesta

4. nerviosa _____   d. el hospital

5. cansada _____   e. el gimnasio

02-39 ¡Incompatibles! Laura is having trouble with her roommate; in this case, opposites do not attract! For each sentence, complete the first two blanks with the correct forms of the verb **estar,** and for the third blank, choose the appropriate adjective from the word bank.

contenta	preocupada	enojadas

¡No me gusta mi compañera de cuarto! Cuando yo (1) _____ triste, ella

(2) _____ (3) _____. Cuando (4) _____ aburrida y escucho

música, ella (5) _____ (6) _____ porque necesita estudiar para un examen muy

difícil. Cuando mis amigos y yo (7) _____ cansados y deseamos (*we want*) ver una película, ella y

sus amigas (8) _____ (9) _____ porque desean ver una película diferente. ¡Creo

que nosotras somos muy incompatibles!

02-40 Situaciones y emociones. You are in each of the following situations. Describe how you feel using the appropriate adjective and the correct form of the verb **estar** with the expressions in the word bank.

contento/a	triste	aburrido/a	nervioso/a
cansado/a	preocupado/a	enojado/a	

1. Estás en una clase muy difícil. No comprendes los libros o los conceptos. Tienes un examen.

   _____.

2. Estás en tu clase favorita. Estudias mucho para la clase y aprendes mucho. Tienes una presentación.

   _____.

3. Estás en una clase que no te gusta y que no es interesante. El profesor habla durante (*during*) toda la clase y

   no permite la participación de los estudiantes. _____.

4. Estás en una fiesta y hablas con una persona que te gusta mucho. Es una persona muy atractiva. La persona

   cree que tú también eres muy atractivo/a. _____.

5. A las seis de la mañana estás en el gimnasio. A las ocho estás en la biblioteca para estudiar. A las nueve tienes

   clase. Tienes otra clase a las diez y otra clase a las doce. Después de tus clases, trabajas cuatro horas y después

   de trabajar estudias cuatro horas. Son las nueve de la noche. _____.

02-41 Heritage Language: *tu español*. The terms that you have learned to describe emotions and states of being are common and easily understood throughout the Spanish-speaking world. However, in some regions and countries, other terms are also used. Look up the following words in the Appendix 3 *También se dice* section of your textbook and then select the correct synonym of each term.

1. agotado _____   a. triste

2. deprimido _____   b. cansado

3. alegre _____   c. feliz

4. disgustado _____   d. enojado

Gramática

9. El verbo *gustar*: Conveying likes and dislikes (Textbook p. 80)

02-42 ¿Qué le gusta hacer? Look at the pictures of Mario, and then answer the questions about his daily activities, using the correct form of **gustar** and the correct combination of expressions provided.

1.

3.

2.

4.

comer	preparar sus clases
ir	hablar
leer	

con sus amigos	a la universidad
en la biblioteca	con sus compañeros
en la cafetería	

1. ¿A dónde le gusta ir (*to go*) por la mañana?

   Por la mañana _____.

2. ¿Dónde le gusta leer y preparar sus clases?

   _____.

3. ¿Qué le gusta hacer con sus compañeros?

   _____.

4. ¿Qué le gusta hacer en la cafetería?

   _____.

02-43 Las universidades no son perfectas. Your school paper wants to know your opinion about your classes as well as about the different facilities and services provided on campus. Listen to the questions and then write your answers in concise but complete sentences, as in the model.

1. _____.

2. _____.

3. _____.

4. _____.

5. _____.

6. _____.

02-44 ¿Qué te gusta?

Paso 1. Complete the following sentences using the verb **gustar** to express what you like about certain places or situations or what you like to do there.

1. la biblioteca: _____.

2. mi cuarto: _____.

3. con mis amigos: _____.

4. en clase: _____.

5. en el gimnasio: _____.

6. en una tienda de música: _____.

7. en la cafetería: _____.

8. en un restaurante elegante: _____.

9. en una fiesta: _____.

10. en casa con mi familia: _____.

Paso 2. Using the information above, describe five of your favorite things to do in your favorite places.

02-45 Nuestras preferencias.

Paso 1. Take a moment to think about yourself and one person who is close to you. Consider what each of your favorite things and activities are. Jot down as many ideas in Spanish as possible, without repeating anything.

Yo

1. Me gusta:

_____

_____

2. Me gustan:

_____

_____

Una persona importante para mí

3. Le gusta:

_____

_____

4. Le gustan:

_____

_____

Paso 2. Now practice describing your likes, being careful to use the correct form of the verb **gustar** in your responses.

02-46 Heritage Language: *tu español.*

Paso 1. While the term **gustar** is the most common term used to express likes and dislikes across the entire Spanish-speaking world, in some regions and countries, other terms are also used. The following verbs are also conjugated the same way as **gustar** and are all used to express very strong, positive feelings and opinions. Complete each sentence with the correct conjugation of the verb in parentheses.

1. Me _____ (chiflar) la música mexicana.

2. Le _____ (encantar) todas sus clases.

3. Nos _____ (ilusionar) estudiar en México.

4. Les _____ (entusiasmar) las excursiones a las ruinas de los mayas.

5. Me _____ (fascinar) el arte de Frida Kahlo.

Paso 2. In Spanish many other verbs work just like **gustar.** The following verbs should look very familiar to you because of their similarity to the adjectives for emotions and states of being that you have learned. Complete each sentence with the correct form of the verb provided, paying attention to the way it is conjugated. You may use each verb only once.

cansa	aburre	enojan	preocupan

6. Estoy nervioso porque necesito estudiar mucho y aprender bien la materia para dos exámenes que tengo hoy.

   Los exámenes me _____.

7. Le gusta mucho ir al gimnasio para hacer mucho ejercicio durante dos horas todos los días. Hacer tanto (*so much*) ejercicio le _____.

8. La clase que no es interesante nos _____.

9. Cuando trabajo mucho en los proyectos y no recibo buenas notas, las malas notas (D's y F's) me

   _____.

Vocabulario

10. Los deportes y los pasatiempos: Offering opinions on sports and pastimes (Textbook p. 81)

02-47 ¿Qué le gusta? Look at the names of the following famous people and the list of things or activities that they might like. Using expressions with the verb **gustar** along with the expressions provided, create logical sentences about these people.

el básquetbol	jugar al fútbol	~~jugar al golf~~	los bailes y la música	jugar al béisbol
las bicicletas	jugar al fútbol americano	las novelas	jugar al tenis	

1. A Pau Gasol _____.

2. A Shakira _____.

3. A Leo Messi _____.

4. _____ A Miguel Indurain _____.

5. _____ A Gabriel García Márquez _____.

6. _____ A Albert Pujols _____.

7. _____ A Rafael Nadal _____.

02-48 ¿Preguntas lógicas o preguntas ilógicas? Listen to each question and indicate if it is a **pregunta lógica** (*logical question*) or if it is a **pregunta ilógica** (*illogical question*).

1. pregunta lógica   pregunta ilógica

2. pregunta lógica   pregunta ilógica

3. pregunta lógica   pregunta ilógica

4. pregunta lógica   pregunta ilógica

5. pregunta lógica   pregunta ilógica

6. pregunta lógica   pregunta ilógica

02-49 ¿Qué, cuándo, con quién, y dónde?

Paso 1. List five activities that you particularly like doing, in Spanish. For each one indicate also when you like doing those things, with whom you like doing them and where you like doing them.

	Actividad	Mes / Estación	Persona(s)	Lugar
1.				
2.				
3.				
4.				
5.				

Paso 2. Using the information that you organized in **Paso 1,** describe at least three of your favorite pastimes, when and where you generally do them and with whom you like to do them.

Paso 3. Using the information that you organized in **Paso 1** and that you described in Paso 2, construct a short paragraph describing your favorite pastimes, when you like doing those activities, with whom you like doing them, and where you enjoy doing them. You may find words like **también, y,** and **pero** useful as you try to connect your ideas.

_____

_____

_____

_____

_____

_____

_____

02-50 Heritage Language: *tu español*. Although the sports and pastimes you have learned about are known throughout much of the Spanish-speaking world, there are also many other activities that are popular in Spanish-speaking countries. For each activity, indicate if it is an indoor activity or an outdoor activity. If necessary, use the Appendix 3 *También se dice* section of your textbook or the Internet to find out what the sport or activity is.

1. el senderismo   indoor   outdoor   either

2. el alpinismo   indoor   outdoor   either

3. el ráquetbol   indoor   outdoor   either

4. la pesca   indoor   outdoor   either

5. el jai alai   indoor   outdoor   either

Nota cultural: Los deportes en el mundo hispano (Textbook p. 84)

02-51 Sports and pastimes in the Spanish-speaking world. Choose the correct response or responses to the following questions about sports and pastimes in the Spanish-speaking world.

1. ¿Cuál es el deporte nacional de muchos países del mundo hispánico?

_____ el básquetbol

_____ el fútbol

_____ el béisbol

_____ el atletismo

2. ¿Cuáles son otros deportes populares en el mundo hispánico?

_____ el básquetbol

_____ el fútbol americano

_____ el tenis

_____ el béisbol

3. ¿Cuáles de los siguientes países participan en los Juegos Panamericanos?

_____ Cuba

_____ España

_____ Argentina

_____ México

4. ¿Cuándo tienen lugar (*take place*) los Juegos Panamericanos?

_____ el mismo año que los Juegos Olímpicos

_____ un año antes de los Juegos Olímpicos

_____ cada cuatro años

_____ un año después de los Juegos Olímpicos

5. ¿Cuáles son algunos deportes que ofrecen (*they offer*) en la UNAM?

_____ béisbol

_____ vóleibol

_____ fútbol americano

_____ judo

_____ golf

_____ natación

Escucha (Textbook p. 86)

🔊 02-52   **En la librería.**

Paso 1

1. Listen as Merche and Amaya converse about work and classes, and select the words that you hear in their conversation.

_____ bolígrafos   _____ cuaderno

_____ trabajo   _____ ciencias

_____ libros   _____ idiomas

_____ clases   _____ compañeros

_____ lápices   _____ mochila

_____ dinero   _____ dólares

Paso 2. Listen again and indicate whether the following statements are **Cierto** or **Falso.**

2. Amaya trabaja en una cafetería.   Cierto   Falso

3. Merche necesita comprar cuadernos y bolígrafos.   Cierto   Falso

4. Amaya trabaja 10 horas a la semana.   Cierto   Falso

5. Merche necesita una nueva mochila.   Cierto   Falso

6. Merche toma seis clases en total.   Cierto   Falso

7. El precio total es $367.00.   Cierto   Falso

Paso 3. Listen to the conversation between Amaya and Merche once more in order to relate what really happened in the bookstore. This time, rewrite the selected portions of the statements that are false in order to make them true. For those that are true, leave the statement as it is.

8. Amaya trabaja en una <u>cafetería.</u>

9. Merche necesita comprar <u>cuadernos y bolígrafos</u>.

10. Amaya trabaja <u>10</u> horas a la semana.

11. Merche necesita una nueva <u>mochila</u>.

12. Merche toma <u>seis</u> clases en total.

13. El precio total es <u>$367.00</u>.

🔊 **02-53 La idea general.** Listen to the conversation between Merche and Amaya and, using one sentence in English, relay the gist of it.

_____

_____

¡Conversemos! (Textbook p. 86)

02-54 Mi universidad. You are working at the Office of International Education at your campus. One of your responsibilities is to help international students adjust to life at your school by conducting orientation sessions and holding individual and group meetings. Today you are meeting with a student from Mexico. Help him by answering his questions.

1. ¿Qué especialidades crees que son muy difíciles en esta universidad?

2. ¿Qué especialidades crees que son fáciles?

3. ¿Cuál es tu especialidad y por qué te gusta?

4. ¿Qué profesores y clases crees que son interesantes?

5. ¿Qué profesores y clases crees que son aburridos?

6. ¿Qué actividades extracurriculares te gustan? ¿Por qué? ¿Cuáles no te gustan? ¿Por qué no?

Escribe (Textbook p. 87)

02-55 Tu mejor amigo/a y tú.

Paso 1. Provide the following basic information about yourself and your best friend; also indicate any information that is common to you both.

1. Características físicas

_____

_____

_____

2. Personalidad

_____

_____

_____

3. Universidad

_____

_____

_____

4. Especialidad

_____

_____

_____

5. Pasatiempos

_____

_____

_____

6. Deportes favoritos

_____

_____

_____

Paso 2. Using the information you provided in Paso 1, describe yourself and your best friend. Before speaking, take a moment to quickly review the information about verb forms in **Capítulos 1–2** (especially the **yo** forms, the **él** or **ella** forms, and the **nosotros** forms of **ser, tener**, regular **–ar, –er,** and **–ir** verbs; and forms of **gustar** that you have learned).

Paso 3. Un programa de televisión.   You and your best friend are entering a competition to be part of a new reality show. As part of your application, you need to write a general description of yourselves. Before writing, review once again the information about verb forms in **Capítulos 1–2.** Then, use the information in **Paso 1** to write your description. Finally, review your work to ensure that your adjectives correspond to the gender of the person to whom you are referring and that you have used the correct verb forms.

_____

_____

_____

_____

_____

_____

_____

_____

_____

_____

Cultura: México (Textbook pp. 88–89)

02-56 ¡Qué interesante es México! Based on what you learned about Mexico in **Capítulo 2,** choose the correct answers to the following questions.

1. Las universidades mexicanas normalmente no tienen _____.
   a. gimnasios
   b. residencias estudiantiles
   c. muchos estudiantes
   d. estadios
   e. piscinas

2. La UNAM está en _____ .
   a. Oaxaca
   b. Tepotzlán
   c. Ciudad de México
   d. Morelia
   e. Guadalajara

3. La UNAM es _____ .
   a. la primera universidad de América Latina
   b. la universidad más importante de América Latina
   c. la universidad más pequeña de América Latina
   d. la universidad más moderna de América Latina
   e. la universidad más grande de América Latina

4. El equipo de fútbol de la UNAM se llama _____ .
   a. los Pumas
   b. los Jaguares
   c. los Tigres
   d. los Gatos
   e. los Leopardos

5. La ciudad de Oaxaca es famosa porque tiene _____ .
   a. una universidad muy grande
   b. muchos artesanos
   c. un equipo de fútbol importante
   d. muchos estudiantes
   e. los Juegos Panamericanos

6. Frida Kahlo es _____ .
   a. una pintora famosa por sus murales de temas históricos y sociales
   b. una artesana famosa por su hojalatería
   c. una artesana famosa por su cestería
   d. una pintora famosa por sus autorretratos psicológicos
   e. una artesana famosa por su cerámica

02-57 Vistas culturales: México. View the video segments in order to complete each part of the activity. You will likely not understand all of the words that you hear, but you should relax because you are capable of understanding more than enough to be able to respond to the questions without difficulty.

México: Introducción. Read the questions, then watch the video and complete each sentence with the correct information.

1. La capital de México es _____.

2. La población de México es _____.

México: Geografía. Read the questions, then watch the video and select the correct response or responses to each question.

3. México es aproximadamente 3 veces el tamaño (*three times the size*) de

   _____ los Estados Unidos

   _____ Texas

   _____ Guatemala

   _____ Arizona

4. México tiene frontera con

   _____ los Estados Unidos

   _____ El Salvador

   _____ Nicaragua

   _____ Guatemala

5. México tiene costas con

   _____ el océano Pacífico

   _____ el mar Mediterráneo

   _____ el golfo de México

México: Presencia indígena. Read the questions, then watch the video and select with which indigenous group of Mexico each place or item is associated.

6. San Lorenzo
   a. los olmecas
   b. los toltecas
   c. los mayas
   d. los aztecas

7. Laguna de los Cerros
   a. los olmecas
   b. los toltecas
   c. los mayas
   d. los aztecas

8. juegos similares al básquetbol
   a. los olmecas
   b. los toltecas
   c. los mayas
   d. los aztecas

9. Teotihuacán
   a. los olmecas
   b. los toltecas
   c. los mayas
   d. los aztecas

10. El templo de Quetzalcóatl
    a. los olmecas
    b. los toltecas
    c. los mayas
    d. los aztecas

11. La pirámide del sol
    a. los olmecas
    b. los toltecas
    c. los mayas
    d. los aztecas

12. El calendario más exacto del mundo
    a. los olmecas
    b. los toltecas
    c. los mayas
    d. los aztecas

13. La astronomía
    a. los olmecas
    b. los toltecas
    c. los mayas
    d. los aztecas

14. Uxmal
    a. los olmecas
    b. los toltecas
    c. los mayas
    d. los aztecas

15. Aztlán
    a. los olmecas
    b. los toltecas
    c. los mayas
    d. los aztecas

16. Tenochtitlán
    a. los olmecas
    b. los toltecas
    c. los mayas
    d. los aztecas

Más cultura

02-58 Las universidades en el mundo hispánico.
Read the following information about some of the characteristics of universities and university systems in many Spanish-speaking countries, and then answer the questions that follow.

• En el mundo hispano, el proceso de admisión a las universidades varía (*varies*) en diferentes países. En unos países, todos los estudiantes en el país toman un examen. Después, las notas (*grades*) de los estudiantes determinan su futuro académico. Para un estudiante con una nota muy buena, normalmente es posible estudiar su especialidad preferida en su universidad favorita. Un estudiante que tiene una nota muy mala no tiene muchas opciones —es posible estudiar una especialidad, pero no necesariamente su especialidad preferida en su universidad preferida.

Capítulo 2 La vida universitaria   **119**

- El proceso de admisión también varía dentro de los países y también, a veces, dentro de las universidades. En unas universidades, es necesario completar un examen de admisión y hacer entrevistas (*interviews*) de admisión. En unas facultades también es necesario presentar más de un examen para poder (*to be able to*) estudiar una de sus especialidades.

- Los exámenes de admisión a las universidades en el mundo hispánico no son exactamente como los exámenes que muchos estudiantes de los Estados Unidos toman. Aunque (*although*) tienen partes similares para evaluar las habilidades de los estudiantes para hacer las matemáticas, para comprender vocabulario y para leer, muchos exámenes también tienen secciones donde los estudiantes tienen que contestar preguntas sobre historia, literatura, y política internacional.

- Dentro de las universidades, las notas en muchos lugares del mundo hispánico se basan en un sistema de cero a diez. En estos lugares, para aprobar (*pass*) una clase es necesario tener un cinco. Si un estudiante tiene un nueve o un diez, está muy feliz porque no es común recibir notas muy altas. Es más común recibir un seis, un siete y, si estudias mucho, un ocho. También es muy común para muchos estudiantes no aprobar todas las clases todos los semestres. Ellos no tienen que tomar la clase otra vez (*again*) si no lo desean (*if they do not want to*); solamente tienen que tomar y aprobar el examen final de la clase.

1. In general, how does the university admissions process in Spanish-speaking countries compare to the process that you underwent when you applied to your school(s)?

   _____

   _____

   _____

   _____

2. How do admissions exams in the Spanish-speaking countries compare to standardized tests required by many schools in the United States?

   _____

   _____

   _____

   _____

3. How does the grading system described above compare to the one that is used at your university? How common is it for students to receive the highest possible grade in your system? How common is it for students to fail one or two courses every semester?

   _____

   _____

   _____

   _____

02-59 Heritage Language: *tu mundo hispano*. Investigate the similarities and differences between your university and a university in a Spanish-speaking country. Select a university located in a city and country where you would enjoy studying for a semester or for an academic year. Your campus Study Abroad Office or Office of International Education can help and might even put you in contact with an exchange student who can give you firsthand information about his or her home university.

Paso 1. Use the following questions to guide your comparative research about your university and the university you have chosen to learn about.

¿Cómo se llama (*What is the name of*) la universidad y dónde está?

1. Mi universidad: _____

2. Una universidad hispana: _____

¿Aproximadamente cuántos estudiantes hay en la universidad?

3. Mi universidad: _____

4. Una universidad hispana: _____

¿Cuántas facultades (*colleges* or *schools*) tiene la universidad?

5. Mi universidad: _____

6. Una universidad hispana: _____

¿Cómo se llama el departamento de tu especialidad y en qué facultad está? Si la universidad hispana no tiene tu especialidad, ¿qué especialidades tiene que te gustan? ¿En qué facultad(es) están?

7. Mi universidad: _____

8. Una universidad hispana: _____

¿En qué tipo de actividades extracurriculares participan los estudiantes? ¿Tiene equipos importantes de algún deporte? Si sí, ¿cuál(es)?

9. Mi universidad: _____

10. Una universidad hispana: _____

Paso 2. Using your responses in **Paso 1,** briefly describe how your own university compares to the university you have researched. Be careful to use the correct forms of the verbs **tener, estar, necesitar,** and **participar** in your responses.

Ambiciones siniestras

Episodio 2

Lectura: *Las solicitudes* (Textbook p. 90)

02-60 Los personajes. Based on what you have read in your text from *Ambiciones siniestras*, indicate which character or characters would logically make each statement below.

1. Mis padres son divorciados.   Alejandra   Manolo   Cisco

2. Soy un/a estudiante muy bueno/a.   Alejandra   Manolo   Cisco

3. Me gusta el arte.   Alejandra   Manolo   Cisco

4. Me gustan las computadoras.   Alejandra   Manolo   Cisco

5. Deseo estudiar medicina.   Alejandra   Manolo   Cisco

6. Soy una persona muy creativa.   Alejandra   Manolo   Cisco

7. Hablo español.   Alejandra   Manolo   Cisco

Video: *La aventura comienza* (Textbook p. 92)

02-61 Otros personajes. Read the following statements. Then, as you view the video, indicate which character or characters would logically make each statement.

1. Soy de Nueva York.	Marisol	Lupe	Eduardo
2. Me gusta el periodismo.	Marisol	Lupe	Eduardo
3. Creo que la historia es interesante.	Marisol	Lupe	Eduardo
4. Estoy en mi tercer año de la universidad.	Marisol	Lupe	Eduardo
5. Me gustan los deportes.	Marisol	Lupe	Eduardo
6. Me gustan las novelas policíacas.	Marisol	Lupe	Eduardo
7. Trabajo como voluntario/a con niños.	Marisol	Lupe	Eduardo
8. Hablo más de dos idiomas.	Marisol	Lupe	Eduardo

Nombre: _____   Fecha: _____

02-62 Marisol, Lupe y Eduardo. View the video again in order to extract more detailed information about the characters.

Paso 1. Complete the following statements with information that you learn about the characters in the video. If necessary, view the episode more than once.

1. El nombre completo de Marisol es: Marisol Soledad Valenzuela [López, Calle, Salme].

2. El nombre completo de Lupe es: Guadalupe Iriarte [Chacón, Chávez, Girón].

3. El nombre completo de Eduardo es: Eduardo Caña [Rodríguez, Suarez, Jiménez].

4. La especialidad de Marisol es [sociología, psicología, ingeniería].

Paso 2. Complete the following statements about the characters.

5. Las aficiones de Eduardo son: jugar al _____ y _____.

6. Marisol _____ como voluntaria en el hospital.

7. Eduardo trabaja como voluntario en una organización para los _____ de su área.

8. A Eduardo le gusta pasar tiempo con su _____.

02-63 Conexiones y conclusiones

Paso 1. Personas similares. View the video one more time. Then, using complete sentences in Spanish, answer the following questions about the characters.

1. ¿Qué tienen en común (*in common*) Lupe y Eduardo?

_____

2. ¿Qué tienen en común Marisol y Eduardo?

_____

3. ¿Qué tienen en común Lupe, Marisol y Eduardo?

_____

4. ¿Qué tienes tú en común con Lupe, Marisol y Eduardo?

_____

5. ¿Por qué cree el Sr. Verdugo que Marisol, Lupe y Eduardo "son perfectos"? Escribe por lo menos (*at least*) tres adjetivos que él usa en su descripción de los chicos.

_____

Paso 2. Tus conclusiones. Answer the questions about the conclusion of this episode using English or Spanish.

6. What kind of assumption does Sr. Verdugo make about the three students' language skills based on the fact that "**todos tienen nombres hispanos**"? Do you think this assumption is common? Do you think it is wise? Why or why not?

_____

_____

_____

_____

_____

7. Finally, considering the adjectives that Sr. Verdugo used to describe these three characters and the fact that he mentions that he hopes they like "**dinero,**" hypothesize about what kind of e-mail message you think he sent to them. Be creative!

_____

_____

_____

_____

_____

Comunidades

02-64 **Experiential learning: Compras en línea.** Visit the online shopping site of a Mexican retailer, such as **Cimaco**. Investigate the prices of at least ten common back-to-school items that many college students buy. Then find the current exchange rate for the Mexican peso and convert each price to U.S. dollars. Describe how the prices compare to what you would pay for such items in the United States. Take the findings of your research to class in order to compare your results with those of your classmates. In groups, relate to each other in Spanish which products you found and what their prices are.

02-65 **Service learning: Estudiantes hispanohablantes.**

Paso 1. Obtain an electronic copy of your campus map and request permission to create a bilingual version of it to be used by Spanish-speaking visitors and current and future students. Work with your class to label all of the buildings that have specific functions in Spanish, while also leaving the English words visible. For example, where the map shows the campus post office, you should write **Oficina de Correos** and for the dining hall you should write **Cafetería.** Submit the final bilingual map to the Office of Admission or Recruitment as a gift from your Spanish class.

Paso 2. Studying in another country far away from home is an exciting and extremely rewarding experience, and a fabulous opportunity for personal and academic growth. Spending time with international students on your own campus and talking with them about their experiences and perspectives can be just as valuable an experience for you, and at the same time you can make another person feel more welcome in your campus community. Contact your university's Office of International Relations and volunteer to serve as a buddy or mentor for an international student. Let them know that you are studying Spanish and that, ideally, you would like to help a Spanish-speaking exchange student.

Nombre: _____   Fecha: _____

 **Estamos en casa**

Comunicación I

Vocabulario

1. La casa: Describing homes (Textbook p. 98)

03-01 ¿Qué hacemos en casa? Match each image with the area of the home it is most associated with it.

1. _____

2. _____

3. _____

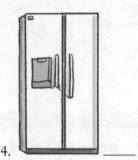

4. _____

5. _____

a. la cocina

b. la sala

c. la oficina

d. el garaje

e. el jardín

03-02 ¿Quién está en casa? Adriana is studying
abroad for a month and calls home to talk with her
parents, siblings, and grandmother. Based on what you
see in the image of her home, complete the following
sentences, following the model.

MODELO   Sus hermanos *están* en *los dormitorios*.

1. Sus hermanos pequeños _____ en

_____ _____.

2. Su padre _____ en _____

_____.

3. Su madre _____ en _____

_____.

4. Su abuela _____ en _____

_____.

03-03 Necesito una casa para mi familia.

Osvaldo is looking for a new house for his family, and Adriana's family's house is for sale. Look at the image of
Adriana's house and answer Osvaldo's questions about the basic features of the house, using complete but brief
sentences and following the model exactly.

MODELO   ¿Cuántos baños tiene en total?

Tiene tres baños.

¿Tiene sótano?

No, no tiene sótano.

¿Tiene jardín?

Sí, tiene jardín.

1. ¿Cuántos dormitorios tiene?

_____.

2. ¿Tiene garaje?

_____.

3. ¿Cuántos pisos tiene?

_____.

4. ¿Tiene altillo?

_____.

5. ¿Tiene oficina?

_____.

Nombre: _____   Fecha: _____

03-04 La casa. Complete the crossword puzzle with the correct words.

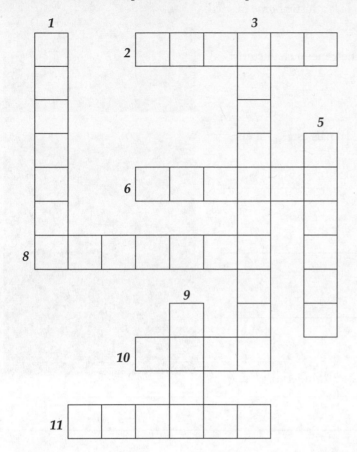
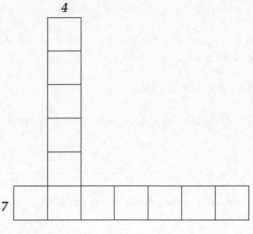

Vertical

1. el lugar donde trabajo

3. el lugar donde tengo mis cosas

4. el lugar debajo de (*below*) la planta baja de la casa

5. el lugar donde mi hermana toma el sol en verano

9. el lugar donde vemos la televisión

Horizontal

2. el lugar donde jugamos al fútbol en primavera

6. el lugar donde preparamos la comida

7. el lugar donde comemos con la familia para celebrar eventos especiales

8. el lugar donde ponemos las cosas que no usamos muy frecuentemente

10. el lugar donde me ducho (*I shower*)

11. el lugar donde aparcamos (*park*) el automóvil

03-05 ¿Cómo es tu casa ideal? Create a brief description of your dream house. Is it a large and luxurious mansion? Is it a rustic home nestled in a town near the mountains? Is it something else?

Paso 1. Answer the following questions about the general characteristics of your dream house.

- **¿Dónde está tu casa?**

1. ¿En qué país está? ¿En qué provincia o estado del país está? ¿En qué ciudad?

_____

2. ¿Está en la costa (*coast*)? ¿Está en las montañas (*mountains*)?

_____

3. ¿Está en una zona urbana o en una zona rural?

_____

- **¿Cómo es el exterior de tu casa?**

4. ¿Cómo es el estilo (*style*) de arquitectura de tu casa? ¿Moderno, tradicional, rústico, contemporáneo, antiguo?

_____

5. ¿Tiene un jardín muy grande?

_____

6. ¿Tiene piscina (*pool*)? ¿Está la piscina en el jardín o está dentro de (*inside*) la casa?

_____

7. ¿Tiene garaje? ¿Para cuántos automóviles es el garaje?

_____

- **¿Cómo es el interior de tu casa? ¿Cómo es la distribución del espacio de tu casa?**

8. ¿Cuántos dormitorios tiene? ¿Cuántos baños?

_____

9. ¿Qué cuartos están en cada (*each*) piso?

_____

10. ¿Cuántas personas viven en la casa? ¿Quiénes viven en la casa?

_____

- **Otras características importantes de tu casa**

11. _____

_____

_____

Paso 2.   Now using the information above, write a short paragraph describing your dream house.

12. _____

_____

_____

_____

_____

_____

_____

_____

_____

_____

_____

_____

_____

_____

03-06 Mi casa ideal. Without looking at your notes or your textbook, describe orally your own personal ideal home. Is it modern, traditional, or rustic? Is it large and luxurious, or is it small and quaint?

03-07 Heritage Language: *tu español*. While cognates make it easier to communicate in another language, it is important to keep in mind that not all words that look alike actually correspond perfectly in meaning. In order to avoid confusing the following words, write down the correct meaning of each word. Some of the words are new, so you may have to look them up in a dictionary.

1. **dormitorio** / dormitory

_____

_____

2. **jardín** / garden

_____

_____

3. **patio** / patio

_____

_____

4. **salón** / salon / saloon

_____

_____

_____

🔊 Pronunciación: The letters *h, j,* and *g* (Textbook p. 99)

1. The Spanish **h** is always silent and never pronounced.

   hombre   **h**ola   **h**ay   **h**ora

2. The letter **j** is pronounced similar to the English *h* in *hot*.

   gara**j**e   **j**ardín   **j**ueves   ba**j**a

3. The letter **g** is pronounced similar to the English *g* in *goal*, except when followed by *e* or *i*.

   garaje   **g**lobo   **g**uitarra   **g**ordo

   When **g** is followed by *e* or *i*, it is pronounced similar to the English *h* in *happy*.

   generalmente   **g**itano   a**g**encia   a**g**itado

🔊 **03-08   Nuevas palabras.** Listen to each unfamiliar word and select the letter it begins with.

   1. h   g de grande   j / g de general

   2. h   g de grande   j / g de general

   3. h   g de grande   j / g de general

   4. h   g de grande   j / g de general

   5. h   g de grande   j / g de general

   6. h   g de grande   j / g de general

   7. h   g de grande   j / g de general

   8. h   g de grande   j / g de general

   9. h   g de grande   j / g de general

   10. h   g de grande   j / g de general

Nombre: _____   Fecha: _____

🔊 **03-09 Palabras conocidas.** Listen to each word and select which letters and sounds it contains. Some words contain more than one.

1. _____ h   _____ g de grande   _____ j / g de general

2. _____ h   _____ g de grande   _____ j / g de general

3. _____ h   _____ g de grande   _____ j / g de general

4. _____ h   _____ g de grande   _____ j / g de general

5. _____ h   _____ g de grande   _____ j / g de general

6. _____ h   _____ g de grande   _____ j / g de general

7. _____ h   _____ g de grande   _____ j / g de general

8. _____ h   _____ g de grande   _____ j / g de general

9. _____ h   _____ g de grande   _____ j / g de general

10. _____ h   _____ g de grande   _____ j / g de general

03-10 Oraciones. Say the following sentences, paying special attention to your pronunciation of **g, h,** and **j** and enunciating the vowels clearly and correctly.

1. Tengo una familia gigantesca.

2. Generalmente estudio geografía en el jardín.

3. No es inteligente hacer ejercicio en el tejado.

4. Trabajo en el jardín todos los jueves de junio.

5. Cuando mi hermano habla por teléfono en nuestro dormitorio, toco la guitarra en el garaje.

6. Tengo un gimnasio gigantesco donde hago ejercicio con gente muy honesta.

🔊 **03-11 Heritage Language: *tu español*.** It can be difficult to remember to include the silent **h** in words that require it. It can also be confusing to remember when to use **j** and when to use **g**. Practice correctly spelling words that contain these letters by writing each word that you hear.

1. _____

2. _____

3. _____

4. _____

5. _____

6. _____

Gramática

2. Algunos verbos irregulares: Expressing actions (Textbook p. 101)

03-12 ¿Quién puede hacer qué? Listen to what Enrique says about life at home when his brother Iván is home visiting from the university. Then, indicate who does each activity.

1. ver el programa de televisión preferido   Enrique   Iván   los dos

2. poder pasar tiempo juntos   Enrique   Iván   los dos

3. oír música en la sala   Enrique   Iván   los dos

4. hacer la tarea en la oficina   Enrique   Iván   los dos

5. poder salir por la noche con los amigos   Enrique   Iván   los dos

6. traer los amigos a casa   Enrique   Iván   los dos

03-13 El tiempo libre. Clemente and his friends are very happy with their lives at the university. Complete the description of their favorite activities during their leisure time using the **nosotros** form of the correct verb.

hacer	oír	poder	ver	salir	querer

Normalmente los sábados por la mañana (1) _____ con los

amigos a tomar un café y dar un paseo por el centro. Por la tarde normalmente

(2) _____ ejercicio, en el gimnasio si hace mal tiempo

o con un partido de fútbol si hace buen tiempo. Por la noche a veces

(3) _____ ir a una discoteca para bailar, pero no es posible

siempre. En nuestra casa, organizamos fiestas muchos sábados. Durante

nuestras fiestas (4) _____ a todos nuestros amigos. Nos gustan

las fiestas mucho porque (5) _____ música que nos gusta

mucho y (6) _____ hablar y bailar con nuestras amigas.

Durante los fines de semana desconectamos de nuestros estudios, descansamos

(*we rest*) y nos lo pasamos muy bien (*we have a good time*).

03-14 Un trabajo estupendo. Anabela has a wonderful job. Complete the description of some of the perks of her job using the **yo** form of the correct verb.

| querer | conocer | tener | ver | poder | hacer |

(1) _____ un trabajo en la oficina de estudiantes

internacionales en mi universidad. Gracias a mi trabajo,

(2) _____ ir a muchos (*many*) eventos importantes.

Como muchos de mis amigos son internacionales, a veces

(3) _____ a mis amigos en las fiestas. En los eventos

oficiales hablo con muchas personas de diferentes países y por eso (*for this*

reason) (4) _____ diferentes culturas. También en las fiestas,

frecuentemente (5) _____ nuevos amigos. En el futuro

(6) _____ tener un trabajo similar.

Nombre: _____   Fecha: _____

03-15 Una encuesta (*survey*) para Miguel. Your friend Miguel receives a call from Marta, a woman who would like for him to participate in a survey that she is conducting. Complete the questions and answers with the correct **tú** and **yo** forms of the appropriate verbs.

hacer	poder	tener	ser

MARTA: ¿(1) _____ tú participar en una encuesta?

MIGUEL: Sí, (2) _____ participar en una encuesta.

MARTA: ¿Cuántos años (3) _____ ?

MIGUEL: (4) _____ veintidós años.

MARTA: ¿(5) _____ estudiante?

MIGUEL: Sí, (6) _____ estudiante.

MARTA: ¿(7) _____ ejercicio todas las semanas?

MIGUEL: Sí, (8) _____ ejercicio todas las semanas.

oír	tener	ver	querer

MARTA: ¿(9) _____ televisor?

MIGUEL: Sí (10) _____ televisor.

MARTA: ¿Dónde (11) _____ la televisión?

MIGUEL: (12) _____ la televisión en la sala de mi casa.

MARTA: ¿Dónde (13) _____ música más frecuentemente.

MIGUEL: (14) _____ música en mi automóvil.

MARTA: ¿(15) _____ contestar más preguntas?

MIGUEL: No, no (16) _____ contestar más preguntas, gracias.

Nombre: _____   Fecha: _____

03-16 Una encuesta para ti. You are participating in a survey; give your answers to the questions you hear.

MODELO   You hear: ¿Haces ejercicio todas las semanas?
           You say: *Sí, hago ejercicio todas las semanas. / No, no hago ejercicio todas
                       las semanas.*

1. ...

2. ...

3. ...

4. ...

5. ...

6. ...

03-17 Contraste entre dos hermanos. Pedro and his sister Belén are very different. Complete Pedro's descriptions about them and about their friends using the correct form of the correct verb.

Pedro y sus amigos

querer	salir	ver	hacer	traer	ser

Yo (1) _____ una persona muy responsable,

y mis amigos también. Nosotros (2) _____

sacar buenas notas (*get good grades*) en todas nuestras clases,

y por eso (3) _____ la tarea para todas

nuestras clases todos los días. Yo (4) _____

a comer y tomar algo con mis amigos todos los fines de

semana. Frecuentemente los sábados mis amigos y yo (5) _____ una película (*movie*) en

mi casa. A veces mis amigos (6) _____ una pizza.

Belén y sus amigos

| querer | salir | poder | decir | ser | oír | hacer | estar |

Al contrario, mi hermana y sus amigos (7) _____ muy irresponsables y un poco locos

(*crazy*). Belén (8) _____ con sus amigos a conciertos y discotecas todas las noches. Ellos

no (9) _____ estudiar y no (10) _____ su tarea nunca. Cuando Belén

(11) _____ en sus clases, no (12) _____ tomar buenos apuntes; a causa

de (*due to*) su reproductor de mp3, ella no (13) _____ qué (14) _____ sus

profesores.

03-18 Heritage Langage: *tu español.* When speaking Spanish, many people pronounce the **s** in
some words very lightly, especially when it appears at the end of the word. As a result, some people forget to
include the **s** in their writing. Listen to the following conversation between two students and use the context to
determine which of the two verb endings is appropriate for the message they are communicating.

1. ¿[Puedes, Puede] hablar?

2. [Estás, Está] muy contento …

3. De domingo a jueves [estudias, estudia] mucho.

4. … todos los viernes y sábados [sales, sale] …

5. ¿También [haces, hace] esas cosas?

6. ¿[Tienes, Tiene] planes para este fin de semana?

7. ¿[Quieres, Quiere] salir conmigo?

8. [Eres, Es] tan simpático.

Nota cultural: ¿Dónde viven los españoles? (Textbook p. 105)

03-19 Las viviendas en España. Complete each statement with the correct information from your textbook.

MODELO   La capital de España es _*Madrid*_ .

1. _____ es una ciudad grande que está en el noreste de España.

2. Como en Nueva York, la vida en Madrid y Barcelona es _____

   y _____ .

3. El costo de la vida en la ciudad es muy _____ .

4. Muchas personas que no viven en la ciudad tienen la _____
   cerca de su casa.

5. Algunas de las casas en los pueblos pequeños en España son

   _____ y tienen _____ .

6. Muchas personas en el campo trabajan en la _____ .

7. En comparación con la vida en la ciudad, la vida en muchos pueblos

   pequeños y en el campo es más _____ .

Vocabulario

3. Los muebles y otros objetos de la casa: Elaborating on rooms
(Textbook p. 106)

03-20 ¿Dónde está? Associate each piece of furniture with the room in the house where you would most logically find it. Be sure to use each room only once.

1. el inodoro _____   a. la sala

2. la cama _____   b. el comedor

3. el sofá _____   c. la oficina

4. la estufa _____   d. el dormitorio

5. la mesa _____   e. el baño

6. el estante de libros _____   f. la cocina

03-21 ¿Lógico o ilógico? Read the sentences and indicate if they are logical (**lógico**) or illogical (**ilógico**).

1. Tenemos una alfombra en el comedor.	lógico	ilógico
2. Tengo un bidet en el jardín.	lógico	ilógico
3. Tienen una colcha en la cocina.	lógico	ilógico
4. Tengo dos almohadas en mi dormitorio.	lógico	ilógico
5. Tengo un sillón en mi estante de libros.	lógico	ilógico
6. Tienes una ducha en tu armario.	lógico	ilógico
7. Tenemos un microondas en la cocina.	lógico	ilógico
8. Tenemos unos tocadores en la sala.	lógico	ilógico

03-22 ¿Es un buen precio? A friend of yours is shopping online and is unsure about whether or not the prices are reasonable. For each question, indicate if the price is **caro** (*expensive*), **razonable** (*reasonable*), or **barato** (*inexpensive*).

1. $90	caro	razonable	barato
2. $900	caro	razonable	barato
3. $570	caro	razonable	barato
4. $2	caro	razonable	barato
5. $170	caro	razonable	barato
6. $77	caro	razonable	barato

03-23 Crucigrama. Complete the crossword puzzle with the correct household items.

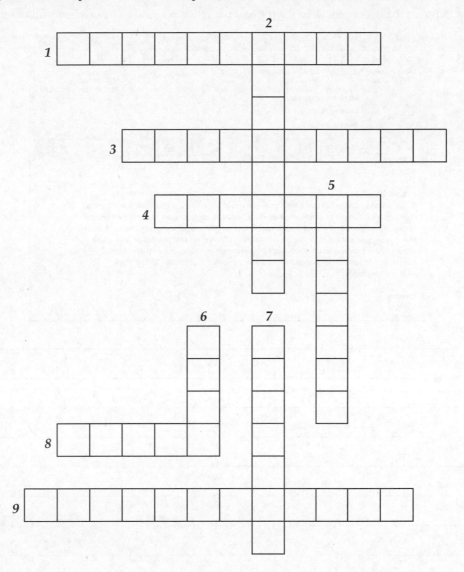

1. con este aparato (*equipment; machine*), es mucho más fácil limpiar los platos después de una comida (*meal*)

2. tengo una en mi cama y la uso todas las noches para dormir bien

3. con este aparato, es muy fácil calentar (*warm up*) comida muy rápidamente

4. este es el mueble donde pongo mis libros

5. este es el mueble donde pongo mi ropa

6. este mueble está en mi dormitorio y lo uso para dormir (*to sleep*)

7. es necesario usar este aparato si quieres leer por la noche

8. esto está sobre (*on top of*) mi cama durante el invierno porque es muy necesaria cuando hace frío

9. este aparato mantiene (*maintains, keeps*) la comida fresca (*fresh*) durante más tiempo

03-24 ¿Qué necesito? You are mentoring a new student who is from Spain. She sent you the following e-mail to inquire about the supplies she may need. Read the message and then respond to it, answering all of her questions.

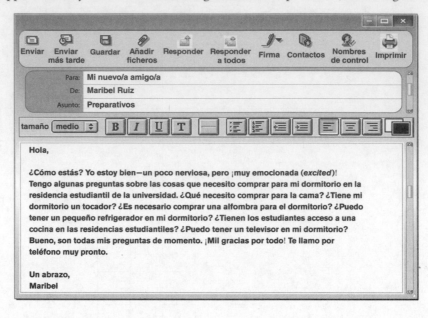

_____

_____

_____

_____

_____

_____

_____

_____

_____

03-25 Heritage Language: *tu español*. Vocabulary often varies from one region to another in most languages; the Spanish language is especially rich with such variety. Match the following words with their synonyms. Before using a dictionary, try to figure out the meaning of the unfamiliar words by looking for similarities with other Spanish words that you have learned or for connections to English.

1. clóset _____   a. lavaplatos

2. librero _____   b. refrigerador

3. lavavajillas _____   c. estante de libros

4. váter (o wáter) _____ d. armario

5. frigorífico _____   e. inodoro

6. habitación _____   f. dormitorio

Comunicación II

Vocabulario

4. Los quehaceres de la casa: Sharing information about household chores (Textbook p. 109)

03-26 ¿Quién hace qué? Look at the drawing and then indicate who is doing what by writing the name or names of the person or people.

1. ¿Quién prepara la comida? _____

2. ¿Quiénes arreglan sus dormitorios? _____ , _____ y _____

3. ¿Quiénes hacen la cama? _____ y _____

4. ¿Quiénes ponen la mesa? _____ y _____

5. ¿Quiénes lavan los platos? _____ y _____

6. ¿Quiénes sacuden los muebles? _____ y _____

7. ¿Quiénes guardan los libros en el estante? _____ y _____

8. ¿Quién saca la basura? _____

9. ¿Quién pasa la aspiradora? _____

03-27 Las responsabilidades en casa. Listen to the conversation between Donato and Leticia about household chores and then indicate who is responsible for each chore.

		Donato	Leticia	Los dos
1.	sacudir los muebles	Donato	Leticia	Los dos
2.	pasar la aspiradora	Donato	Leticia	Los dos
3.	preparar la comida	Donato	Leticia	Los dos
4.	lavar los platos	Donato	Leticia	Los dos
5.	limpiar la mesa	Donato	Leticia	Los dos
6.	poner el lavaplatos	Donato	Leticia	Los dos
7.	limpiar la cocina	Donato	Leticia	Los dos
8.	lavar las cosas que no pueden poner en el lavaplatos	Donato	Leticia	Los dos
9.	sacar la basura	Donato	Leticia	Los dos
10.	hacer el café por la mañana	Donato	Leticia	Los dos

03-28 ¿Eres una persona limpia, organizada y responsable? Pedro and his housemates are looking for another person to live in the house with them. They would like to live with a person that is clean, organized and responsible. You would like to live in their house. Listen to each question about your habits and preferences relating to household chores and respond honestly, using complete sentences and following the model.

MODELO   ¿Ayudas a arreglar tu casa todas las semanas?
            Sí, ayudo a arreglar mi casa todas las semanas. / No, no ayudo
            a arreglar mi casa todas las semanas.

03-29 Heritage Language: *tu español*. Practice spelling words containing letters that are easily confused or omitted in Spanish. Write each word or expression that you hear.

1. _____

2. _____

3. _____

4. _____

5. _____

Vocabulario

5. Los colores: Illustrating objects using colors (Textbook p. 111)

03-30 ¿De qué color es? Match each object to the color with which it is most commonly associated.

1. la planta   rojo   negro   verde

2. el lápiz   amarillo   rosado   azul

3. la pizarra   morado   negro   beige

4. la sangría   negro   blanco   rojo

5. el café   marrón   blanco   verde

6. el papel   marrón   rosado   blanco

03-31 ¿Cómo es la casa? Verónica has found the ideal house for her family. Listen to her conversation with her husband about the house, and then complete the sentences with the correct colors. Use the correct form of the colors, in masculine or feminine, and in singular or plural.

1. El exterior es _____.

2. Tiene ventanas _____.

3. Las paredes de la cocina son _____.

4. Tiene un lavaplatos _____.

5. La estufa es _____.

6. El baño del primer piso tiene muebles _____.

7. El otro baño tiene paredes _____.

8. El dormitorio más grande es _____.

9. Las paredes del dormitorio más pequeño son _____.

10. El color que Verónica prefiere para los dormitorios es _____.

03-32 Color para la casa. You are an interior decorator and have new clients who would like to radically change the look of some of the rooms in their home. Look at the photographs of the dining room and living room of the house in which neutral colors predominate. Using the vocabulary you have learned in this chapter, describe your new, significantly more colorful vision for their rooms by indicating what colors you will add to the rooms and in what furniture and areas of the rooms the colors appear in your proposed makeover.

_____

_____

_____

_____

_____

_____

_____

_____

_____

03-33 Heritage Language: *tu español*. The words that you have learned for colors are used and understood across the Spanish-speaking world. However in some areas people use other words to convey these concepts. For each color, identify its alternative expression. Before using a dictionary, try to figure out the meaning of the unfamiliar words by looking for similarities with Spanish words that you have learned or for connections to English.

1. naranja _____   a. morado

2. café _____   b. rojo

3. rosa _____   c. anaranjado

4. púrpura _____   d. marrón

5. granate _____   e. rosado

Gramática

6. Algunas expresiones con *tener:* Depicting states of being using *tener*
(Textbook p. 113)

03-34 ¿Qué tienen? Match the different situations with the most logical expressions.

1. Reciben una A en su presentación. _____

2. La temperatura es de 45° centígrados (*degrees Celsius*). _____

3. Hablan con una señora en una situación formal y usan la forma **tú** con ella. _____

4. Tienen el número especial de la lotería _____

5. Llueve mucho, están en su automóvil y no pueden ver muy bien. _____

6. Ven un film de terror. _____

7. Nieva mucho. _____

a. Tienen vergüenza.

b. Tienen miedo.

c. Tienen éxito.

d. Tienen cuidado.

e. Tienen frío.

f. Tienen suerte.

g. Tienen calor.

03-35 ¿Quién es? Look at the drawings and then answer the questions with the correct name or names of the person or people. Pay close attention to whether the question is asking for one or more names in your answer.

Rosario   Alicia

Beatriz   Julián

Pilar

Jorge   Ramón   Roberto

Carmen   David

1. ¿Quién tiene prisa? _____

2. ¿Quién tiene miedo? _____

Capítulo 3   Estamos en casa   **149**

3. ¿Quiénes tienen frío? _____, _____ y _____

4. ¿Quién tiene sed? _____

5. ¿Quién tiene veintiún años? _____

6. ¿Quién tiene hambre? _____

7. ¿Quién tiene cuidado? _____

8. ¿Quién tiene éxito? _____

03-36 ¿Qué tienes? Respond to the situations using complete sentences and expressions with the verb **tener.**

MODELO   ¿Qué tienes cuando recibes un 98% en tu examen de español?
             Tengo éxito.

~~exito~~	vergüenza	cuidado	prisa	sueño	suerte	frío

1. ¿Qué tienes cuando es invierno y nieva? _____.

2. ¿Qué tienes cuando son las nueve menos cinco, estás en tu cama y tienes un examen a las nueve en la universidad? _____.

3. ¿Qué tienes cuando son las 4:00 de la mañana y necesitas estudiar para un examen a las 8:00 de la mañana? _____.

4. ¿Qué tienes cuando son las 2:00 de la mañana, necesitas regresar a tu casa en tu automóvil y estás muy cansado/a? _____.

5. ¿Qué tienes cuando una persona descubre (*discovers*) que no eres totalmente honesto/a con ella? _____.

6. ¿Qué tienes cuando todos tus amigos son buenas personas y tu familia es también maravillosa? _____.

03-37   Heritage Language: *tu español*. Practice spelling words containing letters that are easily confused in Spanish. Write each word that you hear.

1. _____

2. _____

3. _____

4. _____

5. _____

6. _____

7. _____

Vocabulario

7. Los números 1.000–100.000.000: Counting from 1,000 to 100,000,000
(Textbook p. 116)

03-38 ¿Cuál es el precio? Associate each house or piece of furniture with its most logical price.

1. Una casa de cuatro pisos, seis dormitorios, seis baños,

   con piscina y vistas al océano _____

2. Un condominio pequeño de 2 dormitorios y un baño _____

3. Una lámpara muy elegante y moderna _____

4. Un tocador de estilo rústico, importado de México _____

5. Un televisor de pantalla (*screen*) plana de plasma

   de 50 pulgadas (*inches*) _____

6. Una casa muy bonita de tres pisos, cuatro dormitorios, dos

   baños, una cocina moderna, una sala y un comedor, en una ciudad _____

a. ochocientos setenta y cinco dólares

b. quinientos mil dólares

c. un millón cuatrocientos mil dólares

d. tres mil dólares

e. ciento cincuenta mil dólares

f. trescientos dólares

03-39 Fechas importantes. Listen as Clara describes when some of our most important resources were invented; then write, using numerals, the year that she indicates for each item.

1. El automóvil _____

2. El teléfono _____

3. La computadora personal _____

4. La computadora portátil _____

5. Google _____

6. Wikipedia _____

03-40 Tus fechas importantes. Think of some of the important years in your life and in the lives of your family and friends. Give the year that you were born (**nací**) and the years that at least three important people in your life were born (**nació**).

MODELO   *Yo nací en mil novecientos noventa.*

     Mi mejor amigo nació en mil novecientos ochenta y nueve.

     Mi madre nació en mil novecientos sesenta y dos.

03-41 Casas interesantes. You would like to buy a house. Listen to the information about the different houses and then fill in the table with the basics about each house. Do not write out the words for each number, simply use the digits. Remember to use periods instead of commas when writing numbers over one thousand.

	Dormitorios	Baños	Pisos	Precio
Casa 1	3	2	1	
Casa 2		1	3	
Casa 3		1	1	
Casa 4			2	
Casa 5			3	

03-42 Heritage Language: *tu español.* Remembering how to correctly say and write numbers in Spanish, particularly high numbers, can be a challenge. Practice saying and writing high numbers by completing the following steps.

Paso 1. Conduct research on housing in a Hispanic city where members of your own family live or have lived or on a city that you might enjoy visiting in the future. Find two properties for sale that you like: one average-sized property and one particularly large or luxurious property. Write down the number of bedrooms and bathrooms each house has, list other rooms in the homes and describe why the homes appeal to you.

1. Casa / Apartamento 1

_____

_____

_____

_____

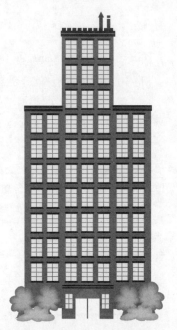

2. Casa / Apartamento 2

_____

_____

_____

_____

Paso 2. Using your notes from Paso 1, give a full description of the two properties, how much they cost and why you like them.

Nombre: _____ Fecha: _____

Gramática

8. Hay: Stating *There is / There are* (Textbook p. 119)

03-43 Características de las casas en venta. Answer the questions about the houses that are for sale. For the numbers, write out the words, as in the model.

Casa adosada	Chalet de lujo	Piso	Altillo	Estudio
120m², jardín de 100m², 4 hab., 2 b. 560.000 €	200m², jardín de 300m², piscina, 6 hab., 4 b, cocina moderna 1.570.000 €	60 m², 3 hab., 1 b., cocina nueva, suelos de parqué, semi-amueblado 427.000 €	150 m², terraza de 100 m², 2 balcones, 4 hab., 2 b., cocina amueblada 1.150.000 €	30 m², céntrico, cocina, 1 baño, 1 balcón 210.000 €

MODELO ¿Cuántos balcones hay en el altillo
dos

1. ¿Cuántas habitaciones hay en el piso? _____.

2. ¿Cuántos baños hay en el estudio? _____.

3. ¿Cuántas habitaciones hay en la casa adosada? _____.

4. ¿Cuántos baños hay en el chalet de lujo? _____.

5. ¿Hay una cocina nueva en el piso? _____.

6. ¿Hay una cocina moderna en la casa adosada? _____.

03-44 ¿Cuántos hay? Use the expression **hay** to answer the following questions. Use short but complete sentences, following the model.

MODELO ¿Cuántos días hay en el mes de septiembre?
Hay treinta días.

1. ¿Cuántos días hay en una semana?

_____

2. ¿Cuántas semanas hay en un año?

_____

3. ¿Cuántos días hay en el mes de abril?

_____

4. ¿Cuántas estaciones hay en el año?

_____

5. ¿Cuántos días hay en un año?

_____

03-45 Heritage language: *tu español.* The spelling of the words **hay, ay** (an exclamation much like *Oh* in English) and **ahí** (meaning *there*) are often confused because they sound alike. Listen to each sentence and use the context to determine which word is being used.

1. hay   ay   ahí

2. hay   ay   ahí

3. hay   ay   ahí

4. hay   ay   ahí

5. hay   ay   ahí

Nota cultural: Las casas "verdes" (Textbook p. 119)

03-46 La España "verde." Select the correct response or responses to each question, based on the information from your textbook.

1. ¿Cuáles de las siguientes regiones de España son parte de la "España verde"?

_____ Cataluña

_____ Andalucía

_____ País Vasco

_____ Girona

_____ Asturias

2. ¿En qué parte del país está la "España verde"?

_____ Norte

_____ Sur

_____ Este

_____ Oeste

3. ¿Por qué se llama esta zona del país "España verde"

_____ Las personas que viven en esa zona quieren vivir una vida "verde".

_____ El tiempo y su efecto en el color de los paisajes

_____ El uso de energías renovables

4. ¿Qué tipos de energías renovables menciona el texto?

_____ Energía solar

_____ Energía del viento

_____ Energía de biomasa

5. ¿Por qué son "verdes" las casas blancas en el sur de España?

_____ Tienen paneles solares.

_____ Gracias a su color blanco, hace menos calor en las casas durante el verano.

_____ Producen entre el 30% y el 50% de su electricidad del viento.

_____ Es una tradición muy vieja.

Escucha (Textbook p. 121)

03-47 Se alquila un dormitorio en una casa. Silvia has a room for rent in her house. This could be a great opportunity for Gabriela. Listen to their conversation, paying special attention to the characteristics that correspond to the house, and then respond to the questions. More than one response may be correct.

1. ¿Dónde está la casa?

_____ en el centro de la ciudad

_____ en la universidad

_____ en una urbanización

_____ en el centro comercial

2. ¿Qué está cerca de la casa?

_____ la universidad

_____ el autobús

_____ las tiendas

_____ los restaurantes

3. ¿Qué hay en la casa?

_____ cinco dormitorios

_____ dos baños

_____ tres dormitorios

_____ seis baños

4. ¿Cuántas salas tiene?

_____ 1

_____ 2

_____ 3

_____ 12

5. ¿Cuántas personas viven en la casa en este momento?

_____ 15

_____ 4

_____ 5

_____ 3

6. ¿Cuánto cuesta (*costs*) el alquiler (*rent*)?

_____ $550,00

_____ $450,00

_____ $1.500,00

_____ $500,00

03-48 Las condiciones del alquiler. Gabriela is very interested in renting a house that she has seen and would like to speak with Silvia, the owner of the house, about the specifics of the rental agreement. Listen to their conversation and then decide if the answers to the following questions are **sí** or **no**.

1. ¿Ofrecen (*do they offer*) un dormitorio para ella solamente?   sí   no

2. ¿Tiene un baño para ella solamente?   sí   no

3. ¿Incluye el precio (*does the price include*) del alquiler los gastos (*expenses*) de electricidad?   sí   no

4. ¿Ofrecen comida?   sí   no

5. ¿Ofrecen espacio en la cocina para guardar su comida?   sí   no

6. ¿Tiene que pagar (*pay*) $1.500 de depósito?   sí   no

¡Conversemos! (Textbook p. 122)

03-49 ¿Y tu casa? Describe your own family's house.

Paso 1.

1. ¿Cuántas habitaciones hay en la casa y cómo son?

   _____

2. ¿Hay altillo y/o sótano en la casa?

   _____

3. ¿Cuántos baños hay y cómo son? ¿Hay bañeras y/o duchas en la casa?

   _____

4. ¿Cuántas salas hay? ¿Hay una sala formal? ¿Hay una informal?

   _____

5. ¿Cómo es la cocina de la casa?

   _____

6. ¿Cuáles son tus lugares favoritos de la casa? ¿Por qué son tus lugares favoritos?

   _____

Paso 2. Now describe your house. Use **hay** to give details about the number of floors, rooms, bedrooms, and bathrooms and use other vocabulary that you have learned in order to describe the style of the house and its rooms, as well as the furniture that is in each room. Finally, make sure to mention in which rooms you spend most of your time, what your favorite places are in the house and what you do in each place. Use at least eight different verbs in your description and use **y, pero,** and **también** to connect your ideas.

Escribe (Textbook p. 123)

03-50 Tu mercadillo. You are about to move abroad for an indefinite period of time. In order to raise money for your move, you have organized a yard sale.

Paso 1. List the kinds of items that you would sell and about how much you would charge for each item.

_____

_____

_____

_____

_____

_____

Paso 2. In order for your yard sale to be a success, you will need to publicize it widely and attractively. Write an ad for your local paper highlighting the most interesting and unique aspects of your yard sale and including important information like when and where it will take place.

_____

_____

_____

_____

_____

_____

_____

Cultura: España (Textbook pp. 124–125)

03-51 Les presento mi país. Select the correct ending for each sentence based on the information in your textbook about Mariela Castañeda Ropero and Spain. More than one option may be correct.

1. El apellido del padre de Mariela es _____.

   _____ Castañeda

   _____ Ropero

2. El apellido de su madre es _____.

   _____ Castañeda

   _____ Ropero

3. Mariela vive en un _____.

   _____ chalet

   _____ casa

   _____ piso

4. A Mariela le gusta la vida en la ciudad porque _____.

   _____ hay muchas cosas para hacer

   _____ hay mucha gente

   _____ hay muchas tiendas

5. Cuando tiene tiempo libre con sus amigos, a Mariela le gusta _____.

   _____ jugar al fútbol

   _____ ir de tapas

   _____ la vida en la capital

   _____ salir a tomar algo

   _____ ver la televisión

6. Mariela y sus amigos hablan _____.

   _____ de política

   _____ de fútbol

   _____ de los equipos españoles

03-52 España. Complete the following statements about Spain, using information from *Capítulo 3*.

1. Las cuatro lenguas que se hablan en España son español, eusquera (vasco), _____ y
   _____.

2. Una organización que ayuda a la gente con discapacidades se llama _____.

3. Los dos personajes famosos del autor Cervantes son _____ y _____.

4. La Alhambra está en la ciudad de _____, España.

5. Algunos edificios diseñados por Antonio Gaudí están en la ciudad de _____, España.

Nombre: _____ Fecha: _____

03-53 Vistas culturales: España. View the video segments in order to complete each part of the activity. You will likely not understand all of the words that you hear, but you should relax because you are capable of understanding more than enough to be able to respond to the questions without difficulty.

España: Introducción. View the video and then choose the correct response or responses to each question.

1. ¿En qué continente está España?

_____ África

_____ América

_____ Asia

_____ Europa

2. ¿Cuáles son los países con los que España tiene frontera (*border*)?

_____ Portugal

_____ Italia

_____ Francia

_____ Andorra

3. ¿Cuántos habitantes tiene España?

_____ aproximadamente 4.000.000

_____ aproximadamente 14.000.000

_____ aproximadamente 40.000.000

_____ aproximadamente 140.000.000

4. ¿Cuántos kilómetros de costa (*coast*) tiene España?

_____ casi 1.500

_____ casi 5.000

_____ casi 1.5000

_____ casi 50.000

5. ¿Dónde están las Islas Baleares?

_____ el Océano Atlántico

_____ el Mar Cantábrico

_____ el Mar Mediterráneo

6. ¿En qué continente están las ciudades españolas de Ceuta y Melilla?

_____ África

_____ América

_____ Asia

_____ Europa

Nombre: _____   Fecha: _____

España: La economía de España. View the video and complete each sentence with the correct information.

7. España entra en la Comunidad Económica Europea en el año _____.

8. El euro ha sido (*has been*) la moneda oficial en España desde el año _____.

España: Las lenguas de España. View the video and complete each sentence with the correct word.

9. Muchas personas hablan catalán en la región de _____.

10. En el País Vasco la gente habla español y también _____.

11. Mucha gente habla gallego en _____.

España: El clima y el paisaje. View the video and choose the correct response or responses to each question.

12. ¿Qué tiempo hace en el sur (*South*) y en el oeste (*West*) de España?

_____ Hace mucho sol y calor.

_____ Hace mucho calor y llueve mucho.

_____ Hace sol, pero no hace calor.

13. ¿Qué tiempo hace en el interior de España durante el invierno?

_____ Llueve mucho.

_____ Hace mucho frío.

_____ Nieva.

_____ Hace calor.

14. ¿Qué tiempo hace en el interior de España durante el verano?

_____ Llueve mucho.

_____ Hace mucho frío.

_____ Nieva.

_____ Hace calor.

15. ¿De qué color son los paisajes (*landscapes*) en el norte de España?

_____ beige

_____ marrones

_____ verdes

_____ blancos

España: Las fiestas y celebraciones de España. View the video and select the correct response for each question.

16. ¿Dónde celebran la fiesta de San Fermín?
    a. Valencia
    b. Sevilla
    c. Barcelona
    d. Pamplona

17. ¿Dónde celebran las fallas?
    a. Valencia
    b. Sevilla
    c. Barcelona
    d. Pamplona

18. ¿Dónde celebran la fiesta de la Merced?
    a. Valencia
    b. Sevilla
    c. Barcelona
    d. Pamplona

19. ¿Cuándo celebran la fiesta de la Merced?
    a. en verano
    b. en otoño
    c. en invierno
    d. en primavera

Nombre: _____ Fecha: _____

Más cultura

03-54 Los jóvenes, el matrimonio y las casas. Read the information about young people, getting engaged and married, and buying homes. Then, answer the questions.

- En muchos lugares del mundo hispano las personas continúan con la tradición de vivir con sus padres hasta celebrar su propio matrimonio. Algunas personas hacen esto porque es parte de la tradición de la familia, otras personas porque es parte de su tradición religiosa, y otras personas lo hacen por razones económicas.

- Muchas personas simplemente no pueden independizarse –vivir independientemente en un apartamento– porque su situación socioeconómica no lo permite. Las casas y los apartamentos cuestan mucho dinero y es importante tener un trabajo y un salario estables si uno quiere alquilar o comprar una vivienda.

- Aunque algunas personas pueden pensar lo contrario, hay muchas ventajas (*advantages*) para la persona que vive con su familia. No tiene que hacer muchos quehaceres de la casa porque hay más personas en casa para ayudar. También es bueno pasar mucho tiempo con personas importantes; puede verlas y hablar con ella todos los días.

- En el mundo hispano también hay cada vez más (*more and more*) gente joven que quiere independizarse rápidamente. Algunas personas alquilan o compran un apartamento después de terminar sus estudios en la universidad.

- Muchos bancos ofrecen cuentas de ahorro (*savings accounts*) especiales para los jóvenes interesados en ahorrar (*save up*) para comprar casa. Algunos bancos también ofrecen hipotecas (*mortgages*) especiales, con condiciones muy favorables, que son exclusivamente para jóvenes.

---

1. ¿Cómo secomparan las tradiciones de tu familia con las tradiciones hispanas? ¿Tienes planes de vivir con tus padres después de terminar tus estudios?

   _____

   _____

   _____

   _____

2. ¿Tienes amigos de otras culturas que tienen tradiciones similares a las tradiciones hispanas? ¿De dónde son?

   _____

   _____

   _____

   _____

3. ¿Tienes una cuenta de ahorro especial para jóvenes? ¿Tiene tu banco hipotecas especiales para jóvenes?

_____

_____

_____

_____

4. ¿Crees que es difícil para los jóvenes independizarse en los Estados Unidos? ¿En tu ciudad o estado? ¿Por qué o por qué no?

_____

_____

_____

_____

03-55 Heritage Language: *tu mundo hispano*. Reflect on and write about the following issues in relation to a specific Hispanic culture. If you are of Spanish-speaking heritage, discuss these issues with members of your own family. If you are not, interview Spanish-speaking friends, relatives, or fellow students on your campus in order to find out more about their practices and perspectives. Write answers for each of the questions.

1. ¿En tu país, cuándo se independizan los jóvenes normalmente? ¿Por qué? Con la situación ecónomica y de trabajo actuales (*present*), ¿es fácil o difícil independizarse?

_____

_____

_____

_____

2. ¿En tu país, ofrecen los bancos cuentas especiales y/o hipotecas especiales para los jóvenes? Si es así, ¿cómo son? Si no, ¿por qué crees que no los ofrecen?

_____

_____

_____

_____

03-56 Los hombres, las mujeres y los quehaceres. Read the following information about women and men and their household chores, and then answer the questions.

- Como en muchos lugares del mundo anglosajón (*English-speaking*), en muchos lugares del mundo hispano, la distribución del trabajo en casa no es muy justa (*fair*) y en muchas casos las mujeres hacen más trabajo que los hombres.

- Afortunadamente, poco a poco esta situación cambia (*changes*). Hoy en día hay más mujeres que trabajan fuera de (*outside of*) la casa, y simplemente no pueden hacer todo el trabajo dentro de (*inside of*) la casa también. Muchos hombres comprenden la situación y ahora (*now*) hacen más quehaceres domésticos que antes.

- Otra solución muy común es buscar ayuda (*to look for help*) profesional. Muchas familias usan parte de su dinero para pagar a "una asistenta" —una persona que viene a casa regularmente para hacer o ayudar con los quehaceres domésticos.

1. ¿En tu familia, qué quehaceres hacen las mujeres y qué hacen los hombres? ¿Hay una distribución justa o injusta? ¿Por qué?

_____

_____

_____

_____

_____

2. ¿En general en tu familia, trabajan todas las mujeres y todos los hombres fuera de la casa?

_____

_____

3. ¿En tu familia, hay una asistenta para ayudar con los quehaceres de casa? ¿Por qué sí o por qué no? Si es así, ¿cuáles son sus responsabilidades?

_____

_____

_____

_____

_____

_____

4. ¿Quieres tener una asistenta en el futuro? ¿Por qué sí o por qué no?

_____

_____

_____

_____

_____

5. ¿Crees que la situación de tu familia es similar a la situación de muchas familias en los Estados Unidos? ¿Por qué sí o por qué no?

_____

_____

_____

_____

_____

Ambiciones siniestras

Episodio 3

Lectura: *El concurso* (Textbook p. 126)

03-57 Alejandra, Pili y el concurso. Read the episode "El concurso" and then answer the questions. Use brief but complete sentences making sure not to repeat the known subject, as in the model.

MODELO   ¿Por qué quiere Alejandra mirar su e-mail?
Quiere ver si tiene un mensaje de Pili.

1. ¿Cómo está Pili?

_____

2. ¿Cuántos años tiene Pili?

_____

3. ¿Quién es Peter?

_____

4. ¿Cuántos años tiene Peter?

_____

5. ¿Cómo son los padres de Alejandra y Pili?

_____

6. ¿Van a estar contentos los padres de Pili esta noche?

_____

Video: *¡Tienes una gran oportunidad!* (Textbook p. 128)

03-58 Hipótesis sobre las casas y los dormitorios de los muchachos. In this episode Marisol sees Lupe's apartment and they speak about her bedroom, and Cisco and Eduardo see photographs of each other's homes. You already know some information about the four characters. Answer the questions based on what you know.

¿Cómo crees que son los dormitorios de Marisol y Lupe? ¿Qué tipo de cosas crees que tienen? Escribe tus ideas.

1. El dormitorio de Marisol

_____

_____

2. El dormitorio de Lupe

_____

_____

¿Cómo crees que son las casas de las familias de Eduardo y Cisco? ¿Por qué o porqué no? Escribe tus ideas.

1. La casa de la familia de Eduardo

_____

_____

2. La casa de la familia de Cisco

_____

_____

03-59 Las casas y los dormitorios de los muchachos.

Paso 1. Read the statements, view the episode and then indicate to whom each statement refers.

1. Mi dormitorio tiene dos armarios.	Lupe	Marisol	Eduardo	Cisco
2. Mi dormitorio tiene una cama grande.	Lupe	Marisol	Eduardo	Cisco
3. Tengo carteles con monumentos de España en mi dormitorio.	Lupe	Marisol	Eduardo	Cisco
4. En mi dormitorio hay un sillón.	Lupe	Marisol	Eduardo	Cisco

Paso 2. Read the statements, view the episode again and then indicate to whom each statement refers.

5. Mi casa tiene una piscina (*pool*) impresionante.	Lupe	Marisol	Eduardo	Cisco
6. Mi dormitorio es muy pequeño.	Lupe	Marisol	Eduardo	Cisco
7. Mi casa es muy grande y el jardín tiene muchas flores de diferentes colores.	Lupe	Marisol	Eduardo	Cisco
8. Mi dormitorio tiene una mesa para la computadora.	Lupe	Marisol	Eduardo	Cisco

03-60 ¿Comprendes? Indicate to whom these statements about the details of the video refer. If necessary, view the video again.

1. No sé dónde están mis apuntes para una de mis clases.	Lupe	Marisol	Eduardo	Cisco
2. Estoy cansado.	Lupe	Marisol	Eduardo	Cisco
3. Me gustan mucho Barcelona, Madrid y Sevilla.	Lupe	Marisol	Eduardo	Cisco
4. Son muchos ejercicios pero no son muy difíciles.	Lupe	Marisol	Eduardo	Cisco
5. Tengo un dormitorio en la casa de mis padres.	Lupe	Marisol	Eduardo	Cisco
6. Tengo clase en menos de una hora.	Lupe	Marisol	Eduardo	Cisco
7. Conozco Estados Unidos, Canadá y México.	Lupe	Marisol	Eduardo	Cisco
8. La casa de mi familia es muy grande.	Lupe	Marisol	Eduardo	Cisco

03-61 Después del video. Consider the following questions and then write a paragraph in English about how the different characters react to the mysterious message.

Which of the characters seemed most surprised to receive the mysterious message, and which seemed least surprised? Which characters seem to think the message might be legitimate, and which are more skeptical? With which perspective do you identify most? Why? Which of the characters do you think will respond to the message? Explain the reasons for your hypotheses.

_____

_____

_____

_____

_____

_____

_____

_____

_____

Comunidades

03-62 Experiential Learning: Las viviendas en España. Research the current situation of the housing market in Spain. Visit a Spanish real estate website (such as idealista.com or www.donpiso.es) and search for a house or apartment in at least five different cities. Make sure to include Madrid and Barcelona, as well as at least one city on the coast, one in **Andalucía,** one in the **País Vasco.** Bring the listings to class so that you will also have the chance to present your findings to your classmates.

03-63 Service Learning: Casas para todos. Contact Habitat for Humanity or another organization focused on helping to create housing options for people in need. Volunteer to create outreach or promotional materials in Spanish about the organization's most recent projects. Brainstorm about how to promote their work effectively in Spanish and bring a draft of your preliminary ideas to class so that you and your classmates can share your ideas and create final drafts in groups.

Nombre: _____ Fecha: _____

4 Nuestra comunidad

Comunicación I

Vocabulario

1. Los lugares: Identifying places in and around town (Textbook p. 134)

04-01 ¿Adónde voy? Your friend wants to get many things done today, but needs your help. Listen to what your friend would like to do, and then indicate the most logical place where he can do it.

1. _____   a. Puedes ir al banco.

2. _____   b. Puedes ir a una iglesia.

3. _____   c. Puedes ir a un centro comercial.

4. _____   d. Puedes ir a un museo.

5. _____   e. Puedes ir a un club.

6. _____   f. Puedes ir al supermercado.

7. _____   g. Puedes ir al cine.

04-02 ¿Dónde están? Read each statement about what people are doing and, using the correct forms of the verb *estar*, indicate where they most likely are. Use each term only once. Follow the model.

~~la librería~~	el supermercado	el restaurante
el gimnasio	el cibercafé	la oficina de correos
el cine	el centro comercial	el teatro

MODELO   Necesitas comprar un libro.
             Estás en la librería.

1. Queremos ver una película.

   _____.

2. Baila en una producción de Broadway.

   _____.

3. Quiero navegar por Internet.

   _____.

4. Juegan al básquetbol.

   _____.

5. Compramos comida.

   _____.

6. Necesitan comprar un DVD.

   _____.

7. Tengo mucha hambre.

   _____.

8. Quieres mandar unas cartas.

   _____.

04-03 ¿Cuáles son tus lugares favoritos?

Paso 1. Answer the following questions using complete sentences.

MODELO   ¿Cuál es tu supermercado favorito?
          Mi supermercado favorito es Kings.

1. ¿Cuál es tu restaurante favorito?

   _____.

2. ¿Cuál es tu café favorito?

   _____.

3. ¿Cuál es tu bar o tu club favorito?

   _____.

4. ¿Cuál es tu almacén favorito?

   _____.

5. ¿Cuál es tu cine favorito?

   _____.

6. ¿Cuál es tu museo favorito?

   _____.

Paso 2. Choose four places from the following list. Write notes about what you enjoy doing at each location and when you generally spend time there.

   el cine
   el centro estudiantil
   el gimnasio
   el centro comercial
   el café
   el museo
   el restaurante
   la residencia estudiantil
   tu cuarto

7. _____

   _____

   _____

   _____

Paso 3. Describe the four places you mentioned in **Paso 2**, the activities that you enjoy doing there, when you generally spend time there, and with whom you generally spend time at these places. Be careful to use the correct forms of the verbs.

04-04 Heritage Language: *tu español*. The terms you have learned so far to describe different places around town are common and easily understood throughout the Spanish-speaking world. Other terms are also used to describe these places. Many of these names are formed the same way as **librería** and **cafetería**: by combining the name of the main product that they sell with the suffix **–ería**.

Paso 1. Use this knowledge about place names as you listen to each place of business in order to match each place with its correct description. You may also use the Appendix 3 **También se dice** section of your textbook to help you.

1. _____   a. tienda de muebles

2. _____   b. tienda en la que venden frutas como bananas, kiwis, etc.

3. _____   c. tienda en la que venden papel, bolígrafos, etc.

4. _____   d. tienda de pan (*bread*)

5. _____   e. restaurante que se especializa en pizza

6. _____   f. tienda en la que venden perfume

7. _____   g. tienda en la que venden pescado (*fish*)

8. _____   h. tienda en la que venden flores (como rosas)

9. _____   i. tienda en la que venden pasteles (*cakes, pies, pastries*)

10. _____   j. tienda en la que venden helado (*ice cream*)

Paso 2. While many people still do most of their shopping in small stores like those mentioned in **Paso 1**, with the arrival of larger stores and shopping centers, others have changed this custom. Ask a relative, friend, or fellow student of Spanish-speaking heritage about the practices of their own families in Spanish-speaking countries. Write **Sí**, **No**, or **Depende** (*it depends*) to answer the following questions about their habits.

11. Do they usually buy bread every morning at a **panadería**?

_____

12. Do they buy their fruit and vegetables at a **frutería**?

_____

13. Do they buy fish at a **pescadería**?

_____

14. Do they shop at **pastelerías**?

_____

15. Do they like to shop at small, specialized stores or do they prefer to go to large stores that carry a wide variety of items?

_____

🔊 Pronunciación: The letters c and z (Textbook p. 135)

1. Before the vowels **a, o,** and **u,** and when followed by a consonant, the Spanish **c** is pronounced like the *c* in the English word *car*.

2. Before the vowels **e** and **i,** the Spanish **c** is pronounced like the *s* in the English word *seal*.

3. The Spanish **z** is pronounced like the *s* in the English word *seal*.

04-05 Tu pronunciación.

🔊 **Paso 1. Palabras.** Listen to the Spanish-speaker's pronunciation of the following words, and practice your own pronunciation of them.

1. ciudad

2. lápiz

3. almacén

4. cibercafé

🔊 **Paso 2. Oraciones.** Listen to the affirmations and questions, and then practice your pronunciation of them. Pay special attention to your pronunciation of the letters **c** and **z,** and also to your pronunciation of the vowels (**a, e, i, o, u**).

5. Sé que quieres ir al cine con Cecilia, Celia y Catarina.

6. ¿Sabes a qué hora cierra el almacén?

7. ¿Conoces los museos de Cáceres?

8. Necesito saber en qué zona de la ciudad está tu casa.

🔊 **Paso 3. Trabalenguas.** Listen to the tongue-twisters, and then practice your own pronunciation of them. Pay special attention to your pronunciation of the letters **c** and **z,** and also of the vowels (**a, e, i, o, u**).

9. ¿Cómo como? ¡Como, como, como!

10. Cuando cuentas cuentos nunca cuentas cuántos cuentos cuentas.

11. Historia es la narración sucesiva de los sucesos que suceden sucesivamente en la sucesión sucesiva del tiempo.

12. Paco Pizarro Pérez pinta pinturas preciosas para personas poderosas en sus palacios. Para pobres pinta poco porque pagan poco precio.

04-06 Refranes populares.

Paso 1. Read the following information about two popular sayings in Spanish, and then answer the questions.

"La caridad bien entendida empieza por casa".

1. La palabra "caridad" significa *charity* en inglés y "empieza" es del verbo "empezar" que significa *to begin*. Gracias al Capítulo 3, comprendes la palabra "casa". Este refrán también existe en inglés. ¿Conoces el refrán en inglés que tiene esas palabras o palabras muy similares? Escribe el refrán en inglés.

_____

2. ¿Puedes describir el mensaje de este refrán? Describe en inglés qué mensaje interpretas en este refrán.

_____

_____

_____

"En boca cerrada no entran moscas".

3. La palabra "boca" significa *mouth* y una mosca es un tipo de insecto. La palabra "cerrada" viene del verbo **cerrar** ("cierren los libros", "abran los libros"). Aquí la palabra tiene un rol descriptivo, "cerrada" describe cómo está la boca (como una puerta o una ventana, una boca puede estar cerrada o abierta). ¿Puedes describir el mensaje de este refrán? Describe en inglés qué mensaje podemos interpretar en este refrán.

_____

_____

_____

4. Este refrán no tiene una versión en inglés, pero tú puedes inventar una versión. Escribe tu versión en inglés del refrán.

Paso 2. Listen to the sayings, and then practice your own pronunciation of them. Pay special attention to your pronunciation of the letters **c** and **z**, and also of the vowels (**a, e, i, o, u**).

5. "La caridad bien entendida empieza por casa".

6. "En boca cerrada no entran moscas".

Nota cultural: Actividades cotidianas: Las compras y el paseo
(Textbook p. 136)

04-07 Las ciudades y los pueblos. Based upon what you read in your textbook about daily activities in cities and small towns, select the correct response(s) to complete the following sentences.

1. Según el texto, muchos estadounidenses y muchas de las personas de las ciudades grandes de los países hispanohablantes hacen muchas de sus

   compras en _____.

   el centro de la ciudad
   tiendas especializadas
   centros comerciales

2. Según el texto, muchas de las personas que viven en pueblos pequeños

   hacen muchas de sus compras en _____.

   el centro de la ciudad
   tiendas especializadas
   centros comerciales

3. Algunos lugares importantes que hay en el centro de la ciudad son

   _____.

   Maxi Bodega
   el mercado
   muchas tiendas

4. En el centro de la ciudad hay personas de diferentes _____.

   países
   culturas
   clases sociales

5. Las actividades que hace la gente en la plaza son _____.

   correr
   conversar
   pasear

6. Las personas que viven en los pueblos pequeños frecuentemente pasean por _____.

   los parques
   las plazas
   el campo

7. En los pueblos normalmente hay más actividad _____.

   de lunes a viernes
   los sábados y los domingos
   los lunes

04-08 ¿Y tu pueblo o ciudad? Describe your city or town and common daily activities there.

Paso 1. Answer the following questions; it is not necessary to use complete sentences.

1. ¿Eres de un pueblo o de una ciudad? ¿Es grande o pequeño/a?

_____

2. ¿Cómo es similar a una ciudad grande de los países hispanohablantes? ¿Cómo es similar a un pueblo pequeño de un país hispanohablante? ¿Cómo es diferente?

_____

3. ¿Qué lugares importantes o interesantes hay en tu pueblo / ciudad?

_____

4. ¿Qué hace la gente en los lugares importantes?

_____

5. ¿Dónde hacen muchas personas la compra?

_____

6. ¿Dónde pasea la gente de tu pueblo / tu ciudad?

_____

7. ¿Cuándo hay mucha actividad por las calles de tu pueblo / ciudad?

_____

8. ¿Qué te gusta de tu pueblo / ciudad? ¿Qué no te gusta?

_____

Paso 2. Now give an oral description of your town or city, its places of interest, and the common things that people do there. Mention some things about your city or town that you like and other things that you do not care for.

Gramática

2. *Saber* y *conocer*: Stating whom and what is known (Textbook p. 137)

🔊 **04-09 ¡Cuánto sabes!** Listen to the questions and then write your affirmative responses, using the cities in the word bank. Be sure to follow the sentence structure of the model closely.

MODELO   ¿Sabes cuál es la capital de Ecuador?

Sí, lo sé. Quito es la capital de Ecuador.

Madrid	~~Quito~~	Ciudad de México	Tegucigalpa
Buenos Aires	Ciudad de Guatemala	San Salvador	

1. _____

2. _____

3. _____

4. _____

5. _____

6. _____

04-10 El mundo de la música. Rosario and her friends are very talented and would like to start a rock band. Complete the description about them using the correct forms of *saber* or *conocer*.

Todos mis amigos y yo tenemos muchos talentos; nosotros (1) _____ hacer muchas cosas. Por

ejemplo, yo (2) _____ tocar el piano, mi amigo Pablo (3) _____ tocar la guitarra, Sara

(4) _____ tocar la batería (*drums*), y nuestros amigos Mario y Teresa (5) _____ cantar

(*to sing*) muy bien. Nosotros queremos tener un grupo de música rock. ¿Quieres ser parte de nuestro grupo?

¿(6) _____ tú tocar el bajo (*bass guitar*)?

Nosotros tenemos gustos (*tastes*) musicales muy diversos y eso puede ser muy interesante para nuestro grupo. Yo

(7) _____ mucha música latina. Pablo y Teresa (8) _____ mucha música jazz y Mario

(9) _____ mucha música rock de los años setenta. Susana trabaja para una compañía discográfica y

por eso, (10) _____ a muchos agentes que nos pueden ayudar.

04-11 ¿Qué saben y qué conocen? Pablo is a tourist in Antigua, Guatemala, but does not have a map and has lost his tour book of the city. Complete his conversation with Laura using the correct forms of *saber* or *conocer*.

PABLO: Hola, buenas tardes. Estoy un poco perdido (*lost*), ¿puedes ayudarme?

LAURA: Claro, yo soy de Antigua y (1) _____ muy bien la ciudad.

PABLO: ¡Qué bien! Muchas gracias. ¿(2) _____ dónde está el Museo de Arte Colonial?

LAURA: Sí, (3) _____ exactamente dónde está —al final de esta calle, cerca de la Plaza Mayor.

PABLO: ¿(4)_____ cuánto cuesta (*costs*) entrar en el museo?

LAURA: Sí, creo que cuesta 10,00 quetzales para las personas que no son de Guatemala.

PABLO: También necesito comprar otro libro sobre la ciudad; ¿(5) _____ una buena librería por aquí cerca (*close by*)?

LAURA: Sí, también hay una librería por esa calle; tienen buenos libros a buenos precios. Si te gustan los libros, también tenemos otro museo interesante aquí.

PABLO: Sí, ya lo (6) _____ —el Museo del Libro Antiguo. Quiero visitarlo hoy también. ¿Está cerca del Museo de Arte, ¿no?

LAURA: Sí, y en el Museo de Arte te pueden dar un mapa para orientarte mejor. Si después de ir a los museos tienes hambre, (7) _____ un restaurante que está en esa zona también; es uno de los mejores restaurantes de la ciudad. Si quieres, ahora voy contigo al museo y te enseño dónde está.

PABLO: ¡Qué bien!

04-12 Heritage Language: *tu español*. Because the letters **s, z,** and the soft **c** are pronounced exactly the same way in all Spanish-speaking countries except for Spain, it can be difficult to remember how to spell different forms of the verb *conocer*. Listen to each sentence, and then write the correct spelling of the conjugation of the verb used in the sentence.

1. _____

2. _____

3. _____

4. _____

5. _____

Vocabulario

3. ¿Qué tienen que hacer? ¿Qué pasa? Relating common obligations and activities (Textbook p. 140)

04-13 Asociaciones. Associate the following phrases with the most logical expressions.

1. ¡No sé dónde está mi mamá! _____

2. Soy muy filosófico. _____

3. Por fin descubro (*discover*) dónde está mi mamá. _____

4. Tengo una dieta muy sana y saludable (*healthy*). _____

5. Soy principiante (*beginner*). _____

6. Soy una persona que persiste mucho. _____

7. Vivo una vida loca (*wild life*). _____

a. Pienso mucho en temas muy profundos (*profound*).

b. Almuerzo bien todos los días.

c. Pierdo a una persona importante.

d. Voy a la discoteca todas las noches y después duermo hasta muy tarde (*until very late*) todos los días.

e. Comienzo una cosa nueva.

f. Encuentro a una persona importante.

g. Sigo y sigo y sigo y sigo.

04-14 Al que algo quiere, algo le cuesta. Associate the following affirmations about what people would like to do with the statements that describe what they have to do in order to reach their goals.

1. No quiero tener hambre por las tardes. _____

2. Quiero tomar buenos apuntes durante las clases. _____

3. Quiero ser más independiente. _____

4. Quiero entender un concepto muy especializado y muy complicado. _____

5. Quiero empezar a estudiar ahora. _____

6. Estoy muy cansado de estudiar y quiero descansar (*rest*) un poco. _____

7. Quiero poder concentrarme mejor y tener más energía. _____

a. Tengo que pedir la ayuda de un especialista en la materia.

b. Tengo que cerrar mi libro y mis apuntes y dormir la siesta.

c. Tengo que almorzar bien todos los días.

d. Tengo que encontrar mi libro.

e. Tengo que entender qué dicen los profesores.

f. Tengo que dormir un mínimo de ocho horas todas las noches y hacer ejercicio un mínimo de tres días todas las semanas.

g. Tengo que pensar por mí mismo (*my own self*) y tomar mis propias (*my own*) decisiones.

04-15 ¿Qué tenemos que hacer? Complete the sentences with the correct form of *tener que* and with the most logical verb from the word bank. Follow the model.

pedir	almorzar	encontrar
pensar	volver	~~dormir~~

MODELO   Cuando tenemos sueño, *tenemos que dormir*.

1. Cuando tienes hambre, _____.

2. Cuando salgo de casa y no tengo mi mochila, _____ a mi casa para tener la mochila para mis clases.

3. Cuando necesitamos tomar una decisión importante, _____ mucho antes de tomar la decisión.

4. Cuando no sé dónde está mi libro, _____ el libro si quiero estudiar.

5. Cuando ellos no saben la respuesta correcta, _____ ayuda a su profesor o a uno de sus compañeros.

04-16   Heritage Language: *tu español*. As you know, because the letters **s, z,** and the soft **c** are pronounced exactly the same way in all Spanish-speaking countries except for Spain, it can be difficult to remember how to spell some words. Heighten your own awareness of how the verbs you have just learned are spelled. Listen to each sentence containing these new verbs, and then select the letter that each contains.

1. s   soft c   z

2. s   soft c   z

3. s   soft c   z

4. s   soft c   z

5. s   soft c   z

Gramática

4. Los verbos con cambio de raíz: Expressing actions (Textbook p. 142)

04-17 Categorías correctas. Choose what type of stem-changing verb each of the following is. If it is not stem-changing, then select **no tiene cambio de raíz**.

1. cerrar
   a. e → ie
   b. e → i
   c. o → ue
   d. no tiene cambio de raíz

2. mostrar
   a. e → ie
   b. e → i
   c. o → ue
   d. no tiene cambio de raíz

3. contestar
   a. e → ie
   b. e → i
   c. o → ue
   d. no tiene cambio de raíz

4. repetir
   a. e → ie
   b. e → i
   c. o → ue
   d. no tiene cambio de raíz

5. arreglar
   a. e → ie
   b. e → i
   c. o → ue
   d. no tiene cambio de raíz

6. poder
   a. e → ie
   b. e → i
   c. o → ue
   d. no tiene cambio de raíz

7. pedir
   a. e → ie
   b. e → i
   c. o → ue
   d. no tiene cambio de raíz

8. mentir
   a. e → ie
   b. e → i
   c. o → ue
   d. no tiene cambio de raíz

9. dormir
   a. e → ie
   b. e → i
   c. o → ue
   d. no tiene cambio de raíz

10. tomar
    a. e → ie
    b. e → i
    c. o → ue
    d. no tiene cambio de raíz

04-18 Un proyecto importante. Susana and José have to do an important project for class together.

Paso 1. Listen to their conversation and then indicate if the following affirmations are **Cierto** or **Falso**.

1. Susana no quiere trabajar en el proyecto a las 3:00 porque tiene que trabajar.	Cierto	Falso
2. Susana trabaja en un restaurante.	Cierto	Falso
3. Susana tiene que empezar a trabajar a las 7:00.	Cierto	Falso
4. Después de trabajar Susana quiere salir con sus amigas.	Cierto	Falso
5. José prefiere trabajar en el proyecto a las 5:00.	Cierto	Falso

Paso 2. Listen to the conversation once more. Then, rewrite the selected portions of the false statements in order to make them true. For those that are already true, leave the statement as it is.

6. Susana no quiere trabajar en el proyecto <u>a las 3:00</u> porque tiene que trabajar.

7. Susana trabaja en <u>un restaurante</u>.

8. Susana tiene que empezar a trabajar <u>a las 7:00</u>.

9. Después de trabajar Susana quiere <u>salir con sus amigas</u>.

10. José prefiere trabajar en el proyecto <u>a las 5:00</u>.

04-19 ¿Qué quieren hacer? Listen to the conversation between Ana and Carlos about what they and their friends would like to do. Then, indicate which of the two couples would like to do each activity.

1. ir al cine	Ana y Carlos	Emilia y Saúl
2. caminar por el parque	Ana y Carlos	Emilia y Saúl
3. ver una película en casa	Ana y Carlos	Emilia y Saúl
4. bailar	Ana y Carlos	Emilia y Saúl
5. tomar algo en un bar	Ana y Carlos	Emilia y Saúl
6. ir a un restaurante	Ana y Carlos	Emilia y Saúl

04-20 Crucigrama. Complete the crossword puzzle with the correct forms of the verbs, based upon the pronouns provided.

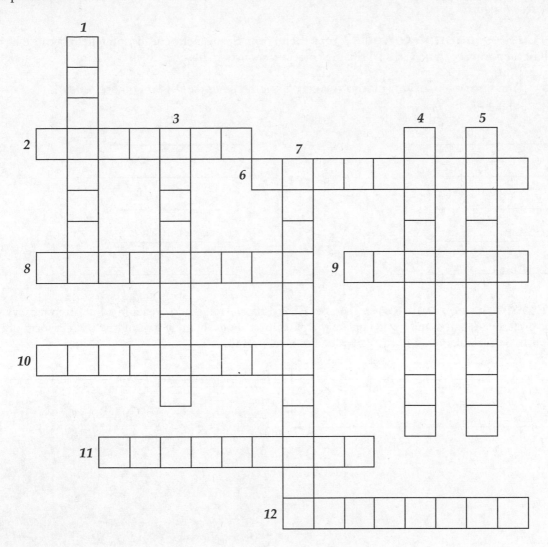

1. ustedes / empezar

2. ellos / perder

3. tú / devolver

4. tú / demostrar

5. nosotros / recordar

6. ellos / preferir

7. nosotros / recomendar

8. yo / encontrar

9. yo / cerrar

10. ellos / almorzar

11. nosotros / repetir

12. nosotros / seguir

04-21 ¿Cuál es la forma correcta? Your friend from Spanish class needs some help because he does not recall all of the forms of some verbs. Write the correct responses to his questions.

MODELO   You hear: ¿Cuál es la forma correcta del verbo tener para el pronombre "ellos"?
                 You write: *tienen*

1. _____   6. _____

2. _____   7. _____

3. _____   8. _____

4. _____   9. _____

5. _____   10. _____

04-22 Preferencias y opiniones diferentes. Rosario and Paulo are dating, but often have very different preferences and opinions. Complete the paragraph about them by writing the correct form of the correct verb. Be careful, not all of the verbs need to be conjugated.

preferir	entender	recomendar
querer	empezar	pensar

Rosario siempre (1) _____ (entender / querer) ir al cine, pero Paulo (2) _____

(preferir / empezar) el teatro. Paulo (3) _____ (empezar / pensar) que siempre hacen lo que a

Rosario le gusta y al principio (*beginning*) de la conversación Rosario no comprende sus frustraciones. Paulo le

explica (*explains*) a Rosario su situación y después Rosario (4) _____ (preferir / entender) por

qué él no está contento. Rosario (5) _____ (pensar / recomendar) tener una conversación

calmada y tranquila para hablar de los problemas y resolver el conflicto. Después de hablar, todo está mejor.

Rosario y Paulo deciden que tienen que (6) _____ (empezar / pensar) a hacer más actividades

que les gusten a los dos y no solamente (*only*) a ella.

04-23 Una experiencia que da miedo. Carolina works in a restaurant and one night she and her co-workers have a very bad experience. Complete the narration by choosing the correct verb and conjugating it in the correct form.

Es el viernes y estamos en el restaurante como siempre. Mis compañeros y yo (1) _____ (servir /

perseguir) comida a los últimos (*last*) clientes y después (*afterwards*) nosotros (2) _____ (tener /

cerrar) el restaurante. Entonces (*then*), un hombre misterioso (3) _____ (perseguir / venir) a la

puerta y (4) _____ (comenzar / pedir) comida. Entonces le explico que desafortunadamente

(*unfortunately*) el restaurante está cerrado. El hombre (5) _____ (repetir / cerrar) que quiere

comida, pero con más agresividad. Insiste que tengo que darle o comida o dinero. Ahora

(6) _____ (servir / tener) miedo y por eso llamo a la policía. Cuando llega la policía el hombre

(7) _____ (venir / empezar) a correr y los policías lo (8) _____ (perseguir /

demostrar).

04-24 Heritage Language: *tu español*. Stem-changing verbs are challenging to master. Increase your own mastery of these verbs by completing the following description of a student's very busy life. Write the correct forms of the verbs, using each verb only once. Be careful, not all of the verbs should be conjugated.

| costar | dormir | tener | pensar | poder |
| almorzar | volver | jugar | recordar | |

Me gusta mucho mi vida como estudiante, aunque (*although*) también yo (1) _____ que estoy

siempre muy ocupado (*busy*). Cuando mis amigos y yo (2) _____ la vida en la escuela secundaria

nos impresiona todo el tiempo libre que teníamos (*we had*). Ahora, con mis actividades académicas, sociales y de

trabajo, yo no (3) _____ tanto tiempo libre. Todos los días mis amigos y yo (4)

_____ en la cafetería, después de (*after*) las clases y antes de (*before*) trabajar. Trabajo un mínimo

de diez horas todas las semanas porque la universidad (5) _____ mucho dinero. Cuando yo (6)

_____ a la residencia estudiantil después del trabajo, mis amigos y yo (7) _____

al baloncesto o al fútbol. Por la noche, no (8) _____ estudiar muchas horas como algunos (*some*)

de mis amigos. Estoy en la cama a las once o las doce de la noche porque tengo que (9) _____

un mínimo de siete horas todas las noches.

Comunicación II

Gramática

5. El verbo *ir*: Stating where you and others are going (Textbook p. 146)

04-25 Nuestros planes. Miriam and Juan are discussing their plans for the day. Complete their conversation with the correct forms of the verb *ir*. Be careful, some blanks require the infinitive form of the verb.

MIRIAM: Hola Juan, ¿qué tal? ¿(1) _____ a la clase de literatura hoy?

JUAN: Sí, por supuesto (*of course*) que (2) _____ a la clase hoy. ¿Y tú no?

MIRIAM: No, no puedo (3) _____.

JUAN: ¿No? ¿Y por qué?

MIRIAM: Porque tengo que (4) _____ al hospital.

JUAN: ¿Sí? ¿Pero, estás bien, Miriam? ¿Necesitas ayuda?

MIRIAM: Sí, yo estoy perfectamente bien, simplemente mis abuelos necesitan mi ayuda. Ellos (5) _____

    al hospital y yo (6) _____ con ellos porque no hablan mucho inglés.

JUAN: ¡Menos mal (*Thankfully*)! Como tú no (7) _____ a la clase, si necesitas mirar mis apuntes, sabes que estoy aquí y que puedo ayudarte.

MIRIAM: Muchísimas gracias, Juan. ¿Puedo (8) _____ a tu casa esta noche para hablar de la clase y para ver tus apuntes?

JUAN: No, esta noche no puede ser porque Carlos y yo (9) _____ al concierto de Juanes.

MIRIAM: ¡Qué suerte (*luck*)! ¡Yo también quiero (10) _____, pero no tengo entradas (*tickets*)!

Nombre: _____   Fecha: _____

04-26 ¿Adónde van? Complete the sentences using the correct forms of the verb *ir* and the most logical places from the word bank, following the model.

~~al cine~~	al banco	al supermercado	a un restaurante elegante
al centro comercial	a correos	al museo	a la biblioteca

MODELO   Tengo que ver la nueva película de Guillermo del Toro;
               voy al cine.

1. Marta y Sara tienen que encontrar libros sobre (*about*) la literatura cubana; _____.

2. Tenemos que comprar comida para la casa; _____.

3. Julio y su novia quieren tener una noche romántica; _____.

4. Quiero comprar el nuevo disco compacto de Julieta Venegas; _____.

5. Quieres ver unas pinturas de unos artistas interesantes; _____.

6. Necesito dinero para comprar materiales para mis clases; _____.

7. Teresa y yo tenemos que mandar unas cartas; _____.

📢 04-27 Heritage Language: *tu español*.

Paso 1. Adriana would like to know about your favorite places. Listen to her questions and then give your responses.

MODELO   You hear: ¿Adónde vas cuando tienes ganas de bailar?
You say: *Cuando tengo ganas de bailar voy a una discoteca.*

1. ...

2. ...

3. ...

4. ...

5. ...

6. ...

7. ...

Paso 2. Now interview a relative, friend, or fellow student who is of Spanish-speaking heritage and find out about that person's favorite places. Ask the person the same questions that Adriana asked you and write the person's responses.

8. _____

9. _____

10. _____

11. _____

12. _____

13. _____

14. _____

Paso 3.   Comparatively describe your favorite pastimes and places with those of the person that you interviewed. What do you have in common? What kind of differences characterize your preferences? Are the differences more a result of cultural difference or of age, generational, or other difference?

Gramática

6. *Ir* + *a* + infinitivo: Conveying what will happen in the future
(Textbook p. 147)

04-28 Los horóscopos. Read the horoscopes, and then complete the answers to the questions using the correct forms of the expression *ir* + *a* + **infinitivo**.

Virgo

Este mes va a ser muy bueno para ti. Vas a tener suerte (*luck*) en el amor y en el trabajo. Tus amigos van a demostrar que son buenos y que eres muy importante para ellos.

Acuario

Este mes no va a ser el mejor mes del año para ti. Vas a tener problemas en el amor, y dificultades en el trabajo. No vas a tener mucho dinero, va a ser muy importante ser prudente.

Libra

Tu situación amorosa va a estar muy bien este mes. Si no tienes novio/a, este mes vas a encontrar tu pareja perfecta; si tienes pareja, este mes va a ser maravilloso y muy romántico. Este mes vas a comprar algo que cuesta mucho dinero y que va a cambiar tu vida.

Piscis

Tu situación sentimental va a ser muy estable este mes. Tu situación económica va a mejorar (*improve*) mucho y vas a poder comprar algunas cosas muy importantes. Vas a tener nuevas y muy buenas oportunidades en el trabajo. También vas a conocer nuevos países.

MODELO   ¿Quiénes van a comprar cosas importantes?
Las personas de Libra y de Piscis van a comprar cosas importantes.

1. ¿Quiénes no van a tener un mes muy bueno?

_____ un mes muy bueno.

2. ¿Quiénes van a tener suerte con el dinero?

_____ suerte con el dinero.

3. ¿Quiénes van a tener una situación económica difícil este mes?

_____ una situación económica difícil este mes.

4. ¿Quiénes van a tener éxito en su trabajo?

_____ éxito en su trabajo.

5. ¿Quiénes van a tener buenas experiencias con sus amigos?

_____ buenas experiencias con sus amigos.

6. ¿Quiénes van a tener dificultades en su vida amorosa?

_____ dificultades en su vida amorosa.

7. ¿Quiénes van a ir a otros países?

_____ a otros países.

04-29 ¿Qué van a hacer? Create logical sentences using one component from each column and the correct forms of the expression *ir + a + infinitivo*, following the model. You may use each expression from the table only once. NOTE: The numbers in the first column correspond to the question numbers below.

MODELO   Yo *voy a ir a la universidad*, y allí *voy a estudiar para las clases.*

1. ir al gimnasio	hacer	unas pinturas interesantes
2. ir al centro comercial	almorzar	ayuda
3. ir al museo	pedir	pizza
4. ir a la biblioteca	ver	libros
5. ir a correos	devolver	un regalo (*gift*)
6. ir a un restaurante	comprar	unas cartas
7. ir a la oficina de nuestro profesor	mandar	pilates

1. Paula _____ , y allí _____ .

2. Clara y yo _____ , y allí _____ para mi prima que cumple años.

3. María _____ , y allí _____ .

4. Pedro y tú _____ , y allí _____ .

5. Tú _____ , y allí _____ .

6. Santi y Marta _____ , y allí _____ .

7. Claudio y yo _____ , y allí _____ .

04-30 Heritage Language: *tu español*.

Paso 1. Take notes about where you and your friends are going to go and what you are going to do next weekend. Do not write complete sentences.

_____

_____

_____

_____

_____

Paso 2. Now use your notes from **Paso 1**, the **Vocabulario útil** below, and expressions with *ir* + *a* + **infinitivo** to describe where you and your friends are going to go and what you are going to do next weekend.

primero *first*	después *afterwards*	entonces *then*
a continuación *right after that*	luego *later on*	finalmente *finally*

_____

_____

_____

_____

_____

_____

Paso 3. Now interview at least two relatives, friends, or fellow students of Spanish-speaking heritage about where they and their friends are going to go and what they are going to do next weekend. Do not write complete sentences.

_____

_____

_____

_____

Paso 4. Now comparatively describe your plans and those of the two people that you interviewed. Be careful to use the correct forms of *ir* + *a* + **infinitivo** in your description.

Vocabulario

7. Servicios a la comunidad: Imparting information about service opportunities (Textbook p. 149)

04-31 Asociaciones. For each item related to volunteerism, mark the places with which it is associated. In some cases there is more than one correct answer.

1. la tienda de campaña

   el campamento de niños
   la campaña política
   la residencia de ancianos

2. dar un paseo

   el campamento de niños
   la campaña política
   la residencia de ancianos

3. la persona mayor

   el campamento de niños
   la campaña política
   la residencia de ancianos

4. ir de excursión

   el campamento de niños
   la campaña política
   la residencia de ancianos

5. apoyar a un candidato

   el campamento de niños
   la campaña política
   la residencia de ancianos

6. hacer objetos de artesanía

   el campamento de niños
   la campaña política
   la residencia de ancianos

7. circular una petición

   el campamento de niños
   la campaña política
   la residencia de ancianos

04-32 Crucigrama. Complete the crossword puzzle with the correct words, based upon the definitions provided.

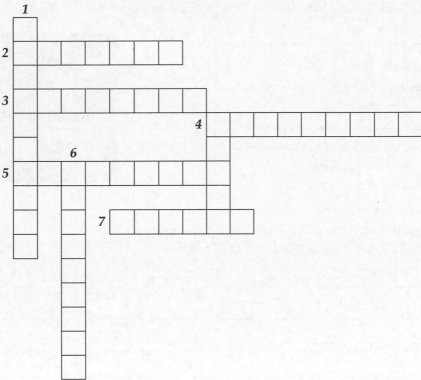

Vertical

1. lugar para los niños en donde hacen muchas actividades variadas y divertidas

4. pequeño vehículo que la gente usa para viajar por el agua

6. un hombre que ayuda a otras personas a tomar decisiones, a resolver problemas en diferentes situaciones

Horizontal

2. un hombre mayor

3. documento que circulamos y firmamos (*we sign*) cuando queremos expresar nuestras opiniones y preferencias políticas

4. una mujer que se presenta a las elecciones porque quiere ser presidenta, senadora o congresista

5. ir a un lugar interesante o diferente para conocerlo o para pasar el día; ir de _____

7. sinónimo de **ayudar** o **endorsar**

04-33 ¿Qué debemos hacer en nuestra comunidad? Agustín and his friends want to help out in their community, but need help in deciding how to do so. Listen to what they say about their personalities, lifestyles, and other obligations, and then write recommendations about how they can serve their community.

repartir comidas por las tardes

dar clases de artesanía

trabajar como consejero/a

organizar papeles para un candidato político

ir a la residencia de ancianos que está en el centro

circular una petición a los estudiantes

MODELO   You hear: Soy una persona muy generosa y muy paciente.

Tengo automóvil, hablo español e inglés y estudio medicina.

You write: *Puedes llevar a alguien al médico.*

1. _____.

2. _____.

3. _____.

4. _____.

5. _____.

6. _____.

04-34 Una voluntaria.

Paso 1. Look at the photograph and using the questions below to help guide you, jot down notes about the woman and what kind of volunteer work she does. Do not use complete sentences.

¿Cómo es físicamente? ¿Cómo piensas que es su personalidad? ¿Dónde está? ¿Qué hace para su comunidad? ¿Por qué piensas que ayuda a su comunidad de esa manera (*in that way*)?

_____

_____

_____

_____

Paso 2. Using your notes from **Paso 1**, describe the woman, where she is, and the kind of volunteer work she does. Explain also the kind of personality you think she must have in order to successfully do the kind of work that she does. Describe also some of the reasons why you think she chooses to do the work that she does.

Paso 3. Using your notes from **Paso 1**, compare yourself to the identity that you have imagined for the woman. What kind of personality traits do you have in common with her? What about your own personality do you think makes you a good candidate for volunteering in the context in which this woman works? Do you participate in similar volunteer activities? Why or why not?

_____

_____

_____

_____

_____

_____

_____

04-35 Tus actividades en tu comunidad.

Paso 1. Answer the following questions about yourself and your community.

1. En tu opinión, ¿cuáles son los grupos de personas en tu comunidad que necesitan mucha ayuda?

_____

2. ¿Qué ayuda y apoyo necesitan esas personas?

_____

3. ¿Qué organizaciones en tu comunidad necesitan más voluntarios?

_____

4. ¿Con qué grupos de personas o con qué organizaciones puedes trabajar como voluntario?

_____

5. ¿Qué puedes hacer para ayudar a esas personas y esas organizaciones?

_____

6. ¿Quieres trabajar como voluntario en el futuro? ¿Por qué sí o por qué no?

_____

7. ¿Crees que vas a trabajar como voluntario en el futuro? ¿Por qué sí o por qué no?

_____

Paso 2. Describe what you currently do or what you can do in order to serve your community. Mention also what you plan to do in the future to serve your community, and why you are going to serve in that way.

04-36 Heritage Language: *tu español*. In many parts of the Spanish-speaking world, people engage in a wide variety of activities to serve their communities. Conduct research on the specific practices of people from a specific region. If you are of Spanish-speaking heritage, interview a member of your own family. If you are not, then interview a friend, relative, or fellow student who is.

Paso 1. Use the following questions to guide you through your interview and write notes about the person's responses. Do not use complete sentences.

1. En general, ¿piensas que participan muchas personas en tu país en el voluntariado? ¿Por qué sí o por qué no?

   _____

   _____

   _____

2. ¿Cuáles son algunos trabajos voluntarios típicos en tu país?

   _____

   _____

3. ¿Cuáles son algunos trabajos voluntarios que piensas que tienen que hacer más personas en tu país? ¿Por qué?

   _____

   _____

   _____

Paso 2. Using your notes from **Paso 1**, give a brief report about your findings.

Paso 3. Using your notes from **Paso 1**, write a comparative description about the practices that the person who you interviewed described with the practices that you believe are predominant in the United States.

_____

_____

_____

_____

_____

_____

_____

_____

Nota cultural: La conciencia social (Textbook p. 151)

04-37 La conciencia social. Indicate if the following statements are **Cierto** or **Falso**, based on the information in your text.

1. Podemos ver mucho interés en el servicio a la comunidad en Los Estados Unidos, pero no tanto en los países hispanohablantes.   Cierto   Falso

2. No es posible demostrar tu interés en el servicio a la comunidad en tu trabajo si recibes un salario.   Cierto   Falso

3. Puedes demostrar tu conciencia social siendo (*by being*) entrenador para un equipo de fútbol de niños.   Cierto   Falso

4. En Los Estados Unidos hay mucha necesidad de voluntarios para ayudar a los ancianos y a los niños.   Cierto   Falso

5. En un trabajo para un político no es posible demostrar tu conciencia social.   Cierto   Falso

6. En los países hispanohablantes no hay muchos voluntarios.   Cierto   Falso

7. Muchos hispanos sirven a sus comunidades cuando ven que otras personas necesitan su apoyo y ayuda.   Cierto   Falso

Gramática

8. Las expresiones afirmativas y negativas: Articulating concepts and ideas both affirmatively and negatively (Textbook p. 151)

04-38 Diferentes tipos de estudiante. For each statement, indicate to which type of student it corresponds.

1. Siempre va a todas sus clases.
   el estudiante desastroso
   el estudiante normal
   el estudiante perfecto

2. Nunca va a sus clases.
   el estudiante desastroso
   el estudiante normal
   el estudiante perfecto

3. Normalmente va a sus clases, a veces no puede ir porque está enfermo.
   el estudiante desastroso
   el estudiante normal
   el estudiante perfecto

4. Normalmente estudia mucho para sus clases, pero a veces no estudia.
   el estudiante desastroso
   el estudiante normal
   el estudiante perfecto

5. Nunca puede estudiar porque tiene una vida social muy activa.
   el estudiante desastroso
   el estudiante normal
   el estudiante perfecto

6. Cuando tiene que hacer una presentación en grupo, nunca hace su parte.
   el estudiante desastroso
   el estudiante normal
   el estudiante perfecto

7. Cuando necesitas usar los apuntes de otra persona para estudiar, siempre prefieres usar los apuntes de esta persona porque son excelentes.
   el estudiante desastroso
   el estudiante normal
   el estudiante perfecto

04-39 En una residencia de ancianos. Complete the conversation between Marta and Clara by choosing the correct affirmative or negative expression.

MARTA: Perdón, pero ¿sabes si (1) (algún / alguna / alguien) persona puede ayudar con esta parte del proyecto de artesanía?

CLARA: Lo siento, no hay (2) (nadie / ningún / ninguna) persona libre en este momento; todo el mundo (*everybody*) está muy ocupado.

MARTA: ¿Puedes ayudarme tú con (3) (algo / nada / alguno)?

CLARA: Estoy aquí para ayudar con las excursiones. No sé (4) (algo / nada / nunca) de la artesanía, no tengo (5) (algún / ningún / nada) talento para los proyectos creativos y (6) (siempre / nunca / nadie) hago cosas artísticas.

MARTA: Pero esto es muy fácil. Solamente necesito a (7) (alguien / nadie / algo) para ayudarme a pintar estos papeles de un color.

CLARA: Entonces, sí que es (8) (nada / alguna / algo) que puedo hacer. ¡Claro que te ayudo!

04-40 Heritage Language: *tu español.* As you have learned, not all affirmative and negative expressions work the same way in Spanish as their equivalent expressions in English. Sharpen your awareness of these expressions by using the correct expressions to complete the conversation between Marta, a woman who is traveling around El Salvador, and Daniel, a man from a small town that she is visiting.

ningún	nada	algunas	siempre	algún
a veces	alguna	nadie	algo	

MARTA: Hola, buenas tardes. ¿Me puede decir si hay (1) _____ restaurante abierto ahora?

DANIEL: Lo siento, pero en este momento no hay (2) _____ restaurante abierto; todos están cerrados.

MARTA: ¿Sabe si hay (3) _____ tienda abierta, para comprar (4) _____ de comer?

DANIEL: Señorita, lo siento, pero no hay (5) _____ para hacer en este pueblo hasta (*until*) las cinco de la tarde. En este momento no hay (6) _____ más que yo en la calle; todas las personas del pueblo están en sus casas.

MARTA: ¡Qué curioso! ¿(7) _____ siguen este horario?

DANIEL: No, (8) _____ en el invierno (9) _____ personas siguen otro horario.

MARTA: Bueno, muchas gracias por su tiempo y su ayuda, y buenas tardes.

DANIEL: Adiós.

© 2013 Pearson Education, Inc.

Gramática

9. Un repaso de *ser* y *estar*: Describing states of being, characteristics, and location (Textbook p. 154)

04-41 ¿Quién es y dónde está? Isabel has a very international family and group of friends. Listen to her talk about some important people in her life and then, using the expressions in the word bank, indicate what each person's relationship to her is and where each person is.

su profesor	su hermana	el novio de su hermana	su tío
su tía	su prima	en Montevideo	en México, D.F.
en Madrid	en San Francisco	en Buenos Aires	en Sevilla

	¿Quién es?	¿Dónde está?
1. Esteban		
2. Lina		
3. Silvia		
4. Rolando		
5. Arantxa		
6. Javier		

04-42 ¿Cómo son mis amigos? Ana has very diverse friends. Complete the paragraph about them using the correct forms of *ser*.

Mis amigos (1) _____ de diferentes países del

mundo: Carolina y Pablo (2) _____ colombianos,

Jorge y yo (3) _____ peruanos, Kiroko

(4) _____ japonesa y Stephanie y Norbert

(5) _____ alemanes. Todos nosotros

(6) _____ estudiantes muy buenos. Creo que todos

mis amigos (7) _____ inteligentes y simpáticos.

04-43 ¿Cómo están mis amigos? Some of Ana's friends are doing well, and others are not feeling very well at all. Complete the paragraph about how her friends are feeling using the correct forms of *estar*. Be careful, not all of the items require a conjugated form of the verb.

Quiero tener una fiesta en mi casa hoy, pero creo que no va a ser posible. Carolina (1) _____

muy estresada porque tiene dos exámenes esta semana. Jorge y Pablo van a (2) _____ muy

cansados porque tienen que jugar al fútbol esta tarde. Walter (3) _____ muy enfermo, así que

no tiene ganas de ir a una fiesta. Kiroko y su novio (4) _____ en Nueva York para ver una

exposición importante en un museo de arte, y Stephanie (5) _____ en Boston para un concierto.

Mi amigo Enrique y yo (6) _____ muy contentos y queremos hacer una fiesta, pero creo que va

a ser imposible. ¡Ahora yo (7) _____ triste!

04-44 ¡Llegamos tarde! Alicia and Manolo are in a big hurry and need to leave in order to arrive to class on time. Complete their conversation with the correct forms of *ser* or *estar*.

ALICIA: Oye, Manolo, tenemos que salir. ¿(1) _____ preparado o necesitas más tiempo?

MANOLO: Sí, ahora salgo.

ALICIA: Oye, Manolo, ¿(2) _____ bien?

(3) _____ las ocho menos cuarto de la mañana y tenemos clase a las ocho en punto

(*on the dot*). ¡Tienes que darte más prisa!

MANOLO: ¡Qué impaciente (4) _____, Alicia! ¿No puedes

(5) _____ un poco más simpática?

ALICIA: ¡No, porque no quiero llegar tarde a la clase! ¿Dónde

(6) _____? ¿En tu cuarto?

MANOLO: Sí, Luis y yo (7) _____ aquí, puedes venir si quieres.

ALICIA: ¿Qué pasa, Manolo?

MANOLO: (8) _____ triste porque no me gusta la ropa que tengo.

ALICIA: Manolo, (9) _____ muy guapo, por eso no es importante tu ropa. ¿Verdad, Luis?

¡Pero creo que Manolo necesita (10) _____ más puntual!

04-45 **Heritage Language:** *tu español.* Interview three friends, relatives, or fellow students of Spanish-speaking heritage. Ask each person to describe someone from the Spanish-speaking world whom they admire.

Paso 1. Write notes on the following information for each person: **nombre, nacionalidad, profesión, ubicación actual** (*current location*)**, características físicas, personalidad, por qué es digno** (*worthy*) **de admiración.**

1. _____

   _____

2. _____

   _____

3. _____

   _____

Paso 2. Using your notes from **Paso 1**, describe the three people paying special attention to the appropriate uses and the correct forms of *ser* and *estar*.

Paso 3. Using your notes from Paso 1, write a comparative description of the three people, highlighting their main similarities and differences. Be careful to use *ser* and *estar* appropriately and to conjugate them correctly.

_____

_____

_____

_____

_____

_____

_____

_____

Escucha (Textbook p. 157)

04-46 La vida en mi pueblo.

Paso 1. Listen to Carmen's description of life in her town, and then answer the questions. If necessary, listen more than once.

1. ¿Cuáles son tres ideas importantes que menciona Carmen?

   _____

2. ¿Cómo ayudan las personas en su pueblo a otras personas?

   _____

3. ¿Cómo son las fiestas (*major holidays*) en su pueblo?

   _____

Paso 2. Write three sentences explaining the main ideas of Carmen's description.

_____

_____

_____

¡Conversemos! (Textbook p. 158)

04-47 La comunidad y el servicio a la comunidad. Review the vocabulary for **Servicios a la comunidad**. For each area mentioned in the vocabulary presentation, discuss whether or not you have experience contributing to those areas of your community in those ways. Then briefly describe your personality and the volunteer activities that you think you can do best.

Escribe (Textbook p. 159)

04-48 Tu pueblo o tu ciudad.

Paso 1. Answer the following questions about your home city or town or about the city or town where your university is located.

1. ¿Qué lugares interesantes hay en tu pueblo o en tu ciudad? ¿Cuánto cuesta ir a esos lugares?

_____

_____

2. ¿Cuál es tu lugar favorito del pueblo o de la ciudad? ¿Qué puedes hacer en ese lugar?

_____

_____

3. ¿A dónde puedes ir de excursión desde tu pueblo o tu ciudad? ¿Por qué son interesantes esos lugares? ¿Qué puedes hacer en esos lugares?

_____

_____

4. ¿Cuál es el mejor restaurante? ¿Qué tipo de comida sirven? ¿Cuánto cuesta la comida?

_____

_____

5. ¿Cuál es el mejor restaurante con comida que no cuesta mucho dinero? ¿Qué tipo de comida (china, italiana, etc.) sirven? ¿Cuánto cuesta la comida?

_____

_____

Paso 2. Use the information from **Paso 1** to assist you as you describe your town or city.

Paso 3. Una guía para visitantes. Now organize the information from **Paso 1** in order to create a tour guide of the town or city for visitors.

_____

_____

_____

_____

_____

Cultura: Honduras, Guatemala, and El Salvador (Textbook pp. 161–163)

04-49 Honduras. Answer the questions about César Alfonso and Honduras using the information from your text. Give only the correct information; do not use complete sentences.

1. ¿De qué ciudad es César Alfonso?

_____

2. ¿Qué grupo indígena habita Honduras desde la época precolombina?

_____

3. ¿Dónde están las ruinas más importantes que tienen en Honduras?

_____

4. ¿Cuál es la moneda oficial de Honduras?

_____

5. ¿Cuál es el nombre original de Honduras?

_____

04-50 Guatemala. Complete the following statements about Luis Pedro Aguirre Maldonado and Guatemala using the information from your text.

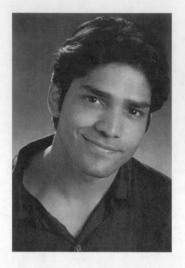

1. Luis Pedro es de _____, Guatemala.

2. La geografía de Guatemala es _____ y tiene muchos volcanes.

3. En la importante ciudad de _____ hay ruinas mayas.

4. Unas estructuras arquitectónicas mayas interesantes que hay en Guatemala son _____.

5. La moneda oficial de Guatemala es _____.

6. El calendario maya tiene _____ meses.

04-51 El Salvador. Answer the questions about Claudia Figueroa Barrios and El Salvador using the information from your text. Do not respond in complete sentences; provide only the information requested.

1. ¿Cuántas costas tiene El Salvador?

_____

2. ¿A qué playa de El Salvador puedes ir si te gustan los deportes acuáticos?

_____

3. ¿Cuántas generaciones viven en la casa de Claudia?

_____

4. ¿Cuál es la moneda oficial de El Salvador?

_____

5. ¿A quiénes van algunos salvadoreños especialmente en las zonas rurales para encontrar ayuda médica?

_____

04-52 Vistas culturales: Honduras. View the video segments in order to complete each part of the activity. You will likely not understand all of the words that you hear, but you should relax because you are capable of understanding more than enough to be able to respond to the questions without difficulty. Please be sure to read the questions that you will have to answer before viewing each video segment.

Paso 1. Introducción. Read the questions, skim through the possible answers, and then view the video in order to determine the correct answer for each question.

1. ¿Cuál es la población de Honduras?
   casi setenta mil personas
   casi setecientas mil personas
   casi siete millones de personas
   casi setenta millones de personas

2. ¿Cuál es la capital de Honduras?
   Honduras
   Tegucigalpa
   San Pedro Sula

3. ¿Con qué masa o masas (*body or bodies*) de agua tiene costa?
   el Mar Mediterráneo
   el Océano Pacífico
   el Mar Negro
   el Mar Caribe
   el Océano Indico

Paso 2. La cocina. Read the questions, skim through the possible answers, and then view the video in order to determine the correct answer for each question.

4. ¿Cuáles son algunas comidas (*foods*) que comen muchos hondureños?
   pasta
   frutas tropicales
   pizza

5. ¿Cuáles son las bases de la dieta hondureña?
   la tortilla de maíz (*corn*)
   el arroz (*rice*)
   los frijoles (*beans*)

6. ¿Cómo se llama el arroz con frijoles (*beans with rice*) en Honduras?
   gallo pinto
   casamiento

7. ¿Qué otros alimentos (*foods*) son partes importantes de la dieta de los hondureños?
   el plátano (*plantain*)
   el brócoli
   la yuca

Paso 3. El turismo. Read the questions, skim through the possible answers, and then view the video in order to determine the correct answer for each question.

8. ¿Qué es Copán?
   un destino turístico importante
   un lugar donde hay ruinas arqueológicas
   un lugar donde hay muchas playas
   un lugar donde hay arrecifes (*reefs*) de coral

9. ¿Qué civilización vivía en Copán?
   los españoles
   los mayas
   los roatán

10. ¿Dónde en Honduras es posible hacer deportes acuáticos?
    Copán
    Islas de la Bahía
    Isla de Roatán

04-53 Vistas culturales: Guatemala. View the video segments in order to complete each part of the activity. You will likely not understand all of the words that you hear, but you should relax because you are capable of understanding more than enough to be able to respond to the questions without difficulty. Please be sure to read the questions that you will have to answer before viewing each video segment.

Paso 1. Introducción. Read the questions, skim through the possible answers, and then view the video in order to determine the correct answer for each question.

1. ¿Cuál es la población de Guatemala?
   casi ciento veinticinco mil personas
   casi un millón doscientas cincuenta personas
   casi doce millones quinientas mil personas
   casi ciento veinticinco millones de personas

2. ¿Con qué países tiene fronteras Guatemala?
   Estados Unidos
   México
   Belice
   Honduras
   El Salvador
   Nicaragua

3. ¿Con qué masa o masas (*body or bodies*) de agua tiene costa Guatemala?
   el Mar Mediterráneo
   el Océano Pacífico
   el Mar Negro
   el Mar Caribe
   el Océano Indico

4. ¿En qué parte del país hay volcanes?
   el norte
   el sur

5. ¿En qué parte del país hay muchas plantaciones?
   el norte
   el sur

6. ¿En qué parte del país hay muchas selvas subtropicales?
   el norte
   el sur

7. ¿En qué parte del país están las ruinas mayas de Tikal?
   el norte
   el sur

Paso 2. La resistencia cultural indígena. Read the questions, skim through the possible answers, and then view the video in order to determine the correct answer for each question.

8. ¿Cuántos idiomas de origen maya se hablan en Guatemala hoy en día?
   2
   12
   21
   210

9. ¿En qué año gana Rigoberta Menchú el premio Nobel de la Paz?
   1982
   1992
   2002

10. ¿Por qué gana Rigoberta Menchú el premio Nóbel de la Paz?
    porque habla muchas lenguas indígenas
    porque lucha para los derechos de los indígenas
    porque mantiene aspectos de la cultura indígena

Paso 3. La Guatemala colonial. Read the questions, skim through the possible answers, and then view the video in order to determine the correct answer for each question.

11. ¿Cuál es el nombre original de Antigua, Guatemala?
    Ciudad de Guatemala
    Santiago de Guatemala
    Ciudad Maya

12. ¿Cuándo empieza a ser la capital de Guatemala?
    1453
    1543
    1663
    1773

13. ¿Qué atracciones turísticas tiene Antigua?
    edificios viejos
    edificios coloniales
    iglesias

14. ¿Qué podemos comprar en Antigua?
    productos de los españoles
    productos coloniales
    productos de los indígenas

15. ¿Qué semana es especialmente importante en Antigua?
    la semana del 25 de diciembre
    la semana del 1 de enero
    la Semana Santa

Nombre: _____ Fecha: _____

04-54 Vistas culturales: El Salvador. View the video segments in order to complete each part of the activity. You will likely not understand all of the words that you hear, but you should relax because you are capable of understanding more than enough to be able to respond to the questions without difficulty. Please be sure to read the questions that you will have to answer before viewing each video segment.

Paso 1. Introducción. Read the questions, skim through the possible answers, and then view the video in order to determine the correct answer for each question.

1. ¿Cuántas personas viven en El Salvador?
   casi setenta mil personas
   casi setecientas mil personas
   casi siete millones de personas
   casi setenta millones de personas

2. ¿Cuál es la capital de El Salvador?
   El Salvador
   Tegucigalpa
   San Salvador
   San Pedro Sula

3. ¿Con qué masa o masas (*body or bodies*) de agua tiene costa El Salvador?
   el Mar Mediterráneo
   el Océano Pacífico
   el Mar Negro
   el Mar Caribe
   el Océano Indico

4. ¿Cuántos kilómetros cuadrados (*squared*) tiene El Salvador?
   2.100   210.000
   21.000   2.100.000

Paso 2. La geografía y el clima. Read the questions, skim through the possible answers, and then view the video in order to determine the correct answer for each question.

5. ¿En qué zona de Centroamérica hay muchos volcanes?
   en la zona pacífica
   en la zona central

6. ¿Cuál es la zona de Centroamérica que es buena para la agricultura?
   la zona pacífica
   la zona central

7. ¿Dónde están las montañas de Centroamérica?
   en la zona pacífica
   en la zona central

8. ¿Qué tiempo hace en El Salvador?
   Generalmente hace calor en primavera, verano y otoño.
   Generalmente hace calor en primavera y verano.
   Generalmente hace calor en otoño e invierno.
   Generalmente hace calor en primavera, verano, otoño e invierno.

9. ¿Cuándo es la época de lluvias en El Salvador?
   de noviembre a abril
   de diciembre a febrero
   de junio a agosto
   de mayo a octubre

10. ¿Cuándo es la época seca?
    de noviembre a abril
    de diciembre a febrero
    de junio a agosto
    de mayo a octubre

Paso 3. CAFTA. Read the questions, skim through the possible answers, and then view the video in order to determine the correct answer for each question.

11. ¿Qué es CAFTA?
    un Tratado de Libre Comercio con América del Sur
    un Tratado de Libre Comercio con Europa
    un Tratado de Libre Comercio con Estados Unidos

12. ¿Cuál es el objetivo de CAFTA?
    crear más relaciones económicas entre los diferentes países del tratado
    mejorar las situaciones económicas de los países de Centroamérica

Más cultura

04-55 Los barrios. Read the information about **barrios** or neighborhoods in Spanish-speaking places, and then answer the questions using complete sentences.

- Un barrio es una parte de una ciudad o de un pueblo. En estas subdivisiones de las ciudades frecuentemente los vecinos (*neighbors*) se conocen y se sienten identificados y unidos.

- Un barrio de una ciudad normalmente tiene muchas casas o edificios de apartamentos, una iglesia y diferentes tiendas pequeñas donde la gente del barrio puede comprar comida y otras cosas necesarias.

- Muchas ciudades del mundo tienen barrios donde viven muchas personas del mismo origen étnico o nacional. Por ejemplo, en muchas grandes ciudades como Nueva York y Washington, hay barrios chinos. En Nueva York también hay un barrio puertorriqueño muy importante. En Miami, hay un barrio cubano que se llama la pequeña Habana y también hay otros barrios latinoamericanos. Con la reciente inmigración de muchos latinoamericanos a España, en muchas ciudades españolas ahora hay también barrios latinoamericanos y africanos.

- En algunas partes de algunos países, como Venezuela y Estados Unidos, la palabra "barrio" puede tener connotaciones negativas, y referirse a zonas de las ciudades donde frecuentemente hay muchos problemas de delincuencia y de crímenes.

1. ¿Qué es un barrio? ¿Existe el mismo concepto en inglés?

   _____

   _____

2. ¿Qué tiene un barrio de una ciudad, normalmente?

   _____

   _____

3. ¿Qué barrios étnicos existen en los Estados Unidos?

   _____

   _____

4. ¿En qué país hay ahora diferentes barrios étnicos y por qué tienen esos barrios ahora?

   _____

   _____

5. Cuando la palabra "barrio" tiene un significado negativo, ¿a qué tipo de subdivisión de una ciudad se refiere?

   _____

   _____

04-56 Los lugares en Estados Unidos con nombres de origen hispano. Read the text about the Spanish origin of many place names in the United States, and then answer the questions using complete sentences.

- A través de (*through*) sus nombres, muchos lugares de los Estados Unidos demuestran la herencia (*heritage*) y la presencia histórica de los hispanos en este país. Muchos lugares empiezan como parte de los territorios españoles de la época colonial y posteriormente como parte de México y, por eso, conservan hasta hoy sus nombres hispanos originales.

- Algunos lugares tienen nombres que se relacionan con sus características geográficas. Montana, por ejemplo, se llama así porque es una zona muy montañosa. Las Vegas tiene su nombre porque en la época de expansión hacia el oeste (*west*) es una zona famosa por la fertilidad de su tierra (*land*). Colorado tiene su nombre por los colores de sus paisajes (*landscapes*).

- El origen de los nombres de otros lugares de los Estados Unidos viene de la flora y fauna de la región. Así también son los casos de Alcatraz y Alameda. La Florida se llama así porque tiene muchas flores diferentes.

- Otros lugares tienen nombres que reflejan (*reflect*) las condiciones climáticas y meteorológicas de sus zonas. Nevada tiene su nombre por la nieve que cae en partes del estado. La Sierra Nevada también demuestra que esas montañas reciben mucha nieve.

- Muchos nombres de lugares fundados durante la época colonial tienen un origen religioso. Hay muchas ciudades que tienen nombres de santos (*saints*), como San Antonio, San Diego y San Francisco. Otras ciudades tienen el nombre de la Virgen María. Este es el caso del nombre de la ciudad de Los Ángeles; su nombre completo en realidad es "El Pueblo de Nuestra Señora la Reina de los Ángeles del Río de Porciúncula". El nombre de la ciudad de Sacramento también es de origen católico.

1. ¿Por qué muchos lugares de los Estados Unidos tienen nombres de origen hispano?

_____

_____

2. Identifica cuatro lugares en los Estados Unidos cuyos (*whose*) nombres se asocian con las características geográficas de la zona.

_____

_____

3. Identifica tres lugares en los Estados Unidos que tienen nombres que vienen de las plantas y los animales de esa zona.

_____

_____

4. Identifica dos lugares en los Estados Unidos que tienen nombres que se refieren al clima de esos lugares.

_____

_____

5. Identifica tres lugares en los Estados Unidos que tienen nombres de origen religioso.

_____

_____

6. ¿Cuál es el nombre completo de la ciudad de Los Ángeles?

_____

_____

04-57 El sistema métrico. Read the text about the metric system, and then answer the questions using complete sentences.

- Como en los Estados Unidos, en todos los países del mundo hispánico las personas que trabajan en las ciencias usan el sistema métrico. Pero a diferencia de (*unlike*) los Estados Unidos, en la mayoría de estos países también usan el sistema métrico en la vida diaria (*daily*).

- Cuando hablan de las distancias largas (*long*) y cuando usan sus automóviles, las personas no hablan de millas, hablan de kilómetros. Cuando hablan de un campo de fútbol, no hablan de yardas, sino que se refieren a metros. Cuando hablan de cosas más pequeñas, no las miden (*measure*) con pies (*feet*) y pulgadas (*inches*), sino que hablan de metros y centímetros. No compran un galón de leche (*milk*) como en los Estados Unidos, sino que compran litros de leche.

- No es muy difícil hacer la conversión del sistema estadounidense al sistema métrico. Una milla es aproximadamente 1,5 kilómetros. Un metro es equivalente a una yarda y hay tres pies en un metro. Una pulgada es aproximadamente 2,5 centímetros. Hay aproximadamente cuatro litros en un galón y un kilo es un poco más de dos libras (*pounds*).

1. ¿Qué sistema de medidas (*measuring*) usan los científicos de los países hispanos y en los Estados Unidos?

   _____

   _____

2. ¿Cuántos kilómetros hay en una milla?

   _____

   _____

3. ¿Cuántos centímetros hay en una pulgada?

   _____

   _____

4. ¿Cuántos metros hay en una yarda?

   _____

   _____

5. ¿Cuántos pies hay en un metro?

   _____

   _____

6. ¿Aproximadamente cuántos kilos hay en una libra?

   _____

   _____

04-58 **Heritage Language:** *tu mundo hispano.* As you know, mobile phone use is extremely prevalent in the United States. Conduct research on the prevalence of mobile phones in a specific Spanish-speaking country. If you are of Spanish-speaking heritage, interview a person from your own family's country of origin. If you are not, then interview a friend, relative, or fellow-student who is.

Paso 1.   Write down at least five questions that you will ask the person who you plan to interview. You could consider asking the person about how common it is for different age groups to have mobile phones, what kind of customs people have about using phones in public places and/or in cars.

_____

_____

_____

_____

Paso 2. Conduct the interview and write down notes about the person's responses to your questions.

_____

_____

_____

_____

Paso 3. Describe the results of your findings and how they compare to the practices that you have observed in the United States.

Ambiciones siniestras

Episodio 4

Lectura: *Las cosas no son siempre lo que parecen* (Textbook p. 164)

04-59 La lectura. Answer the questions about the episode of *Ambiciones siniestras*, using complete sentences.

1. ¿Por qué no pueden celebrar Marisol y Lupe?
   a. tienen que hacer trabajo para una clase
   b. no son finalistas
   c. tienen que terminar un proyecto de servicio a la comunidad para sus pueblos

2. ¿Cómo es el lugar donde está la casa de los padres de Lupe?
   a. tranquilo y misterioso
   b. tranquilo y con un jardín pequeño
   c. tranquilo y con un jardín grande

3. ¿A quién le gusta hablar de su familia?
   a. a Manolo
   b. a Marisol
   c. a Lupe

4. ¿Cómo es el pueblo de Marisol?
   a. tiene muchas tiendas
   b. tiene muchos árboles
   c. está en una zona rural

5. ¿Por qué tiene que salir Lupe?
   a. para ir a comprar algo en una tienda
   b. para comprar un nuevo teléfono
   c. para llamar a alguien

6. ¿Qué hace Marisol cuando sale Lupe?
   a. trabajar en su proyecto
   b. hacer una llamada por teléfono
   c. mirar el proyecto de Lupe

Video: *¿Quiénes son en realidad?* (Textbook p. 166)

04-60 ¿Quiénes somos en realidad? View the episode of *Ambiciones siniestras* and then indicate if the following statements are **Cierto** or **Falso**.

1. Cisco y Eduardo tienen que comprar cosas en el supermercado.   Cierto   Falso

2. Eduardo trabaja como voluntario en Centroamérica durante los inviernos.   Cierto   Falso

3. La organización de Eduardo ayuda a los ancianos.   Cierto   Falso

4. A Cisco le gusta la idea de servir a la comunidad y trabajar como voluntario.   Cierto   Falso

5. Eduardo quiere saber qué son los códigos que tiene Cisco.   Cierto   Falso

6. Eduardo cree que Cisco es arrogante.   Cierto   Falso

04-61 ¿Qué ocurre? View the video once again, and using the following questions as a guide, write a brief paragraph expressing your ideas about interpersonal conflicts in this episode.

¿Cuáles son algunos de los conflictos que hay entre los personajes (*characters*)? ¿Cuáles son las causas de esos conflictos? ¿Qué efectos piensas que van a tener esos conflictos en el futuro?

_____

_____

_____

_____

_____

_____

_____

_____

Comunidades

04-62 Experiential Learning: La inmigración. Research the most recent census figures for the United States, focusing on how many immigrants are from Honduras, Guatemala, or El Salvador. Then delve further into the immigration issue and try to discover if their reasons for coming to the United States reflect the same kinds of attitudes or desires that fuel the much larger number of immigrants from Mexico, and then write a reflection on your findings.

- How are their motives different? How are they similar?
- What types of jobs do they typically find in the United States?
- Are their socio-economic or educational backgrounds different from those of many Mexican immigrants?
- What could explain the varied motivations of such an eclectic group of Hispanic immigrants searching for a new life in the United States?

04-63 Service Learning: En la comunidad.

Paso 1: Contact your community United Way office or affiliate in order to obtain information about the basic services offered in Spanish to the local Hispanic community. It might also be helpful to communicate with the closest office of the Salvation Army, Goodwill, and/or your community's soups kitchens. You should also include child and family advocacy agencies and any social service resources that might be of help to the Hispanic population.

Paso 2: Work together as a class to collect as much information as possible, double-check the data that you gather and compile an official report in Spanish about the resources.

Paso 3: Once you have turned in this information to your professor and he/she has had time to review the documents, create an electronic newsletter to print and distribute for free throughout different parts of your community with large Hispanic populations.

5 ¡A divertirse! La música y el cine

Comunicación I

Vocabulario

1. El mundo de la música: Discussing music (Textbook p. 172)

05-01 Artistas famosos. For each artist, select the instrument or instruments that he plays, based upon the drawings.

1. Dave Grohl toca 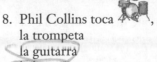, y .
   la trompeta
   ~~la guitarra~~
   ~~la batería~~
   ~~el piano~~

2. Miles Davis toca , y .
   ~~la trompeta~~
   la guitarra
   el tambor
   ~~el piano~~

3. John Mayer toca y .
   la trompeta
   ~~la guitarra~~
   ~~el piano~~
   la batería

4. Louis Armstrong toca .
   ~~la trompeta~~
   la guitarra
   la batería
   el tambor

5. The Edge toca y .
   la trompeta
   ~~la guitarra~~
   la batería
   ~~el piano~~

6. Stevie Wonder toca , y .
   la trompeta
   ~~el tambor~~
   ~~la batería~~
   ~~el piano~~

7. Arturo Sandoval toca y .
   ~~la trompeta~~
   la guitarra
   la batería
   ~~el piano~~

8. Phil Collins toca , y .
   la trompeta
   ~~la guitarra~~
   ~~la batería~~
   ~~el piano~~

05-02 Crucigrama. Complete the crossword puzzle with the correct words, according to each definition.

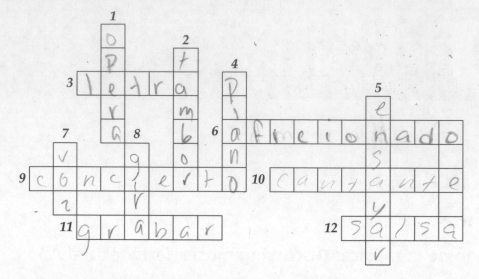

1. un género de música muy popular por todo el mundo que es similar al teatro y en el que las sopranos y los tenores son muy importantes y cantan arias

2. un instrumento de percusión que es muy importante en la música latina

3. las palabras que canta una persona en una canción

4. un instrumento muy grande que tiene teclas (*keys*) de color blanco y negro

5. lo que hacen los músicos muchas veces antes de (*before*) dar sus conciertos, para mejorar (*to improve*) sus habilidades y para poder dar buenos conciertos

6. un hombre que tiene todos los discos de un artista, que piensa que esa persona es un artista muy bueno y que quiere ir a todos sus conciertos

7. el sonido (*sound*) que produce una persona para cantar y para hablar

8. dar muchos conciertos en diferentes lugares; dar una…

9. un evento musical que puede ser grande (y tener lugar [*take place*] en un estadio), o pequeño (y tener lugar en un bar); muchas veces cuesta dinero entrar para escuchar la música

10. la persona de un grupo de música que canta las canciones

11. crear un disco de música

12. género de música latina que tiene su origen en el caribe y que es muy popular por todo el mundo, pero especialmente en lugares como Cuba, Puerto Rico y la República Dominicana

Nombre: _____   Fecha: _____

05-03 Los músicos del conjunto Buena Vista Social Club. Listen to the information about Buena Vista Social Club, and then, using the words provided, write what role or roles each artist plays in the group.

| baterista | cantante | guitarrista | pianista | tamborista | trompet... |

1. Rubén González _____

2. Manuel "Puntillita" Licea _____

3. Manuel "Guajiro" Mirabal _____

4. Eliades Ochoa _____ y _____

5. Omara Portuondo _____

6. Pío Leyva _____

7. Ibrahím Ferrer _____

8. Compay Segundo _____

9. Joachim Cooder _____

10. Ry Cooder _____

6-04 Buena Vista Social Club.

Paso 1. Listen to the story of how Buena Vista Social Club was formed, and then indicate if the following affirmations are **Cierto** or **Falso**.

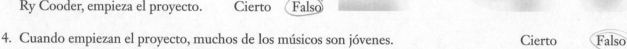

1. El proyecto de Buena Vista Social Club empieza en los años 80. Cierto (Falso)

2. El nombre "Buena Vista Social Club" se refiere a un barrio de La Habana y a un club de baile de los años 40. (Cierto) Falso

3. El famoso baterista cubano, Ry Cooder, empieza el proyecto. Cierto (Falso)

4. Cuando empiezan el proyecto, muchos de los músicos son jóvenes. Cierto (Falso)

5. Cuando todos los artistas empiezan a ensayar, ven que tienen muchas habilidades. (Cierto) Falso

6. En 1996, el conjunto saca un disco. Cierto (Falso)

7. En 1997, el disco recibe un premio Grammy. Cierto (Falso)

8. *Rolling Stone* incluye el disco en su lista de los mejores 50 discos de la historia. Cierto (Falso)

9. En 1999, Wim Wenders, el director norteamericano, hace un documental sobre el proyecto. Cierto (Falso)

10. El documental genera más de $33.000.000. Cierto (Falso)

Paso 2. Listen once more, and, for each false statement, rewrite the selected portions of the statement in order to make it true. For the statements that are true, leave the text as it is.

11. El proyecto de Buena Vista Social Club <u>empieza en los años 80.</u> 90

12. El nombre "Buena Vista Social Club" se refiere a <u>un barrio de La Habana y un club de baile</u> de los años 40.

13. El ~~baterista cubano,~~ Artista norteamericano Ry Cooder, empieza el proyecto.

14. Cuando empiezan el proyecto, muchos de los músicos <u>son jóvenes</u>. mayores

15. Cuando todos los artistas empiezan a ensayar, <u>ven que todavía tienen muchas habilidades.</u>

16. En ~~1996,~~ 1997 el conjunto saca un disco.

17. En ~~1997,~~ 1998 el disco recibe un premio Grammy.

18. *Rolling Stone* incluye el disco en su lista de <u>los mejores 50 discos</u> de la historia. 500

19. En 1999, Wim Wenders, <u>el director ~~norteamericano~~</u>, alemán hace un documental sobre el proyecto.

La película genera más de $~~33.000.000.~~ 23.000.000

Nombre: _____ Fecha: _____

05-05 Maná. Read the following text about the rock band Maná, and then complete the statements with the correct information.

Maná es un grupo de rock y sus miembros son algunos de los artistas más populares de todo el mundo hispano. Los orígenes de la banda empiezan en los años 80, cuando unos adolescentes forman un grupo con otro nombre —"Sombrero Verde"— y deciden tocar las canciones de sus grupos de rock favoritos: los Beatles, los Rolling Stones, Led Zeppelin y The Police.

En 1987, tres de los miembros de ese grupo —Fernando Olvera y los hermanos Ulises y Juan Diego Calleros— deciden formar una nueva banda con el nombre de "Maná". En el nuevo conjunto, Olvera sigue como vocalista, Ulises Calleros continúa como guitarrista y Juan Diego Calleros sigue tocando el bajo *(bass guitar)*. Desde *(Since)* 1995, Sergio Vallín toca la guitarra en la banda.

Desde 1987, el grupo ha tenido *(has had)* mucha actividad profesional. Maná tiene ocho álbumes de canciones originales y otros tres discos con grabaciones de sus conciertos. Tienen también nueve compilaciones de sus mejores *(best)* canciones y tres discos que se llaman "Esenciales". Además tienen un DVD sobre la banda y su gira por el mundo que se titula "Acceso total". Sus discos recientes han tenido un éxito internacional muy grande.

El estilo de música de Maná es realmente singular; el conjunto hace una música de rock auténtico pero que también refleja la importancia de sus orígenes y su identidad latinos. Igualmente *(Equally)* singular es la conciencia social y ecológica del grupo, y su deseo de ayudar el mundo. La letra de muchas de sus canciones tiene un fuerte mensaje social o de protesta política. Desde 1995, apoyan la fundación ecológica "Selva Negra". Con esta fundación, el grupo financia muchos proyectos para proteger nuestro planeta.

1. El grupo que forman cuando son adolescentes se llama _____.

2. Forman el grupo Maná en el año _____.

3. El cantante del grupo se llama _____.

4. El baterista se llama _____.

5. La persona que toca la guitarra ahora se llama _____.

6. La persona que toca el bajo se llama _____.

7. Si quieres saber más del grupo y ver partes de sus conciertos, puedes comprar el DVD _____.

8. La organización de protección ecológica de Maná se llama _____.

Nombre: _____ Fecha: _____

05-06 Investiga y escucha. Use the Internet to find Maná's official website, as well as, their official YouTube channel in order to listen to some of their music and view some of their videos.

Paso 1. After hearing at least three different songs, write notes about each song, using the following guidelines.

- Título
- Ritmo (rápido, alegre, tranquilo, suave, lento, etc.)
- Estilo (rock, latino, apasionado, bailable, etc.)
- Mi parte favorita de la canción (guitarra, batería, voz, etc.)
- Mi opinión en general de la canción (Me gusta mucho; Me gusta; Es buena; No es muy buena; No me gusta; Es mala; La odio, etc.)

_____

_____

_____

_____

_____

_____

_____

_____

Paso 2. ¿Qué piensas de Maná? Using the information that you compiled above, describe your general opinion of the band and their music. As you speak, try to use words like **y, pero,** and **también** to lengthen your sentences and connect your ideas. Make certain to include the following information in your recording.

For each song:

- ¿Cómo es la canción?
- ¿Cómo es el ritmo?
- ¿Cómo es el estilo?
- ¿Te gusta? Si te gusta, ¿qué aspectos de la canción te gustan? Si no, ¿por qué no te gusta?

Your impressions about the band in general:

- ¿Crees que es un grupo bueno o malo? ¿Por qué?
- ¿Cómo describes su estilo de música? ¿Te gusta o no?

05-07 Heritage Language: *tu español*.

Paso 1. Instrumentos de la música hispánica. Although instruments like the guitar, the drums, the piano, and the trumpet are commonly used in many types of Hispanic music, there are also many other instruments that are extremely important in these areas and many of them are of Hispanic origin. For each instrument, conduct research in order to determine with which country, or countries, it is associated.

1. quijongo
   Perú
   Costa Rica
   Nicaragua
   Ecuador

2. mejoranera
   Panamá
   Colombia
   Chile
   Argentina

3. txistu
   Cuba
   México
   Argentina
   España

4. rondador
   Guatemala
   Costa Rica
   Ecuador
   Nicaragua

5. cajón
   Chile
   Argentina
   Perú
   México

Paso 2. Ritmos y géneros. For many people outside of the Spanish-speaking world, some of the rhythms from these countries sound very similar; it is not uncommon for some people to hear lively Hispanic rhythms and refer to all of them as "salsa," even though salsa is only one of many genres. For each type of music, conduct research in order to determine with which of the country, or countries, listed it is associated.

6. cumbia
   Cuba
   Colombia
   España
   República Dominicana

7. chicha
   Costa Rica
   Panamá
   Argentina
   Perú

8. mambo
   República Dominicana
   España
   Cuba
   Chile

9. merengue
   República Dominicana
   Cuba
   Argentina
   México

10. bachata
    Uruguay
    Chile
    República Dominicana
    Cuba

11. tango
    Paraguay
    Uruguay
    República Dominicana
    Argentina

12. Palo de Mayo
    República Dominicana
    Panamá
    Argentina
    Nicaragua

13. vallenato
    Cuba
    Chile
    Bolivia
    Colombia

14. romantikeo
    Costa Rica
    Puerto Rico
    Cuba
    República Dominicana

15. salsa
    Cuba
    Uruguay
    Bolivia
    Chile

🔊 Pronunciación: Diphthongs and linking (Textbook p. 173)

In Spanish, **a, e,** and **o** are what are known as *strong vowels*. The **i** and **u** are known as *weak vowels*. A **diphthong** is the combination of a strong and a weak vowel, or two weak vowels. Diphthongs are pronounced as a single syllable.

concierto   empresaria   grabaciones   pianista

When pronouncing words in Spanish, *linking* occurs. Linking is what makes spoken Spanish appear to flow and be seamless. What follows is a summary of how words are linked.

1. A **consonant** at the *end* of one word is linked to a **vowel** at the *beginning* of the next word.
   e**l a**rtista   u**n a**ficionado   ello**s e**nsayan

2. A **vowel** at the *end* of one word is linked to a **vowel** at the *beginning* of the next word.
   s**u (h)a**bilidad   t**u o**rquesta   nuestr**a ó**pera   ell**a e**nsaya

3. **Identical consonants** (or consonant sounds) at the *end* of one word and at the *beginning* of the next word are linked.
   su**s s**abores   co**n n**egro   sabo**r r**ítmico   vo**z s**uave

4. **Identical vowels** (or vowel sounds) at the *end* of one word and the *beginning* of the next word.
   l**a a**rtista   músic**a a**pasionada   l**a (h)a**bilidad   l**a a**lfombra

05-08 Los diptongos.

Paso 1. Based on what you have learned about strong and weak vowels and how diphthongs are formed in Spanish, indicate **sí** if the word below contains a diphthong and **no** if it does not.

1. Europa	(sí)	no		6. feria	(sí)	no
2. europeo	(sí)	no		7. veo	sí	no
3. héroe	sí	(no)		8. fuego	(sí)	no
4. canción	(sí)	no		9. apasionado	(sí)	no
5. teatro	sí	no		10. poeta	sí	(no)

Paso 2. For each word that contains a diphthong, write the letters that make up the diphthong. For those that do not, write *none* in the space.

MODELO   pianista   *ia*

11. Europa	eu		16. feria	ia
12. europeo	eu		17. veo	none
13. héroe	none		18. fuego	ue
14. canción	io		19. apasionado	io
15. teatro	none		20. poeta	none

Nombre: _____ Fecha: _2-3-2014_____

05-09 Los diptongos.

Paso 1. In each of the following words, write the vowels that according to the rules you learned could form diphthongs.

1. familia _ia_
2. ciudad _iu_
3. paisano _ai_
4. día _ia_
5. farmacia _ia_

6. oigo _oi_
7. contrario _io_
8. fantasía _ia_
9. reino _ei_
10. piano _ia_

Paso 2. Los diptongos y los hiatos. Listen to each of the following words, and indicate if the diphthong is present (**diptongo**) or if the two vowels are pronounced independently (**vocales independientes**).

11. ~~diptongo~~   vocales independientes   familia
12. ~~diptongo~~   vocales independientes   ciudad
13. diptongo   ~~vocales independientes~~   pais
14. diptongo   ~~vocales independientes~~   día
15. ~~diptongo~~   vocales independientes   farmacia
16. ~~diptongo~~   vocales independientes   oigo
17. diptongo   ~~vocales independientes~~   oido
18. diptongo   ~~vocales independientes~~   fantasia
19. ~~diptongo~~   ~~vocales independientes~~   sonreir
20. ~~diptongo~~   vocales independientes   piano

05-10 Enlaces entre palabras.
Based on what you have learned about linking between words, select **sí** if the following word combinations should be linked and **no** if they should not.

1. esta armonía   ~~sí~~   no
2. esa canción   sí   ~~no~~
3. aquel grupo   sí   ~~no~~
4. este concierto   sí   ~~no~~
5. aquella banda   sí   ~~no~~

6. aquel conjunto   sí   ~~no~~
7. las empresarias   ~~sí~~   no
8. los pianistas   sí   ~~no~~
9. los cantantes   sí   ~~no~~
10. este género   sí   ~~no~~

05-11 Diptongos y enlaces.

Paso 1. For each of the sentences below, indicate the words that contain diphthongs.

1. Me encanta esta canción.

2. Ensayamos mucho antes de cada concierto.

3. Estas artistas son todas europeas.

4. En esta ciudad viven muchos aficionados a ese grupo.

5. Este es uno de los mejores pianistas del país.

6. Aquella chica va a cantar durante la feria.

Paso 2. Rewrite each of the following sentences, and indicate where linking between words could occur using dashes, as in the model.

MODELO   Aquellos conjuntos son muy buenos.
Aquellos conjuntos-son muy buenos.

7. Me encanta esta canción. _____.

8. Ensayamos mucho antes de cada concierto. _____.

9. Estas artistas son todas europeas. _____.

10. En esta ciudad viven muchos aficionados a ese grupo. _____.

11. Este es uno de los mejores pianistas del país. _____.

12. Aquella chica va a cantar durante la feria. _____.

05-12 Los diptongos, los enlaces y la fluidez. Practice speaking with greater fluency by pronouncing the following sentences, paying special attention to the diphthongs within the words and to the appropriate linking between the words.

1. Me encanta esta canción.

2. Ensayamos mucho antes de cada concierto.

3. Estas artistas son todas europeas.

4. En esta ciudad viven muchos aficionados a ese grupo.

5. Este es uno de los mejores pianistas del país.

6. Aquella chica va a cantar durante la feria.

Nombre: _____   Fecha: _____

Gramática

2. Los adjetivos demostrativos: Identifying people and things (Part I)
(Textbook p. 175)

05-13 ¿Qué disco compramos? Marta and Paco have a gift certificate to buy a new CD, but Marta would like to buy one CD and Paco has chosen a different one. Complete their dialogue with the correct forms of the demonstrative adjectives **este** and **ese**.

MARTA: Paco, mira, ¡tengo el disco perfecto! (1) _Este_ disco es de mi grupo favorito, Fito y los Fitipaldis.

PACO: Marta, no quiero comprar (2) _ese_ disco, pero me gusta mucho

(3) _este_ disco que tengo yo, que es el nuevo CD de Paulina Rubio.

MARTA: No podemos comprar un disco de (4) _esa_ artista. ¡No soporto (*can't stand*)

(5) _esa_ música!

PACO: Es evidente que tenemos que encontrar una solución. ¿Te gusta (6) _esta_ música que oímos ahora, aquí en la tienda?

MARTA: Sí, me gusta mucho; creo que es Julieta Venegas. Vamos a preguntar qué disco es y vamos a comprar

(7) _este_ disco.

05-14 ¿Qué discos prefiere? Carlos loves all styles and genres of music, so it is always very difficult for him to decide which CDs to listen to. Complete the sentences with the correct forms of the demonstrative adjectives **este**, **ese**, and **aquel**, based upon the drawing.

¿Qué voy a escuchar ahora? (1) _____ disco de jazz es uno de

mis favoritos, pero (2) _____ disco de música rock también me

gusta mucho. (3) _____ disco de música clásica tiene música

muy tranquila y eso es siempre bueno. Pero no, creo que prefiero escuchar (4) _____ música

jazz hoy. Más tarde puedo escuchar (5) _____ música clásica con mi novia y por la noche

podemos escuchar (6) _____ música rock durante la fiesta.

05-15 Heritage Language: *tu español*: *Operación triunfo*. *Operación triunfo* is the Spanish equivalent of *American Idol*. Complete the following conversation between the judges about different candidates who aspire to being contestants in the show, by selecting the appropriate form of the demonstrative adjectives **este, ese,** or **aquel**. When choosing your response, note the distance between the speaker and the person or object to which they are referring; this determines that the demonstrative pronouns we use are not limited solely to physical space, but can also relate to temporal distance.

MARTA: Creo que (1) (este / aquel) chico que acaba de cantar (*has just sung*) tiene muchas habilidades. ¿Qué pensáis vosotros?

JUAN: Estoy de acuerdo, pero también pienso que (2) (esta / esa) chica rubia, de ayer por la tarde, la chica de la canción (*song*) de Shakira tiene más talento que él. ¿Y tú, Jorge, qué crees?

JORGE: Pues, creo que (3) (esta / aquella) decisión que tenemos que tomar va a ser un poco complicada. Mi candidato favorito es (4) (este / aquel) chico del viernes pasado (*last Friday*), el que cantó (*sang*) la canción de Elton John.

MARTA: ¿ (Este / Aquel) joven? ¿Estás seguro (*sure*)? En mi opinión, no tiene ningún talento y además, (6) (esta / aquella) canción demuestra que no puede cantar.

JUAN: Jorge, lo siento, pero estoy de acuerdo con Marta.

(7) (Este / Aquel) chico no es ningún artista, ¡no puede cantar! ¿Qué piensas de la rubia de ayer?

JORGE: Me gusta, creo que (8) (esta / esa) chica puede cantar bien.

MARTA: ¡Muy bien, pues, ahora tenemos una de nuestras finalistas!

Gramática

3. Los pronombres demostrativos: Identifying people and things (Part II)
(Textbook p. 177)

05-16 Planes para el fin de semana. Carolina and Julieta are looking at the entertainment section of the newspaper and discussing their plans for the weekend. Listen to their conversation, and then indicate if the following statements are **Cierto** or **Falso**.

1. Julieta cree que el concierto de música árabe es una buena opción.   Cierto   Falso

2. A Julieta le gusta mucho la música de Los Fabulosos Cadillacs.   Cierto   Falso

3. Carolina piensa que Los Fabulosos Cadillacs son buenos músicos.   Cierto   Falso

4. El grupo Jarabe de Palo toca todos los viernes en el centro estudiantil.   Cierto   Falso

5. Julieta y Carolina quieren ir al concierto de Jarabe de Palo.   Cierto   Falso

Nombre: _____   Fecha: _____

05-17 Heritage Language: *tu español*: Grupos de música. Read the following text about Amaral and La oreja de Van Gogh, two Spanish bands, and then indicate which nouns each demonstrative pronoun is referring to or replacing.

MODELO Hay muchos conjuntos de rock en España; estos[M] son muy populares con los jóvenes.

conjuntos

Amaral y La oreja de Van Gogh son dos grupos muy populares en España hoy en día. Estos[1] son dos buenos ejemplos de la música que muchos jóvenes españoles escuchan ahora. Tanto Amaral como La oreja de Van Gogh son del norte de España, este[2] de la ciudad de San Sebastián y aquel[3] de la ciudad de Zaragoza.

Los dos artistas que forman el grupo Amaral son Eva Amaral y Juan Aguirre. Este[4] tiene mucha experiencia como guitarrista, y su compañera tiene experiencia como cantante y baterista. Las canciones que escriben son diversas. En estas[5] son evidentes diferentes influencias musicales que van desde el rock tradicional hasta la música psicodélica.

Los integrantes (*members*) originales de La oreja de Van Gogh son Amaia Montero, Pablo Menegras, Xabi San Martín, Álvaro Fuentes y Haritz Garde. Estos[6] son amigos de la universidad que deciden empezar a tocar sus canciones favoritas. Rápidamente empiezan a escribir sus propias (*own*) canciones originales, todas con una letra muy singular. Esta[7] explora el mundo de la juventud y de las primeras experiencias con el amor y con el desamor. En 2007, Amaia Montero decide separarse de sus compañeros. Estos[8] empiezan inmediatamente a buscar una nueva cantante y después de poco tiempo encuentran a Leire Martínez.

1. _____   5. _____

2. _____   6. _____

3. _____   7. _____

4. _____   8. _____

Capítulo 5 ¡A divertirse! La música y el cine **231**

Nota cultural: La música latina en los Estados Unidos (Textbook p. 178)

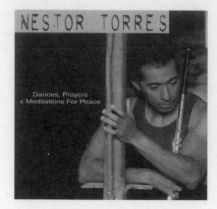

05-18 La música latina I. For each paragraph of the reading in your textbook on Latin music in the United States, select the letter of the sentence that best describes the main idea.

1. Paragraph 1:
   a. Hay géneros de música latina muy populares en los Estados Unidos.
   b. Hay muchos intérpretes de música latina en los Estados Unidos.
   c. Hay muchos tipos (*types*) diferentes de música latina y también hay muchos músicos latinos en los Estados Unidos.
   d. Hay muchos artistas latinos importantes en los Estados Unidos.

2. Paragraph 2:
   a. El rock es muy importante en la música latina en los Estados Unidos.
   b. El jazz es muy importante en la música latina en los Estados Unidos.
   c. El merenhouse, el rock latino, el rap en español, el jazz latino, el reggaetón y otros son tipos de música latina muy importantes en los Estados Unidos.
   d. Muchos nuevos tipos de música latina son el resultado de la evolución de la música latina.

3. Paragraph 3:
   a. Los países hispanohablantes tienen mucha influencia en la música latina.
   b. Los países caribeños hispanohablantes tienen mucha influencia en la música latina.
   c. La herencia africana de los países hispanohablantes tiene mucha influencia en la música latina.
   d. Los hispanohablantes y los africanos forman parte de los ritmos, las melodías y la instrumentación de la música latina.

4. Paragraph 4:
   a. Néstor Torres es un artista importante que tiene mucho éxito.
   b. Néstor Torres es un flautista de jazz latino, ganador de un Grammy latino.
   c. Hay muchos artistas de hoy en día que ganan premios importantes.
   d. La música latina en los Estados Unidos va a tener mucho éxito en el futuro.

Nombre: _____   Fecha: _____

05-19 La música latina II.

Paso 1. Answer the following questions about the important details in the reading in your textbook.

1. Identifica tres géneros de música latina que son populares en los Estados Unidos.

_____

2. Identifica cuatro artistas que son representativos de estos géneros que el texto menciona.

_____

3. Identifica cinco nuevos géneros de música latina que demuestran la influencia de otros géneros musicales.

_____

4. ¿En qué aspectos de la música latina influyen los países del Caribe?

_____

5. ¿Qué género de música toca Néstor Torres?

_____

Paso 2. ¿Qué piensas tú? Based on what you have learned about different types of Latin music, briefly describe which genres you might want to learn more about and which ones you would not like to listen to, and explain the reasons for your preferences. As you speak, try to use words like **y, pero,** and **también** to lengthen your sentences and connect your ideas.

MODELO   *Pienso que el jazz latino tiene que ser muy interesante porque me gusta mucho el jazz. Prefiero no escuchar el rap en español porque no me gusta el rap en inglés…*

Gramática

4. Los adverbios: Explaining how something is done (Textbook p. 179)

05-20 Opuestos. Match each word to its opposite.

1. rápidamente _____   a. difícilmente

2. fácilmente _____   b. tristemente

3. fuertemente _____   c. lentamente

4. nerviosamente _____   d. débilmente

5. felizmente _____   e. horriblemente

6. perfectamente _____   f. tranquilamente

05-21 ¿Cómo lo hacen? Complete the following sentences with the most appropriate adverb.

horriblemente	fácilmente	apasionadamente	constantemente
perfectamente	lentamente	pacientemente	

1. La cantante del grupo canta algunas partes de la canción muy rápidamente. Ella necesita cantar esas partes

   más _____.

2. El guitarrista no tiene talento. Toca la guitarra _____.

3. Los artistas ensayan todos los días y saben todas las canciones. Tocan las canciones _____.

4. El profesor de piano tiene muchos años de experiencia, sabe que no es fácil aprender a tocar un instrumento

   y entiende que todos cometemos errores mientras (*make mistakes while*) aprendemos. Enseña a sus estudiantes

   _____.

5. El trompetista está muy motivado porque quiere tener mucho éxito en su profesión. Ensaya

   _____.

6. Es una canción muy simple. Ella toca la canción _____.

7. Canta una canción de amor a su novio. Ella canta la canción _____.

05-22 ¿Qué piensas? Use the Internet to find the official websites and YouTube channels of both Shakira and Juanes, in order to listen to some of their music and view some of their videos.

Paso 1. Using the following questions as a guide, write down some notes about your impressions of the music and talents of these two artists. Be sure to use adverbs in your notes and avoid repeating them.

- ¿Cómo piensas que cantan?

- ¿Cómo piensas que bailan?

- ¿Cómo piensas que hablan español?

- ¿Cómo piensas que hablan inglés?

- ¿Cómo piensas que tocan la guitarra?

- ¿Cómo piensas que dan conciertos?

_____

_____

_____

_____

_____

_____

Paso 2. Describe comparatively your impressions of these two artists, making an effort to be as descriptive as possible by using as many adverbs as possible and also being careful to use the correct forms of the verbs. As you speak, try to use words like **y, pero,** and **también** to lengthen your sentences and connect your ideas.

05-23 Heritage Language: *tu español*. Because all adverbs in Spanish ending in *-mente* have at least three syllables, for many people it can be difficult to remember to include the accent in the adverbs that require them.

Paso 1. For each adjective that you hear indicate if it requires a written accent or not by writing the word and, where relevant, placing the accent over the correct letter.

1. _____   5. _____

2. _____   6. _____

3. _____   7. _____

4. _____

Paso 2. Now create the adverb for each of the adjectives listed above, being careful to include the written accent where necessary. Write the words in the same order as above.

8. _____   12. _____

9. _____   13. _____

10. _____   14. _____

11. _____

Gramática

5. El presente progresivo: Describing what is happening at the moment
(Textbook p. 180)

05-24 ¿Qué está pasando? For each person and place, create a description of where each person is and what each person is likely doing. Complete the sentences using the present progressive form and the correct phrase from the word bank. Be sure to write the location first, and then the action, as in the model.

MODELO   Tú / la oficina de correos

Estás en la oficina de correos y *estás mandando unas cartas.*

ver una película	~~mandar unas cartas~~	sacar dinero del cajero automático
escribir mensajes de correo electrónico	preparar el almuerzo	dar un concierto
jugar al básquetbol	leer un libro	

1. Marta / el banco.

_____ y _____.

2. Julián y sus amigos / el gimnasio

_____ y _____.

3. Yo / la biblioteca

_____ y _____.

4. Tú / la cocina

_____ y _____.

5. Mis amigos y yo / el cine

_____ y _____.

6. Mario / el cibercafé

_____ y _____.

7. Susana y su conjunto / el teatro

_____ y _____.

05-25 ¿Qué están haciendo? For each situation, indicate what the person is doing. Write complete sentences using the present progressive form and the correct phrase from the word bank. Follow the model closely.

grabar un disco	servir la comida	~~comprar sus libros~~	hacer una gira
dar un concierto	tocar la guitarra	almorzar	

MODELO   Elena está en la librería durante la primera semana de clase en la universidad.
Está comprando sus libros.

1. Mario está en el restaurante donde trabaja. Está cerca de (*near*) una mesa donde hay clientes y tiene platos en la mano.

   _____.

2. Paco y Javier están en su restaurante favorito y tienen comida.

   _____.

3. Beyoncé está en un estadio muy grande en frente de miles de personas.

   _____.

4. Están algunos músicos en un estudio de grabación.

   _____.

5. Mario está en su casa y tiene un instrumento de música en las manos.

   _____.

6. Un conjunto toca en una ciudad diferente todas las noches.

   _____.

05-26 ¿Qué están haciendo? You are in the following places and situations. Indicate what you and your friends are probably doing.

MODELO   Tus amigos y tú están en el centro comercial.
Si (if) mis amigos y yo estamos en el centro comercial, probablemente estamos comprando nuestros CD y DVD favoritos.

1. Estás en un restaurante con muchos amigos.

2. Estás con tus amigos en el garaje de tu casa y todas las personas tienen un instrumento de música.

3. Estás en el aparcamiento (*parking lot*) de un estadio y tu grupo de música favorito va a dar un concierto.

4. Tú y tus amigos tienen una banda de música y tocan para muchas personas en diferentes ciudades.

5. Estás en una discoteca y también está tu músico/a favorito/a en la discoteca.

05-27 Heritage Language: *tu español*. Because linking occurs when pronouncing words in Spanish, some combinations of words can sound exactly or almost exactly the same. As a result, it can at times be difficult to write these expressions or to know which of them has been said. For example, "**está siendo**" and "**está haciendo**" can easily be confused. Listen to each sentence and use the context to determine which of the two expressions the speaker is using.

1. está siendo   está haciendo

2. está siendo   está haciendo

3. está siendo   está haciendo

4. está siendo   está haciendo

5. está siendo   está haciendo

Comunicación II

Vocabulario

6. El mundo del cine: Sharing information about movies and television programs
(Textbook p. 184)

05-28 Películas y géneros. Look at the list of movies, and then match each film with its correct genre.

1. *Saw* _____   a. película de misterio

2. *Mamma Mia!* _____   b. película de acción

3. *Super Size Me* _____   c. película musical

4. *Sherlock Holmes 2* _____   d. película de guerra

5. *Killer Elite* _____   e. película dramática

6. *The King's Speech* _____   f. película de terror

7. *Jack and Jill* _____   g. película de humor

8. *The Hurt Locker* _____   h. película documental

Nombre: _____   Fecha: _____

05-29 En el videoclub. You are with some friends who do not know very much about movies and they all need the help of your expertise and recommendations. For each person, choose the film that they will most likely enjoy.

1. Me gustan mucho las películas románticas. ¿Cuál de estas películas piensas que voy a preferir?
   a. *City of God*
   b. *Charlie and the Chocolate Factory*
   c. *School of Rock*
   d. *Spanglish*

2. Me encantan las películas de acción. ¿Cuál de estas películas piensas que voy a preferir?
   a. *Love Actually*
   b. *Pirates of the Caribbean 4*
   c. *The Rite*
   d. *Despicable Me*

3. Quiero divertirme y reírme (*laugh*) esta noche y no quiero pensar en cosas serias. ¿Qué película piensas que tengo que sacar?
   a. *Inception*
   b. *Contagion*
   c. *The Thing*
   d. *Jack and Jill*

4. Me encantan los automóviles y quiero divertirme esta noche con una película con mucha acción. ¿Qué película recomiendas?
   a. *The Fast and the Furious 5*
   b. *Hugo Cabret*
   c. *The Descendents*
   d. *Coriolanus*

5. También me gustan las películas de acción, especialmente las películas con elementos de ciencia ficción. ¿Qué película me recomiendas?
   a. *The Girl with the Dragon Tattoo*
   b. *We Bought a Zoo*
   c. *Brave New World*
   d. *War Horse*

6. Quiero ver una buena película dramática.
   a. *Ghostbusters 3*
   b. *Night at the Museum 3*
   c. *Johnny English 2*
   d. *Breaking Dawn*

7. Me gustan las películas de terror. ¿Qué película recomiendas?
   a. *11-11-11*
   b. *The Conspirator*
   c. *Jack and Jill*
   d. *No Strings Attached*

8. Me gusta mucho la historia y quiero ver una buena película dramática esta noche. ¿Qué película recomiendas?
   a. *Big Year*
   b. *The Mechanic*
   c. *Trespass*
   d. *J. Edgar*

05-30 ¿Qué piensas de las películas? Rate some of the films you have seen recently, and give your opinion for each of the following questions.

MODELO   ¿Cuál es la mejor película dramática?
Pienso que la mejor película dramática es Infiltrados.
¿Qué película dramática te gusta más?
De las películas dramáticas, me gusta más Infiltrados.

1. ¿Cuál es la mejor película de humor?

2. ¿Qué película romántica te gusta más?

3. ¿Qué película documental te gusta más?

4. En tu opinión, ¿cuál es la mejor película de acción?

5. ¿Cuáles son algunas películas que no te gustan mucho?

6. ¿Cuál es tu película favorita?

5-31 Heritage Language: *tu español*. In addition to the words that you have learned in this chapter, there are many other terms used throughout the Spanish-speaking world associated with the film industry and the practice of movie-going. Research each of the following terms in order to determine which of the meanings corresponds to it.

1. espectadores _____

2. butaca _____

3. taquilla _____

4. rodaje _____

5. reparto _____

a. lugar donde una persona puede comprar entradas para una película

b. los actores que están actuando en una película

c. el mueble donde una persona se sienta dentro del cine

d. grabar una película

e. la gente que está viendo una película

Nota cultural: La influencia hispana en el cine norteamericano
(Textbook p. 186)

05-32 Los actores hispanos. Based on the information in the reading in your textbook, select the Hispanic actors belonging to each category.

1. Actores hispanos importantes durante los años 50:
America Ferrera
Andy García
Salma Hayek
Diego Luna
Ricardo Montalbán
Anthony Quinn
Gilbert Roland

2. Actores hispanos importantes después de los años 50:
Antonio Banderas
Javier Bardem
John Leguizamo
Jennifer López
Rita Moreno
Edward James Olmos
Raquel Welch

3. Actores hispanos importantes de ahora:
Javier Bardem
Penélope Cruz
America Ferrera
Salma Hayek
Rita Moreno
Zoe Saldana
Benicio del Toro

05-33 La influencia hispana en el cine norteamericano.

Paso 1. Based on the information in the reading and using your own words, write the main idea of the passage.

_____

_____

Paso 2. Indicate who you think are the three most influential, important, or talented Hispanic actors today, describe each of them, and mention at least one film in which each has acted.

Gramática

7. Los números ordinales: Ranking people and things (Textbook p. 187)

05-34 El Teatro Nacional Rubén Darío. You are with a friend visiting the *Teatro Nacional Rubén Darío*. Tell your friend what is happening by completing the sentences, as in the model. Remember that in Spanish the ground floor of a building is the **planta baja** and the floor immediately above that one is the **primer piso**.

MODELO Las personas que están en la planta baja *dan un concierto.*

1. Las personas que están en el primer piso _____.

2. Las personas que están en el segundo piso _____.

3. El tamborista está _____.

4. El baterista está _____.

5. El estudio de grabación está _____.

6. El estudio de ensayo está _____.

7. La sala de conciertos está _____.

05-35 Alejandro Amenábar en el cine y la música. Listen to the following report about the accomplishments of Alejandro Amenábar, the Spanish-Chilean screenwriter, director, and composer. Based on what you hear, place the following films in the correct category and in order.

1. Largometrajes (*Feature-length films*) para las que es el director:
   Tesis
   La lengua de las mariposas
   Abre los ojos
   The Others
   Nadie conoce a nadie
   Mar adentro
   Ágora

2. Películas que hace en inglés:
   The Others
   Abre los ojos
   Ágora
   Mar adentro

3. Largometrajes (*Feature-length films*) para los que escribe la música:
   Tesis
   Abre los ojos
   La lengua de las mariposas
   Nadie conoce a nadie
   The Others
   Mar adentro
   Ágora

05-36 Las diez mejores. Do you love films? Do you adore music? Choose the one you feel most passionately about.

Paso 1. Write your top ten films or songs of all time.

1. _____   6. _____

2. _____   7. _____

3. _____   8. _____

4. _____   9. _____

5. _____   10. _____

Paso 2. Now give your list, using ordinal numbers.

MODELO   *La primera película en mi lista es* Matrix. *Mi segunda película es* Infiltrados.
          La tercera película en mi lista es…

          La primera canción en mi lista es "Imagine". La segunda es "Like a Rolling Stone" y la tercera es "Smells Like Teen Spirit". Mi cuarta canción es…

05-37 Heritage Language: *tu español*. In this chapter you have learned the ordinal numbers up to ten. Ordinal numbers above ten can be challenging in Spanish. Nonetheless, because of your knowledge of numbers in Spanish, you are capable of deciphering the meaning of many of those higher ordinal numbers. For each word you hear, use your general knowledge about numbers in Spanish to determine to which number it corresponds.

1. _____   a. 50

2. _____   b. 80

3. _____   c. 30

4. _____   d. 100

5. _____   e. 60

6. _____   f. 40

Gramática

8. *Hay que* + infinitivo: Stating what needs to be accomplished
(Textbook p. 188)

05-38 ¿Cuál es tu secreto? Your friends are having some problems which you, being so balanced and level-headed, do not have to deal with. As a result they need your advice. For each problem, use the expression *hay que* and the appropriate verb in the infinitive to help your friends improve their situations. Be sure to use the phrases in the word bank.

> buscar tiempo para descansar todos los días
>
> estudiar un poco todos los días, comer bien, dormir bien y hacer ejercicio
>
> hablar con los profesores o buscar un buen tutor
>
> organizar los papeles y las tareas
>
> ~~salir con los amigos cuando invitan a personas que no conoces~~
>
> hablar con las personas importantes en tu vida y buscar soluciones

MODELO   Soy una persona bastante tímida y es muy difícil para mí conocer a gente.
Hay que salir con los amigos cuando invitan a personas que no conoces.

1. No entiendo nada en mi clase de microeconomía. La clase es difícil, pero creo que soy inteligente y que puedo entender los conceptos —¡pero no sé cómo!

   _____.

2. No saco buenas notas porque muchas veces completo mis proyectos tarde y nunca puedo encontrar nada —¡siempre lo pierdo todo!

   _____.

3. Estoy muy estresado porque tengo muchos exámenes. Otros estudiantes tienen exámenes también y no están tan (*so*) estresados.

   Hay que buscar tiempo para descansar todos los días.

4. Estoy muy triste porque siempre tengo problemas con mi novio. Otras parejas nunca tienen todos los problemas que tenemos nosotros.

   _____.

5. No estoy bien porque nunca tengo tiempo para descansar, solamente (*only*) trabajo y estudio. Sé que otros estudiantes también trabajan y estudian como yo, pero ellos no están tan cansados.

   hay que buscar tiempo para descansar todo los días.

05-39 ¿Qué hay que hacer? In order to reach certain goals, one must do certain things. Listen to each question, and then describe your strategy for reaching the goal in question, using expressions with **hay que + infinitivo.**

MODELO   Para ganar (*to win*) la lotería, ¿qué hay que hacer?

Para ganar la lotería, hay que tener mucha suerte. / Para ganar la lotería, hay que comprar cupones de la lotería.

1. _____

2. _____

3. _____

4. _____

5. _____

6. _____

05-40   Heritage Language: *tu español*. The meaning of **hay que** is extremely different from the exclamation *¡Ay, qué…!* (used to express emotional reactions, both positive and negative). However, because the two expressions are pronounced exactly the same way, these words are sometimes confused in writing them. Listen to each sentence, and use the context to determine which of the two expressions are being used.

1. hay que   ay, qué

2. hay que   ay, qué

3. hay que   ay, qué

4. hay que   ay, qué

Gramática

9. Los pronombres de complemento directo y la "a" personal: Expressing *what* or *whom* (Textbook p. 189)

05-41 ¿A qué se refiere? Yolanda and her friends are planning to see a movie this weekend, and they have invited one of your friends to go with them. Your friend is having difficulty understanding Yolanda's e-mail and needs your help. Read the message, and then indicate what each direct object pronoun is referring to. Follow the model closely.

Hola Karen:

El viernes todos mis amigos y yo vamos a ver la nueva película de acción con mi actor favorito. La[M] estrenan este fin de semana en el cine que está cerca de la universidad —aquel que tiene quince salas diferentes. ¿Lo[1] conoces? Yo tengo las entradas para mí y para mi novio porque las[2] venden en el Internet. Puedes comprar entradas para ti y para tus amigos así; si necesitas mi ayuda para comprarlas[3], te la[4] doy encantada.

Bueno, eso es todo, de momento. Si tienes preguntas, estoy aquí —solamente tienes que escribirlas[5] en un mensaje de correo electrónico para mí— ya sabes que lo[6] voy a contestar muy rápidamente porque siempre estoy conectada.

Un abrazo,
Yolanda

MODELO   El viernes todos mis amigos y yo vamos a ver la nueva película de acción con mi actor favorito. La[M] estrenan este fin de semana en el cine que está cerca de la universidad —aquel que tiene quince salas diferentes.

la nueva película de acción

1. cine
2. entradas
3. tickets
4. ayuda
5. preguntas
6. mensaje

05-42 En el cine. Read Yolanda's message to your friend Karen in order to answer the following questions. In your responses, omit the direct objects and use the correct direct object pronouns in order to avoid unnecessary repetition, as in the model.

Hola Karen:

El viernes todos mis amigos y yo vamos a ver la nueva película de acción con mi actor favorito. La[1] estrenan este fin de semana en el cine que está cerca de la universidad —aquel que tiene quince salas diferentes. ¿Lo[2] conoces? Yo tengo las entradas para mí y para mi novio porque las[3] venden en el Internet. Puedes comprar entradas para ti y para tus amigos así; si necesitas mi ayuda para comprarlas[4], te la[5] doy encantada.

Bueno, eso es todo, de momento. Si tienes preguntas, estoy aquí —solamente tienes que escribirlas[6] en un mensaje de correo electrónico para mí—ya sabes que lo[7] voy a contestar muy rápidamente porque siempre estoy conectada.

Un abrazo,
Yolanda

MODELO   ¿Van a ver la nueva película de acción Yolanda y sus amigos?
            Sí, la van a ver.

1. ¿Estrenan los cines la película este fin de semana?

   Sí, la estrenan.

2. ¿Tiene el cine que está cerca de la universidad quince salas diferentes?

   Sí, las tiene.

3. ¿Tiene Yolanda dos entradas para la película?

   Sí, las tiene.

4. ¿Puedes comprar las entradas en el Internet?

   Sí, las puede comprar

5. ¿Mira el correo electrónico muy frecuentemente Yolanda?

   Sí, lo mira.

05-43 Heritage Language: *tu español*. Listen to the questions about important people in the recording and film industries in the Spanish-speaking world, and then answer each question using the appropriate direct object pronoun and the correct form of the verb. If you do not know the correct answer, then conduct research online in order to determine it.

MODELO   ¿Graba discos Arturo Sandoval?
         Sí, los graba.
         ¿Toca la guitarra Arturo Sandoval?
         No, no la toca.

1. _____.   6. _____.

2. _____.   7. _____.

3. _____.   8. _____.

4. _____.   9. _____.

5. _____.   10. _____.

Escucha (Textbook p. 192)

05-44 Antes de escuchar. Look at the photo, and then answer the questions.

1. ¿Cuántas personas hay en la foto?
   tres
   cuatro
   cinco
   seis

2. ¿Qué relación crees que hay entre los jóvenes?
   Son una familia.
   Son amigos.
   No se conocen. (*They do not know each other.*)

3. ¿Dónde están?
   Están en el cine.
   Están en una tienda.
   Están en un concierto.
   Están en un videoclub.

4. ¿Qué tienen?
   un DVD
   entradas para ver una película
   un CD
   entradas para un concierto

5. ¿Qué hacen los jóvenes?
   Miran sus entradas.
   Compran sus entradas.
   Venden entradas.

6. ¿En qué momento del día están?
   la tarde
   la noche
   la medianoche

7. ¿Cómo están los jóvenes?
   aburridos
   tristes
   contentos
   preocupados

Nombre: _____   Fecha: _____

05-45 Al escuchar. Read the following statements, listen to the conversation and then try to figure out the gist of what the speakers are saying. Then, listen again and indicate if the following affirmations are **Cierto** or **Falso**.

1. Los jóvenes quieren ver una película que el cine estrena hoy. (Cierto) Falso

2. Muchas personas quieren ver la película a la 1:00 de la tarde. Cierto (Falso)

3. Para recibir un descuento especial del cine hay que demostrar que eres estudiante con un documento. (Cierto) Falso

4. Los jóvenes tienen clase mañana. Cierto (Falso)

5. Los jóvenes reciben el descuento al final. (Cierto) Falso

05-46 Después de escuchar. Read the statements below, listen to the conversation and then complete the following statements based on what the people say.

1. Los jóvenes quieren ver la película a la(s) _____.
   13:00
   14:00
   (15:00)
   16:00

2. Los jóvenes son _____.
   (estudiantes)
   descuentos
   carnets
   identidades

3. Los jóvenes no pueden _____.
   llamar a sus padres
   comprar entradas
   ver la película
   (demostrar que son estudiantes)

4. La señora piensa que los jóvenes son _____.
   guapos
   estudiantes
   (honestos)
   (simpáticos)

5. Los jóvenes tienen que pagar _____.
   $13,00
   $14,00
   ($15,00)
   $17,00

¡Conversemos! (Textbook p. 193)

05-47 La música y el cine. You have been invited to participate in a cultural event organized by your campus Spanish club. They need your help promoting music and film from the Spanish-speaking world.

Paso 1. La música latina. The club needs your help in a presentation about Hispanic music and musicians. Choose two musicians from the Spanish-speaking world that you have learned about in this chapter or with whom you are familiar. Discuss their talents, recordings, songs, style of music, and accomplishments.

Paso 2. Los actores hispánicos. The club needs your help in an event focused on the Hispanic presence in the U.S. and international film industries. Choose two actors from the Spanish-speaking world and describe their physical characteristics, country of origin (or familial origin), kinds of films in which they have participated, at least two specific titles of films they acted in, and any important talents or accomplishments.

Escribe (Textbook p. 194)

05-48 Una reseña de un disco. You and a friend from class will discuss a favorite CD. Note that you'll need to work with this classmate to complete **Paso 3**.

Paso 1. Think of a CD that you particularly like. Answer the following questions about the CD.

1. ¿Cómo se llama el artista / el grupo?

   _____

2. ¿Es su primer disco? ¿el segundo? ¿el tercero?

   _____

3. ¿Cómo se llama el disco?

   _____

4. ¿Qué estilo de música es?

   _____

5. ¿Qué temas (*themes/subjects*) hay en la letra de las canciones?

   _____

   _____

6. ¿Cuántas canciones tiene?

   _____

7. ¿Cuáles son las mejores canciones?

   _____

   _____

8. ¿A quiénes les va a gustar este disco? ¿A quiénes no les va a gustar? ¿Por qué?

   _____

   _____

Paso 2. Now organize the information above into a paragraph-length review of the CD.

9. _____

   _____

   _____

   _____

   _____

   _____

Paso 3. Meet with a classmate in order to share your work, and give each other feedback and constructive criticism. Make certain to provide comments not only on each others' use of grammar and vocabulary, but also on the way that you have organized and structured your review and on the content of the messages that you communicate. Write a summary of the feedback that your classmate has provided for you.

10. _____

_____

_____

_____

_____

_____

Cultura: Nicaragua, Costa Rica, and Panama (Textbook pp. 195–197)

05-49 Nicaragua.

Paso 1. Les presento mi país. Read the following statements and, based on the information in your textbook, decide whether or not they convey correct information. Rewrite the selected portions of the incorrect statements in order to make them true. If they are correct, then leave the statement as is.

1. En Nicaragua <u>no hay</u> muchos lagos.

2. En Nicaragua <u>hay</u> muchos volcanes.

3. San Cristóbal es el volcán <u>más activo</u> de Nicaragua.

4. <u>La Concha</u> es el nombre de un lago en Nicaragua.

5. Miskito es <u>una lengua oficial</u> de Nicaragua.

Nombre: _____   Fecha: _____

 Paso 2. Vistas culturales. View the video segments in order to complete each part of the activity. You will likely not understand all of the words that you hear, but you should relax because you are capable of understanding more than enough to be able to respond to the questions without difficulty. Please be sure to read the questions that you will have to answer before viewing each video segment.

Nicaragua: Introducción. Read the questions, view the video and then choose the correct response to each question.

6. ¿Cuántos habitantes tiene Nicaragua?
   más de 5.000.000
   más de 500.000
   más de 50.000.000

7. ¿Cuántas costas (*coasts*) tiene?
   una
   dos
   tres

8. ¿De cuántos kilómetros cuadrados (km²) es, aproximadamente, Nicaragua?
   13.000.000
   1.300.000
   130.000

Nicaragua: Geografía y clima. Read the questions, view the video, and then choose the correct response to each question.

9. ¿En qué región de Nicaragua hay muchos volcanes?
   en la costa del Océano Pacífico
   en la zona central
   en la costa del Mar Caribe

10. ¿En qué región hay muchas montañas?
    en la costa del Océano Pacífico
    en la zona central
    en la costa del Mar Caribe

11. ¿En qué región hay muchas selvas tropicales (*rain forests*)?
    en la costa del Océano Pacífico
    en la zona central
    en la costa del Océano Atlántico

12. ¿Qué tiempo hace normalmente en Nicaragua?
    Hace mucho frío.
    Hace calor.
    Nieva mucho.

13. ¿Durante qué meses llueve mucho en Nicaragua?
    de noviembre a abril
    de mayo a octubre
    de septiembre a noviembre

Nicaragua: Turismo. Read the questions, view the video, and then choose the correct response or responses to each question.

14. ¿Por qué es importante e interesante el lago (*lake*) Cocibolca?
    Es el segundo lago más grande (*second largest*) de América Latina.
    Es el tercer lago más grande (*third largest*) de América Latina.
    Tiene langostas (*lobsters*) de agua dulce (*fresh water*).
    Tiene tiburones (*sharks*) de agua dulce.

15. ¿Cuántas islas tiene el Archipiélago del Lago Cocibolca?
    350
    370
    360

16. ¿Qué son "Concepción" y "Maderas"?
    islas
    lagos
    volcanes

05-50 Costa Rica.

Paso 1. Les presento mi país. Read the following statements and, based on the information in your textbook, decide whether or not they convey correct information. Rewrite the selected portions of the incorrect statements in order to make them true. If they are correct, then leave the statement as is.

1. Guaitil es <u>un parque nacional</u> en Costa Rica.

2. Sarchí es <u>un símbolo nacional</u> muy famoso por su artesanía.

3. La carreta es <u>un pueblo muy famoso</u> de Costa Rica.

4. La moneda oficial de Costa Rica es el <u>colón</u>.

5. Desde 1948 Costa Rica <u>tiene</u> ejército.

Paso 2. Vistas culturales. View the video segments in order to complete each part of the activity. You will likely not understand all of the words that you hear, but you should relax because you are capable of understanding more than enough to be able to respond to the questions without difficulty. Please be sure to read the questions that you will have to answer before viewing each video segment.

Costa Rica: Introducción. Read the questions, view the video, and then choose the correct response or responses to each question.

6. ¿Con qué país o países tiene Costa Rica frontera (*border*)?
   Panamá
   Colombia
   Nicaragua
   Honduras

7. ¿Con qué masa de agua (*body of water*) o masas de agua tiene costa?
   el Océano Pacífico
   el Mar Caribe

8. ¿En qué año llega Cristóbal Colón a Costa Rica?
   1500   1512
   1502   1520

9. ¿En cuál de sus viajes (*voyages*) a América llega Colón a Costa Rica?
   segundo
   tercero
   cuarto
   quinto

10. ¿Cómo se llaman los costarricenses?
   españoles
   indígenas
   afrocaribeños
   ticos

Nombre: _____ Fecha: _____

Costa Rica: San José. Read the questions, view the video, and then choose the correct response or responses to each question.

11. ¿Qué puedes hacer en la Plaza de la Cultura de San José?
ir de compras
ir a eventos culturales
dar un paseo

12. ¿Dónde puedes ver arte de la época precolombina?
la Plaza de la Cultura
el Museo de Oro
el Teatro Nacional

13. ¿Dónde hay eventos artísticos nacionales e internacionales?
la Plaza de la Cultura
el Museo de Oro
el Teatro Nacional

Costa Rica: Turismo. Read the questions, view the video, and then choose the correct response or responses to each question.

14. ¿Cuántos turistas visitan Costa Rica cada año?
200.000
2.000.000
20.000.000

15. ¿Qué actividades turísticas puedes practicar en Costa Rica?
surf
rafting
ecoturismo

05-51 Panamá.

Paso 1. Les presento mi país. Read the following statements and, based on the information in your textbook, decide whether or not they convey correct information. Rewrite the selected portions of the incorrect statements in order to make them true. If they are correct, then leave the statement as is.

1. Colón es el nombre de <u>un importante canal</u> y puerto de Panamá.

2. Magdalena vive cerca del <u>Océano Pacífico</u>.

3. <u>El sector de la agricultura</u> es muy importante a la economía de Panamá.

4. <u>Las islas San Blas</u> son un destino turístico importante en Panamá.

5. <u>Kunas</u> son una parte de la ropa tradicional de un grupo de indígenas.

Paso 2. Vistas culturales. View the video segments in order to complete each part of the activity. You will likely not understand all of the words that you hear, but you should relax because you are capable of understanding more than enough to be able to respond to the questions without difficulty. Please be sure to read the questions that you will have to answer before viewing each video segment.

Panamá: Introducción. Read the questions, view the video, and then choose the correct response or responses to each question.

6. ¿Qué población tiene Panamá?
   más de 300.000 habitantes
   más de 3.000.000 de habitantes
   más de 30.000.000 de habitantes

7. ¿Con qué países tiene frontera (*border*)?
   Nicaragua
   Costa Rica
   Venezuela
   Colombia

8. ¿Cuántas costas tiene Panamá?
   una
   dos
   tres

Panamá: Geografía y clima. Read the questions, view the video, and then choose the correct response or responses to each question.

9. ¿Qué tiempo hace en Panamá?
   Hace calor.
   Hace sol.
   Hace frío.
   Nieva mucho.

10. ¿Cuántos kilómetros de costa tiene?
    casi 250
    casi 2.500
    casi 25.000

Panamá: Capital. Read the questions, view the video, and then choose the correct response or responses to each question.

11. ¿Qué hay en la capital de Panamá?
    música
    centros comerciales
    discotecas
    restaurantes

12. ¿Por qué es importante la Zona Libre de Colón?
    Tiene bancos nacionales.
    Es cosmopolita.
    Allí importan y exportan muchos productos.

Más cultura

05-52 **¿Quedamos para salir?** Read the following information about movie going and other customs related to socializing in the Spanish-speaking world, and then answer the questions.

- En muchos lugares hispanohablantes, es menos frecuente la costumbre estadounidense de quedar con los amigos para ver la televisión o para ver una película en la casa de una persona. Como en muchos lugares anglohablantes, en muchos lugares del mundo hispanohablante es común quedar con los amigos para salir a ver una película o para ir a un concierto o al teatro. Muchos hispanos dicen que "viven en la calle" lo cual demuestra una preferencia por pasar mucho tiempo en espacios públicos.

- Cuando hablan de sus planes, las personas en países hispanohablantes se refieren a "las cuatro de la tarde" o "las diez de la noche"; sin embargo, en la mayoría de los países hispanohablantes, puedes ver muchos horarios oficiales con el sistema de veinticuatro horas. Por ejemplo, en el cine, el horario de proyección de una película normalmente no indica 1:00, 4:30, 6:00 o 7:30, sino 13:00, 16:30, 18:00 y 19:30.

- Después de un evento como una película, un concierto o una obra en el teatro, en el mundo hispanohablante es muy común ir a tomar algo y para charlar o hablar sobre el evento. Las personas intercambian (*exchange*) sus opiniones y sus ideas sobre las habilidades de los artistas y sobre las ideas que un evento artístico comunica.

- Entre los más jóvenes, la costumbre de "salir por ahí" con todos los amigos es más popular que la costumbre de salir solamente en pareja. Dentro de los grupos de amigos muchas veces hay parejas de novios, pero en vez de salir solos, prefieren salir todos juntos.

1. ¿Por qué crees que muchas personas prefieren ver películas en casa con sus amigos en los Estados Unidos?

_____

_____

2. ¿Por qué crees que muchas personas prefieren salir a ver películas en el cine con sus amigos en muchos países hispanohablantes?

_____

_____

3. Usando el sistema de veinticuatro horas, ¿cómo se escribe 1:00 pm, 5:00 pm y 10:00 pm?

_____

4. Aparte del mundo hispanohablante, ¿dónde más usan el sistema de veinticuatro horas?

_____

_____

5. ¿Qué ventajas tiene el uso del sistema de veinticuatro horas? ¿Qué desventajas tiene?

_____

_____

6. ¿Qué piensas de la costumbre de salir después para tomar algo y hablar sobre una película o un concierto? ¿Tienes tú la misma costumbre? ¿Piensas que muchos estadounidenses también hacen eso?

_____

_____

7. ¿Sales más frecuentemente en grupo con todos tus amigos o con solamente una persona? ¿Cuál de las dos opciones prefieres? ¿Por qué?

_____

_____

05-53 Heritage Language: *tu mundo hispano*. Conduct research on the music of a Spanish-speaking country. If you are of Spanish-speaking heritage, choose a musician or group from your family's country of origin. If you are not, then interview a friend, relative, or fellow student who is of Spanish-speaking heritage and research an artist or a band from that person's country of origin.

Paso 1. Use the following questions as a guide for your research and write down notes about the information that you discover.

- ¿Cómo se llama?

- ¿De dónde es?

- ¿Qué tipo(s) de música toca?

- ¿Qué instrumento(s) toca? ¿Cómo lo(s) toca?

- ¿Cómo se llaman sus canciones más famosas?

- ¿Cómo son las canciones? ¿Cómo es la letra de las canciones?

- ¿Dónde da conciertos? ¿Hace giras nacionales? ¿Hace giras internacionales?

- ¿Te gusta su música? ¿Por qué sí o por qué no?

_____

_____

_____

_____

_____

Paso 2. Describe the artist or band that you chose to research and the music that this person or this group has created. As you speak, try to use words like **y, pero,** and **también** to lengthen your sentences and connect your ideas.

Ambiciones siniestras

Episodio 5

Lectura: *La búsqueda de Eduardo*
(Textbook p. 198)

05-54 La búsqueda de Eduardo. Select the correct answer or answers to the following questions about this episode of *Ambiciones siniestras*. For each question, more than one answer may be correct.

1. ¿A quiénes piensa Cisco que debe llamar?
   A los amigos de Eduardo
   A los compañeros de clase
   A la policía
   A los padres de Eduardo

2. ¿Cómo puede entrar Cisco en el correo de Eduardo?
   Sabe la contraseña (*password*).
   Encuentra la contraseña.
   Sabe mucho de computadoras.
   Tiene mucha suerte.

3. ¿Qué tipo de grupo toca esta noche en la universidad de Cisco?
   Un grupo cuyo (*whose*) cantante toca la guitarra muy bien
   Un grupo local que tiene grabaciones fenomenales
   Un grupo que siempre tiene buenos programas de música
   Un grupo muy famoso por todo el mundo

4. ¿Con quién va al concierto Cisco?
   Va solo.
   Va con Eduardo.
   Va con su primo Manolo.
   Va con la chica guapísima de su clase de economía.

5. ¿Por qué no quiere dormir Cisco?
   Está pensando en Eduardo.
   Está pensando en la chica guapísima.
   Está pensando en su primo.
   Está pensando en el concierto.

📽 Video: *Se conocen* (Textbook p. 200)

05-55 Se conocen. View the episode and indicate what information each finalist shares about himself o herself.

1. Cisco   Dónde vive   De dónde es   Dónde estudia   Qué estudia

2. Alejandra   Dónde vive   De dónde es   Dónde estudia   Qué estudia

3. Manolo   Dónde vive   De dónde es   Dónde estudia   Qué estudia

4. Marisol   Dónde vive   De dónde es   Dónde estudia   Qué estudia

5. Lupe   Dónde vive   De dónde es   Dónde estudia   Qué estudia

Nombre: _____   Fecha: _____

05-56 ¿Qué pasa en el episodio? View the episode again, and then answer the following questions.

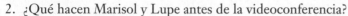

1. ¿Cómo está Marisol cuando el episodio empieza?
   tranquila   contenta
   enojada   nerviosa

2. ¿Qué hacen Marisol y Lupe antes de la videoconferencia?
   Van de compras.   Van a clase.
   Comen.   Terminan un trabajo.

3. ¿Qué hacen Manolo y Alejandra antes de la videoconferencia?
   Van de compras.   Van a clase.
   Comen.   Terminan un trabajo.

4. ¿A qué hora empieza la videoconferencia?
   a las 15:00   a las 17:00
   a las 16:00   a las 18:00

5. ¿Qué le confiesa Manolo a Alejandra antes de ir a su casa?
   Cisco es su primo.   Cisco es el novio de su hermana.
   Cisco es su amigo.   No le gusta Cisco.

6. ¿Qué le dice Manolo a Alejandra sobre Eduardo?
   Eduardo es su primo.   Nadie sabe dónde está Eduardo.
   Eduardo está terminando un trabajo importante.   No le gusta Eduardo.

7. ¿Quiénes quieren llamar a la policía?
   Cisco   Lupe
   Manolo   Marisol
   Alejandra

05-57 ¿Qué piensas? Read the following questions, view the episode again, and then answer the following questions about this episode and what you imagine is to come in the next episodes.

1. ¿Qué piensas que ocurre con Alejandra? ¿Dónde piensas que está? ¿Con quién(es) crees que está? ¿Por qué crees que desaparece (*disappears*)?

_____
_____
_____
_____

2. ¿Qué piensas que va a pasar en los próximos episodios? ¿Qué van a hacer Cisco, Manolo, Marisol y Lupe? ¿Qué va a ocurrir con ellos?

_____

_____

_____

_____

Comunidades

05-58 Experiential Learning: El cine y la música. Ask your library to order copies of one of the films listed below (or another film recommended by your instructor) so that you may view it. Once you have seen it, write a brief analysis of the film, honing in on the role and importance of music in it.

Suggested films:

- *Chico y Rita* (Fernando Trueba and Javier Mariscal, 2010)

- *The Lost City* (Andy García, 2005)

- *Viva Cuba* (Juan Carlos Cremata Malberti, 2005)

- *Suite Habana* (Fernando Pérez, 2003)

- *La lengua de las mariposas* (José Luis Cuerda, 1999)

- *Azúcar amarga* (León Ichaso, 1996)

05-59 Service Learning: Un festival de cine. Ask your library to order copies of the films listed below (or films recommended by your instructor) so that you and your classmates may organize a Hispanic film festival on your campus. Conduct research on the films, their director and actors, and their soundtracks. Gear the information towards an audience that is unfamiliar with Hispanic films. Make certain to also prepare a handout with information about the cultural practices that can be observed in the film, especially those that differ from common practices of a non-Hispanic audience. Before the projection of each film during the film festival, you and your classmates should introduce the film by giving a brief presentation of the results of your research.

Films to consider including:

- *La piel que habito* (Pedro Almodóvar, 2011)

- *Biutiful* (Alejandro González Iñárritu, 2011)

- *Alatriste* (Agustín Díaz Yanes, 2006)

- *The Lost City* (Andy García, 2005)

- *Viva Cuba* (Juan Carlos Cremata Malberti, 2005)

- *Suite Habana* (Fernando Pérez, 2003)

- *Nueve reinas* (Fabián Bielinsky, 2000)

- *La lengua de las mariposas* (José Luis Cuerda, 1999)

- *Tesis* (Alejandro Amenábar, 1996)

- *Azúcar amarga* (León Ichaso, 1996)

6 ¡Sí, lo sé!

Capítulo Preliminar A, Capítulo 1 y Capítulo 2 (Textbook p. 207)

06-01 Descripciones. Listen to each description, and write the letter of the image that it describes. If both images apply, then write *los dos*.

1. a.    b.  _____

2. a.    b.  _____

3. a.    b.  _____

4. a.    b.  _____

5. a.    b.  _____

06-02 **La familia de Olga.**

Paso 1. Olga is a new friend at your university. She is showing you pictures of her family and describing her siblings to you. Listen to her description, and select all the words you hear.

1. _____ alto   _____ inteligente   _____ estudioso

   _____ trabajador   _____ interesantes   _____ bueno

   _____ perezoso   _____ responsable   _____ simpáticos

   _____ delgadas   _____ aburrido   _____ guapos

   _____ cómico   _____ pequeños

Paso 2. Now select the family member(s) that each adjective characterizes. If you need to, listen to her description again.

2. trabajador/a   5. irresponsable   8. simpático/a
   Olga   Olga   Olga
   Carlos   Carlos   Carlos
   Susana   Susana   Susana
   Pablo   Pablo   Pablo
   Alicia   Alicia   Alicia

3. perezoso/a   6. inteligente   9. guapo/a
   Olga   Olga   Olga
   Carlos   Carlos   Carlos
   Susana   Susana   Susana
   Pablo   Pablo   Pablo
   Alicia   Alicia   Alicia

4. responsable   7. atlético/a   10. pequeño/a
   Olga   Olga   Olga
   Carlos   Carlos   Carlos
   Susana   Susana   Susana
   Pablo   Pablo   Pablo
   Alicia   Alicia   Alicia

06-03 Las mujeres y los hombres. Your friend is reviewing some notes from his Spanish class in which the teacher described two famous people—Puerto Rican singer and actress, Jennifer López, and Spanish actor, Javier Bardem. Unfortunately, his notes are a mess and it is difficult to tell which adjectives his professor used to describe which person. Look at the descriptions below, and use your knowledge of Spanish grammar to figure out which person(s) they apply to. If the answer is unclear, select **No se sabe.**

1. bonita
   a. Jennifer López
   b. Javier Bardem
   c. Jennifer López y Javier Bardem
   d. No se sabe.

2. morenos
   a. Jennifer López
   b. Javier Bardem
   c. Jennifer López y Javier Bardem
   d. No se sabe.

3. interesante
   a. Jennifer López
   b. Javier Bardem
   c. Jennifer López y Javier Bardem
   d. No se sabe.

4. guapo
   a. Jennifer López
   b. Javier Bardem
   c. Jennifer López y Javier Bardem
   d. No se sabe.

5. tiene mucho talento
   a. Jennifer López
   b. Javier Bardem
   c. Jennifer López y Javier Bardem
   d. No se sabe.

6. español
   a. Jennifer López
   b. Javier Bardem
   c. Jennifer López y Javier Bardem
   d. No se sabe.

7. inteligente
   a. Jennifer López
   b. Javier Bardem
   c. Jennifer López y Javier Bardem
   d. No se sabe.

8. delgados
   a. Jennifer López
   b. Javier Bardem
   c. Jennifer López y Javier Bardem
   d. No se sabe.

9. baja
   a. Jennifer López
   b. Javier Bardem
   c. Jennifer López y Javier Bardem
   d. No se sabe.

10. tienen mucho éxito en Los Estados Unidos y también en otros países
    a. Jennifer López
    b. Javier Bardem
    c. Jennifer López y Javier Bardem
    d. No se sabe.

06-04 ¿Sabes dónde está? Maribel is a new transfer student at school and does not know her way around very well. Listen to her conversation with Adrián, and then select the correct answer to each of the following questions.

1. Maribel está
   a. confundida.
   b. perdida.
   c. dormida.
   d. pedida.

2. Maribel _____ la Facultad de Ciencias.
   a. busca
   b. sabe dónde está
   c. no ve
   d. le pide ayuda a

3. La Facultad de Ciencias
   a. es pequeña.
   b. es enorme y moderna.
   c. está cerca del Edificio Central.
   d. no tiene mucha luz (*light*) natural.

4. La Facultad de Filosofía
   a. está en la cafetería.
   b. es donde trabaja el tío de Adrián.
   c. está lejos del gimnasio.
   d. no está cerca de la Facultad de Ciencias.

5. La oficina del Profesor Rubio
   a. está en un edificio moderno.
   b. tiene muchas ventanas.
   c. está en el Edificio Central.
   d. es el número 375.

06-05 Heritage Language: *tu español*. Listen to each statement, and then indicate which of the easily confused words the speaker is using.

1. por qué   porque

2. cómo   como

3. está   esta

4. va a ser   va a hacer

5. está siendo   está haciendo

Nombre: _____   Fecha: _____

Capítulo 3 (Textbook p. 210)

06-06 ¿Dónde están? For each statement about what the family member is doing, select the location in the house that most logically corresponds.

1. Mi hermana está preparando la comida en…
   a. la cocina
   b. el altillo
   c. el jardín
   d. la oficina

2. Mi padre está organizando sus papeles en…
   a. el garaje
   b. la cocina
   c. el baño
   d. la oficina

3. Mi hermano está trabajando en su automóvil en…
   a. el garaje
   b. la cocina
   c. el jardín
   d. la oficina

4. Mi madre tiene una conversación por teléfono muy importante y muy privada con mi tía en…
   a. el garaje
   b. el jardín
   c. el dormitorio
   d. la cocina

5. Voy a salir esta noche a un restaurante romántico con mi novio; me estoy preparando en…
   a. el sótano
   b. la cocina
   c. el jardín
   d. el baño

6. Mi hermano está buscando fotos antiguas y otros recuerdos (*mementos*) de la familia en…
   a. la cocina
   b. el altillo
   c. el jardín
   d. el baño

06-07 Una casa interesante. Your friend is working part-time at a real estate agency. Just as you stop by to visit, she receives a phone call from one of the agent's clients. Look below at the answers that she gives, and write the question that the client asked. Follow the model closely.

MODELO   *¿Cuántos dormitorios tiene?*
               Tiene cuatro dormitorios.

1. ¿_____?

   Tiene dos baños.

2. ¿_____?

   No, no tiene sótano.

3. ¿_____?

   Sí, tiene un altillo muy grande.

4. ¿_____?

   Sí, tiene un jardín grande.

5. ¿_____?

   Cuesta cuatrocientos setenta y cinco mil dólares.

6. ¿_____?

   Está en el centro del pueblo.

06-08 Los famosos. You are the guest host of *Lifestyles of the Rich and Famous*. You are preparing to interview a famous person who you find particularly intriguing and interesting. First, choose the person that you would like to interview, and then list at least six questions that you will ask the person about his or her home and lifestyle in general.

Persona famosa: _____

1. _____

2. _____

3. _____

4. _____

5. _____

6. _____

06-09 Entrevista con un posible empleado. You are a famous and extremely wealthy person living in a very large house. Because you are so busy and successful and your house is so large, you do not have time to attend to all of the household chores. You need to hire someone to help you as a live-in domestic employee.

Paso 1. Write down notes about what kinds of tasks you will need the person to take care of and what kind of traits you are looking for in your new employee.

1. Quehaceres y responsabilidades:

_____

_____

_____

2. Características importantes:

_____

_____

_____

Paso 2. A potential employee has responded to your ad and would like more information about the position. You have returned the call, but the person is not home. Leave a message giving as much detail as possible as to the kind of person you would like to hire, the types of responsibilities the person would have if hired, and what kind of pay and living arrangements you are prepared to offer.

06-10 Heritage Language: *tu español*. Practice spelling words containing letters that are easily confused. Write each statement that you hear.

1. _____

2. _____

3. _____

4. _____

Capítulo 4 (Textbook p. 213)

06-11 Por la ciudad. Associate each place with the activities that people normally do there.

1. correos _____

2. el supermercado _____

3. la plaza _____

4. el cine _____

5. la iglesia _____

6. el cajero automático _____

7. el museo _____

8. la discoteca _____

9. el almacén _____

10. el restaurante _____

a. Bailamos toda la noche.

b. Compro comida para cocinar.

c. Saca dinero para comprar cosas.

d. Estudiamos obras de arte.

e. Ven películas.

f. Practican su religión.

g. Almuerzan con los amigos.

h. Compran ropa y otras cosas para su familia.

i. Camino y hablo con mis amigos.

j. Mando cartas a mis amigos.

06-12 El horario de Fabio. Look at the following excerpt from Fabio's schedule for next week, and then answer the questions using complete sentences.

MODELO   ¿Qué va a hacer a las once el domingo?

A las once, *va a jugar al fútbol*.

	lunes	martes	miércoles	jueves	viernes	sábado	domingo
8:00	tomar café	dormir	tomar café	dormir	tomar café	dormir	dormir
9:00	clase de economía	tomar café	clase de economía	tomar café	clase de economía	dormir	dormir
9:30		trabajar		trabajar		tomar café	tomar café
10:00	clase de biología		clase de biología		clase de biología	estudiar en la biblioteca	jugar al fútbol
11:00	clase de literatura		clase de literatura		clase de literatura		
12:00	almorzar		almorzar		almorzar		
13:00	hacer la tarea	almorzar	hacer la tarea	almorzar	hacer la tarea	almorzar	almorzar con los amigos
14:00	clase de español	clase de arte	clase de español	clase de arte	clase de español	estudiar en la biblioteca	
15:00	trabajar		trabajar		trabajar	hacer ejercicio en el gimnasio	descansar
15:30		hacer la tarea y estudiar		hacer la tarea y estudiar			

1. ¿Qué va a hacer el domingo a las nueve y media?

   El domingo a las nueve y media, _____.

2. ¿Qué va a hacer el martes a las diez y cuarto?

   El martes a las diez y cuarto, _____.

3. ¿Qué va a hacer el sábado a las ocho de la mañana?

   El sábado a las ocho, _____.

4. ¿Qué va a hacer el viernes a la una y cuarto?

   El viernes a la una y cuarto, _____.

5. ¿Qué va a hacer el lunes a las tres y media?

   El lunes a las tres y media, _____.

6. ¿Qué va a hacer el sábado a las tres y cuarto?

   El sábado a las tres y cuarto, _____.

06-13 ¿Cómo puedes servir a tu comunidad? Listen to each statement about peoples' different talents and abilities, and then choose the best way for each person to serve their community.

1. _____   a. Puedes circular una petición.

2. _____   b. Puedes dar un concierto y dar el dinero a la comunidad.

3. _____   c. Puedes visitar a los ancianos en una residencia.

4. _____   d. Puedes dar clases de artesanía.

5. _____   e. Puedes hablar a favor de una causa importante en tu comunidad.

6. _____   f. Puedes trabajar en un campamento de niños.

06-14 Tu comunidad. Prepare to describe some of the challenges that your community faces and some of the ways that you can help your community face those challenges.

Paso 1. Answer **sí** or **no** to the following survey questions about your community.

1. ¿Hay problemas de crimen? _____

2. ¿Hay problemas de violencia? _____

3. ¿Hay problemas con las drogas ilegales? _____

4. ¿Hay una división grande entre los ricos y los pobres? _____

5. ¿Hay personas sin (que no tienen) casa en tu comunidad? _____

6. ¿Hay personas que tienen hambre? _____

7. ¿Tienen todos los niños acceso a buenos tutores para ayudarles con su tarea? _____

8. ¿Hay muchas personas en tu comunidad que necesitan ayuda? _____

9. ¿Hay muchas organizaciones sin fines de lucro (*non-profit*) en tu comunidad? _____

10. ¿Te gusta la idea de ayudar a un grupo de personas o a una organización? _____

Paso 2. Write a description of your community and the current challenges it faces. Then describe what people in your community currently do to serve others, and what you plan to do in the future in order to contribute as well. Write a minimum of ten sentences.

_____

_____

_____

_____

_____

_____

_____

_____

_____

06-15 Cómo servimos a nuestra comunidad. Talk about your community, and how you and other community members work to serve and create a better environment for everyone. Try to speak for at least 2 minutes.

Capítulo 5 (Textbook p. 216)

06-16 Música. Listen to each statement, and then identify which statement describes each image.

1. _____

2. _____

3. _____

4. _____

5. _____

a. Statement A

b. Statement B

c. Statement C

d. Statement D

e. Statement E

06-17 Cine. Listen to each statement, and then identify which statement describes each image.

1. _____

2. _____

3. _____

4. _____

5. _____

a. Statement A

b. Statement B

c. Statement C

d. Statement D

e. Statement E

06-18 Música y cine. Complete the following crossword puzzle.

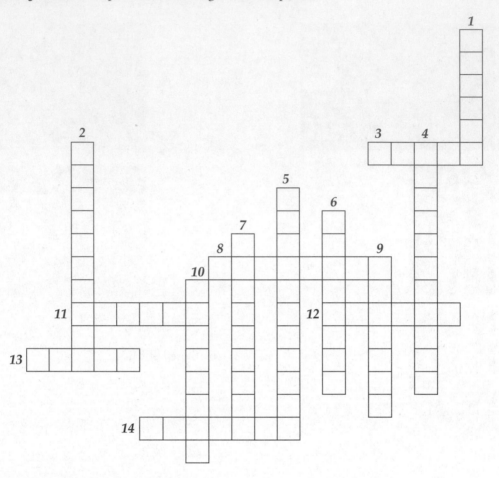

1. *Saving Private Ryan* es una película de _____.

2. Un género de película que no es ficción es una película _____.

3. Las palabras de una canción son la _____.

4. Arturo Sandoval es un _____ del jazz latino muy importante.

5. Eric Clapton es un _____ de rock muy famoso.

6. La cosa en el cine sobre la que (*on which*) proyectan las películas es la _____.

7. Un músico de rock que toca un instrumento de percusión es el _____.

8. Un músico que canta las canciones es el _____.

9. El primer día que se proyecta una película en el cine, es el día del _____.

10. Para dar un concierto de música clásica, es necesario tener una _____ de músicos.

11. Un instrumento de percusión que usan frecuentemente en el jazz latino es el _____.

12. La protagonista de una película es una _____.

13. Un género muy popular y también muy importante de la música caribeña es la _____.

14. La cosa que tienes que comprar para entrar en el cine es una _____.

Nombre: _____ Fecha: _____

06-19 **Un concierto en la Concha Acústica.** Imagine that you are studying abroad in Managua, Nicaragua, and that one of your favorite bands is giving a concert in **la Concha Acústica**. Imagine that you are at the concert. Look at the picture below, and describe the Managua Lake, the concert, the music, and what is going on around you in general.

_____

_____

_____

_____

_____

_____

_____

06-20 **Heritage Language: *tu español*.** Match each instrument to the country with which it is most closely associated.

1. txistu _____   a. Panamá

2. quijongo _____   b. Costa Rica

3. cajón _____   c. Perú

4. mejoranera _____   d. Ecuador

5. rondador _____   e. España

Un poco de todo (Textbook p. 218)

06-21 **Las descripciones.** Your friend from Spanish class is having difficulty recalling the meaning of all of the adjectives that you have learned throughout this course. Help out by selecting the word in each group that refers to a negative or unfavorable characteristic.

1. guapo   aburrido   divertido   interesante

2. simpática   inteligente   pésima   generosa

3. bueno   cómico   antipático   bonito

4. malo   hábil   estupendo   sorprendente

5. impresionante creativa   joven   perezoso

6. graciosa   importante   irresponsable   creativa

06-22 Ayuda para una amiga.

Paso 1. Tablas incompletas. Your friend from Spanish class is having difficulty recalling all of the different verb forms. Help out by completing the verb charts.

ser			
singular		plural	
yo	(1)	nosotros	(3)
tú	(2)	vosotros	sois
él, ella, usted	es	ellos, ellas, ustedes	son
tener			
singular		plural	
yo	(4)	nosotros	(6)
tú	tienes	vosotros	tenéis
él, ella, usted	(5)	ellos, ellas, ustedes	(7)
gustar			
singular		plural	
a mí	(8)	a nosotros	(9)
a ti	te gusta/n	a vosotros	os gusta/n
a él, ella, usted	le gusta/n	a ellos, ellas, ustedes	(10)

Paso 2. Las formas de los verbos. Your friend would also like to try a different approach to reviewing the different verb forms. She created a list of verbs and forms that she wants to use to talk about herself and her family. Help her by completing the lists of forms.

	yo	nosotros	él / ella	ellos / ellas
11. ser				
12. estar				
13. tener				
14. gustar				
15. querer				
16. empezar				
17. pedir				
18. poder				
19. almorzar				
20. vivir				

06-23 Unas vacaciones. Listen as Sofía and her friends discuss their vacation plans, and then complete the statements about their preferences, as in the model.

MODELO   África quiere visitar otro lugar durante las vacaciones porque donde ella vive *hace mucho frío.*

1. Sofía quiere ir a _____ o _____

2. Sofía está estudiando dos países centroamericanos en su clase de

   _____ hispánicas.

3. África piensa que en Honduras pueden _____ por la

   playa, _____ el sol y _____ acuáticos.

4. Mario cree que pueden _____ los bosques del país.

5. Sofía quiere _____ las ruinas de Copán y

   _____ sobre las _____ indígenas.

6. Mañana Mario va a _____ en Internet para

   _____ los precios para el viaje.

7. Esta tarde Sofía va a _____ a la _____

   para _____ una guía turística.

8. Ahora África va a _____ a su amiga para _____ ayuda.

06-24 Tú y tus amigos. Think about yourself and your own close friends, and prepare to write about yourself and them.

Paso 1. Using the following questions as a guide, jot down as many notes as possible with basic information about yourself and about your three friends that will help you as you create your description.

- ¿Cómo es físicamente?

- ¿Cómo es su personalidad?

- ¿Cuáles son las cualidades que te gustan mucho de la persona?

- ¿Cuántos años tiene?

- ¿Dónde estudia?

- ¿En qué año de sus estudios está (primero, etc.)?

- ¿Qué estudia?

- ¿Qué le gusta hacer cuando tiene tiempo libre?

- ¿Qué va a hacer durante las vacaciones?

1. Yo   2. Amigo/a 1   3. Amigo/a 2   4. Amigo/a 3

_____   _____   _____   _____

_____   _____   _____   _____

_____   _____   _____   _____

_____   _____   _____   _____

Paso 2. Now use the information above and the expressions below to write a description of yourself and your friends, your favorite pastimes, and your vacation plans. Write at least fifteen sentences.

y	*and*	primero	*first*
también	*also*	entonces	*then*
pero	*but*	después	*after*
tampoco	*neither*	luego	*later on*
en contraste	*in contrast*		

_____

_____

_____

_____

_____

_____

_____

_____

_____

_____

_____

_____

_____

_____

_____

_____

06-25 Mis amigos y yo. Talk about yourself and your friends, your physical characteristics and personality traits, your pastimes, and interests. Try to give your description fluidly and naturally, and to speak for two minutes.

06-26 La librería. Marta and Javier are in the bookstore looking for school supplies. Listen to their conversation with the salesperson, and then answer the following questions using complete sentences. In your answers, use direct object pronouns to replace the direct objects.

MODELO ¿Tienen el libro de matemáticas en la librería?

Sí, lo tienen.

OR

No, no lo tienen.

1. ¿Tienen bolígrafos de color verde en la librería?

_____.

2. ¿Quieren comprar Marta y Javier unos lápices?

_____.

3. ¿Quién necesita una mochila?

_____.

4. ¿Quién ve al Dr. Ibáñez?

_____.

5. ¿Van a comer Marta y Javier hamburguesas antes de su clase?

_____.

6. ¿Tienen Marta y Javier la clase de literatura hoy?

_____.

06-27 El consejero. Maribel and her advisor, Profesor Rubio, are talking about her requirements and study plan. Complete the following statements using the information that you hear and the expressions **tener que** and **hay que**. Be sure to use **tener que** when referring to what one specific individual must do, and **hay que** when referring to rules in general without specifying a particular person.

1. Maribel _____ tomar _____ créditos en esta universidad.

2. En la universidad _____ tomar _____ clases de idiomas.

3. En la universidad _____ tomar _____ clases de ciencias.

4. Después de este año, Maribel _____ tomar _____ clase de ciencias.

5. Para hacer la especialidad de filosofía, _____ tomar _____ créditos.

6. El semestre que viene, Maribel _____ tomar la clase de filosofía _____.

06-28 Ayuda con los verbos. Your friend from Spanish class is preparing a paragraph about himself and his life at school, but is unsure about how to accurately use different verb forms.

Paso 1. Review his notes and select the words that are verbs.

1. ser un estudiante, universidad muy grande.

2. tener muchas clases muy interesantes, gustar mucho

3. conocer a muchas personas, saber todos sus nombres

4. todos los días: jugar al fútbol, yo preferir el fútbol americano, pero mis amigos tener otras preferencias.

5. fines de semana: salir con mis amigos, este fin de semana ir a bailar en una fiesta

Paso 2. Now help your friend by writing the correct verb forms to complete his description.

Yo (6) <u>ser</u> un estudiante en una universidad muy grande. (7) <u>Tener</u> muchas clases muy interesantes, (8) <u>gustar</u> mucho mis clases. (9) <u>Conocer</u> a muchas personas en mis clases y (10) <u>saber</u> todos sus nombres. Mis amigos y yo (11) <u>jugar</u> al fútbol todos los días. Yo (12) <u>preferir</u> el fútbol americano, pero mis amigos (13) <u>tener</u> otras preferencias. Los fines de semana yo siempre (14) <u>salir</u> con mis amigos. Este fin de semana (15) <u>ir</u> a bailar mucho en una fiesta.

06-29 Tu vida en la universidad. Prepare to give a description of yourself and your life at school.

Paso 1. Jot down your responses to the following questions in order to trigger as many ideas as possible.

1. ¿Es este tu primer año? ¿el segundo? ¿el tercero?

    _____

2. ¿Cuántas clases tomas? ¿Qué clases tomas?

    _____

3. ¿Cuáles son tus clases favoritas? ¿Por qué te gustan?

    _____

4. ¿Cuáles son las clases que no te gustan? ¿Por qué no te gustan?

    _____

5. ¿Dónde vives? ¿en una casa? ¿un apartamento? ¿una residencia?

    _____

6. ¿Vives solo/a o con otra(s) persona(s)? ¿Por qué? Si tienes compañero(s) de cuarto o de casa, ¿te gusta(n) esta(s) persona(s)? ¿Por qué sí o por qué no?

    _____

7. ¿Te gusta el lugar donde vives? ¿Por qué sí o por qué no?

    _____

8. ¿Conoces a muchas personas en tu universidad? ¿Cómo son?

    _____

9. ¿Trabajas? Si sí, ¿dónde? ¿cuántas horas a la semana? ¿Te gusta tu trabajo? ¿Por qué sí o por qué no?

    _____

10. ¿Haces ejercicio frecuentemente? ¿Por qué sí o por qué no? Si haces ejercicio, ¿qué ejercicio haces? ¿dónde? ¿cuándo?

    _____

11. ¿Qué te gusta hacer cuando tienes tiempo libre?

    _____

12. ¿Qué otros aspectos de tu vida en la universidad son muy importantes para ti?

    _____

Paso 2. Now, using your notes from **Paso 1**, write a thorough description of your life at the university. You should write at least fifteen sentences in a cohesive paragraph.

_____

_____

_____

_____

_____

_____

_____

_____

_____

_____

_____

_____

_____

_____

_____

06-30 Give an oral description of your life at the university. You should speak for up to 2 minutes about yourself, your classes and professors, your responsibilities, your friends, and what you do during your free time.

Nombre: _____   Fecha: _____

06-31 Geografía. Complete the charts with basic information about each country you have studied so far.

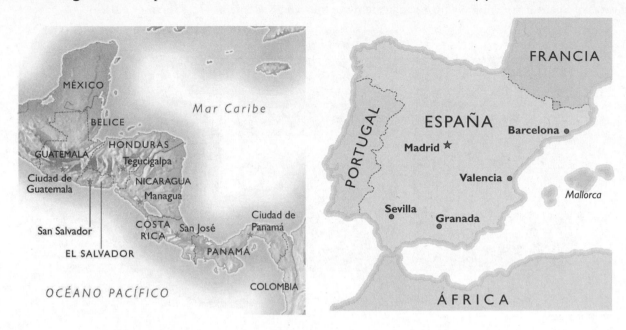

Paso 1.

	México	**España**	**Honduras**	**Guatemala**
región del mundo	Norteamérica	(1) _____	(2) _____	Centroamérica
país(es) con los que tiene frontera	Belice, (3) _____ y Estados Unidos	Andorra, (4) _____ y Francia	Guatemala, (5) _____ y Nicaragua	(6) _____, Belice, Honduras y El Salvador
costa(s)	El Océano Pacífico y el Mar Caribe	El Mar Cantábrico, el (7) _____ y el Mar Mediterráneo	El Océano Pacífico y el (8) _____	El Mar Caribe y el (9) _____
capital	(10) _____	Madrid	(11) _____	(12) _____

Paso 2.

	El Salvador	**Nicaragua**	**Costa Rica**	**Panamá**
región del mundo	Centroamérica	Centroamérica	Centroamérica	Centroamérica
país(es) con los que tiene frontera	Honduras y (13) _____	Honduras y (14) _____	Nicaragua y (15) _____	(16) _____ y Colombia
costa(s)	El (17) _____	El (18) _____ y el Mar Caribe	El Océano Pacífico y el (19) _____	El (20) _____ y el Mar Caribe
capital	(21) _____	(22) _____	(23) _____	(24) _____

06-32 Culturas de los países hispanohablantes. Based on what you have learned about the cultures of Spanish-speaking countries, indicate if the following statements are **Cierto** or **Falso**.

1. En los países hispanohablantes muchas personas, especialmente las mujeres, se saludan con un besito.   Cierto   Falso

2. Con personas hispanohablantes, hay que usar la forma "usted" para hablar con los mayores que uno no conoce.   Cierto   Falso

3. En el mundo hispanohablante, un niño tiene dos apellidos, el primero de su madre y el segundo de su padre.   Cierto   Falso

4. En muchos países hispanohablantes, el deporte nacional es el fútbol.   Cierto   Falso

5. St. Augustine, fundada por los españoles, es la primera ciudad europea en los Estados Unidos.   Cierto   Falso

6. En muchos lugares del mundo hispanohablante no existe el mismo espíritu del voluntariado que en Estados Unidos; las personas que necesitan ayuda tienen que buscarla en organizaciones internacionales.   Cierto   Falso

7. En la antigüedad, los mayas usaban (*used*) granos de cacao como dinero.   Cierto   Falso

8. Los Kunas son famosos productos de artesanía de los indígenas de Nicaragua.   Cierto   Falso

9. Como en muchos otros géneros de música, la música latina está evolucionando; ahora existen muchos nuevos géneros que son el resultado de esa evolución.   Cierto   Falso

10. Antes de los años 80, no hay actores hispanos importantes en el cine de este país.   Cierto   Falso

06-33 Una visita al mundo hispanohablante. Read the following scenario, and then write a description of your dream trip to a Spanish-speaking country, using a minimum of 12 sentences.

Tienes la oportunidad de hacer un viaje (*trip*) por México y Centroamérica, pero puedes visitar solamente tres países. ¿Qué países vas a visitar? ¿Por qué vas a visitarlos? ¿Qué vas a hacer en cada país, si el dinero no importa?

_____

_____

_____

_____

_____

_____

_____

_____

_____

_____

_____

_____

_____

_____

06-34 Heritage Language: *tu mundo hispano*. If you are of Spanish-speaking heritage, conduct research on an important person from your family's country of origin whose work relates to the worlds of architecture, social or political activism, film, or television. If you are not of Spanish-speaking heritage, then focus on an important person in one of these areas from one of the Hispanic countries that you have studied so far. Conduct research on the person in order to prepare a podcast for your classmates. You should research:

- the person's family,

- the city or town where she or he is from,

- the city or town where he or she lives currently,

- important highlights of the person's career,

- characteristics of the work that the person does, and

- any other important information that will help your classmates understand the importance of this figure in that country and in the Spanish-speaking world in general.

Your podcast should last 3-5 minutes.

06-35 Experiential Learning: En el cine. Search online for the website of a movie theater somewhere in a Spanish-speaking country. Examine the films that are currently showing, and compare them to the films that your local theater is currently showing.

- How many films are from Spanish-speaking countries?

- How many are from the United States?

- How many are from other countries?

- How many films are in a foreign language?

- In the case of foreign language films, are the film titles translated into Spanish or do they appear in the original?

- Why do you think each place offers the films that they offer?

- What do the results of your research say about each culture and the perspectives of people in each city or town?

Write a brief analytical reflection comparing and contrasting the type, number, and variety of films shown in each place.

06-36 Service Learning: Español para niños. Buy a copy of the Spanish version of Eric Carle's book *Brown Bear, Brown Bear* (*Oso pardo, oso pardo*) in order to donate it to a local Head Start program or preschool.

- Volunteer to read the book to the children and to teach them the colors in Spanish as well as the names of the animals and other vocabulary words that appear in the book.

- Get plenty of practice reading the book before going to the school, so that you can be certain to read the story with correct pronunciation, at an appropriate pace, smoothly and with lively intonation that will engage the children.

- Prepare a podcast of your personal best reading of the story and offer that as an additional gift to the pre-school program so that the teachers may create a listening station for the children to return to after you complete your work with them.

B Introducciones y repasos

Comunicación

Capítulo Preliminar A: Greeting, saying good-bye, and introducing others (Textbook p. 228)

1. Para empezar

B-01 ¿Cómo te llamas? Marta and Enrique are meeting each other for the first time. Complete their conversation with the correct words.

igualmente	te llamas	tal
me llamo	estás	soy

ENRIQUE: Hola, (1) _____ Enrique. ¿Cómo

(2) _____ tú?

MARTA: (3) _____ Marta. Encantada, Enrique.

ENRIQUE: (4) _____ .

MARTA: (5) ¿Cómo _____?

ENRIQUE: Muy bien, gracias, ¿y tú? ¿Qué (6) _____?

MARTA: Muy bien.

otoño	martes y jueves	me gusta	mediodía

MARTA: (7) _____ mucho esta clase, creo que es muy interesante.

ENRIQUE: Yo también creo que es muy interesante. El profesor es muy bueno —es el profesor de mi clase del

semestre del (8) _____ pasado.

MARTA: También me gusta mucho el horario; para mí las clases de los (9) _____

son mejores que las clases de los lunes, miércoles y viernes.

ENRIQUE: Sí y la hora también es ideal: no es demasiado (*too*) temprano por la mañana, y no es demasiado tarde;

me gustan mucho las clases que son al (10)_____.

MARTA: Aquí está el profesor. ¡Hablamos más después de la clase!

ENRIQUE: Perfecto.

Capítulo 1: Describing yourself and others (Textbook p. 228)

2. La familia

🔊 **B-02   Las familias.** Listen to the beginning of each statement about family relationships, and then choose the correct ending to the sentence.

1.
   a. abuela
   b. hermana
   c. madre
   d. hija
   e. nieta

2.
   a. abuela
   b. hermana
   c. madre
   d. hija
   e. nieta

3.
   a. abuela
   b. hermana
   c. madre
   d. hija
   e. tía

4.
   a. abuela
   b. hermana
   c. madre
   d. hija
   e. nieta

5.
   a. abuelo
   b. hermano
   c. padre
   d. hijo
   e. nieto

6.
   a. abuelo
   b. hermano
   c. padre
   d. hijo
   e. tío

7.
   a. abuelo
   b. hermano
   c. padre
   d. hijo
   e. nieto

B-03 Heritage Language: *tu español.*

Paso 1. Conduct research about a famous person or family from a Hispanic country, and construct their family tree in as much detail as possible for at least two generations and up to four, if possible.

_____

_____

_____

_____

_____

Paso 2. Pretend you are a person in the family, and explain who each person in the family tree is and what their relationship to you is.

3. El verbo *tener* (Textbook p. 229)

B-04 Mi familia. Complete Marta's description of her family by filling the spaces with the correct forms of the verb ***tener***.

Mi familia es muy grande: yo (1) _____ cuatro hermanos y

tres hermanas y nosotros (2) _____ muchos primos. Mi

madre (3) _____ seis hermanos y mi padre

(4) _____ nueve. Todos mis tíos (5) _____

su esposo/a y también (6) _____ hijos. Creo que yo (7) _____ mucha suerte

porque en nuestra familia nosotros (8) _____ una relación muy buena.

¿Y tú? ¿(9) _____ una familia grande o pequeña? ¿Ustedes (10) _____ una

buena relación?

4. El singular y el plural (Textbook p. 229)

B-05 Las clases y la universidad. Listen to each word. If it is in the singular, change it to its plural form, and if it is in the plural, change it to its singular form.

MODELO   You hear: madres
           You write: *madre*

1. _____   4. _____

2. _____   5. _____

3. _____   6. _____

5. El masculino y el femenino (Textbook p. 229)

🔊 **B-06** **¿Masculino o femenino?** Listen to each word, and then select if it is masculine or feminine.

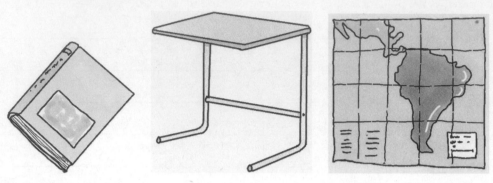

MODELO   You hear: problema
             You select: *masculino*

1. masculino femenino	5. masculino femenino
2. masculino femenino	6. masculino femenino
3. masculino femenino	7. masculino femenino
4. masculino femenino	8. masculino femenino

6. Los artículos definidos e indefinidos (Textbook p. 230)

B-07 **En la librería de la universidad.** Complete the conversation that Marisol and Lupe have in the university bookstore with the correct definite and indefinite articles. Be careful to use the correct number and gender.

MARISOL: Hola Lupe, ¿qué tal?

LUPE: Muy bien, ¿y tú? ¿Qué haces aquí?

MARISOL: Tengo que comprar (1) _____ libros que voy a necesitar para mis clases.

LUPE: ¿Qué textos son? Conozco muy bien (2) _____ librería; te puedo ayudar a encontrarlos.

MARISOL: Gracias, Lupe. Pues, necesito (3) _____ novela *La sombra del viento* para la clase de

           literatura contemporánea, también necesito (4) _____ libro para mi clase de ciencias,

           y tengo que comprar dos libros para mi clase de antropología.

LUPE: Eso es fácil. (5) _____ sección de español de la librería está aquí, y

           (6) _____ secciones de ciencias y antropología están allí.

LUPE: ¿También necesitas comprar materiales?

MARISOL: Para mi clase de literatura, necesito (7) _____ diccionario, y para la clase de

           matemáticas, (8) _____ calculadora.

LUPE: (9) _____ diccionarios están aquí, y (10) _____ calculadoras están allí.

Nombre: _____   Fecha: _____

🔊 **B-08 Heritage Language: *tu español*.** Listen to each sentence in order to find the word that is an exception to the general rule of words ending in "a" being feminine. Write the word in the space provided.

1. _____   5. _____

2. _____   6. _____

3. _____   7. _____

4. _____   8. _____

7. Los adjetivos posesivos y descriptivos
(Textbook p. 230)

B-09 Mi familia. Lina is showing you pictures of her family. Complete her description of her family with the correct possessive pronouns.

mis	sus	mi	su

Tengo una familia que me gusta mucho. Estos son (1) _____ hermanos Gregorio y Ángela; son

muy buenos hermanos y muy divertidos también. (2) _____ hermana está casada (*is married*) y

tiene dos hijos. Aquí puedes ver (3) _____ esposo que se llama Carlos y aquí están

(4) _____ hijos; ella se llama Carolina y él se llama Fernando.

tus	nuestra	tu	nuestros

Estos son (5) _____ padres; son muy buenas personas. Los dos vienen de familias muy grandes.

Por eso, ¡(6) _____ familia extendida (*extended*) es enorme!

¿Y (7) _____ familia? ¿Tienes una familia grande o pequeña? ¿Te gustan

(8) _____ familiares (*relatives*)?

🔊 **B-10 ¿Cómo son?** Listen as Lina talks about some of her family members, and then select the adjectives that correspond to each person.

1. Gregorio es…
   a. trabajador
   b. inteligente
   c. paciente
   d. responsable
   e. simpático

2. Su padre es…
   a. trabajador
   b. inteligente
   c. generoso
   d. paciente
   e. simpático

3. Ángela es…
   a. trabajadora
   b. inteligente
   c. paciente
   d. responsable
   e. simpática

4. Carolina es…
   a. trabajadora
   b. inteligente
   c. paciente
   d. responsable
   e. simpática

5. Fernando es…
   a. trabajador
   b. inteligente
   c. paciente
   d. responsable
   e. simpático

6. Su madre es…
   a. trabajadora
   b. inteligente
   c. paciente
   d. responsable
   e. simpática

Capítulo 2: Sharing information about school and life as a student; Offering opinions about sports and pastimes that you and others like and dislike

8. Materias y especialidades (Textbook p. 230)

🔊 **B-11   ¿Qué estudió?** Listen to the statements about what one person believes some famous people most likely studied, and then indicate if each statement is logical or illogical.

1. Oprah Winfrey   lógica   ilógica

2. Bill Gates   lógica   ilógica

3. Albert Einstein   lógica   ilógica

4. William Shakespeare   lógica   ilógica

5. Beyoncé   lógica   ilógica

6. Katie Couric   lógica   ilógica

7. Pablo Picasso   lógica   ilógica

🔊 **B-12   ¿Qué le recomiendas?** Listen to the statements about each person's interests, and then match their names to the most related major field of study.

1. Pablo _____   a. informática

2. Guillermo _____   b. administración de empresas

3. Diana _____   c. biología

4. Josefa _____   d. pedagogía

5. Valentino _____   e. psicología

6. Agustina _____   f. derecho

7. Pedro _____   g. idiomas

9. La sala de clase (Textbook p. 231)

B-13 ¿Qué tienen que usar? For each situation, select the common classroom object(s) the person should use.

1. Necesito escribir una composición durante mi clase de español.
   a. un bolígrafo
   b. una mochila
   c. una pizarra
   d. una pared
   e. papel

2. Necesito hacer la tarea para mi clase de español.
   a. una ventana
   b. una puerta
   c. un lápiz
   d. mi cuaderno
   e. el libro

3. En la clase de español tengo que hacer una actividad en grupo que está en el libro.
   a. unos compañeros
   b. una ventana
   c. una pared
   c. un lápiz
   d. el libro
   e. una pizarra

4. Necesito estudiar para un examen en la clase de español.
   a. una mochila
   b. una pared
   c. el libro
   d. los apuntes
   e. una calculadora

5. Tengo que tomar el examen en mi clase de español.
   a. una ventana
   b. un bolígrafo
   c. una mochila
   d. mi cuaderno
   e. el examen

10. Presente indicativo de verbos regulares (Textbook p. 231)

B-14 La vida de Teresa. Look at the drawings of Teresa. Then, using the verbs and the useful expressions provided, create a narration about a typical day in her life.

tomar	hablar	comer	llegar
trabajar	preguntar	regresar	

una clase de español en la Academia de Idiomas	unas tapas en un bar
con un cliente sobre sus planes para las vacaciones	hasta las seis de la tarde
a su casa a las once de la noche	a la agencia de viajes a las nueve menos diez
a su profesor, ¿qué significa?	

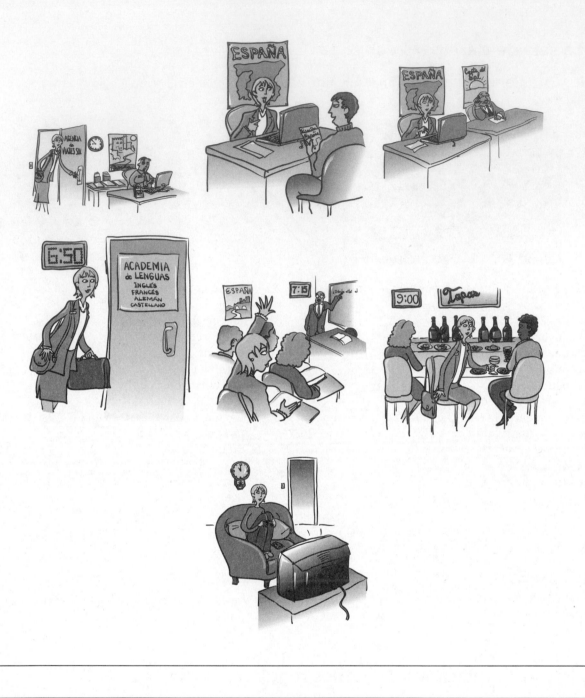

_____

_____

_____

_____

_____

_____

_____

_____

B-15 ¿Qué hacen los estudiantes? Create the sentences, using the correct forms of the verbs in parenthesis and the most logical expression from the word bank. You may use each expression only once.

muchas novelas	por teléfono muy frecuentemente
para los exámenes en la biblioteca	composiciones en clase
en una residencia estudiantil	~~en la cafetería todos los días~~

MODELO Julia (comer) *come en la cafetería todos los días.*

1. Tú (estudiar) _____.

2. Carmen y Marta (vivir) _____.

3. Nosotros (escribir) _____.

4. Usted (leer) _____.

5. José y Ana (hablar) _____.

11. La formación de preguntas y las palabras interrogativas
(Textbook p. 232)

B-16 ¿Qué preguntan? Match each question to its appropriate response.

1. ¿Cuántos estudiantes hay en la clase? _____

2. ¿Dónde está el libro? _____

3. ¿Por qué estudian español? _____

4. ¿Tienes muchas clases este semestre? _____

5. ¿Cómo hablan los profesores? _____

6. ¿Cuándo tiene ella su clase? _____

7. ¿Quién es la mujer que está en la sala de clase? _____

8. ¿Te gusta la clase de español? _____

a. Porque es interesante y muy divertido.

b. Los martes y jueves, a las nueve y media.

c. Sí, mucho; es interesante y divertida.

d. La profesora.

e. En la mochila.

f. Veintidós.

g. Más rápidamente que nosotros.

h. No, solamente cuatro.

B-17 Heritage Language: *tu español*. A new friend of Spanish-speaking heritage would like to know more about you.

Paso 1. Answer his questions using complete sentences.

MODELO   You hear: ¿Cuántos hermanos tienes?
           You write: *Tengo un hermano.*

1. _____

2. _____

3. _____

4. _____

5. _____

Paso 2. Now write five questions that you would like to ask him.

6. ¿_____?

7. ¿_____?

8. ¿_____?

9. ¿_____?

10. ¿_____?

Paso 3. Now interview a student or professor of Spanish-speaking heritage, and ask the person the five questions that you wrote in **Paso 2**. Take notes on the responses that the person gives.

_____

_____

_____

_____

_____

Paso 4. Briefly describe the person that you just interviewed and indicate how the person responded to each of your questions. When responding to your questions, the person that you interviewed had to use many *yo* verb forms; be sure to use the **él / ella** form now that you are reporting those responses.

MODELO   Mi nuevo amigo se llama Iván. Es de Argentina…

12. Los números 1–1.000 (Textbook p. 233)

B-18   Rebajas (Clearance sale). Listen as Margarita and Laura discuss some items that are on sale at the store, and write the price of each item in numerals below.

1. la computadora portátil $_____

2. la novela de la lista del *New York Times* $_____

3. la cámara digital $_____

4. un paquete de 15 cuadernos $_____

5. el reproductor mp3 $_____

B-19   Heritage Language: *tu español.* Listen to the information about the approximate value of different currencies. Write the correct equivalent, in numerals, in each space provided.

1. _____ euros son aproximadamente _____ dólares estadounidenses.

2. _____ pesos argentinos son aproximadamente _____ dólares estadounidenses.

3. _____ lempiras hondureñas son aproximadamente _____ dólares estadounidenses.

4. _____ quetzales guatemaltecos son aproximadamente _____ dólares estadounidenses.

5. _____ colones salvadoreños son aproximadamente _____ dólares estadounidenses.

13. El verbo *estar* (Textbook p. 234)

B-20   ¿Dónde están? Listen to what the people are doing, and complete each sentence with the correct form of *estar* and the place from the word bank where they most likely are. You may use each expression only once.

en el laboratorio	en el gimnasio
en la cafetería	en la sala de clase
en la residencia estudiantil	~~en el apartamento de mis amigos~~

MODELO   You hear: Bailo porque hay una fiesta.
         You write: Yo *estoy en el apartamento de mis amigos.*

1. Carolina y yo _____.

2. Lina y Sole _____.

3. Alfredo _____.

4. Tú _____.

5. Manuel y Ud. _____.

14. Emociones y estados (Textbook p. 234)

B-21 ¿Cómo están? Read each statement, and select the response(s) to indicate the most logical emotion(s) that the people are feeling. Be careful to choose responses that use the correct forms of the verb *estar*.

1. Recibe una "F" en un examen importante.
   a. Está triste.
   b. Estás triste.
   c. Estoy preocupado/a.
   d. Está preocupado.
   e. Está contento.

2. Vas al hospital porque tienes que ver a un médico.
   a. Estás contento/a.
   b. Están enfermos.
   c. Estamos felices.
   d. Estás enfermo/a.
   e. Estás feliz.

3. Corren por dos horas y regresan a su casa a las once de la noche.
   a. Está contento.
   b. Están enfermos.
   c. Están cansados.
   d. Estamos contentos.
   e. Estamos cansados.

4. Su novia habla con otro chico muy guapo.
   a. Está nervioso.
   b. Está feliz.
   c. Está enojado.
   d. Está aburrido.
   e. Está contento.

5. Tu clase no es muy interesante porque el profesor es muy monótono.
   a. Estás feliz.
   b. Estamos enojados.
   c. Estás aburrido/a.
   d. Están aburridos.
   e. Están felices.

6. Preparan una presentación muy interesante y reciben una buena nota.
   a. Están aburridos.
   b. Estamos enojados.
   c. Están enojados.
   d. Están contentos.
   e. Estás feliz.

15. En la universidad (Textbook p. 234)

B-22 ¿Qué haces por el campus? Match each place on campus with the activity that you most associate with it.

1. la biblioteca _____

2. la cafetería _____

3. el estadio _____

4. la librería _____

5. el centro estudiantil _____

6. el gimnasio _____

a. correr y hacer ejercicio

b. ver un partido (*game*) de fútbol

c. comprar libros

d. estudiar y leer

e. comer y hablar con los amigos

f. tener reuniones (*meetings*) con las organizaciones de estudiantes

16. El verbo *gustar* (Textbook p. 235)

B-23 **¿Qué te gusta?** For each item given, choose the appropriate reaction from the bank, based on your own likes and dislikes. Be careful to choose the correct form of the verb *gustar*.

| Me gusta | Me gustan | No me gusta | No me gustan |

1. La música *hip hop*: _____.

2. Las canciones de *rock*: _____.

3. Las novelas de amor: _____.

4. Leer novelas de misterio: _____.

5. Las películas (*movies*) de terror: _____. 7. El fútbol americano: _____.

6. Ver películas de acción: _____. 8. El básquetbol: _____.

B-24 ¿Qué les gusta?

Paso 1. A friend has asked you to participate in a survey about pastimes and personal preferences. Prepare for the interview by answering the following questions about yourself, your friends, and your family. Use complete sentences and the correct forms of the verb *gustar* in your responses.

MODELO   ¿Te gusta hacer ejercicio?
                Sí, me gusta. / Sí, me gusta hacer ejercicio.

1. ¿Te gusta estudiar?

_____

2. ¿Te gustan los libros?

_____

3. ¿Te gusta escribirles mensajes de correo electrónico a tus amigos?

_____

4. ¿Te gustan los teléfonos celulares?

_____

5. ¿A ti y a tus amigos les gustan los videojuegos?

_____

6. ¿A tus padres les gusta escuchar música?

_____

7. ¿A tu madre le gusta leer?

_____

8. ¿A tus abuelos les gustan las computadoras?

_____

Paso 2. Your friend is ready for your responses. Describe comparatively, the things that you, your family members, and your friends like and dislike.

17. Los deportes y los pasatiempos (Textbook p. 235)

B-25 Los atletas y los equipos. For each athlete or team, select the letter of the sport that they practice.

1. Lance Armstrong _____

2. Los Red Sox _____

3. Los Lakers _____

4. Tiger Woods _____

5. Leo Messi _____

6. Rafael Nadal _____

7. Los Patriots _____

a. juegan al básquetbol.   e. monta en bicicleta.

b. juegan al béisbol.   f. juega al golf.

c. juega al fútbol.   g. juega al tenis.

d. juegan al fútbol
   americano.

B-26 ¿Qué deportes y pasatiempos te gustan? Complete the following sentences about your favorite sports and pastimes at different times of the year.

1. En el verano, me gusta _____.

2. En el otoño, me gusta _____.

3. En el invierno, me gusta _____.

4. En la primavera, me gusta _____.

B-27 Heritage Language: *tu mundo hispano*. Choose two Spanish-speaking countries and conduct research on the sports and pastimes that are popular there. Try to find at least one sport or activity that originates in that country or in one of the country's local or indigenous cultures.

Paso 1. Take notes on the results of your research.

_____

_____

_____

_____

_____

_____

Paso 2. Use your notes from **Paso 1** to help you comparatively describe the customs of the two countries you researched. What do they have in common? How are they different?

Capítulo 3: Describing homes and household chores

18. La casa (Textbook p. 236)

B-28 ¿Qué parte de la casa? Complete the following statements with the appropriate words from the bank.

el garaje	el jardín	la sala	el dormitorio	el primer piso
el sótano	la planta baja	el altillo	la cocina	la oficina

1. Mi madre trabaja en _____.

2. Mi familia y yo preparamos la comida en _____.

3. Mis amigos y yo jugamos al fútbol en _____.

4. El espacio debajo de *(under)* la planta baja es _____.

5. Mi familia y yo vemos la televisión en _____.

6. Las camas de mi hermana y yo están en _____.

7. El carro de nuestra familia está en _____.

8. Mis hermanos y yo tenemos muchas cosas viejas en _____.

9. Los dormitorios de nuestra casa están en _____.

10. En nuestra casa, la cocina y la sala están en _____.

B-29 Mi vivienda. Describe the place where you currently live.

Paso 1. Answer the following questions about where you live.

1. ¿Vives en una residencia estudiantil, en un apartamento o en una casa?

   _____

2. ¿Vives solo o vives con otras personas?

   _____

3. ¿Cuántos pisos tiene el edificio donde vives?

   _____

4. ¿Cuántos dormitorios tiene? ¿Cuántas personas viven en el edificio?

   _____

5. ¿Cuántos baños tiene?

   _____

6. ¿Cómo es tu dormitorio?

   _____

7. ¿Tiene tu casa / apartamento sala?

   _____

8. ¿Tiene cocina?

   _____

9. ¿Cuáles son las partes de tu vivienda que te gustan?

   _____

10. ¿Qué partes no te gustan?

   _____

Paso 2. Now give an oral description of the main characteristics of the place where you live, the people with whom you live, and what you like and dislike about it. You may use your notes from **Paso 1** as a springboard, but you should not simply read the sentences.

B-30 Heritage Language: *tu español*. Choose two Spanish-speaking cities or towns, and conduct research on housing in those areas.

Paso 1. Take notes on the types of housing that are available and that are most common in these places, the sizes of the homes, the rooms typically found in the different types of homes, and how much different homes cost.

_____

_____

_____

_____

_____

_____

Paso 2. Use your notes from **Paso 1** and your own knowledge about homes in your own town to help you describe, comparatively, the housing and homes in the two cities or towns that you researched and the town where you live.

19. Algunos verbos irregulares (Textbook p. 237)

B-31 ¿Qué hacen? Complete each sentence with the correct forms of the verbs and with the appropriate expressions from the word bank. You may use each expression only once.

los fines de semana a bailar y a tomar algo	a muchas personas en mi universidad
la televisión durante dos o tres horas todas las semanas	sacar buenas notas si estudias mucho
que tenemos que estudiar todos los días	a mi casa para jugar al fútbol

1. Mi amigos y yo (salir) _____.

2. Mi madre (decir) _____.

3. Mi hermano (ver) _____.

4. Mis amigos (venir) _____.

5. Yo (conocer) _____.

6. Tú (poder) _____.

B-32 La vida de Marta y sus amigos. Complete the following description about Marta and her friends with the correct forms of the verbs from the word bank. You may use each verb only once.

ir	salir	poder	ser	tener

Mis amigos y yo (1) _____ muchas responsabilidades, pero

también (2) _____ personas divertidas. Por ejemplo, todos los

días yo (3) _____ a la universidad muy temprano (*early*) porque

mi primera clase es a las ocho de la mañana. Cuando (4) _____

de esa clase normalmente voy a la cafetería donde (5) _____

tomar un café y hablar con mis amigos, antes de (*before*) ir a mis otras clases y a la

biblioteca para estudiar.

hacer	ver	querer

Por las tardes, después de (*after*) trabajar, normalmente paso un poco de tiempo

en el gimnasio donde (6) _____ ejercicio con mis amigos. Por la

noche a veces nosotros (7) _____ una película o un programa de

televisión en mi casa. Todos nosotros (8) _____ estudiar, aprender, sacar buenas notas y trabajar,

pero también sabemos que es posible pasarlo bien (*have fun*) a veces.

20. Hay (Textbook p. 238)

B-33 ¿Qué hay en tu universidad? Answer the following questions about your university using **sí** or **no** along with the expression **hay**. Be sure to follow the sentence structure of the model exactly.

MODELO   ¿Hay profesores simpáticos?
             Sí, hay profesores simpáticos. / No, no hay profesores simpáticos.

1. ¿Hay un gimnasio moderno?

   _____

2. ¿Hay buena comida en la cafetería?

   _____

3. ¿Hay un estadio grande?

   _____

Nombre: _____ Fecha: _____

4. ¿Hay clubes sociales como asociaciones estudiantiles?

_____.

5. ¿Hay más de mil estudiantes?

_____.

6. ¿Hay muchas fiestas los fines de semana?

_____.

B-34 **Heritage Language: *tu español*.** Because they sound nearly the same, it is easy to confuse ***hay*** with the word ***ahí*** (meaning "there" or "over there") and with ***ay*** (an exclamation similar to "Oh!" in English). Listen to each sentence and, based upon the context, determine which of the words is being used.

1. hay   ahí   ay   4. hay   ahí   ay

2. hay   ahí   ay   5. hay   ahí   ay

3. hay   ahí   ay

21. Los muebles y otros objetos de la casa (Textbook p. 238)

B-35 **¿Qué hay en la casa?** Look at the drawing, listen to the questions about the different items that are in the house and choose the correct answer(s).

1.
   a. una
   b. dos
   c. tres
   d. cuatro
   e. cinco

5.
   a. en el comedor
   b. en un dormitorio
   c. en la cocina
   d. en la sala
   e. no hay uno en la casa

2.
   a. una
   b. dos
   c. tres
   d. cuatro
   e. cinco

6.
   a. en el comedor
   b. en un dormitorio
   c. en la cocina
   d. en la sala
   e. no hay uno en la casa

3.
   a. uno
   b. dos
   c. tres
   d. cuatro
   e. cinco

7.
   a. unos cuadros
   b. una ventana
   c. una mesa
   d. un inodoro
   e. unas sillas

4.
   a. en el comedor
   b. en un dormitorio
   c. en la cocina
   d. en la sala
   e. no hay uno en la casa

B-36 ¿Qué hay en tu dormitorio?

Paso 1. Make a list of several pieces of furniture and items that you have in your room.

_____

_____

_____

_____

Paso 2. Using the verbs *hay* and *tengo*, describe the items in your room and your possessions. Whenever possible, describe where each item is located in relation to other items. Use the model as a guide, but be sure to use your own words.

MODELO   *Hay una cama, un tocador y un refrigerador. En la cama hay una colcha y dos almohadas. Tengo una mesa y una silla…*

Paso 3. A friend is graduating and moving abroad. Because she will not be able to send her furniture and household items from her apartment to her destination abroad, she has offered to leave you any furniture or items that you would like to use. Write her an e-mail detailing the items that you would like her to leave for you, using the expressions **quiero, deseo,** and **necesito**. Whenever possible, mention as precisely as possible where you plan to put each item using the expression **voy a ponerlo…** or **voy a ponerla….**

_____

_____

_____

_____

_____

_____

_____

_____

Nombre: _____ Fecha: _____

22. Los quehaceres de la casa y los colores (Textbook p. 239)

B-37 Un cuadro.

Paso 1. ¿Cómo es tu casa? Think about your home, and write notes to prepare to give a detailed description of your house in general and your favorite rooms using the questions below as a guide. Make certain to write notes and to not use complete sentences.

1. ¿De qué color es el exterior de tu casa?

2. ¿Cuáles son tus cuartos favoritos de la casa?

3. ¿De qué colores son las paredes de esos cuartos? ¿De qué color es el piso?

4. ¿Tienen esos cuartos ventanas? ¿De qué color son? ¿Tienen puertas? ¿De qué color son?

5. ¿Qué hay en esos cuartos? ¿De qué colores son los muebles y las cosas que hay en cada cuarto?

_____

_____

_____

_____

_____

_____

Paso 2. Using your notes above, give a detailed description of your house, your favorite rooms, and what is in those rooms. Explain what you do in your favorite rooms and why you like them so much.

B-38 ¿Cuáles son sus responsabilidades en casa? Look at the
drawing of Juan's family and complete the sentences using the correct forms of the verbs and the appropriate expressions from the word bank, following the model. You may only use each verb and each expression once.

MODELO   Mi hermana está en su dormitorio y *ayuda a nuestra hermana pequeña*.

pasar	la comida
ayudar	la aspiradora
lavar	la cama
hacer	a nuestra hermana pequeña
sacar	los platos
preparar	la basura

1. Estoy en mi dormitorio y _____.

2. En la cocina, mi abuela _____.

3. Mi padre también está en la cocina y _____.

4. En la sala, mi madre _____.

5. Mi hermano está afuera (*outside*) porque _____.

23. Algunas expresiones con *tener* (Textbook p. 240)

B-39 **¿Cómo están?** Look at the drawings, and then using the following expressions with **tener**, indicate how each person is feeling. Be careful to use the correct forms of the verb and to only use each expression once.

calor	sueño	miedo	frío	sed	hambre

1.

Tú _____.

2.

Lázaro _____.

3.

Nosotros _____.

4.

Ud. _____.

5.

Yo _____.

6.

Aida _____.

24. Los números 1.000–100.000.000 (Textbook p. 241)

B-40 ¿Cuánto cuesta estudiar en la universidad? Listen as Marta and her friends discuss college tuition, and write the amount each person pays per year.

MODELO   You hear José say: Pago treinta y cinco mil dólares cada año.
              You write: Jose $*35.000,00*

1. Marta $_____

2. Juan y Sara $_____

3. Carolina $_____

4. Alicia $_____

5. Carlos $_____

6. José Miguel _____ €

B-41 Heritage Language: *tu mundo hispano*. Conduct research in order to find out how much the tuition costs for at least four different universities in the Spanish-speaking world.

Paso 1. Write the name of each university and the amount that the tution costs in the currency used in that country.

_____

_____

_____

_____

_____

Paso 2. Use an online currency converter to determine the approximate equivalent in U.S. dollars of each amount you discovered in **Paso 1.**

_____

_____

_____

_____

_____

Paso 3. Using your notes, comparatively describe the cost of higher education at the institutions you researched, your own university, and other U.S. universitities in general.

Capítulo 4: Identifying places in and around town; Relating things that happen and things that have to be done; Conveying what will take place in the future; Imparting information about service opportunities

25. Los lugares (Textbook p. 241)

B-42 ¿Dónde podemos… ? Complete the crossword puzzle with the correct places.

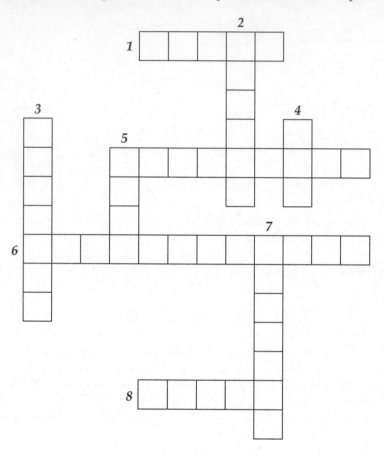

Horizontal

1. En este lugar podemos sacar dinero.

5. En este lugar puedes conectar al Internet y leer tu e-mail.

6. En este lugar puedo comprar comida.

8. En este lugar podemos estudiar arte.

Vertical

2. En este lugar de la ciudad hay muchas tiendas, restaurantes y plazas, y también hay mucha gente.

3. En este lugar pueden practicar su religión.

4. En este lugar puedo tomar algo con los amigos.

5. En esta oficina puedes ver una película.

7. En este lugar puedes mandar cartas.

26. *Saber* y *conocer* and the personal *a* (Textbook p. 242)

B-43 ¿Lo sabes? Complete the following sentences with the correct forms of *saber* and *conocer*.

1. Nosotros [sabe, sabemos, saben] hablar español.

2. Yo [conozco, conoces, conocemos] muy bien el centro de la ciudad.

3. ¿Tú [sé, sabes, saben] el nombre del profesor?

4. Él [sabe, sabemos, sabeis] tocar el piano.

5. ¿Nosotros [conoces, conozco, conocemos] a muchos estudiantes en tu clase?

B-44 Usos de *saber* y *conocer*. Complete each of the following statements with the correct form of *saber* or *conocer*. Be sure to choose the correct verb for the context and to use the correct verb form.

1. Yo _____ Buenos Aires muy bien.

2. ¿_____ (tú) que hay muchos restaurantes en Buenos Aires?

3. Nosotros _____ al profesor de baile.

4. ¿_____ (tú) esta canción de Astor Piazzolla?

5. _____ (yo) bailar tango.

27. ¿Qué tienen que hacer? (Textbook p. 242)

B-45 ¿Qué tienen que hacer? You are a mentor for new students at your university.

Paso 1. Brainstorm about and then list the things that you think every first-year student absolutely must know, must be familiar with, and must do before the first year is over.

1. Tiene que saber…

_____

_____

_____

2. Tiene que conocer…

_____

_____

_____

3. Tiene que hacer….

_____

_____

_____

Paso 2. Now write an e-mail to the student that you are mentoring, and using the expression *tener + que + infinitivo*, tell him/her about some of the important things that he/she needs to know, describe some of the things that he/she needs to become familiar with, and mention some of the fun things that he/she definitely has to do during his/her first year.

_____

_____

_____

_____

_____

_____

_____

Paso 3. Los ritos del primer año. You work at the campus radio station and your co-workers heard about the great ideas you shared with the student that you are mentoring. They have now asked you to prepare a brief spot about must-do's for first-year students. Using your notes from **Paso 1** and **Paso 2**, create and record your radio spot.

28. Los verbos con cambio de raíz (Textbook p. 243)

B-46 Un día en la universidad. Complete the following description about a typical day at school for Adriana using the correct **yo** and **nosotros** forms of the appropriate verbs.

Soy una estudiante común y corriente (*ordinary*), y mi vida en la universidad no es muy interesante. Por la

mañana yo (1) _____ (preferir / entender) llegar a la universidad temprano. Si nosotros no

llegamos temprano, entonces no (2) _____ (almorzar / encontrar) muy facilmente un espacio

donde estacionar (*park*) el carro. Después de estacionar el carro, mis amigos y yo (3) _____

(empezar / jugar) el día estudiando (*studying*) un poco en la biblioteca. Si yo no (4) _____

(entender / preferir) todos los conceptos de mis clases, entonces les (5) _____ (jugar / pedir)

ayuda a mis profesores. Al mediodía mis amigos y yo (6) _____ (pedir / almorzar) en la cafetería.

Después de nuestras clases normalmente (7) _____ (entender / jugar) al fútbol. Y finalmente a

las seis o las siete de la tarde, yo (8) _____ (volver / preferir) a mi casa.

Nombre: _____ Fecha: _____

B-47 ¿Y tú? Describe a typical day for you at school. Answer the following questions about your own routine.

1. ¿A qué hora empiezas tu día?

_____

2. ¿Cómo prefieres comenzar el día?

_____

3. ¿Cuándo tienes clase?

_____

4. ¿Cuándo y dónde prefieres estudiar?

_____

5. Cuando no entiendes algo, ¿a quién(es) le(s) pides ayuda?

_____

6. ¿A qué hora, dónde y con quién(es) almuerzas?

_____

7. ¿Qué haces después de tus clases?

_____

8. ¿Juegas un deporte con un equipo de la universidad o con tus amigos?

_____

9. ¿A qué hora vuelves a tu casa, tu apartamento o tu residencia?

_____

10. ¿Qué otros detalles son importantes en un día típico en tu vida en la universidad?

_____

_____

_____

Paso 2. Using your notes from **Paso 1**, describe a typical day for you at school.

29. El verbo *ir* e *ir* + *a* + infinitivo (Textbook p. 244)

B-48 **¿Adónde vas?** Using complete sentences, answer the following questions about your favorite places in different situations.

MODELO   Cuando quieres comer algo rápidamente, ¿adónde vas?
               Voy a la cafetería.

1. Cuando tienes ganas de descansar (*rest*), ¿adónde vas?

   _____

2. Cuando quieren tener una comida especial, ¿adónde van tú y tus amigos?

   _____

3. Cuando quieren celebrar un evento muy importante, ¿adónde van tú y tu familia?

   _____

4. Cuando necesitas concentrarte y estudiar mucho para un examen importante, ¿adónde vas?

   _____

5. Cuando quieren salir un viernes por la noche, ¿adónde van tú y tus amigos?

   _____

6. Cuando tienes ganas de divertirte (*have fun*), ¿adónde vas?

   _____

7. Durante el verano, ¿adónde vas?

   _____

Nombre: _____   Fecha: _____

B-49 ¿Qué van a hacer? You and your best friend are
planning to study abroad next year in Mexico or Central America.
Review the information in **Capítulos 2**, **4**, and **5** about the
different countries.

Paso 1. You are going to study abroad in one country and your
best friend will study abroad in another country. List the two
places where you each will study, as well as some of the things
that you are going to do and see there.

1. Voy estudiar en _____.

2. Voy a visitar _____

_____.

3. Voy a _____

_____

_____.

4. Mi amigo/a va a estudiar en _____.

5. Mi amigo/a va a visitar _____

_____.

6. Mi amigo/a va a _____

_____

_____.

Paso 2. Using your notes from **Paso 1**, write your friend an e-mail about your plans for next year. Discuss what
you plan to do in the place where you are studying, invite your friend to come visit you, and tell him or her
about the things that the two of you will do if that is possible. You could also mention that you would like to
visit him or her in the other country, as well as the things that you would like to see and do there.

_____

_____

_____

_____

_____

_____

_____

_____

_____

B-50 Nuestros planes para el año que viene. You and your best friend are planning to study abroad next year in Mexico or Central America. You are going to study abroad in one country and your best friend will study abroad in another country. Review the information in **Capítulos 2**, **4**, and **5** about the different countries. Describe the wonderful year that you and your friend have ahead of you.

30. Servicios a la comunidad (Textbook p. 245)

B-51 Asociaciones. Read each category, and select all the expressions that are related to it.

1. El campamento de niños
   darles clases de artesanía a los chicos
   el consejero
   apoyar a un candidato
   la canoa
   la tienda de campaña

2. La campaña política
   circular una petición
   llevar a alguien al médico
   el consejero
   apoyar a un candidato

3. Las personas mayores
   repartir comidas
   llevar a alguien al médico
   la residencia para ancianos
   hacer una excursión con los ancianos
   la canoa
   la tienda de campaña

31. Las expresiones afirmativas y negativas (Textbook p. 246)

B-52 Normas. You are a mentor for a new first-year student who is having difficulty adjusting to life at school.

Paso 1. Formulate ideas to help your friend organize his time and school responsibilities by taking notes about what he should always do, things that he should never do, and things that it is a good idea to do at times.

1. Siempre tienes que...

   _____

   _____

   _____

2. A veces puedes...

   _____

   _____

   _____

3. Nunca debes...

   _____

   _____

   _____

Paso 2. Formulate some ideas to help your friend fit in. Make note of things that, in your view, everyone at your school does, things that some students do, and things that nobody does.

1. Todos los estudiantes…

_____

_____

_____

2. Algunos estudiantes…

_____

_____

_____

3. Nadie / Ningún estudiante…

_____

_____

_____

Paso 3. You have done such an excellent job as a mentor of that struggling student that your supervisors have asked you to design and write a radio spot to reach out to other first-year students who are having difficulties. The spot will air on your campus radio station. Record yourself delivering your radio spot.

32. Un repaso de *ser* y *estar* (Textbook p. 246)

B-53 Ayuda con los idiomas. A friend from Spanish class put an ad in the school paper to find a Spanish conversation partner and she received a response. Complete the message she received with the correct forms of the verbs *ser* and *estar*.

Me llamo Arturo y mi hermano y yo (1) _____ argentinos. Yo (2) _____ aquí en

esta universidad para estudiar derecho y mi hermano (3) _____ estudiante de medicina.

Nosotros (4) _____ un poco preocupados porque creemos que necesitamos ayuda con el inglés.

Yo (5) simpático y responsable; mi hermano (6) _____ inteligente y trabajador. Creo que

nosotros podemos ayudarte con el español también. ¿(7) _____ tú paciente? Si te gusta este

trato (*this arrangement or deal*) y si (8) _____ contenta con la idea de ayudarnos, por favor,

contesta este mensaje.

Un saludo,
Arturo

Capítulo 5: Sharing information about different types of music, movies, and television programs, including your personal preferences

33. El mundo de la música (Textbook p. 247)

B-54 Categorías. Listen to each word, and then select the correct category in which it belongs.

1.
   género
   instrumento
   músico

2.
   género
   instrumento
   músico

3.
   género
   instrumento
   músico

4.
   género
   instrumento
   músico

5.
   género
   instrumento
   músico

6.
   género
   instrumento
   músico

7.
   género
   instrumento
   músico

8.
   género
   instrumento
   músico

B-55 Crucigrama. Complete the crossword puzzle with the correct words.

1. un género de música que viene del Caribe y que es muy bailable

2. un instrumento de percusión que es blanco y negro

3. la persona en un conjunto que canta

4. un género de música que es muy similar al teatro

5. las palabras que cantamos en una canción

6. un instrumento de percusión que es muy importante en la música afrocubana

7. cuando un conjunto hace conciertos en diferentes lugares

8. cuando un grupo toca su música para otras personas

34. Los adjetivos y pronombres demostrativos (Textbook p. 248)

B-56 Manu Chao. Read the following selection about Manu Chao. Then, write the word that each demonstrative adjective is modifying or the word each demonstrative pronoun is substituting.

Manu Chao es un cantante de origen español, aunque nacido (*born*) en Francia. El nombre real de este[1] músico de gran talento es José Manuel Thomas Arthur Chao. El padre de este[2] se llama Antonio Chao, y en 1956, emigró (*emigrated*) a Francia para huir (*flee*) de la dictadura (*dictatorship*) de Francisco Franco en España. Por esta[3] razón (y también por otras razones), Manu Chao tiene una identidad multicultural. La música de este también demuestra (*shows*) una diversidad cultural que va más lejos que esas[4] dos culturas de origen ya (*already*) mencionadas. Chao tiene un fuerte interés en las culturas africanas y latinoamericanas y los ritmos que vienen de la música de esos[5] países son evidentes en su propia música. Esta[6] tiene características muy variadas en cada canción de este[7] artista por la variedad de instrumentos y estilos con los que experimenta constantemente. La letra de sus canciones frecuentemente demuestra las preocupaciones sociales y políticas de Chao; estas[8] incluyen, entre otras cosas, un constante compromiso con la defensa de los derechos (*rights*) humanos y con los derechos de las personas más pobres y necesitadas del mundo.

1. _____   5. _____

2. _____   6. _____

3. _____   7. _____

4. _____   8. _____

35. Los adverbios (Textbook p. 249)

B-57 ¿Cómo lo hacen? Complete each sentence by converting the correct adjective from the bank into its correct adverb form.

rápido	atento	perfecto	paciente	inmediato	lento

1. Cuando voy a un concierto, no me gusta si la gente habla e interrumpe la música; prefiero estar con personas

   que se concentran en la música y que la escuchan _____.

2. Creo que todos los miembros de mi conjunto favorito de música tienen mucho talento; pienso que tocan sus

   instrumentos _____.

3. Las canciones de amor de mi grupo favorito son canciones muy tranquilas con ritmos muy suaves;

   normalmente tocan esas canciones _____.

4. A veces no entiendo la letra porque los cantantes hablan y cantan _____.

5. Después de comprar el álbum, lo toco en ese instante porque quiero escucharlo _____.

6. Si no tengo prisa para tener un nuevo álbum, entonces espero (*wait*) _____ antes de

   comprarlo porque así lo puedo comprar a un precio mejor.

36. El presente progresivo (Textbook p. 249)

B-58 **¿Qué están haciendo?** Complete the sentences describing what the people in the drawing are doing by choosing the correct expression and using the correct present progressive form of each verb.

leer libros	entrar en un restaurante	escuchar música
comer a un restaurante	escribir una carta	estudiar para un examen

1. María _____.

2. Carmen y Alejandro _____.

3. Pedro _____.

4. Pedro también _____.

5. Los miembros de la familia García _____.

6. La familia Lewis _____.

37. El mundo del cine (Textbook p. 250)

B-59 **Tus películas y actores favoritos.** Answer the following
questions using complete sentences, based on your own personal preferences.

1. ¿Cuál es tu película favorita?

_____

2. ¿Cuál es la mejor actriz o el mejor actor para una película dramática?

_____

3. ¿Cuál es la mejor actriz o el mejor actor para una película de acción?

_____

4. ¿Te gustan las películas documentales? ¿Por qué?

_____

5. ¿Te gustan las películas musicales? ¿Por qué?

_____

6. ¿Qué películas prefieres, las películas de terror o las películas románticas?

_____

7. ¿Qué películas te gustan más, las películas de misterio o las películas de guerra?

_____

8. ¿Qué tipo de películas prefieres, las películas de humor o las películas de ciencia ficción?

_____

9. ¿Cuál es tu actor favorito? ¿Qué tipo de películas hace?

_____

10. ¿Cuál es tu actriz favorita? ¿Qué tipo de películas hace?

_____

38. Los números ordinales (Textbook p. 250)

B-60 Tus prioridades en la vida. Think about your goals and dreams in life.

Paso 1. Make a list of about ten things that you would like to do or accomplish during your lifetime.

_____

_____

_____

_____

_____

Paso 2. Using ordinal numbers from **primero/a** up to **décimo/a**, organize your goals in order of their importance to you. To talk about your priorities you should use the word **prioridad**, to discuss your goals you should use the word **meta**, and if you choose to talk about your dreams, you should use the word **sueño**.

MODELOS   *Mi primera prioridad es conocer otras culturas. Mi segunda meta es… /*
Mi primer sueño es ser actor. Mi segundo sueño es…

_____

_____

_____

_____

_____

_____

_____

39. *Hay que* + infinitivo (Textbook p. 251)

B-61 ¿Qué hay que hacer?

Paso 1. Using the expressions from the bank and *hay que*, write what people must do in order to reach the goals below, as in the model. You will only use each expression once.

MODELO   Para obtener el honor de un disco de oro (*gold*) en los Estados Unidos, *hay que vender quinientos mil discos*.

tener aficionados en diferentes ciudades   leer y escribir todos los días   vender un millón de discos

1. Para obtener el honor de un disco de platino,

   _____.

2. Para poder hacer una gira por muchos lugares diferentes,

   _____.

3. Para aprender a escribir buenas letras para todas nuestras canciones,

   _____.

Paso 2. Using the expressions from the bank and the correct form of *tener que*, write what people must do in order to reach the goals below, as in the model. You will only use each expression once.

MODELO   Si quiero ganar un premio Viewer's Choice, *tengo que tener muchos aficionados*.

tener muchas habilidades y ser muy popular   ser muy buena actriz   ensayar mucho todos los días

4. Si quiero ganar un premio Óscar,

   _____.

5. Si queremos aprender a tocar muy bien todas nuestras canciones,

   _____.

6. Si quieres ganar un premio Grammy,

   _____.

40. Los pronombres de complemento directo (Textbook p. 251)

B-62 Tus preferencias. Answer the questions about your preferences and practices related to music and movie-going, using complete sentences according to the model. In order to avoid unnecessary repetition, substitute the direct objects with the correct direct object pronouns.

MODELO   ¿Escribes canciones durante tu tiempo libre?
             Sí, las escribo. / No, no las escribo.

1. ¿Compras discos en el Internet?

   _____.

2. ¿Bajas (*download*) música del Internet?

   _____.

3. ¿Tienes todos los discos de tu grupo favorito?

   _____.

4. ¿Da conciertos frecuentemente tu grupo favorito?

   _____.

5. ¿Sabes tocar la guitarra?

   _____.

6. ¿Te gusta escuchar música rock frecuentemente?

   _____.

7. ¿Te gusta ver películas de terror?

   _____.

Ambiciones siniestras: Describing what has happened thus far to the protagonists: Alejandra, Manolo, Cisco, Eduardo, Marisol, and Lupe; Hypothesizing about what you think will happen in future episodes

41. Ambiciones siniestras (Textbook p. 252)

B-63 ¿Quiénes son y qué pasó? Answer the following questions about the events that have happened so far in *Ambiciones siniestras* using complete sentences.

1. ¿Cuál es la especialidad de Marisol?

   _____

2. ¿Qué piensa Marisol de Lupe?

   _____

3. ¿Cuáles son las especialidades de Lupe?

   _____

4. ¿De dónde es Manolo?

   _____

5. ¿Cómo se llama la chica que a Manolo le gusta mucho?

_____

6. ¿De dónde es Cisco?

_____

Comunidades

B-64 Service Learning: Apoyo para los que ofrecen apoyo. Contact your Big Brothers, Big Sisters, CASA (Court Appointed Special Advocate), or another local or national organization focused on helping at-risk children and young adults. Offer to create promotional materials in Spanish about their mission and services in order to help them reach out more effectively to children and young adults of Spanish-speaking heritage.

B-65 Experiential Learning: En el supermercado. Go to a local store or supermarket that is part of a large chain of stores, such as Target, Giant, Stop & Shop, Shaw's, Wal-Mart or others. Take at least $5.00 with you to buy a variety of items such as school supplies, food, canned goods, boxed goods, or anything else that you need or that you would normally purchase. When you arrive at the checkout lanes, choose the U-Scan or self-checkout to ring up your own products. You can choose to check-out in English or Spanish at most self-checkout lanes. For this activity, choose "Spanish." There are pictures of every item in case you aren't familiar with the words; you will hear some pre-recorded spoken Spanish and learn vocabulary visually. As a follow-up, report in Spanish how much each item cost and what the total was to the rest of your class.

7 ¡A comer!

Comunicación I

Vocabulario

1. La comida: Discussing food (Textbook p. 256)

07-01 ¿Qué tipo de comida es? Match each food or beverage with the general food group or category to which it belongs.

1. el atún _____   a. una bebida con cafeína

2. el pollo _____   b. un marisco

3. la naranja _____   c. un ave

4. el café _____   d. una bebida con alcohol

5. el maíz _____   e. un postre

6. el vino _____   f. una fruta

7. los camarones _____   g. una carne

8. el helado _____   h. un pescado

9. el jugo _____   i. un grano (*grain*)

10. la hamburguesa _____   j. una bebida que viene de una fruta

07-02 ¿Qué deben comer? Imagine that you are a
Nutrition major and that you are eating lunch with friends.
Each friend has different dietary needs. For each person,
choose the most appropriate selection from the menu.

1. Soy atleta y necesito comidas con muchas proteínas.
   a. la ensalada de lechuga, tomate, zanahoria y maíz
   b. el bistec con arroz y frijoles
   c. el perro caliente con papas fritas

2. Yo estoy muy delgado y necesito subir de peso (*weight*).
   a. el arroz con pollo
   b. la ensalada especial con camarones
   c. el plato de verduras variadas

3. Yo estoy un poco gordo y quiero perder peso.
   a. el salmón con verduras
   b. el pollo frito con papas fritas
   c. la hamburguesa con queso

4. Soy vegetariano.
   a. el plato especial de mariscos con verduras
   b. el arroz con pollo
   c. el plato especial de verduras a la parrilla

5. Me encantan las verduras, no me gusta el pescado y tampoco (*nor*) me gustan los mariscos.
   a. el atún
   b. los espaguetis con tomate y cebolla
   c. la ensalada de camarones

6. Me gustan las verduras y los mariscos, y tengo alergia a los productos lácteos (*dairy*).
   a. la ensalada de atún con queso de cabra (*goat*)
   b. los espaguetis con camarones, tomate y cebolla
   c. el pastel con helado

07-03 Una comida especial. Elena and Marcos are
going to the supermarket. Listen to their conversation, and then
select all of the words that you hear.

verduras	maíz	frijoles	cebolla	lechuga
arroz	camarones	bistec	atún	pollo
pescado	mariscos	pera	tomate	limones
naranjas	manzanas	postre	torta	pastel
helado	galleta	fruta		

07-04 ¿Qué tienen que comprar? Listen to Elena and Marcos' conversation again, and select if they have each item and do not need more, if they do not have it and need to purchase it, or if they do not have enough of the item and need to purchase more of it.

1. arroz
   a. Lo tienen y no necesitan más.
   b. No lo tienen y lo tienen que comprar.
   c. Tienen un poco, pero necesitan comprar más.

2. cebolla
   a. La tienen y no necesitan más.
   b. No la tienen y la tienen que comprar.
   c. Tienen un poco, pero necesitan comprar más.

3. verduras para la paella
   a. Las tienen y no necesitan más.
   b. No las tienen y las tienen que comprar.
   c. Tienen un poco, pero necesitan comprar más.

4. camarones
   a. Los tienen y no necesitan más.
   b. No los tienen y los tienen que comprar.
   c. Tienen un poco, pero necesitan comprar más.

5. maíz
   a. Lo tienen y no necesitan más.
   b. No lo tienen y lo tienen que comprar.
   c. Tienen un poco, pero necesitan comprar más.

6. atún
   a. Lo tienen y no necesitan más.
   b. No lo tienen y lo tienen que comprar.
   c. Tienen un poco, pero necesitan comprar más.

7. naranjas
   a. Las tienen y no necesitan más.
   b. No las tienen y las tienen que comprar.
   c. Tienen un poco, pero necesitan comprar más.

8. melón
   a. Lo tienen y no necesitan más.
   b. No lo tienen y lo tienen que comprar.
   c. Tienen un poco, pero necesitan comprar más.

07-05 ¿Qué van a comer? Listen to Elena and Marcos' conversation one more time, and complete the following sentences based on what you heard.

1. Marcos quiere preparar una paella; los ingredientes principales de la paella son verduras,

   _____ y _____.

2. A Elena le gusta preparar la paella con dos _____.

3. Elena y Marcos van a beber _____ con su comida.

4. Marcos y Elena van a poner lechuga, tomate _____, _____ y

   _____ en la ensalada mixta.

5. De postre, a Elena y Marcos les gusta comer _____.

07-06 Tus comidas favoritas. Think of some of your own favorite foods.

Paso 1. List in Spanish as many of the foods that you like in their appropriate categories.

1. Carnes y aves _____

2. Pescados y mariscos _____

3. Verduras _____

4. Frutas _____

5. Bebidas _____

6. Postres y dulces _____

Paso 2. Now give an oral description of some of your favorite foods and when you like to eat them. Use the model as a guide, but be sure to use your own words.

MODELO *Mi fruta favorita es la naranja, y me gusta comer una naranja con el desayuno. Me gusta comer cereal por la mañana también. Mi cereal favorito es "Cocoa-Krispies" porque me gusta mucho el chocolate…*

07-07 Heritage Language: *tu español*. There are many Hispanic restaurants throughout the world, and many specialize in the unique foods that are popular in the specific countries and regions of the people who own the restaurant. Take a moment and think about your own experiences eating in such places.

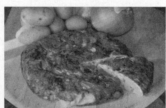

Paso 1. Write five foods of the Hispanic world with which you are familiar. For each food, if you know the country or region where the food is commonly prepared, write that as well. If you do not know, then simply place a question mark in that space.

1. Comida #1 _____

2. País de origen _____

3. Comida #2 _____

4. País de origen _____

5. Comida #3 _____

6. País de origen _____

7. Comida #4 _____

8. País de origen _____

9. Comida #5 _____

10. País de origen _____

Paso 2. For any foods whose country or region of origin you are unsure about, use the Internet to try to find out where that food is commonly prepared and eaten. Then fill in those spaces above.

Pronunciación: The different pronunciations of *r* and *rr* (Textbook p. 257)

1. In Spanish, the letter **r** at the beginning of a word, and the **rr** between vowels are *trilled* (or rolled). This sound is the equivalent to the trill in English when imitating a motor sound (*brrrrrr*).

   refresco   **R**odríguez   a**rr**oz   pe**rr**o caliente

2. All other **r** positions are pronounced with a *flap* of the tongue. The sound is similar to the English pronunciation of the *tt* in *Betty* or the *dd* in *ladder*.

   cama**r**ones   na**r**anja   pe**r**a   to**r**ta

07-08 ¿Qué letras tiene la palabra? Listen to each word, and select the letters you hear.

1. r   rr   6. r   rr

2. r   rr   7. r   rr

3. r   rr   8. r   rr

4. r   rr   9. r   rr

5. r   rr   10. r   rr

07-09 ¿Quién habla? Listen to each statement and based on the person's pronunciation of the letters **r** and **rr**, indicate if the person is a native speaker of Spanish or English.

1. hispanohablante   anglohablante

2. hispanohablante   anglohablante

3. hispanohablante   anglohablante

4. hispanohablante   anglohablante

5. hispanohablante   anglohablante

6. hispanohablante   anglohablante

07-10 Las comidas. Listen to the pronunciation of the following dishes, and practice pronouncing them. Then give your own best pronunciation of each dish.

1. arroz con frijoles negros

2. refrescos y cervezas

3. perros calientes y papas fritas

4. carne a la parrilla (*grilled*)

5. arroz con camarones y otros mariscos

6. torta con frutas variadas

07-11 La comida y los refranes. Listen to the pronunciation of each popular saying that relates to food, and practice reciting them. Then give your own best pronunciation of each saying.

1. Boca que se abre, o quiere dormir o se muere de hambre.

2. Por dinero baila el perro, y por pan, si se lo dan.

3. Barriga vacía, corazón sin alegría.

4. De la mar el salmón y de la tierra el jamón.

5. Come y bebe, que la vida es breve.

6. Beber con medida alarga la vida.

Nota cultural: Las comidas en el mundo hispano (Textbook p. 261)

07-12 Las comidas en el mundo hispano. For each phrase about food and eating habits, select whether it typically applies to breakfast, lunch, or dinner for people in Spanish-speaking countries. There may be more than one correct answer.

1. un café y unos panes
   a. desayuno hispano
   b. almuerzo hispano
   c. cena hispana

2. una comida ligera
   a. desayuno hispano
   b. almuerzo hispano
   c. cena hispana

3. una comida muy fuerte
   a. desayuno hispano
   b. almuerzo hispano
   c. cena hispana

4. a las dos
   a. desayuno hispano
   b. almuerzo hispano
   c. cena hispana

5. toda la familia come en casa, en el mismo momento
   a. desayuno hispano
   b. almuerzo hispano
   c. cena hispana

6. a las diez o a las once de la noche
   a. desayuno hispano
   b. almuerzo hispano
   c. cena hispana

Gramática

2. Repaso del complemento directo: Communicating with less repetition
(Textbook p. 261)

07-13 **¿Quién lo hace?** Look at the drawings, and then answer the questions that follow, using direct object pronouns and following the sentence structure of the model exactly.

MODELO   ¿Quién(es) limpia(n) la sala?
Mirta, Carlos y Pedro la limpian.

Hilda y Ramiro

Ana

Jorge y Roberto

Carlos
Pedro
Mirta

Lola

Federico

César

1. ¿Quién(es) organiza(n) los platos y los tenedores?

   _____.

2. ¿Quién(es) compra(n) las bebidas?

   _____.

3. ¿Quién(es) cocina(n) la comida?

   _____.

4. ¿Quién(es) trae(n) los CD?

   _____.

5. ¿Quién(es) pone(n) las flores (*flowers*) en las mesas?

   _____.

6. ¿Quién(es) pone(n) los platos en las mesas?

   _____.

7. ¿Quién(es) barre(n) (*sweep*) la terraza?

   _____.

8. ¿Quién(es) pasa(n) la aspiradora?

   _____.

07-14 Nuestras dietas. For their Nutrition class, Marta and Ángela have to interview each other in order to compare and contrast their diets. Read their conversation, and write the words that each direct object pronoun is substituting. Do not include definite articles in your answers, only nouns.

MARTA: La primera pregunta es sobre la fruta. ¿Cuántas veces al día comes fruta?

ÁNGELA: La[1] como por lo menos tres veces al día. ¿Y tú?

MARTA: Yo, un mínimo de cuatro veces al día.

ÁNGELA: ¿Y las ensaladas? ¿Comes ensalada todos los días?

MARTA: Sí, las[2] como todos los días y frecuentemente dos veces al día. ¿Y tú?

ÁNGELA: Todos los días no, pero por lo menos (*at least*) cuatro veces a la semana.

MARTA: ¿No te gustan las verduras?

ÁNGELA: Me encantan, pero las[3] prefiero cocinadas (*cooked*) en lugar de (*instead of*) crudas. ¿Sabes?

MARTA: Sí, pero es muy importante comerlas[4] crudas también.

ÁNGELA: Bueno, la siguiente pregunta es sobre las proteínas. ¿Comes carne?

MARTA: Sí la[5] como pero no frecuentemente. Prefiero comer frijoles para las proteínas.

ÁNGELA: También los[6] como y me gustan, pero prefiero no comerlos[7] tan frecuentemente; me gustan más el pescado, la carne y el pollo.

1. _____

2. _____

3. _____

4. _____

5. _____

6. _____

7. _____

07-15 ¿Deben o no deben comerlo? Listen to each statement about people's situations. Using the appropriate direct object pronouns, answer their questions about whether or not they should eat the food mentioned. Be sure to follow the model exactly.

MODELOS   You hear: Tengo mucho sueño y necesito dormir. ¿Debo tomar un café?

You write: *No, no lo* debes tomar.

You hear: Tengo mucho sueño y tengo una clase importante ahora. ¿Debo tomar un café?

You write: *Sí, lo* debes tomar.

1. _____ debes comer.

2. _____ deben comer.

3. _____ debes comer.

4. _____ debes comer.

5. _____ debes comer.

6. _____ puedes tomar.

07-16 Tus comidas. Answer the following questions based on your own habits, preferences, and skills. Be sure to use direct object pronouns in your answers, following the model exactly.

MODELO   ¿Tomas café todos los días?

Sí, lo tomo todos los días. / No, no lo tomo todos los días.

1. ¿Comes frutas todos los días? _____.

2. ¿Comes cereal para el desayuno todos los días? _____.

3. ¿Preparas el almuerzo todos los días? _____.

4. ¿Te gusta comer helado en verano? _____.

5. ¿Puedes beber cerveza legalmente? _____.

6. ¿Sabes preparar enchiladas? _____.

07-17 Heritage Language: *tu español*. Interview at least three different people of Spanish-speaking heritage, and ask them about the eating customs of their families' countries. How many times do they eat each day? At what time do they eat their meals? With whom do they eat? How large is each meal? Do they have a specific word to describe snack times?

Paso 1. Based on what you have learned about meals and mealtimes in the Spanish-speaking world, compare and contrast your own customs with those of many Spanish-speaking cultures. Provide basic information about your own practices and those of Spanish-speaking cultures. First, write the practices that are unique to you and that are not common in Spanish-speaking cultures (**Mis prácticas**). Then, make note of practices that are common in

Spanish-speaking cultures, but that are not part of your normal routine (**Las prácticas en el mundo hispano**).
Finally, write the practices that you share with Spanish-speaking cultures (**Nuestras prácticas**).

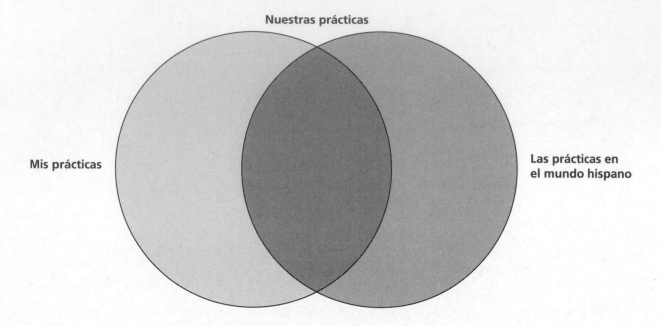

Nuestras prácticas

Mis prácticas

Las prácticas en el mundo hispano

Paso 2. Using the information from **Paso 1** as support, comparatively describe your practices and how they compare to the Hispanic cultures described so far in this chapter. To avoid being redundant, use direct object pronouns in your essay. You may use the model as a guide, but be sure to use your own words.

MODELO   *Algunas de mis prácticas son parecidas a las de las culturas hispanas. Yo tomo un café todas las mañanas y muchos hispanohablantes lo toman también durante el desayuno. También como unos panes por la mañana, y también los comen para el desayuno en muchos lugares hispanohablantes. También tenemos prácticas diferentes. Por ejemplo, tenemos una diferencia importante para la comida grande del día: yo la como a las siete de la tarde y ellos la comen mucho más temprano, a las dos de la tarde…*

Gramática

3. El pretérito (Parte I): Describing things that happened in the past (Textbook p. 263)

🔊 **07-18 ¿Qué pasa y cuándo?** Listen to each statement. Based on what you know about verb forms, select the time frame in which the event belongs and who is doing, who did, or who is going to do the action.

1. ¿Cuándo?
   a. pasado
   b. presente
   c. futuro

   ¿Quién(es)?
   d. yo
   e. ella
   f. ellos

2. ¿Cuándo?
   a. pasado
   b. presente
   c. futuro

   ¿Quién(es)?
   d. yo
   e. ella
   f. ellos

3. ¿Cuándo?
   a. pasado
   b. presente
   c. futuro

   ¿Quién(es)?
   d. yo
   e. ella
   f. ellos

4. ¿Cuándo?
   a. pasado
   b. presente
   c. futuro

   ¿Quién(es)?
   d. yo
   e. ella
   f. ellos

5. ¿Cuándo?
   a. pasado
   b. presente
   c. futuro

   ¿Quién(es)?
   d. yo
   e. ella
   f. ellos

6. ¿Cuándo?
   a. pasado
   b. presente
   c. futuro

   ¿Quién(es)?
   d. yo
   e. ella
   f. ellos

7. ¿Cuándo?
   a. pasado
   b. presente
   c. futuro

   ¿Quién(es)?
   d. yo
   e. ella
   f. ellos

8. ¿Cuándo?
   a. pasado
   b. presente
   c. futuro

   ¿Quién(es)?
   d. yo
   e. ella
   f. ellos

9. ¿Cuándo?
   a. pasado
   b. presente
   c. futuro

   ¿Quién(es)?
   d. yo
   e. ella
   f. ellos

10. ¿Cuándo?
    a. pasado
    b. presente
    c. futuro

    ¿Quién(es)?
    d. yo
    e. ella
    f. ellos

07-19 Preguntas y respuestas. Match each question with its most appropriate response.

1. ¿Comiste la manzana? _____   a. Sí, lo comí.

2. ¿Compramos el pollo ayer? _____   b. Sí, lo compramos.

3. ¿Prepararon la cena? _____   c. Sí, la preparó.

4. ¿Compraste la torta? _____   d. Sí, la comí.

5. ¿Preparó la comida? _____   e. Sí, la compré.

6. ¿Comió usted el almuerzo? _____   f. Sí, la prepararon.

07-20 Karlos Arguiñano. Karlos Arguiñano is a famous chef from the Basque country in northern Spain. Complete the following paragraph about him using the correct preterite **él** form of the appropriate verbs.

Karlos Arguiñano (1)_____ (escribir /

estudiar) en una escuela culinaria en el norte de España.

Cuando (2) _____ (abrir / terminar)

sus estudios, (3) _____ (trabajar /

estudiar) en el Hotel María Cristina, un hotel muy

prestigioso en la ciudad de San Sebastián. Después de

muchos años (4) _____ (vivir / comprar)

un edificio histórico muy bonito en la playa (*beach*) donde

ahora tiene el Hotel-Restaurante Karlos Arguiñano. Once años después (5) _____ (estudiar /

abrir) su propia (*his own*) escuela culinaria para enseñar a jóvenes cocineros. Durante ese tiempo también

(6) _____ (escribir / cerrar) varios libros de cocina con sus recetas (*recipes*) más populares, y

también comenzó a hacer un programa de televisión que es muy popular.

07-21 Preparativos para una cena especial. Alma and her sister Paz decided to prepare a special meal for some friends. Complete Alma's description of their experience using the correct forms of the appropriate verbs in the preterit.

El viernes Paz y yo (1)_____ (decidir / sacudir) hacer una cena especial en nuestro apartamento.

Nosotras (2) _____ (invitar / volver) a cuatro amigos a venir el sábado a cenar con nosotras. El

viernes por la tarde (3) _____ (limpiar / salir) para ir al mercado y comprar comida. Nosotras

(4) _____ (comprar / decidir) un poco de carne, unos mariscos y muchas verduras frescas.

Después de ir al mercado, (5) _____ (volver / vivir) a casa.

El viernes por la noche nosotras (6) _____ (sacudir / limpiar) la casa. En la sala, yo

(7) (volver / sacudir) los muebles y Paz (8) _____ (limpiar / pasar) la aspiradora. En la cocina,

Paz (9) _____ (lavar / sacudir) los platos y finalmente yo (10) _____ (arreglar /

lavar) el comedor.

07-22 Heritage Language: *tu español*. Although the difference between the present and preterit tenses is quite clear in speech because of the different syllables that are stressed, the two tenses can be confused when having to write the verbs. For example, the only difference between the **yo** form of present tense *–ar* verbs and the **él, ella,** and **usted** form of *–ar* verbs is the written accent and the stressed syllable. Listen to each statement, and then indicate whether or not the form requires a written accent.

1. sí   no

2. sí   no

3. sí   no

4. sí   no

5. sí   no

Gramática

4. El pretérito (Parte II): Describing things that happened in the past (Textbook p. 265)

07-23 Una cena especial. Complete Alma's description of the meal that she and her sister Paz prepared and their experience during dinner, using the correct forms of the appropriate verbs from the word bank in the preterite.

llegar	preparar	empezar	cocinar	salir

El sábado por la tarde Paz (1) _____ la ensalada, y yo (2) la carne. A las cinco de la tarde Paz

(3) _____ al supermercado para comprar pan y yo (4) _____ a preparar los

mariscos. Nuestro amigos (5) _____ a nuestra casa a las ocho.

ofrecer	cenar	comer	beber	jugar

Primero, todos nosotros (6) _____ vino blanco y (7) _____ un poco de queso

con pan. Después, a las ocho y media nosotros (8) _____ mariscos, carne y ensalada. De postre,

Paz y yo les (9) _____ a nuestros amigos una torta de chocolate. Después de cenar, nosotros

(10) _____ al *Pictionary*. ¡Qué divertido!

07-24 Preguntas personales. Alma would like to know what you and your friends did for fun when you got together.

Paso 1. Answer her questions about what you did last week with your friends. Do not use complete sentences; write only notes.

1. ¿Cocinaste una comida para tus amigos? Si contestaste que sí, ¿dónde? ¿cuándo? ¿Qué cocinaste?

   _____

2. ¿Salieron a comer a un restaurante tú y tus amigos? Si contestaste que sí, ¿cuándo? ¿En qué restaurante comieron?

   _____

3. ¿Prepararon una fiesta tú y tus amigos o salieron a una fiesta que otras personas prepararon? Si contestaste que sí, ¿dónde? ¿cuándo? ¿Con quiénes?

   _____

4. ¿Saliste por la noche con tus amigos? Si contestaste que sí, ¿qué día? ¿Adónde fueron?

   _____

5. ¿Jugaron un deporte tú y tus amigos? Si contestaste que sí, ¿dónde? ¿cuándo? ¿Qué deporte jugaron?

   _____

6. ¿Tocaron música tú y tus amigos? Si contestaste que sí, ¿cuándo? ¿Qué instrumentos y tipo de música tocaron?

   _____

Paso 2. Using your notes from **Paso 1**, describe in detail what you did last week each time that you got together with your friends to eat, to go out, and/or to just have fun.

Paso 3. Write a description of what you and your friends did together last week.

_____

_____

_____

_____

_____

_____

_____

07-25 ¿Cuál fue la cosa más interesante que hiciste la semana pasada? Find out the most interesting things that a Spanish-speaking friend did last week.

Paso 1. Ask your friend these questions and make a list of the most memorable things that your friend did each day last week, using notes (not complete sentences). When possible, indicate if the person did the activities alone or with other people, and also where the person did each activity.

1. ¿Cuál fue la cosa más interesante que hiciste el lunes?

_____

2. ¿Cuál fue la cosa más interesante que hiciste el martes?

_____

3. ¿Cuál fue la cosa más interesante que hiciste el miércoles?

_____

4. ¿Cuál fue la cosa más interesante que hiciste el jueves?

_____

5. ¿Cuál fue la cosa más interesante que hiciste el viernes?

_____

6. ¿Cuál fue la cosa más interesante que hiciste el sábado?

_____

7. ¿Cuál fue la cosa más interesante que hiciste el domingo?

_____

Paso 2. Using your list in **Paso 1** for support, describe with as much detail as possible the most fun and interesting things that your friend did over the past week.

Paso 3. Using your notes from **Paso 1**, write a detailed description of what your friend did last week.

_____

_____

_____

_____

_____

_____

07-26 Heritage Language: *tu español*. Because of the spelling changes that some verbs require in some forms of the preterit, it can be difficult to remember how to spell certain forms. Listen to the following statements. Then, indicate which of the two spelling options corresponds to that specific form of the conjugation.

1. gu   g   4. y   i

2. gu   g   5. c   z

3. y   i   6. c   z

Comunicación II

Vocabulario

5. La preparación de las comidas: Explaining food preparation
(Textbook p. 269)

07-27 ¿Cómo preparan la comida? Match each food or way of preparing food to the description that most closely corresponds to it.

1. sushi _____   a. preparada con aceite muy caliente

2. a la barbacoa _____ b. preparada con agua muy caliente

3. frita _____   c. preparada a la parrilla

4. poco cocida _____   d. preparada en el horno, a una
                             temperatura alta
5. asada _____
                          e. crudo
6. cocida _____
                          f. no cruda, sino cocinado por poco tiempo

07-28 Parejas lógicas. For each word, select its most logical pair.

1. cereal y _____
   a. aceite
   b. mostaza
   c. vinagre
   d. leche

2. pan y _____
   a. mostaza
   b. mantequilla
   c. leche
   d. vinagre

3. café con _____
   a. mostaza
   b. mantequilla
   c. azúcar
   d. vinagre

4. sal y _____
   a. mostaza
   b. leche
   c. azúcar
   d. pimienta

5. tostada y _____
   a. mermelada
   b. mayonesa
   c. salsa de tomate
   d. leche

6. perro caliente con _____
   a. sal
   b. pimienta
   c. leche
   d. mostaza

07-29 Asociaciones. In each group of words, select the one that does not belong.

1. azúcar   leche   café   crudo

2. mostaza   mayonesa   helado   salsa de tomate

3. hervida   asada   cocida   mermelada

4. pimienta   mantequilla   tostada   mermelada

5. aceite   vinagre   mayonesa   dura

6. sal   dulce   postre   azúcar

07-30 Heritage Language: *tu español.* Because some letters have the exact same sound in Spanish, it can be challenging to remember their correct spelling. Develop your spelling skills by listening to each word and selecting which of the letters it contains.

1. b   v

2. s   c   z

3. s   c   z

4. b   v

5. s   z   c

6. s   z   c

7. b   v

Nota cultural: La comida hispana (Textbook p. 271)

07-31 Las comidas en el mundo hispano. Although there are some similarities among the food that is frequently prepared and eaten in different Spanish-speaking places, there are also many regional differences. Based on the information in your textbook, select the place or places in which each food is common.

1. las parrilladas	España	México	el Caribe	Centroamérica	Sudamérica
2. las empanadas	España	México	el Caribe	Centroamérica	Sudamérica
3. las comidas africanas	España	México	el Caribe	Centroamérica	Sudamérica
4. los frijoles	España	México	el Caribe	Centroamérica	Sudamérica
5. la fabada	España	México	el Caribe	Centroamérica	Sudamérica
6. los chiles	España	México	el Caribe	Centroamérica	Sudamérica
7. los mariscos	España	México	el Caribe	Centroamérica	Sudamérica
8. el arroz	España	México	el Caribe	Centroamérica	Sudamérica
9. el gazpacho	España	México	el Caribe	Centroamérica	Sudamérica
10. las enchiladas	España	México	el Caribe	Centroamérica	Sudamérica

6. Algunos verbos irregulares en el pretérito: Describing things that happened in the past (Textbook p. 272)

07-32 Crucigrama. Complete the crossword puzzle with the correct forms of the verbs in the *pretérito*.

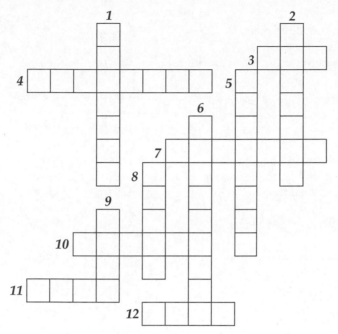

1. ellos, decir
2. nosotros, poder
3. yo, ir

4. tú, traer
5. ellos, saber
6. ellos, dormir

7. nosotros, tener
8. ella, querer
9. yo, poner

10. tú, ser
11. yo, hacer
12. ella, venir

07-33 Preguntas y respuestas. Match each question to its most appropriate response.

1. ¿Condujiste a la fiesta ayer? _____

2. ¿Tuvieron tiempo para comprar la comida? _____

3. ¿Viste la torta de chocolate que prepararon? _____

4. ¿Estuvieron en el restaurante ayer? _____

5. ¿Trajeron las bebidas para la fiesta? _____

6. ¿Hicieron mucha comida para la fiesta? _____

7. ¿Dormiste mucho después de (*after*) la fiesta? _____

8. ¿Pudo Carlos ir a la fiesta ayer? _____

a. ¡Sí! Creo que va a estar deliciosa. ¡Quiero comer un pedazo (*a piece*)!

b. Sí, fuimos al supermercado esta mañana.

c. Sí, fui en mi automóvil.

d. No, fuimos a cenar a la casa de un amigo.

e. Sí, y se las dimos a Margarita.

f. No, desafortunadamente pasó toda la noche en la biblioteca porque hoy tenía tres exámenes.

g. Sí, preparamos por lo menos diez platos diferentes para más de veinte personas.

h. Sí, ¡pude descansar (*rest*) diez horas!

07-34 La fiesta sorpresa para Saúl. Emilia organized a surprise party for her boyfriend Saúl. Listen as she tells her sister about the party, and then indicate if the following statements are **Cierto** or **Falso**.

1. La fiesta fue muy divertida.   Cierto   Falso

2. Hicieron la fiesta en la casa de Bárbara.   Cierto   Falso

3. Emilia, Miguel y Bárbara pusieron las decoraciones.   Cierto   Falso

4. Bárbara preparó la torta.   Cierto   Falso

5. Emilia hizo la carne.   Cierto   Falso

6. Miguel trajo el vino y la cerveza.   Cierto   Falso

7. Unos amigos hicieron ensaladas.   Cierto   Falso

8. Unos amigos trajeron arroz con verduras.   Cierto   Falso

9. Emilia trajo pan y otras comidas muy ricas.   Cierto   Falso

10. Bailaron mucho durante la fiesta.   Cierto   Falso

07-35 La fiesta para Saúl. Listen to Emilia's conversation with her sister again, and complete the following statements about the surprise party for Saúl using the correct forms of the appropriate verbs in the preterite.

Todos los amigos de Emilia y Saúl (1) _____ (poder / ir / tener) a la casa de Miguel para la

fiesta. La fiesta (2) _____ (decir / poder / ser) una sorpresa para Saúl. Emilia y sus amigos

(3) _____ (ir / hacer / poder) muchas cosas para hacer la fiesta perfecta: preparar la comida,

poner decoraciones y organizar la música. Emilia (4) _____ (tener / ser / decir) mucha suerte

porque sus amigos (5) _____ (poder / traer / ser) mucha comida a la fiesta. Gracias a los amigos

de Emilia que son músicos, todos (6) _____ (poder / tener / traer) bailar toda la noche. Adriana

le (7)_____ (tener / decir / hacer) a Emilia que podía hacer una fiesta para ella también.

07-36 Una fiesta divertida. Think about a party or important social event that you went to in the past that was particularly fun or memorable.

Paso 1. Answer the questions below using notes, not complete sentences.

1. ¿Cuándo y dónde fue la fiesta?

_____

2. ¿Quién organizó la fiesta?

_____

3. ¿Tuvo mucha ayuda de otras personas?

_____

4. ¿Quiénes hicieron comida para la fiesta?

_____

5. ¿Quiénes prepararon otras cosas (comida, música, adornos, etc.) para la fiesta?

_____

6. ¿A qué hora empezó la fiesta? ¿A qué hora terminó la fiesta?

_____

7. ¿Cuántas personas fueron a la fiesta?

_____

8. ¿Qué hicieron tú y tus amigos durante la fiesta? ¿Bailaron? ¿jugaron? ¿cenaron?

_____

9. ¿Quién(es) tuvo (tuvieron) que limpiar después de la fiesta? ¿Cuándo limpiaron?

_____

10. ¿Qué aspecto de la fiesta te gustó más?

_____

Paso 2. Using your notes from **Paso 1**, give as full and detailed a description as possible of the party that you went to.

🔊 **07-37 Heritage Language: *tu español*.** It can be difficult to remember all of the irregular forms of verbs in different tenses. Listen to each verb, and then provide the other forms.

1. tú _____ ella _____ nosotros _____ ellos _____

2. tú _____ ella _____ nosotros _____ ellos _____

3. tú _____ ella _____ nosotros _____ ellos _____

4. tú _____ ella _____ nosotros _____ ellos _____

5. tú _____ ella _____ nosotros _____ ellos _____

7. En el restaurante: Explaining restaurant activity (Textbook p. 277)

07-38 Los restaurantes y las comidas. Complete the crossword puzzle with the correct words relating to eating in restaurants.

Vertical

1. lo que usamos para estar limpios cuando comemos
3. el dinero extra que los clientes dan a la persona que sirve la comida
4. el hombre que sirve la comida en el restaurante
5. donde ponemos la comida para comerla

Horizontal

2. la persona que come en el restaurante
4. el utensilio que usamos para cortar (*to cut*) el bistec
6. el utensilio que usamos para comer sopa
7. el recipiente donde ponemos las bebidas para beberlas
8. la mujer que cocina la comida en el restaurante
9. el utensilio que usamos para comer las verduras, la carne, el pollo y muchas otras comidas

07-39 ¿Qué usamos para comer...? For each food and beverage you hear, select the items you need to eat or drink it. More than one answer may be correct.

1.
   a. vaso
   b. cuchillo
   c. tenedor
   d. cuchara
   e. servilleta

2.
   a. cuchillo
   b. cucharita
   c. tenedor
   d. taza
   e. plato

3.
   a. cucharita
   b. cuchillo
   c. tenedor
   d. cuchara
   e. plato

4.
   a. cucharita
   b. cuchillo
   c. tenedor
   d. plato
   e. vaso

5.
   a. cucharita
   b. cuchillo
   c. taza
   d. cuchara
   e. vaso

6.
   a. cucharita
   b. cuchillo
   c. tenedor
   d. cuchara
   e. plato

07-40 Asociaciones. Match each word to the sentence with which it most logically corresponds.

1. tenedor _____

2. vaso _____

3. camarero _____

4. taza _____

5. propina _____

6. cuchara _____

7. mantel _____

8. servilletas _____

9. cocinero _____

10. cuenta _____

a. Decidimos darle un dieciocho por ciento a nuestra camarera.

b. Pedí una cerveza, pero no me gusta beberla de la botella (*bottle*).

c. Después de cenar, bebimos té.

d. Para comer la torta me trajo una cuchara, pero prefiero usar otro utensilio y se lo pedí al camarero.

e. Le pedimos más pan.

f. La cena nos costó más de cien dólares.

g. Quiero proteger la mesa del comedor, por eso siempre la cubro (*cover*) durante las comidas.

h. ¡Es todo un artista con la comida! Sus especialidades son el pescado y los mariscos.

i. Comimos alitas (*wings*) de pollo con salsa de barbacoa; no usamos tenedores y tuvimos que limpiarnos las manos.

j. Pedí la sopa de mariscos, por eso el camarero tuvo que traerme un utensilio especial para comerla.

07-41 Tus restaurantes favoritos. Think of your three favorite local restaurants.

Paso 1. Answer the following questions about your favorite restaurants.

1. ¿Cuáles son tus restaurantes favoritos?

   _____

2. ¿Son restaurantes formales o informales?

   _____

3. ¿Son caros o baratos?

   _____

4. ¿Qué tipo de comida sirven (italiana, árabe, tailandesa, japonesa, etc.)?

   _____

5. ¿Es necesario reservar una mesa para comer o cenar allí?

   _____

6. ¿Tienen manteles en las mesas? Si los tienen, ¿son de papel, de plástico o de tela (*cloth*)?

   _____

7. ¿Tienen servilletas de papel o de tela?

   _____

8. ¿Cómo son los camareros?

   _____

9. ¿De dónde son los cocineros?

   _____

10. ¿Cuáles son sus especialidades?

    _____

Paso 2. Choose one of the three restaurants and, using your notes from **Paso 1** and your other knowledge about the establishment, create a radio advertisement for it. In your ad, you should give a general description of the restaurant, the kinds of people to which they cater (students, young singles, families, etc.), the kind of restaurant that it is, the kind of foods that they serve, and its most impressive general characteristics and features.

Nombre: _____   Fecha: _____

07-42 Heritage Language: *tu español*. Los horarios de los restaurantes. Read the following information about restaurants and eating schedules in Spanish-speaking countries, and then answer the questions that follow.

- Hay diferencias importantes entre los horarios de comida en los lugares hispanohablantes y los anglohablantes. Por eso también hay diferencias entre los horarios que siguen los restaurantes. Los restaurantes no siguen un horario norteamericano, sino que siguen el horario de comidas de sus regiones.

- Muchas cafeterías abren temprano por la mañana para servir el desayuno a la gente. Normalmente abren durante muchas horas de la mañana para atender a los clientes del barrio que deciden tomar un descanso del trabajo y de sus quehaceres para tomar un café con sus compañeros o con sus amigos.

- Al mediodía, antes de comer, la gente puede ir a un bar o un restaurante para tomar un refresco, una cerveza o un vino y un poco de comida. Normalmente los bares y los restaurantes empiezan a servir las comidas fuertes a la una o la una y media, y cierran a las tres o las cuatro de la tarde.

- En muchos lugares, pocos restaurantes abren entre las tres y las cinco, porque esas son horas de descanso antes de volver a trabajar. Por la tarde, después de las cinco o las seis, las cafeterías, los bares y los restaurantes normalmente abren otra vez para empezar a servir meriendas, y después de las ocho o las nueve, para servir la cena. No hay muchos restaurantes en países hispanohablantes abiertos veinticuatro horas al día.

1. ¿Qué tipo de horario siguen las cafeterías y los restaurantes en tu ciudad? ¿Es parecido o diferente a los lugares del mundo hispanohablante?

_____

2. ¿A qué hora empiezan a servir alcohol en los restaurantes de tu ciudad?

_____

3. ¿A qué hora empiezan a servir el almuerzo?

_____

4. ¿Hay restaurantes en tu ciudad que cierran durante el día para tomar un descanso?

_____

5. ¿Hay cafeterías o restaurantes en tu ciudad que sirven la merienda por la tarde?

_____

6. ¿A qué hora empiezan a servir la cena en los restaurantes de tu ciudad?

_____

7. ¿A qué hora cierran por la noche?

_____

8. ¿Hay restaurantes que están abiertos veinticuatro horas al día en tu ciudad?

Escucha (Textbook p. 281)

07-43 Una cena romántica.

Paso 1. Margarita and Adriano are in a restaurant having a romantic dinner. Before listening, think about the context and use that to anticipate the things that you will likely hear in their conversation with their server.

Paso 2. Look ahead at the following comprehension questions to help you anticipate the content of their conversation. Then, listen to their conversation and answer each question with a complete sentence.

1. ¿Qué ingredientes tiene la ensalada de la casa?

   _____

2. ¿Qué ingredientes tiene la salsa del atún?

   _____

3. ¿Con qué sirven el bistec?

   _____

4. ¿Qué postres ofrecen?

   _____

5. ¿Qué pidió Margarita?

   _____

6. ¿Qué pidió Adriano?

   _____

Paso 3. Y ustedes, ¿qué van a pedir? Now you and a friend are going to go to the same restaurant. From the dishes that you heard described, decide what you and your friend will order. Then, record yourself telling the server what each of you would like to eat. Listen to the conversation again in order to hone in on the expressions that the people use in order to communicate what they would like to eat.

Expresiones útiles:
primer plato *first course*
segundo plato *second course*

¡Conversemos! (Textbook p. 282)

07-44 Mi restaurante favorito.

Paso 1. Prepare to describe to your friend details about when you last went to your favorite restaurant, by taking notes in response to the following questions.

1. ¿Cómo se llama el restaurante? ¿Qué tipo de comida sirven? ¿Qué tipo de clientes tienen?

   _____

   _____

2. ¿Cuándo fue la última vez que fuiste allí para comer o cenar? ¿Con quién(es) fuiste? ¿A qué hora llegaron? ¿Celebraron un evento especial?

   _____

   _____

3. ¿Qué comiste? ¿Te gustó? ¿Qué pidieron las otras personas con las que comiste? ¿Les gustó?

   _____

   _____

4. ¿Cómo fue el servicio? ¿Fue simpático/a su camarero/a? ¿Llegó la comida rápidamente a la mesa?

   _____

   _____

5. ¿Cuánto costó todo? ¿Fue caro o barato?

   _____

6. ¿A qué hora salieron del restaurante? ¿A dónde fueron y qué hicieron después?

   _____

   _____

Paso 2. Describe, in as much detail as possible, your most recent experience eating in your favorite restaurant. If necessary, use your notes from **Paso 1** as support.

Escribe (Textbook p. 283)

07-45 El cine. Think about your favorite films with interesting, funny, or memorable scenes that take place during a meal —in a restaurant, at a home or anywhere else. What about the scenes was unique and made them especially memorable?

Paso 1. Choose one scene on which to focus and use the following questions to help you prepare a description of what happened.

1. ¿Cómo se llama la película? _____

2. ¿Qué tipo de película es? _____

3. ¿Qué actores actuaron en la película? _____

4. ¿Cuándo ocurrió la escena de la comida? _____

5. ¿En qué restaurante, casa o lugar fue? _____

6. ¿Fue un desayuno, una comida o una cena? _____

7. ¿Quiénes fueron? _____

8. ¿Qué comieron? _____

9. ¿Qué bebieron? _____

10. ¿Qué hicieron? _____

_____

_____

Paso 2. Using your notes from **Paso 1**, write a well-organized paragraph to describe what happened in the scene and to convey why you find the scene so memorable, interesting, or funny.

_____

_____

_____

_____

_____

_____

_____

_____

_____

_____

_____

Nombre: _____ Fecha: _____

07-46 Una fiesta. Just as in many English-speaking places, in many Spanish-speaking places people get together often for parties. Look at the image of the potluck dinner party. Describe the food and, based on the food you see and the appearance of the table, decide what the occasion is, who is having the party and who is attending it, as well as the relationships between those people. Use the questions below to guide you.

¿Cuándo hicieron la fiesta?
¿Por qué hicieron la fiesta?
¿Dónde la hicieron?
¿Quiénes fueron a la fiesta?
¿Qué comida cocinó cada persona o familia para la fiesta?
¿Qué bebieron durante la fiesta?
¿Qué hicieron después de comer?

_____

_____

_____

_____

_____

_____

_____

_____

_____

Cultura: Chile y Paraguay (Textbook pp. 284–285)

07-47 ¿Qué sabes de Chile? Based on the information in your textbook, indicate if the following statements are **Cierto** or **Falso**.

1. Gino Breschi Arteaga vive cerca del océano Pacífico.   Cierto   Falso

2. Las fronteras naturales de Chile son el océano Pacífico al oeste y los Andes al este.   Cierto   Falso

3. Chile mide aproximadamente ciento ochenta kilómetros de largo.   Cierto   Falso

4. En Chile hay zonas desérticas y también hay zonas con mucha nieve y frío.   Cierto   Falso

5. Las onces es el baile nacional de Chile, inspirado en el rito de cortejo del gallo y la gallina.   Cierto   Falso

07-48 Vistas culturales: Chile. View the video segments in order to complete each part of the activity. You will likely not understand all of the words that you hear, but you should relax because you are capable of understanding more than enough to be able to respond to the questions without difficulty. Please be sure to read the questions that you will have to answer before viewing each video segment.

Paso 1. Introducción. Read the questions, skim through the possible answers, and then view the video in order to determine the correct answer for each question.

1. ¿Cuántos habitantes hay en Chile?
   60 millones
   36 millones
   16 millones
   6 millones

2. ¿Cuántos habitantes viven en la capital de Chile?
   60 millones
   36 millones
   16 millones
   6 millones

3. ¿Cuál de los siguientes nombres se refiere a una isla que está en el sur de Chile?
   Chiloé
   Pascua
   Mapuche
   Aymara

4. ¿Cuál de los siguientes nombres se refiere a una isla que está a casi 4.000 kilómetros de la costa chilena?
   Chiloé
   Pascua
   Mapuche
   Aymara

5. ¿Cuál de los siguientes nombres se refiere a un grupo de indígenas que vive en el sur de Chile?
   Chiloé
   Pascua
   Mapuche
   Aymara

6. ¿Cuál de los siguientes nombres se refiere a un grupo de indígenas que vive en el norte de Chile?
   Chiloé
   Pascua
   Mapuche
   Aymara

Paso 2. El clima y el paisaje de Chile. Read the questions, skim through the possible answers, and then view the video in order to determine the correct answer or answers for each question.

7. ¿Cuáles son las estaciones que hay en Chile?
   primavera
   verano
   otoño
   invierno

8. ¿En qué parte de Chile hace mucho calor todo el año y llueve muy poco?
   el norte
   el centro
   el sur

9. ¿En qué parte de Chile hay paisajes (*landscapes*) con muchos colores en otoño y temperaturas muy agradables durante el verano?
   el norte
   el centro
   el sur

10. ¿En qué parte de Chile hay nieve?
    el norte
    el centro
    el sur
    la costa
    las montañas

Paso 3. La economía de Chile. Read the questions, skim through the possible answers, and then view the video in order to determine the correct answer or answers for each question.

11. ¿Qué partes de Chile tienen un clima especialmente bueno para la agricultura?
    partes del norte
    partes de las montañas
    zona central
    partes del sur

12. ¿Cuáles son unos importantes productos de exportación de Chile?
    verduras
    frutas
    aves

13. Según el vídeo, ¿cuál es otro producto importante que elaboran en Chile?
    el café
    la cerveza
    el vino

Paso 4. La comida de Chile. Read the statements, skim through the possible answers, and then view the video in order to determine the correct ending for each sentence.

14. Según el vídeo, Chile tiene muchos tipos diferentes de _____.
    carne
    aves
    pescado
    mariscos

15. En el restaurante *Donde Augusto*, ponen mariscos en _____.
    las salsas
    los jugos
    las sopas
    los postres

16. Una comida chilena que tiene cebolla es _____.
    las humitas
    el pebre
    el choclo

17. Una comida chilena que se prepara con maíz molido es _____.
    la papa
    el pebre
    el pastel de choclo

07-49 ¿Qué sabes de Paraguay? Based on the information in your textbook, indicate if the following statements are **Cierto** or **Falso**.

1. Muchos paraguayos hablan la lengua indígena de los guaranís.   Cierto   Falso

2. Ahora la mayoría de los paraguayos son mestizos.   Cierto   Falso

3. La mandioca y la yerba mate son productos agrícolas de los españoles que se establecieron en Paraguay.   Cierto   Falso

4. El tereré es una bebida fría muy popular en Paraguay.   Cierto   Falso

5. El ñandú es el baile nacional de Paraguay.   Cierto   Falso

07-50 **Vistas culturales: Paraguay.** View the video segments in order to complete each part of the activity. You will likely not understand all of the words that you hear, but you should relax because you are capable of understanding more than enough to be able to respond to the questions without difficulty. Please be sure to read the questions that you will have to answer before viewing each video segment.

Paso 1. Introducción. Read the questions, skim through the possible answers, and then view the video in order to determine the correct answer for each question.

1. ¿Cuántos habitantes hay en Paraguay?
   aproximadamente sesenta y cinco mil
   aproximadamente seiscientos cincuenta mil
   aproximadamente seis millones y medio

2. ¿Cuál es la capital de Paraguay?
   Ciudad de Paraguay
   La Paz
   Asunción

3. ¿Con qué páises tiene frontera Paraguay?
   Perú
   Brasil
   Colombia
   Bolivia
   Argentina

4. ¿Cómo se llama la lengua nativa de los indígenas de Paraguay?
   paraguayo
   paraguaya
   guaraní
   mestiza

Paso 2. Paraguay: su clima y sus ríos. Read the questions, skim through the possible answers, and then view the video in order to determine the correct answer for each question.

5. ¿De qué lengua viene la palabra "Paraguay"?
   español
   guaraní
   paraguayo

6. ¿Cuáles de los siguientes nombres son de ríos importantes de Paraguay?
   Paraguay
   Gran Chaco
   Paraná
   Selva
   Pilcomayo

7. ¿Cuál de los siguientes nombres se refiere al oeste de Paraguay o la región occidental?
   Paraguay
   Gran Chaco
   Paraná
   Selva
   Pilcomayo

8. ¿Cuál de los siguientes nombres se refiere al este de Paraguay o a la región oriental?
   Paraguay
   Gran Chaco
   Paraná
   Selva
   Pilcomayo

Paso 3. Paraguay: Historia y economía. Read the statements, skim through the possible answers, and then view the video in order to determine the correct ending for each sentence.

9. Los jesuitas…
   tienen importantes centros de misiones jesuíticas en Paraguay hoy en día.
   establecieron misiones en Paraguay durante el periodo colonial.

10. Los jesuitas…
    se convirtieron (*converted themselves*) a la religión de los guaraníes.
    convirtieron (*converted*) a los indígenas guaraníes a la religión católica.

11. Los jesuitas…
    apoyaron el uso de la lengua guaraní.
    obligaron a los indígenas a usar la lengua española.

12. Paraguay se independizó de España en…
    1800.
    1801.
    1811.

13. En 1998…
    Alfredo Stroessner empezó su dictadura.
    llegó un gobierno democrático a Paraguay.

14. Paraguay tiene…
    una planta hidroeléctrica muy grande.
    muchos recursos minerales y metales.
    no tiene mucha energía eléctrica.

Paso 4. Paraguay: La comida. Read the statements, skim through the possible answers, and then view the video in order to determine the correct ending for each sentence.

15. Un plato típico en Paraguay que tiene carne y cebolla es _____   el mate amargo

16. Una comida en Paraguay que tiene maíz y queso es _____   el soyo

17. Una bebida típica de Paraguay que se toma caliente se llama _____   el tereré

18. Una bebida fría que mucha gente de Paraguay toma es _____   el mbeju

Más cultura

07-51 Las comidas favoritas. Read the following information about
favorite foods in different Spanish-speaking regions, and then answer the
questions below.

- Así como en el mundo anglohablante hay mucha diversidad respecto a las comidas y los platos
  favoritos, en diferentes lugares del mundo hispanohablante también la gente demuestra una variedad de
  preferencias para diferentes comidas.

- Muchas de las preferencias de un grupo de personas se relacionan con (*are related to*) los productos
  y alimentos que vienen de esas regiones y que los agricultores pueden cultivar allí. Por ejemplo,
  en diferentes lugares de América Latina, alimentos como el tomate, el maíz y el chocolate son
  importantísimos. Estas comidas no llegaron a Europa hasta después de la conquista española, y hoy son
  muy importantes en algunos países europeos también.

- El concepto de la comida rápida es uno que en la mayoría de los lugares hispanohablantes se asocia con la
  cultura y la economía estadounidenses. Sin embargo, no es difícil encontrar restaurantes como McDonald's,
  Burger King y Pizza Hut en muchas ciudades del mundo hispanohablante. Estos normalmente sirven
  algunos de los platos más típicos de las cadenas (*chains*) que están en los Estados Unidos.

- Una diferencia importante entre los menús de los restaurantes de comida rápida en los Estados Unidos
  y los menús de los mismos restaurantes en otros países es el intento de adaptación cultural. Muchos
  restaurantes incluyen en sus menús y en sus platos comidas típicas y algunos de los ingredientes
  favoritos de esas regiones.

1. Identifica unos platos y/o comidas que son típicos en tu región y que no son muy típicos en otras regiones de
   los Estados Unidos.

   _____

   _____

   _____

2. ¿Cuáles son algunos alimentos que tienen su origen en Norteamérica? ¿Te gustan estos alimentos? ¿Los
   comes frecuentemente?

   _____

   _____

   _____

3. ¿Dónde tienen su origen los restaurantes de comida rápida? ¿Te gusta la comida rápida? ¿Por qué sí o por
   qué no?

   _____

   _____

   _____

4. ¿Por qué crees que muchos restaurantes norteamericanos que están en países hispanohablantes intentan adaptar sus menús a la cultura de ese lugar?

_____

_____

_____

5. ¿Crees que los restaurantes internacionales en tu ciudad sirven comida totalmente auténtica o piensas que también adaptan sus comidas a las preferencias norteamericanas?

_____

_____

_____

07-52 Heritage Language: *tu mundo hispano*.

Paso 1. La compra. Read the following information about grocery shopping in different Spanish-speaking places, and then answer the questions that follow.

- Hay diferentes tipos de tiendas o mercados donde la gente puede comprar comida en el mundo hispanohablante. El tipo de tienda más grande se llama **hipermercado**, el tipo más pequeño se llama simplemente **mercado** y el otro tipo de tienda se llama **supermercado**.

- Los hipermercados normalmente son tiendas muy grandes donde puedes comprar todo tipo de alimentos y productos para la casa y para la familia, desde carne hasta libros. Muchas personas van al hipermercado una vez al mes o cada dos o tres semanas para hacer una compra en cantidades (*quantities*) grandes de productos que pueden durar mucho tiempo y que consideran básicos, como el aceite, el vinagre, el azúcar, la harina, los frijoles y productos para limpiar la casa.

- En el mercado de la ciudad o en las tiendas del barrio, la gente puede comprar alimentos frescos todos los días. Mucha gente hace la compra de sus comidas todos los días o una vez a la semana. El mercado normalmente está en un lugar central de la ciudad y allí diferentes personas venden sus productos de carne, pescado, fruta y verdura directamente al público. La gente también puede comprar estas comidas en el barrio. Pueden encontrar la carne y las aves en la carnicería, pueden comprar el pescado y el marisco en la pescadería y pueden comprar la fruta y las verduras en la frutería.

- Los supermercados son más grandes que estas pequeñas tiendas especializadas y mucho más pequeños que los hipermercados. Normalmente están situados dentro de los barrios y es más fácil llegar al supermercado que al hipermercado. Tienen más productos que las tiendas especializadas, pero normalmente también tienen precios más altos.

1. ¿Qué tipo de tiendas hay en tu ciudad para comprar comida?

   _____

   _____

   _____

2. ¿Qué ventajas (*advantages*) tienen los hipermercados?

   _____

   _____

   _____

3. ¿Qué ventajas tienen los mercados?

   _____

   _____

   _____

4. ¿Qué ventajas tienen las tiendas especializadas del barrio?

   _____

   _____

   _____

5. ¿Qué ventajas tienen los supermercados?

   _____

   _____

   _____

6. Habla con por lo menos tres personas de herencia hispana, y pregúntales dónde las personas de su familia en su país de origen compran la comida normalmente.

   _____

   _____

   _____

Paso 2. Comparación de prácticas. Comparatively describe where and why you and your family usually buy food with the practices that you discovered in the **Paso 1** reading and through the interviews that you conducted.

Ambiciones siniestras

Episodio 7

Lectura: *El rompecabezas* (Textbook p. 286)

07-53 ¿Qué recuerdas? Based on what you know about previous episodes of *Ambiciones siniestras*, indicate if the following statements are **Cierto** or **Falso**.

1. Marisol piensa que Lupe es un poco misteriosa.   Cierto   Falso

2. Lupe tiene dieciocho años.   Cierto   Falso

3. A Manolo no le gusta Alejandra mucho.   Cierto   Falso

4. Manolo no sabe dónde está Alejandra.   Cierto   Falso

5. Cisco sabe dónde está Eduardo.   Cierto   Falso

6. Cisco piensa que el concurso es un fraude.   Cierto   Falso

7. Cisco piensa que puede solucionar los problemas.   Cierto   Falso

07-54 ¿Quiénes son? Based on what you discovered in the reading, select the character(s) to which each statement corresponds.

1. Está preocupado(a).
   a. Alejandra
   b. Eduardo
   c. Cisco

2. No respondió al último correo de Manolo.
   a. Alejandra
   b. Manolo
   c. Cisco

3. No fue a su clase.
   a. Alejandra
   b. Manolo
   c. Cisco

4. Tiene ganas de comer.
   a. Alejandra
   b. Manolo
   c. Cisco

5. Recibió una llamada de un hombre.
   a. Alejandra
   b. Eduardo
   c. Cisco

6. Va a llamar a Marisol.
   a. Alejandra
   b. Manolo
   c. Cisco

7. Va a llamar a Lupe.
   a. Alejandra
   b. Manolo
   c. Cisco

8. No está en su casa.
   a. Alejandra
   b. Manolo
   c. Cisco

9. Oyó una voz familiar en un contestador automático.
   a. Alejandra
   b. Manolo
   c. Cisco

10. Tiene mucho miedo.
    a. Alejandra
    b. Manolo
    c. Eduardo

Video: *¡Qué rico está el pisco!* (Textbook p. 288)

07-55 ¿Qué pasa con Lupe y Cisco? Using the following stills from this episode of the video, answer the questions about what might occur.

1. Lupe va a hacer una búsqueda en el Internet y Marisol la interrumpe. ¿Qué piensas que quiere saber Lupe? ¿Por qué?

   _____

   _____

2. Cisco también hace una búsqueda en el Internet. ¿Qué crees que va a investigar?

   _____

   _____

3. Manolo va a decir que cree que Lupe conoce a Alejandra. ¿Piensas que Manolo tiene razón o no? ¿Por qué?

   _____

   _____

4. ¿Cómo piensas que va a reaccionar Lupe al comentario de Manolo? ¿Por qué?

   _____

   _____

07-56 *El rompecabezas.* View the episode, and then complete the following statements about what you have seen.

1. Lupe busca información en Internet sobre _____ y _____ de Latinoamérica.

2. Lupe le dice a Marisol que ella hace la búsqueda porque tiene planes para ir de _____ a Latinoamérica en verano.

3. Marisol le responde que hace dos veranos estuvo de vacaciones en _____.

4. Lupe tiene mucha prisa porque en veinte minutos van a tener la _____.

5. Antes del episodio, Cisco encontró información importante sobre la conspiración del _____, un plan para robarles a (*steal from*) personas inocentes.

6. La persona que no vio el e-mail con el rompecabezas (*riddle*) antes de la videoconferencia fue

_____.

07-57 ¿Qué está pasando? View the video again. Then choose one of the two topics below and write a well-organized paragraph in response to the questions.

1. Reacciones diferentes.

   ¿Qué tienen un común las reacciones de Lupe y Cisco? ¿Qué tienen en común las reacciones de Manolo y Marisol? ¿Por qué piensas que reacciona cada personaje de esa manera?

2. ¿Dónde pueden estar?

¿Dónde piensas que están Eduardo y Alejandra? ¿Qué piensas que les va a pasar a ellos? ¿Qué piensas que les va a pasar a los otros?

_____

_____

_____

_____

_____

_____

_____

_____

_____

_____

_____

_____

Comunidades

07-58 Experiential Learning: La comida en varios países. Together with your group of classmates, focus on doing research on the typical diet of various populations in Chile and Paraguay. The first two groups will investigate the foods eaten by the predominant ethnic groups in Santiago, Chile, and Asunción, Paraguay. The other groups will focus on the diets of the main indigenous population in each of the two countries. Present your results orally and visually to your other classmates.

07-59 Service Learning: Tu comunidad. Contact your local Salvation Army office and any other organizations in your community that serve free meals to the homeless or to people in need. Then request two or three weeks' worth of meals that the organization expects to serve and volunteer to translate those menus into Spanish. Finally, donate the final version to the organizations that already serve or may serve Hispanic populations in the future.

8 ¿Qué te pones?

Comunicación I

Vocabulario

1. La ropa: Describing clothing (Textbook p. 294)

08-01 ¿Qué te pones? For each activity, select the letter of the most appropriate piece of clothing.

1. Duermo.
   a. la falda
   b. el traje
   c. el abrigo
   d. el pijama
   e. el traje de baño

2. Es verano y voy a una fiesta de cumpleaños en un restaurante.
   a. la falda
   b. los pantalones cortos
   c. el abrigo
   d. el pijama
   e. el traje de baño

3. Hace calor y voy a la playa con mis amigos.
   a. la falda
   b. el traje
   c. el abrigo
   d. el pijama
   e. el traje de baño

4. Hace buen tiempo y vamos a jugar al fútbol.
   a. la falda
   b. el traje
   c. el abrigo
   d. el pijama
   e. los pantalones cortos

5. Tengo que ir a una entrevista de trabajo en una oficina.
   a. los pantalones cortos
   b. el traje
   c. el abrigo
   d. el pijama
   e. el traje de baño

6. Hace mucho frío y nieva.
   a. la falda
   b. el traje
   c. el abrigo
   d. el pijama
   e. el traje de baño

Nombre: _____   Fecha: _____

08-02 ¿Qué lleva y adónde va? Listen to each description of what Gema and her housemates are wearing. Then, match each person with the place that she is most likely going.

1. Marta _____   a. el gimnasio

2. Gema _____   b. un restaurante romántico

3. Paquita _____   c. el centro comercial

4. Emilia _____   d. una fiesta

5. Clara _____   e. su dormitorio

6. Amaya _____   f. la piscina

08-03 ¡Las rebajas!

Paso 1. Anabela went to her favorite store during a big sale. Listen to her conversation with Victoria about what she bought, and then indicate if the following statements are **Cierto** or **Falso**.

1. Compró unos pantalones negros y una blusa morada.   Cierto   Falso

2. La ropa le costó $72,00.   Cierto   Falso

3. Victoria necesita ropa para el verano.   Cierto   Falso

4. Es mejor ir a la tienda por la noche.   Cierto   Falso

5. Victoria va a ir a la tienda por la tarde con mucha gente.   Cierto   Falso

Paso 2. Listen to the conversation between Anabela and Victoria again, and complete each statement with the correct information.

6. Anabela fue a su tienda favorita por la _____.

7. Compró unos pantalones _____ y otros pantalones _____.

8. Compró una _____ blanca y una camiseta negra.

9. Los pantalones le costaron _____ dólares cada uno.

10. En total, Anabela gastó _____ dólares.

11. Victoria quiere comprar una _____, un _____ y unas _____.

12. Victoria va a ir a la tienda a las diez de la _____.

08-04 Tu ropa favorita. Answer the following questions about your own clothes, using complete sentences.

1. ¿De qué color es tu camiseta favorita?

_____

2. ¿Qué ropa llevas para ir a las clases?

_____

3. ¿Qué ropa llevas los fines de semana durante el día?

_____

4. ¿Qué ropa llevas para salir con tus amigos?

_____

5. ¿Qué ropa llevas para una cena romántica?

_____

6. ¿Qué ropa llevas para una fiesta formal?

_____

08-05 Crucigrama. Complete the crossword puzzle with the correct words.

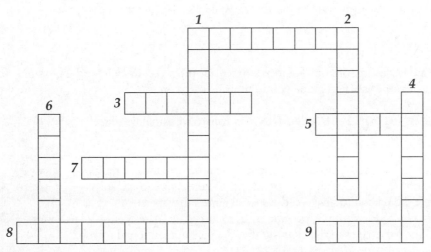

Horizontal
1. un objeto que usas cuando está lloviendo
3. algo que llevas encima de tu camiseta cuando tienes frío
5. algo que llevas cuando tienes una entrevista de trabajo
7. lo que llevas en el pie (*singular*)
8. unos zapatos que muchas mujeres llevan en el verano (*plural*)
9. lo que lleva una mujer para guardar su dinero, llaves y otros objetos

Vertical
1. la ropa que llevas en las piernas (*legs*)
2. accesorio que llevas en la cabeza (*head*)
4. lo que una mujer lleva a un baile o un evento formal
6. lo que llevas para dormir

Nombre: _____ Fecha: _____

08-06 Las compras.

Paso 1. Answer the following questions about your favorite store.

1. ¿Cómo se llama tu tienda favorita? ¿Qué tipo de ropa venden?

_____

2. ¿Cómo es la tienda?

_____

3. ¿Por qué te gusta la tienda?

_____

4. ¿Cuándo fue la última vez que fuiste a esta tienda?

_____

5. ¿Qué compraste? ¿Por qué lo compraste?

_____

6. ¿Cuándo piensas que vas a volver a la tienda? ¿Por qué?

_____

7. ¿Qué necesitas comprar? ¿Qué quieres comprar? ¿Qué piensas que vas a comprar?

_____

Paso 2. Now give a description of your favorite store, your most recent visit, and a possible reason for your next visit. Use your notes from **Paso 1** to guide you in your description.

08-07 Heritage Language: *tu español*. La ropa tradicional de una cultura hispana.

Paso 1. Interview a relative, friend, or fellow student of Spanish-speaking heritage about traditional or ethnic dress in their country, and write notes about the results of your interview. Ask the person to give you the special names that specific pieces of traditional clothing have, for example, **poncho**, **faja**, **mantón**, etc. After your interview, search online for images of the clothing that the person mentioned to you.

_____

_____

_____

_____

Paso 2. Using your notes from **Paso 1** for support, comparatively describe the traditional dress that you learned about in your interview with the clothing with which you are familiar from your own cultural background.

🔊 Pronunciación: The letters *ll* and *ñ* (Textbook p. 295)

1. The **ll** is pronounced by most Spanish speakers like the *y* in the English word *yellow*.
   zapati**ll**a   **ll**evar   cuchi**ll**o   servi**ll**eta

2. The **ñ** is pronounced like the *ny* in the English word *canyon*.
   a**ñ**o   ma**ñ**ana   campa**ñ**a   ba**ñ**era

🔊 **08-08 ¿Qué dicen?** Listen to each sentence, and then indicate which of the two words is used.

1. llama   lama   6. campaña   campana
2. cañas   canas   7. collar   colar
3. llama   lama   8. campaña   campana
4. cañas   canas   9. collar   colar
5. llave   lave   10. ganas   engañas

🔊 **08-09 ¿Quién habla?** Listen to each statement, and then indicate if the person is a native speaker of English or a native speaker of Spanish according to their pronunciation.

1. anglohablante   hispanohablante
2. anglohablante   hispanohablante
3. anglohablante   hispanohablante
4. anglohablante   hispanohablante
5. anglohablante   hispanohablante

🔊 **08-10 Refranes.** Listen to the following sayings and practice your own pronunciation of them. Then give your personal best recitation of them.

1. El que callar no puede, hablar no sabe.
2. El que roba a un ladrón, tiene cien años de perdón.
3. El que fue a Sevilla, perdió su silla.
4. El tiempo enseña más que cien maestros de escuela.
5. El sol sale para todos y cuando llueve todos nos mojamos.
6. Aunque la mona se vista de seda, mona se queda.
7. El huésped dos alegrías da, una cuando llega y otra cuando se va.
8. Año de nieves, año de bienes.

Nota cultural: Zara: la moda internacional (Textbook p. 298)

08-11 El éxito de Zara. Answer the following questions about Zara with the information from your textbook. Note that, as in the model, your answers should provide only the information requested, not complete sentences.

MODELO   ¿En qué país empezó el negocio de ropa Zara?
Espana

1. ¿Cómo se llama el hombre que fundó (*founded*) el negocio de ropa Zara?

   _____

2. ¿En qué provincia de España comenzó la compañía?

   _____

3. ¿Cuántas personas diseñan la ropa de Zara?

   _____

4. Según la lectura, ¿para quiénes tienen ropa en las tiendas de Zara?

   _____ y _____

5. ¿Cuánto tiempo necesitan en Zara para convertir una idea para una prenda en una realidad que esté en las tiendas?

   _____

6. Si no vives cerca de una tienda de Zara, ¿cómo puedes comprar la ropa de Zara?

   por _____ y por _____

08-12 ¿Quieres trabajar con nosotros?

Paso 1. You are applying for a marketing job at Zara's main headquarters and in preparation for your interview you use the Zara website to conduct research on the company's current collections. Answer the following questions about what you see.

1. ¿Cómo es la ropa de Zara? ¿Es parecida a la ropa de una tienda que conoces en los Estados Unidos?

_____

2. ¿Qué ropa de Zara para mujeres te gusta? ¿Por qué?

_____

3. ¿Qué ropa de Zara para hombres te gusta? ¿Por qué?

_____

4. ¿Qué ropa no te gusta? ¿Por qué no?

_____

5. ¿En qué idiomas puedes explorar la página web de Zara?

_____

6. ¿Puedes ver los precios de la ropa en la página web? ¿Puedes comprar la ropa?

_____

7. ¿En qué ciudades estadounidenses hay tiendas de Zara?

_____

Paso 2. Congratulations! Zara hired you as part of their marketing team. Your first task is to create a brief radio ad for their new line of clothing. Using your notes from **Paso 1**, create an ad describing the clothes that you saw on their site. Then, record your ad.

Gramática

2. Los pronombres de complemento indirecto: Stating to whom and for whom things are done
(Textbook p. 299)

08-13 ¿Para quiénes son los regalos? Listen as Mercedes tells her husband about the gifts that she has just bought for her friends and family. Then match each person to the corresponding item.

1. Su madre _____   a. una corbata

2. Su padre _____   b. un suéter

3. Su hijo Antonio _____   c. unos pantalones

4. Su esposo _____   d. una camisa

5. Su amiga Marga _____   e. unas camisetas

6. Su amigo Federico _____ f. un sombrero

08-14 ¿Quién lo compró y para quién? Read the sentences below, and for each one, indicate who bought or gave the gift, and who received it.

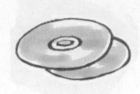

	¿Quién lo compró?				¿Para quién? o ¿A quién?			
1. Me regaló un vestido.	yo	tú	él	ellos	a/para mí	a/para ti	a/para él	a/para ellos
2. Les di un libro.	yo	tú	él	ellos	a/para mí	a/para ti	a/para él	a/para ellos
3. Le compraste flores.	yo	tú	él	ellos	a/para mí	a/para ti	a/para él	a/para ellos
4. Te dieron la camiseta.	yo	tú	él	ellos	a/para mí	a/para ti	a/para él	a/para ellos
5. Les regaló un disco.	yo	tú	él	ellos	a/para mí	a/para ti	a/para él	a/para ellos
6. Me diste una falda.	yo	tú	él	ellos	a/para mí	a/para ti	a/para él	a/para ellos
7. Le regalaron un DVD.	yo	tú	él	ellos	a/para mí	a/para ti	a/para él	a/para ellos
8. Te compré una planta.	yo	tú	él	ellos	a/para mí	a/para ti	a/para él	a/para ello

08-15 ¿Quién lo va a hacer y para quién? Listen to the conversation between Fermín and Roberto about the surprise birthday party that they are organizing. For each phrase, indicate which one of the boys will do it and for whom he will do it.

	¿Quién lo va a hacer?				¿Para quién? o ¿A quién?			
1. mandar las invitaciones	Fermín	Roberto	ella	ellos	a/para mí	a/para ti	a/para nosotros	a/para ellos
2. comprar la comida	Fermín	Roberto	ella	ellos	a/para mí	a/para ti	a/para nosotros	a/para ellos
3. preparar la torta	Fermín	Roberto	ella	ellos	a/para mí	a/para ti	a/para nosotros	a/para ellos
4. comprar las bebidas	Fermín	Roberto	ella	ellos	a/para mí	a/para ti	a/para nosotros	a/para ellos
5. cocinar la comida	Fermín	Roberto	ella	ellos	a/para mí	a/para ti	a/para nosotros	a/para ellos
6. organizar la música	Fermín	Roberto	ella	ellos	a/para mí	a/para ti	a/para nosotros	a/para ellos

08-16 ¿Quién nos va a ayudar? Fermín sumarizes the list of things that they need to do for a surprise party that he and Roberto are preparing for their friend. Fill in the blanks with the appropriate indirect object pronoun.

1. Roberto _____ va a enviar las invitaciones a nuestros invitados.

2. Todos _____ vamos a dinero a Roberto para ayudar a pagar la comida.

3. José Ramón y sus amigos _____ van a ayudar a Roberto y a mí a organizar lo de la música.

4. Rosa _____ va a preparar la torta a nosotros.

5. Roberto y yo _____ vamos a preparar la comida a los invitados.

6. Y tú _____ vas a ayudar a mí a decorar el local.

08-17 Heritage Language: *tu español*. Because of the linking that occurs between words when people speak, some combinations of words in Spanish can be confusing and easy to mispell. Listen to each statement and use the context to determine which combination of words the speaker is saying.

1. Nos sirven.   No sirven.   5. Nos sigue.   No sigue.

2. Nos sirven.   No sirven.   6. Nos sigue.   No sigue.

3. Nos separa.   No separa.   7. Nos cierra.   No cierra.

4. Nos separa.   No separa.   8. Nos cierra.   No cierra.

Gramática

3. *Gustar* y verbos como *gustar*: Expressing likes, dislikes, needs, etc.
(Textbook p. 302)

08-18 ¿Qué piensan? Match each description of the following people to the statement that is most logically associated with them. Focus on the verb conjugations to make certain that the response you choose is a possible response for the initial statement.

1. Son actores. _____
a. Me gustan las películas dramáticas y las películas de acción.

2. Somos guitarristas. _____
b. Le encantan los diseños de ropa de esta temporada.

3. Soy director. _____
c. Les fascina ir al teatro.

4. Eres pianista. _____
d. Te hace falta ensayar mucho para tocar bien.

5. Es modelo. _____
e. Les fascina la moda y la ropa.

6. Son diseñadores. _____
f. Nos encanta dar conciertos.

08-19 ¿Qué opinas tú? Listen to each item, and select the answers that are a possible reaction to the item or activity mentioned. There are two correct answers for each question.

1.
Me gusta.
Me gustan.
No me gusta.
No me gustan.

3.
Me fascina.
Me fascinan.
No me fascina.
No me fascinan.

5.
Me hace falta.
Me hacen falta.
No me hace falta.
No me hacen falta.

2.
Me molesta.
Me molestan.
No me molesta.
No me molestan.

4.
Me importa.
Me importan.
No me importa.
No me importan.

08-20 ¿Qué opinan? Read each description, and then complete the sentences using the correct indirect object pronouns and the correct forms of the verbs in the preterite.

gustar	fascinar	encantar	molestar	hacer falta	importar

MODELO   Sonia compró un nuevo traje de baño para el verano.
A ella *le gusta* ir de vacaciones a la playa.

1. Mi amiga Adriana no tiene traje de baño y este fin de semana va a la playa conmigo y con nuestros amigos.

   A ella _____ un traje de baño.

2. Todos nuestros amigos nadan muy bien y siempre están muy contentos cuando pueden nadar en el mar *(sea)*.

   _____ ir a la playa.

3. Yo tengo alergia a los mariscos y no los puedo comer; por eso, _____ ir a los típicos restaurantes de la playa, donde las especialidades de la casa son camarones y langosta.

4. Todos nosotros somos adictos a la música rock, por eso _____ los conciertos de rock que se dan en la playa.

5. Adriana es muy buena amiga, es muy considerada y siempre piensa en sus amigos. A ella realmente

   _____ las relaciones interpersonales.

08-21 Heritage Language: *tu español.*

Paso 1. Interview at least three friends, relatives, or fellow students of Spanish-speaking heritage about their likes and dislikes. Make certain to ask them about all of the topics listed below and at least two other topics of your own choosing. Use the space provided to jot down notes about your interviewees' responses.

Temas

la música   el cine
la música rock   las películas románticas
la moda   las tiendas grandes
ir de compras   las tiendas pequeñas y especializadas

_____

_____

_____

_____

_____

_____

_____

_____

Paso 2. Using each indirect object pronoun and verb at least once, create ten logical statements about how the likes and dislikes of the people who you interviewed compared to your own.

me	(no) gustar
nos	(no) hacer falta
le	(no) molestar
les	encantar
	fascinar
	importar

1. _____

2. _____

3. _____

4. _____

5. _____

6. _____

7. _____

8. _____

9. _____

10. _____

Gramática

4. Los pronombres de complemento directo e indirecto usados juntos: Conveying information about people and things (Textbook p. 305)

08-22 ¿Dónde están las cosas? José and Greg are roommates. Greg is away, and José is having difficulty finding things around the apartment. Read his message to Greg, and then indicate to whom or to what each object pronoun refers, or who is doing each action.

Hola Greg,

¿Qué tal? Espero que bien. Por aquí todo está bien, pero necesito hacerte[M] unas preguntas. Mañana voy a hacer una pequeña fiesta y no encuentro todas las cosas que necesito para el evento. La semana pasada me lavaste la ropa con la tuya, pero ¿recuerdas dónde me[1] la[2] pusiste[3] después? También quiero pedirte un favor. ¿Recuerdas el año pasado cuando estuvieron en México visitándome y les compré[4] a ti y a Lina ese CD de Maná? ¿Sabes si lo[5] tienes aquí en casa o si se[6] lo[7] diste[8] a Lina? ¿Me lo pueden prestar?

Bueno, eso es todo por el momento. ¡Muchas gracias y diviértete mucho!

José

MODELO   Por aquí todo está bien, pero necesito hacerte[M] unas preguntas.

a ti

OR

Greg

1. _____

2. _____

3. _____

4. _____

5. _____

6. _____

7. _____

8. _____

08-23 Vamos de compras. Clara and Daniel are out shopping for presents for some friends and family members. Listen to their conversation, and then select the correct answer to each question.

1. ¿Van a comprarle un suéter azul a la madre de Daniel?
   a. No, no se lo van a comprar.
   b. Sí, se la van a comprar.
   c. No, no va a comprárnosla.
   d. Sí, van a comprárnoslo.

2. ¿Van a regalarle la camisa al padre de Daniel?
   a. Sí, se la van a regalar.
   b. Sí, van a regalártelo.
   c. No, no te lo van a regalar.
   d. No, no van a regalársela.

3. ¿Van a darle la blusa a la madre de Clara?
   a. Sí, se lo van a dar.
   b. No, no me lo van a dar.
   c. Sí, van a dársela.
   d. No, no van a dármela.

4. ¿Va a comprar Clara una corbata para su padre?
   a. Sí, va a comprármelo.
   b. Sí, me la va a comprar.
   c. No, no va a comprársela.
   d. No, no se lo va a comprar.

5. ¿Van a comprar un programa para la computadora para el padre de Clara?
   a. Sí, me la van a comprar.
   b. No, no se lo van a comprar.
   c. Sí, van a comprármelo.
   d. No, no van a comprársela.

6. ¿Les van a comprar a sus hermanos unos CDs?
   a. Sí, se los van a comprar.
   b. No, no nos las van a comprar.
   c. No, no van a comprárnoslos.
   d. Sí, van a comprárselas.

08-24 ¿Quién tiene mi ropa? Susana and María often share clothing between themselves and among their friends. Sometimes they lose track of where their things have ended up. Listen to their conversation, and then answer the questions following the model exactly. You should use concise but complete sentences, with indirect and/or direct object pronouns to avoid repetition of the objects.

MODELO   ¿Le prestó Susana a María su falda negra?
              No, no se la prestó.

1. ¿Le prestó Susana su falda negra a Adriana?

   _____.

2. ¿Llevó Adriana el vestido de Paula?

   _____.

3. ¿Le prestó Susana su falda negra a su hermana?

   _____.

4. ¿Le prestó Susana su vestido negro a María?

   _____.

5. ¿Va a llevar Susana unos pantalones negros?

   _____.

6. ¿Le va a dar María la blusa morada a Susana?

   _____.

08-25 Una tienda de ropa. Francisco works in a clothing store and his manager has called to ask him important questions about the day at the store. Match each question with its most appropriate response.

1. ¿Te dio las camisetas?_____   a. Sí, te las trajo.

2. ¿Le trajiste un suéter de un buen color? _____   b. No, no me los buscó.

3. ¿Te buscó los pantalones? _____   c. No, no me las diste.

4. ¿Les diste las tallas correctas? _____   d. Sí, se las trajiste.

5. ¿Te di las zapatillas? _____   e. Sí, se lo traje.

6. ¿Les traje las chaquetas a ellos? _____   f. Sí, se las diste.

7. ¿Les di las sandalias a los niños? _____   g. No, no me las dio.

8. ¿Me trajo las faldas? _____   h. Sí, se las di.

08-26 Heritage Language: *tu español*. Think about your clothes and your habits related to sharing them with family members or friends, and then compare them to those of other people that you know.

Paso 1. Answer the following questions about your habits and those of your friends.

1. ¿Les prestas tu ropa a tus amigos o familiares? ¿Por qué sí o por qué no?

_____

2. ¿Te importa prestarles tus cosas a tus amigos o familiares? ¿Por qué sí o por qué no?

_____

3. ¿Tienes amigos o familiares a quiénes no te guste prestarles tus cosas? ¿Por qué sí o por qué no?

_____

4. ¿Tus amigos o familiares te prestan la ropa a tí?

_____

5. ¿Prefieres usar las cosas de algunos amigos o familiares más que las de otros? ¿De quién o quiénes? ¿Por qué?

_____

6. Cuando tienes un evento especial, ¿prefieres comprar ropa nueva o usar la ropa de uno de tus amigos o familiares? ¿Por qué?

_____

Paso 2. Interview at least two different friends, relatives, or fellow students of Spanish-speaking heritage and whose age is relatively close to your own. Ask them about their own habits with regard to hand-me-downs and clothes borrowing, and write notes summarizing the results of your research.

_____

_____

_____

_____

_____

_____

_____

_____

Paso 3. Now describe the advantages and disadvantages of sharing your clothing and other possessions with friends and family, and explain how your own customs compare to those of the people who you interviewed in **Paso 2.**

Comunicación II

Vocabulario

5. Las telas y los materiales: Providing details about clothing (Textbook p. 309)

08-27 Opuestos. Match each adjective related to clothing to its opposite.

1. ancho _____   a. incómodo

2. formal _____   b. corto

3. cómodo _____   c. estrecho

4. estampado _____ d. oscuro

5. claro _____   e. informal

6. largo _____   f. liso

Nombre: _____   Fecha: _____

08-28 Ocasiones. Listen to the five sentences. For each occasion described, choose the clothing that is most appropriate.

1.

  ropa cómoda
  ropa formal
  ropa incómoda

2.

  ropa incómoda
  ropa informal
  un traje elegante

3.

  un abrigo de algodón
  un abrigo de poliéster
  un abrigo de lana

4.

  un vestido que te queda muy bien
  un vestido que te queda muy mal
  un vestido que es excesivamente estrecho

5.

  un vestido liso
  un vestido estampado
  un traje de color oscuro

08-29 Heritage Language: *tu español.* Look at the picture of the Guatemalan family, and write a detailed description of the clothing that each person is wearing.

_____

_____

_____

_____

_____

_____

_____

_____

_____

_____

_____

Nombre: _____ Fecha: _____

Gramática

6. Las construcciones reflexivas: Relating daily routines (Textbook p. 312)

08-30 Orden lógico. Indicate the most logical order of the following actions, using 1, 2, and 3.

1. _____ Me levanto.

_____ Me despierto.

_____ Me ducho.

2. _____ Se quita la ropa.

_____ Se seca.

_____ Se baña.

3. _____ Te vistes.

_____ Te secas.

_____ Te duchas.

4. _____ Me lavo.

_____ Me maquillo.

_____ Me despierto.

5. _____ Se afeita.

_____ Se viste.

_____ Se va.

6. _____ Se seca.

_____ Se ducha.

_____ Se despierta.

08-31 Todas las noches. Teresa and Pablo follow the same routine every night with their little daughter, Lola. Match each description of part of their routine to the appropriate phrase.

1. La acuestan. _____

2. Se acuestan. _____

3. La bañan. _____

4. Se bañan. _____

5. Le cepillan los dientes. _____

6. Se cepillan los dientes. _____

a. Pablo y Teresa le ayudan a Lola a lavarse los dientes.

b. Pablo y Teresa lavan a Lola.

c. Pablo y Teresa se lavan sus propios (*own*) dientes.

d. Le ayudan a Lola a ponerse el pijama y meterse a (*get into*) la cama.

e. Pablo y Teresa se limpian.

f. Teresa y Pablo van a la cama.

© 2013 Pearson Education, Inc.

Capítulo 8   ¿Qué te pones?   **385**

08-32 ¿Qué hace Joseba por la mañana? Look at the drawings of Joseba, and describe what he does every morning using the words and phrases below. Follow the model closely.

afeitarse	levantarse	sentarse para tomar el desayuno
cepillarse los dientes	~~despertarse~~	vestirse

MODELO

Se despierta.

1.  _____.

2. _____.

3.  _____.

4.  _____.

5. _____.

08-33 ¿Qué hizo Joseba ayer? Look at the drawings of what Joseba did yesterday, and then select the correct answer to the questions about what he did.

1. ¿Levantó los brazos (*arms*) al final del partido de fútbol?
   a. Sí, se levantó.
   b. Sí, los levantó.
   c. Sí, se los levantó.
   d. No, no se los levantó.
   e. No, no se levantó.

2. ¿Se quitó los zapatos y los calcetines después del (*after the*) partido?
   a. Sí, se los quitó.
   b. No, no se los quitó.
   c. Sí, se las quitó.
   d. No, no se las quitó.
   e. Sí, los quitó.

3. ¿Se bañó después del partido?
   a. Sí, se bañó después del partido.
   b. No, Joseba se duchó después del partido.
   c. Sí, lo bañó después del partido.
   d. No, Joseba lo lavó después del partido.
   e. Sí, se lo lavó después del partido.

4. ¿Se secó con una toalla (*towel*)?
   a. No, no se secó.
   b. No, no la secó.
   c. Sí, se secó.
   d. Sí, la secó con una toalla.
   e. Sí, se la secó.

5. ¿Se peinó con un peine (*comb*)?
   a. Sí, le peinó.
   b. No, no le peinó.
   c. No, no se peinó.
   d. Sí, se peinó.

6. ¿Se puso unos pantalones y una camiseta?
   a. Sí, los puso.
   b. No, no los puso.
   c. Sí, los puso.
   d. Sí, se los puso.
   e. No, no se los puso.

7. ¿Se divirtió en una fiesta con sus amigos?
   a. Sí, se divirtió.
   b. Sí, nos divirtió.
   c. Sí, los divirtió.
   d. Sí, me divirtió.
   e. Sí, te divirtió.

8. ¿Se acostó temprano (*early*)?
   a. No, no me acostó temprano.
   b. No, no lo acostó temprano.
   c. No, se acostó tarde (*late*).
   d. No, te acostó a las doce.
   e. No, lo acostó a la medianoche.

08-34 Un día muy importante. Using the drawings and the useful expressions to guide you, write a coherent paragraph describing what Joseba did.

primero	después	entonces	a continuación	luego	finalmente

_____

_____

_____

_____

_____

_____

_____

_____

_____

_____

_____

_____

08-35 Heritage Language: *tu español.* Think about everything that you and your friends or family did yesterday from the time your alarm went off until the time you went to bed.

Paso 1. Take notes on as many activities as possible: at least five activities for yourself, and at least five activities each for two other people with whom you are close.

_____

_____

_____

_____

_____

_____

Paso 2. Describe as many activities as possible using as many of the following expressions as possible.

primero	después (*afterwards*)	entonces (*then*)
a continuación (*next / following*)	luego (*then*)	finalmente

Nota cultural: Los centros comerciales en Latinoamérica (Textbook p. 316)

08-36 De compras en Latinoamérica. Based on what you have learned about shopping in Latin America, choose the correct response or responses to each question.

1. ¿En América Latina, qué pueden comprar en los mercados al aire libre?
   a. productos y comidas que son del país
   b. aire libre
   c. turistas
   d. artesanía y alimentación internacionales

2. ¿Qué ocurrió recientemente en las sociedades latinoamericanas?
   a. la cultura comercial
   b. los almacenes culturales
   c. los Unicentros
   d. un nuevo tipo de lugar donde comprar

3. Según el texto, ¿quiénes van a los mercados modernos en Latinoamérica?
   a. los turistas
   b. toda la población latina
   c. personas con diferentes situaciones financieras
   d. la gente de El Salvador, Venezuela, Chile, Argentina, Perú y México

4. ¿Qué hace la gente en los centros comerciales?
   a. comprar comida y otros artículos para sus casas
   b. divertirse con sus amigos y sus familias
   c. relacionarse con otras personas
   d. *a, b y c*

Nombre: _____   Fecha: _____

Gramática

7. El imperfecto: Sharing about situations in the past and how things used to be (Textbook p. 317)

08-37 ¿En la escuela secundaria o en la universidad? Listen as Gloria, a college student, mentions some of her current habits in contrast to those of her high school years. Using your knowledge of the imperfect tense, select the category to which each activity belongs.

1. levantarse temprano
   a. la escuela secundaria
   b. la universidad

2. ir a las clases en automóvil
   a. la escuela secundaria
   b. la universidad

3. tener todas las clases por la tarde
   a. la escuela secundaria
   b. la universidad

4. caminar a las clases
   a. la escuela secundaria
   b. la universidad

5. pasar mucho tiempo en los centros comerciales
   a. la escuela secundaria
   b. la universidad

6. maquillarse para ir a las clases
   a. la escuela secundaria
   b. la universidad

7. necesitar mucho tiempo para arreglarse
   a. la escuela secundaria
   b. la universidad

8. maquillarse solamente para ocasiones especiales
   a. la escuela secundaria
   b. la universidad

9. pasar más tiempo con los amigos
   a. la escuela secundaria
   b. la universidad

10. vivir una vida más activa
    a. la escuela secundaria
    b. la universidad

08-38 ¿Qué pasó ayer? Your friend Claudia had a special experience yesterday. Complete the details of her narration using the correct verbs in their correct imperfect forms.

| ser | llevar | hacer | andar | estar |

Ayer por la tarde decidí tomar un descanso de mis estudios y por eso salí a pasear un poco.

(1) _____ las seis y media de la tarde y yo (2) _____ muy cansada.

(3) _____ un poco de sol, pero no demasiado calor; por eso yo (4) _____

unos pantalones cortos y una camiseta. Mientras yo (5) _____ por la plaza central de la

universidad, me encontré con Pablo y me invitó a tomar un helado.

| estar | ver | hablar | pasear | quedar |

Pablo (6) _____ muy guapo —con una camiseta blanca y unos vaqueros que le

(7) _____ muy bien. Fuimos a tomar el helado y después decidimos pasear un poco más.

Nosotros (8) _____ por la ciudad y (9) _____ sobre muchas cosas diferentes

cuando de pronto empezó a llover. Entonces fuimos corriendo al apartamento de Pablo. Allí me preparó una

cena muy rica y me invitó a ver una película. Mientras nosotros (10) _____ la película, me besó.

08-39 ¿Qué hacíamos y qué hicimos? Listen as Gabriela discusses her childhood summer vacation time. Then indicate if each activity below was something that she and her family did habitually (**imperfecto**), or if it was a more singular event that occurred only once (**pretérito**).

1. pasar mucho tiempo juntos
   a. actividades habituales
   b. eventos singulares

2. jugar deportes
   a. actividades habituales
   b. eventos singulares

3. pasar las vacaciones en la playa
   a. actividades habituales
   b. eventos singulares

4. nadar en el mar
   a. actividades habituales
   b. eventos singulares

5. hacer surf
   a. actividades habituales
   b. eventos singulares

6. tener un accidente
   a. actividades habituales
   b. eventos singulares

7. pasear por la playa
   a. actividades habituales
   b. eventos singulares

8. hablar con los amigos
   a. actividades habituales
   b. eventos singulares

9. ir a Disney
   a. actividades habituales
   b. eventos singulares

10. ir a México
   a. actividades habituales
   b. eventos singulares

08-40 Muchas interrupciones. Gregorio was trying to get some important things done before going out last night, but too many interruptions made his plans very difficult. Complete the descriptions of what happened using the correct verbs in their correct imperfect forms.

vestirse	hacer	salir	ducharse	lavar	ponerse	afeitarse

1. Por la mañana mientras _____ en el baño, empezó a salir agua muy fría.

2. Mientras _____ la cara, se cortó y empezó a sangrar (*bleed*) un poco.

3. Mientras _____, perdió uno de los botones de su camisa favorita.

4. _____ sus pantalones favoritos cuando vio que tenían un agujero (*hole*).

5. Después de cenar mientras _____ los platos, su madre lo llamó por teléfono.

6. Mientras _____ de su casa para ir a la biblioteca, su perro se escapó y empezó a correr por la calle.

7. Gregorio y su novia _____ la tarea para sus clases cuando su amigo les recordó que mañana tienen un examen.

08-41 Heritage Language: *tu español*. Think about your own life when you were in high school, in contrast to what your parents' and grandparents' lives were like when they were teenagers.

Paso 1. Answer the following questions about yourself when you were fifteen versus your parents' and grandparents' generations when they were that age. Whenever relevant, note if you believe differences are generational, cultural, or both.

1. Cuando tenías quince años, ¿tenías novio/a? ¿Por qué sí o por qué no?

   _____

   _____

2. Cuando tus padres tenían quince años, ¿tenían novios? ¿y tus abuelos? ¿Por qué sí o por qué no?

   _____

   _____

3. ¿Salías por la noche con tus amigos muy frecuentemente? ¿Salían tus padres? ¿y tus abuelos?

   _____

   _____

4. ¿Tenías trabajo? ¿Tenían trabajo tus padres o tus abuelos?

   _____

   _____

5. ¿Jugabas algún deporte? ¿Jugaban deportes tus padres o tus abuelos?

   _____

   _____

6. ¿Qué hacías para divertirte? ¿Qué hacían tus padres? ¿y tus abuelos?

   _____

   _____

7. ¿Qué tipo de ropa llevabas? ¿Qué tipo de ropa llevaban tus padres? ¿y tus abuelos?

   _____

   _____

Paso 2. Using your notes from **Paso 1**, give an oral description of what your adolescence was like in comparison with your parents' and grandparents' experiences. Be sure to note if any of the differences are more cultural in nature than generational.

Escucha (Textbook p. 321)

08-42 Los deportes y las emociones. Answer the following questions about your childhood and your own personal experiences with sports and pastimes.

1. ¿Cuáles eran tus actividades y juegos favoritos cuando eras pequeño/a?

    _____

2. ¿Qué deportes jugabas cuando eras pequeño/a?

    _____

3. ¿Qué deportes les gustaban a tus padres?

    _____

4. ¿Jugaban tus padres algún deporte?

    _____

5. En tu familia, ¿cómo se sienten ustedes durante los partidos de sus equipos favoritos? ¿Se emocionan (*get excited*) mucho?

    _____

6. ¿Qué hacían tú y tu familia los fines de semana para relajarse y para divertirse?

    _____

    _____

08-43 El fútbol.

Paso 1. Listen to Gael's story about when he was little and used to played soccer. Then indicate if the following statements are **Cierto** or **Falso**.

1. Gael jugaba al fútbol en la liga local cuando tenía 6 años.	Cierto	Falso
2. Durante los partidos Gael y sus amigos se divertían mucho.	Cierto	Falso
3. A muchos de los padres de los niños les gustaba ver los partidos.	Cierto	Falso
4. A muchos de los padres de los niños les gustaba mucho ver a sus amigos y hablar con ellos durante los partidos.	Cierto	Falso
5. Todos los padres tomaban los partidos demasiado en serio.	Cierto	Falso
6. Gael recuerda cuando iba a marcar su primer gol.	Cierto	Falso
7. Un jugador del otro equipo trató de quitarle el balón.	Cierto	Falso
8. Gael le dejó quitárselo.	Cierto	Falso
9. Levantó el brazo (*arm*) para parar al otro jugador.	Cierto	Falso
10. El árbitro le dio una tarjeta roja a Gael.	Cierto	Falso

Paso 2. Listen to Gael's story again, and for the statements that are false, rewrite the selected portion in order to make them true. For the statements that are true, simply leave the text unchanged.

11. Gael jugaba al fútbol en la liga local <u>cuando tenía 6 años</u>.

12. Durante los partidos Gael y sus amigos <u>se divertían</u> mucho.

13. <u>A muchos de los padres de los niños</u> les gustaba ver los partidos.

14. A muchos de los padres de los niños <u>les gustaba mucho ver a sus amigos y hablar con ellos</u> durante los partidos.

15. <u>Todos los padres</u> tomaban los partidos demasiado en serio.

16. Gael recuerda cuando <u>iba a marcar su primer gol</u>.

17. Un jugador del otro equipo <u>trató de quitarle el balón</u>.

18. <u>Gael lo dejó</u> quitárselo.

19. <u>Levantó el brazo</u> (*arm*) para parar al otro jugador.

20. El árbitro le dio <u>una tarjeta roja a Gael</u>.

Paso 3. Listen to the story one more time and, based on your understanding of the gist of what he relates and your understanding of many of the words that he said, match each word below to its correct meaning.

21. tarjeta amarilla _____

22. árbitro _____

23. tarjeta roja _____

24. balón _____

25. marcar un gol _____

26. falta _____

a. un error, un movimiento o jugada ilegal

b. sanción que en el fútbol significa que el jugador necesita tener cuidado y jugar limpio

c. obtener un punto

d. sanción que en el fútbol significa la expulsión de una persona del partido

e. objeto redondo usado en diferentes deportes como el baloncesto y el fútbol; una pelota grande

f. persona que en las competiciones deportivas toma decisiones importantes

¡Conversemos! (Textbook p. 322)

08-44 ¿Qué ropa voy a necesitar? A friend from Argentina is coming to visit you for two weeks and needs help planning what to pack. Consider the weather for your region at this time of year and look up the forecast for the next few weeks. Consider also the places that you would take your friend to visit and find out the weather forecast for those areas. Look up the average temperatures in the city where you live and for any other places you plan to visit for this time of year in degrees Celsius. First, describe the weather that your friend can expect during the visit using expressions like **aquí ahora hace…, durante este mes aquí las temperaturas típicas son… (altas, bajas, aproximadamente x grados centígrados durante el día y x grados centígrados por la noche…)**, etc. Using expressions like **tienes que, hay que, vas a necesitar,** etc. describe the clothes that your friend will need to pack in order to be comfortable during the entire trip.

Escribe (Textbook p. 323)

08-45 Aquellos días maravillosos. Although you may thoroughly enjoy your life as a university student, you probably still recall the unique fun that you had during your high school years.

Paso 1. Take a moment to recall and jot down some of the most memorable things that you, your best friend, your mutual friends and all of you together used to do during high school. Use the imperfect tense for habitual actions.

- ¿Qué hacían?

  1. Yo _____

  2. Mi mejor amigo/a _____

  3. Nuestros amigos _____

  4. Todos nosotros _____

- ¿Qué les gustaba hacer?

  5. A mí _____

  6. A mi mejor amigo/a _____

  7. A nuestros amigos _____

  8. A todos nosotros _____

- ¿Qué no les gustaba hacer?

  9. A mí _____

  10. A mi mejor amigo/a _____

  11. A nuestros amigos _____

  12. A todos nosotros _____

Paso 2. Un correo electrónico a tu mejor amigo. Now organize your thoughts into a nostalgic e-mail message to your best friend.

_____

_____

_____

_____

_____

_____

_____

Cultura: Argentina y Uruguay (Textbook pp. 324–325)

08-46 ¿Qué es? Organize the following information related to Argentina and Uruguay by writing the terms in the appropriate categories. Be sure to write them in the order they appear on the list.

| Mar de Plata | yerba mate | lunfardo | Ushuaia |
| Iguazú | tango | Punta del Este | Cerro Aconcagua |

1. Comidas y bebidas	2. Geografía	3. Cultura general
_____	_____	_____
	_____	_____
	_____	
	_____	
	_____	

08-47 Argentina y Uruguay. Based on what you have learned about Argentina and Uruguay in Capítulo 8, indicate to which country or countries each statement applies.

1. Tiene mucha gente de familia italiana.
   a. Argentina   b. Uruguay

2. Tiene la montaña más alta de Sudamérica.
   a. Argentina   b. Uruguay

3. Muchos de sus ciudadanos viven en las ciudades.
   a. Argentina   b. Uruguay

4. Muchas personas allí saben bailar tango.
   a. Argentina   b. Uruguay

5. Es un país pequeño.
   a. Argentina   b. Uruguay

6. Es un país muy grande.
   a. Argentina   b. Uruguay

7. Tiene playas muy bonitas.
   a. Argentina   b. Uruguay

08-48 Vistas culturales: Argentina. View the video segments in order to complete each part of the activity. You will likely not understand all of the words that you hear, but you should relax because you are capable of understanding more than enough to be able to respond to the questions without difficulty. Please be sure to read the questions that you will have to answer before viewing each video segment.

Paso 1. Introducción. Read the statements, skim through the possible answers, and then view the video in order to determine the correct word or words to complete each sentence.

1. Argentina tiene _____ habitantes.
   aproximadamente treinta y seis mil
   aproximadamente trescientos sesenta mil
   aproximadamente tres millones seiscientas mil
   aproximadamente treinta y seis millones

2. Argentina _____ de América del Sur.
   es el país más grande
   es el segundo país más grande
   es el país más culturalmente diverso
   es el segundo país más culturalmente diverso

3. Argentina tiene fronteras con
   _____.
   Bolivia
   Brasil
   Chile
   Colombia
   Paraguay
   Perú
   Uruguay

Paso 2. Los paisajes de Argentina. Read the items, skim through the possible answers, and then view the video in order to determine with which place or region in Argentina each landmark, item, or description is associated.

4. Una iglesia que construyeron en 1648
Buenos Aires
Patagonia
Purmamarca
Misiones

8. La Boca
Buenos Aires
Patagonia
Purmamarca
Misiones

5. Las Cataratas de Iguazú
Buenos Aires
Patagonia
Purmamarca
Misiones

9. Plaza Dorrego
Buenos Aires
Patagonia
Purmamarca
Misiones

6. Las ruinas de la Misión de San Ignacio Miní
Buenos Aires
Patagonia
Purmamarca
Misiones

10. Ushuaia
Buenos Aires
Patagonia
Purmamarca
Misiones

7. San Telmo
Buenos Aires
Patagonia
Purmamarca
Misiones

Paso 3. La comida en Argentina. Read the items, skim through the possible answers, and then view the video in order to determine the correct response to each question.

11. ¿Cuál es una manera muy típica de preparar la carne en Argentina?
cruda
al horno
asada
a la parrilla
frita

14. ¿Qué es el mate?
una bebida
una comida
un postre

15. ¿Cómo se sirve el mate?
frío
caliente

12. ¿Qué es el flan con dulce de leche?
una bebida
una comida
un postre

13. ¿Durante qué comidas toman los argentinos el mate normalmente?
desayuno
almuerzo
merienda
cena

Paso 4. Las diversiones y las vacaciones en Argentina. Read the items, skim through the possible answers, and then view the video in order to determine the correct response to each question.

16. ¿Cuáles de las siguientes actividades son las que, según el vídeo, hacen muchos argentinos para divertirse?
    jugar al fútbol
    ver partidos de fútbol
    hacer arte en la calle
    bailar

17. ¿A qué hora cenan muchos argentinos?
    después de las 6 de la mañana
    después de las 6 de la tarde
    después de las 9 de la noche
    después de las 2 de la madrugada
    después de las 3 de la madrugada

18. ¿Cuándo tiene lugar el verano en Argentina?
    junio, julio, agosto
    mayo, junio, julio
    julio, agosto, septiembre
    diciembre, enero, febrero

19. ¿Qué puedes hacer si vas a Monte Hermoso?
    nadar y tomar el sol
    esquiar

20. ¿Qué puedes hacer si vas a Bariloche?
    nadar y tomar el sol
    esquiar

08-49 Vistas culturales: Uruguay.
View the video segments in order to complete each part of the activity. You will likely not understand all of the words that you hear, but you should relax because you are capable of understanding more than enough to be able to respond to the questions without difficulty. Please be sure to read the questions that you will have to answer before viewing each video segment.

Paso 1. Introducción. Read the questions, skim through the possible answers, and then view the video in order to determine the correct answer for each question.

1. ¿Cuál es la capital de Uruguay?
   Buenos Aires
   Ciudad Autónoma de Buenos Aires
   Montevideo
   Ciudad Autónoma de Buenos Aires

2. ¿Cuántos habitantes tiene Uruguay?
   casi (*almost*) trescientos cuarenta mil
   casi (*almost*) trescientos cincuenta mil
   casi (*almost*) tres millones cuatrocientos mil
   casi (*almost*) tres millones quinientos mil

3. ¿Cuáles son algunas de las actividades que, según el vídeo, podemos practicar en Uruguay?
   tomar el sol
   hacer surf
   hacer diferentes deportes
   dormir en tienda de campaña en la playa

Paso 2. Ubicación, paisaje y clima de Uruguay. Read the questions, skim through the possible answers, and then view the video in order to determine the correct answer for each question.

4. ¿De dónde viene el nombre del país?
   un océano   un lago
   un río   una montaña

5. ¿Con qué países tiene fronteras Uruguay?
   Argentina   Brasil
   Bolivia   Paraguay

6. ¿Qué río está al sur de Uruguay?
   el Río Argentina
   el Río Brasil
   el Río Uruguay
   el Río de la Plata

7. ¿Cómo es el clima de Uruguay?
   A veces hace mucho frío.
   A veces hace mucho calor.
   Normalmente no hace mucho frío.
   Normalmente no hace mucho calor.

8. ¿Cuántos kilómetros de costa tiene Uruguay?
   600
   700
   6000
   7000

Paso 3. Comidas y bebidas. Read the questions, skim through the possible answers, and then view the video in order to determine the correct answer for each question.

9. ¿Cuáles de las siguientes comidas son típicas o importantes en Uruguay?
parrilladas
pasta
dulce de leche
carne
pescado y mariscos

10. ¿Dónde se usa la salsa chimichurri?
con el pescado
con el marisco
con la carne

11. ¿Cuáles de los siguientes ingredientes son parte de la salsa chimichurri?
ajo
cebolla
aceite
vinagre

12. ¿Qué es el mate?
una bebida
una comida
un postre
una taza que la gente usa para tomar una bebida

Paso 4. Vamos a visitar Montevideo. Read the questions, skim through the possible answers, and then view the video in order to match each place or area of the city with its correct description.

13. La Rambla _____   a. la calle por donde podemos entrar a la ciudad vieja

14. La Peatonal Sarandí _____   b. una avenida muy importante de Montevideo

15. Tanguería _____   c. lugar donde podemos escuchar música

16. Mercado de los Artesanos _____   d. lugar donde artesanos venden sus productos

Más cultura

08-50 La moda y las tiendas en los países hispanohablantes. Read the following information about shopping in the Spanish-speaking world, and then answer the questions below.

- Si estás en un país hispanohablante y quieres ir de compras, hoy en día tienes tantas opciones como en los Estados Unidos, si no más. Como en los Estados Unidos, por todo el mundo hispanohablante, hay tiendas para todos los gustos y para diferentes niveles económicos: pequeñas y grandes, algunas con una gran variedad de productos y otras con una selección muy especializada, algunas con precios muy caros y otras con precios razonables.

- Las tiendas que llamamos "grandes almacenes", que son normalmente cadenas (*chains*) dirigidas por compañías muy grandes y que predominan en muchos lugares de los Estados Unidos, también tienen una fuerte presencia en muchos países hispanohablantes. Aunque este tipo de tienda existe en muchos de estos países, no todas sus cadenas favoritas estadounidenses existen en otros países. Estos países tienen sus propias cadenas que muchas veces son empresas nacionales, aunque cada vez más son compañías internacionales.

- Una diferencia importante que hay entre los grandes almacenes de los Estados Unidos y los que hay en muchos otros lugares del mundo es la variedad de productos que se pueden comprar en estos comercios. En algunos países, la gente puede comprar ropa de diseñadores de importancia internacional, comida para preparar la cena y productos para limpiar sus casas, todo en la misma tienda.

- Como en los Estados Unidos, también hay pequeñas tiendas especializadas por todo el mundo hispanohablante. La diferencia es que en los países hispanohablantes hay muchas más de estas. Por ejemplo, no es raro encontrar pequeñas tiendas que no son grandes cadenas y que venden productos muy específicos. Las zapaterías, que se especializan en los zapatos, a veces también venden otros artículos de piel, como bolsos, carteras y cinturones. Las lencerías son pequeñas tiendas que se especializan en la venta de ropa interior, medias y calcetines. También es común encontrar por los centros urbanos de los países hispanohablantes pequeñas tiendas especializadas en la ropa de los bebés o boutiques exclusivos de diseñadores famosos.

1. ¿Cuáles son las ventajas de los grandes almacenes? ¿Por qué piensas que son muy populares en diferentes países?

_____

_____

_____

2. ¿Cuáles son las desventajas de ir a los grandes almacenes para comprar?

_____

_____

_____

3. ¿Cuál es una diferencia entre los grandes almacenes en muchos lugares hispanohablantes y los grandes almacenes que hay en los Estados Unidos?

_____

_____

_____

4. ¿Qué puedes comprar en una zapatería? ¿y en una lencería?

_____

_____

_____

5. En tu ciudad, ¿hay muchas tiendas pequeñas que no sean partes de grandes cadenas? ¿Por qué sí o por qué no?

_____

_____

_____

08-51 Heritage Language: *tu mundo hispano.* **Información importante para ir de compras en el mundo hispanohablante.** Read the following important information to know when shopping in the Spanish-speaking world. Then answer the questions below.

- Si usted va a ir de compras en un país hispanohablante, es bueno saber un poco de información básica. Si quiere comprar ropa o zapatos, es siempre una buena idea probarse las cosas para ver si le quedan bien.

- Algunas tallas son más o menos universales; por ejemplo, para muchos artículos como camisetas y suéteres para hombres y mujeres las tallas son S, M, L y XL.

- Para los trajes, los vestidos, las faldas o los zapatos, las tallas pueden ser muy diferentes. Una mujer que normalmente lleva la talla seis de ropa en Estados Unidos, probablemente va a usar la talla 42 para mucha ropa en España. Una mujer que normalmente usa la talla 10 en los Estados Unidos, probablemente va a usar la talla 46. No obstante (*Nevertheless*), como ocurre con mucha ropa en los Estados Unidos, en muchos países hispanohablantes las tallas varían entre un diseñador y otro.

- Recientemente, en algunos lugares del mundo han intentado estandarizar las tallas y obligarles a los diseñadores a crear ropa que siga tallas más homogéneas y uniformes. Esto fue para ayudar a la gente a tener una imagen saludable (*healthy*) de su cuerpo (*body*).

- La importancia de una imagen saludable (*healthy*) ha afectado el mundo de la moda de otras maneras también. En muchas pasarelas (*runways*) por el mundo durante años recientes, los organizadores decidieron no permitir la participación de modelos excesivamente delgadas.

Nombre: _____   Fecha: _____

1. ¿Compras ropa sin probártela en la tienda o te la pruebas antes de comprarla? ¿Por qué?

_____

_____

_____

_____

2. ¿Conoces marcas (*brands*) de ropa que tienen tallas que no coinciden con las tallas de otras marcas? ¿Cómo son diferentes? ¿Son más grandes o más pequeñas? ¿Por qué crees que existen estas variaciones?

_____

_____

_____

_____

3. ¿Piensas que el mundo de la moda ayuda a crear una imagen saludable para los hombres y para las mujeres? ¿Crees que nos ayuda a estar en forma (*in shape*) y mantener un peso saludable (*healthy weight*)? ¿Crees que crea presión para estar excesivamente delgado/a? ¿Por qué sí o por qué no?

_____

_____

_____

_____

_____

_____

_____

Ambiciones siniestras

Episodio 8

Lectura: *¿Quién fue?* (Textbook p. 326)

08-52 ¿Cómo estaban y qué hicieron? Use the photographs below to help you recall what happened in Episode 7 and complete the statements with the correct information.

Lupe estaba en la (1) _____ y ella investigaba sobre

(2) _____ y _____ de Latinoamérica en el

Internet cuando Marisol le sorprendió.

Manolo estaba muy (3) _____ por Alejandra. Ella no

(4) _____ a clase y en su contestador automático

(5) _____ un hombre.

Cisco se puso muy (6) _____ cuando Manolo le preguntó por

Eduardo.

08-53 ¿Cierto o falso? Read the episode *¿Quién fue?* and indicate if the following statements about Marisol and the episode in general are **Cierto** or **Falso**.

1. El episodio tiene lugar por la noche.   Cierto   Falso

2. Alguien llamó a Marisol por teléfono.   Cierto   Falso

3. Ella se puso nerviosa cuando vio su correo electrónico.   Cierto   Falso

4. Le escribió un mensaje al Sr. Verdugo.   Cierto   Falso

5. Llamó a Manolo.   Cierto   Falso

6. Cree que Lupe hace cosas raras y misteriosas.   Cierto   Falso

Video: *El misterio crece* (Textbook p. 328)

08-54 ¿Qué pasó? View the episode *El misterio crece* and then match each event to its most appropriate pair, according to the plot.

1. Mientras Lupe trabajaba con su computadora, _____

2. Después de tener el problema con la conexión telefónica, _____

3. Mientras Cisco leía en su apartamento, _____

4. Cuando Manolo se puso nervioso, _____

5. Después de decirle a Manolo que no podía hablar más, _____

a. Lupe puso ropa en su maleta.

b. recibió una llamada de teléfono.

c. Cisco se vistió.

d. Manolo la llamó por teléfono.

e. Cisco estaba muy tranquilo y no estaba preocupado.

08-55 ¿Por qué se portan así? View the video again. Choose one of the characters below and, considering the questions that follow, write a paragraph about why you think he or she is exhibiting such strange behaviors.

- Lupe: ¿Por qué pone ropa en su maleta? ¿Por qué tiene una pistola? ¿A dónde crees que va a ir? ¿Por qué crees que va a ir a ese lugar? ¿Qué piensas que va a hacer?

- Cisco: ¿Por qué piensas que no tiene miedo de trabajar juntos para resolver el nuevo rompecabezas? ¿Por qué se pone más ropa encima de sus pantalones cortos y su camiseta? ¿A dónde piensas que va a ir? ¿Qué piensas que va a hacer?

_____

_____

_____

_____

_____

_____

Comunidades

08-56 Experiential Learning: ¿Qué me pongo?

- Make up two different shopping lists that include all types of articles of clothing. The first list will be for the first day of a new semester, and the second will be for any other important event of your choice. Make sure that shoes are also listed as one of the items needed.

- Then conduct research online in order to find clothing stores or designers from Spanish-speaking countries that have websites where you can view their collections. Browse through the sites of at least four different stores, making notes about which clothes at each store will fulfill your needs for the two outfits you need to find and how much those clothes cost.

- Make a final decision as to which clothes are the best options for you.

- Prepare a presentation about which articles of clothing you considered, which ones you finally chose, making certain to describe each article of clothing in as much detail as possible, referring to colors, fabrics, etc. You must also analyze how the styles and prices of the clothes you considered compare to clothes at your own favorite stores in the United States.

08-57 Service Learning: Ayuda para los que ayudan.
Visit your local Goodwill store or similar commercial outlet that offers quality used clothing at reasonable prices. Find out if it would be helpful to have any of their signs on the different clothing aisles translated into Spanish and if they have any handouts or other information (return policies or required receipts) that would be useful to have in Spanish. Work in groups to fulfill the translation needs of those community organizations, and then present the final copies to them.

9 Estamos en forma

Comunicación I

Vocabulario

1. El cuerpo humano: Describing the human body
(Textbook p. 334)

09-01 **Todo está conectado.** For each body part given, select the letter of the body part that is most closely connected to it.

1. el pie
   a. el cuello
   b. el brazo
   c. la mano
   d. la pierna
   e. la boca

2. la cabeza
   a. el cuello
   b. el brazo
   c. la pierna
   d. la mano
   e. el pie

3. la mano
   a. el cuello
   b. el brazo
   c. la pierna
   d. el pie
   e. la cara

4. el dedo
   a. el cuello
   b. el corazón
   c. la nariz
   d. la pierna
   e. la mano

5. el diente
   a. la mano
   b. la pierna
   c. la boca
   d. la oreja
   e. la nariz

6. la nariz
   a. la mano
   b. la cara
   c. el cuello
   d. el brazo
   e. la pierna

7. la oreja
   a. la pierna
   b. el brazo
   c. el cuello
   d. la cabeza
   e. el ojo

09-02 Partes del cuerpo y actividades. Match each activity to the body part that is most important in carrying it out.

1. jugar al tenis _____   a. los pies

2. tocar el piano _____   b. la boca

3. jugar al fútbol _____   c. los brazos

4. almorzar _____   d. los ojos

5. tocar el tambor _____   e. los dedos

6. ver una película _____   f. las manos

09-03 ¿Cuál es su especialidad? Doctors specialize in different areas of medicine, and many times, in the care of different parts of our bodies. For each body part given, use your knowledge of cognates to choose which specialist you would go to for help.

1. los ojos
   a. un cardiólogo
   b. un ginecólogo
   c. un psiquiatra
   d. un dentista
   e. un oftalmólogo

3. la cabeza
   a. un dentista
   b. un oftalmólogo
   c. un neurólogo
   d. un cardiólogo
   e. un quiropráctico

2. el corazón
   a. un cardiólogo
   b. un quiropráctico
   c. un neurólogo
   d. un oftalmólogo
   e. un dentista

4. los dientes
   a. un ginecólogo
   b. un quiropráctico
   c. un urólogo
   d. un dentista
   e. un oftalmólogo

5. la espalda
   a. un cardiólogo
   b. un quiropráctico
   c. un oftalmólogo
   d. un dentista
   e. un urólogo

🔊 **09-04 ¿Qué se puso?** Listen to each situation, and then respond to the questions about the clothes each person put on. Be sure to use complete sentences and the correct article of clothing from the word bank, and follow the structure of the model exactly.

unos guantes   unos calcetines   un suéter   unas orejeras   unos pantalones de lana   un sombrero

MODELO   You hear: Corina tenía mucho frío en las orejas.
You see: ¿Qué crees que se puso Corina?
You write: *Creo que Corina se puso unas orejeras.*

1. ¿Qué crees que se puso Isabel?

_____.

2. ¿Qué piensas que se puso Javier?

_____.

3. ¿Qué crees que se puso Fernando?

_____.

4. ¿Qué piensas que se pusieron Iván y Quique?

_____.

5. ¿Qué crees que se puso Ricardo?

_____.

09-05 ¿Qué le pasaba? Match this person's complaints about problems she had last week to the correct description of the things she was not able to do as a result of her aches and pains.

1. "Me dolían mucho las manos y los dedos". _____

2. "Me dolían los ojos". _____

3. "Me dolía mucho la garganta". _____

4. "Me dolía el estómago". _____

5. "Me dolían mucho los pies y las piernas". _____

6. "Me dolían los brazos". _____

a. No podía comer.

b. No podía jugar al tenis.

c. No podía tocar la guitarra.

d. No podía hablar.

e. No podía correr.

f. No podía leer.

09-06 ¿Qué pasó? Listen to each description of how these people are feeling, and select the description that best corresponds to each person.

1. _____

2. _____

3. _____

4. _____

5. _____

6. _____

a. Fue a pasar el fin de semana en las montañas y pasó todo el sábado esquiando. Iba a pasar todo el domingo esquiando también, pero no pudo.

b. Fue a un restaurante con sus amigos y comió una carne que estaba mala.

c. Tenía que escribir un ensayo importante para una de sus clases y pasó más de cinco horas seguidas trabajando con la computadora y con unos libros.

d. Tuvo un problema con uno de los dientes y cuando fue al dentista descubrió que era necesario sacarlo.

e. Pasó todo el día levantando muebles muy pesados porque su amigo necesitaba ayuda para mudarse a otra casa.

f. Los jóvenes que viven en la casa que está al lado de su casa pusieron música horrible a todo volumen durante toda la noche.

09-07 Heritage Language: *tu español*. Raise your awareness about the correct spelling of words that contain easily confused letters by writing each word that you hear.

1. _____

2. _____

3. _____

4. _____

5. _____

6. _____

7. _____

8. _____

9. _____

10. _____

🔊 Pronunciación: The letters *d* and *t* (Textbook p. 335)

1. The Spanish **d** is pronounced with a hard sound when it appears at the beginning of a sentence or phrase, or after the letters **n** or **l**. The sound is similar to the *d* in the English word *dog*.

   doctor   **D**aniel   espal**d**a   **d**ón**d**e

2. In all other cases, the Spanish **d** is pronounced like the *th* in the English words *they* or *father*.

   oí**d**o   que**d**arse   antiáci**d**o   algo**d**ón

3. When pronouncing the Spanish **t**, the tongue touches the back of the upper teeth. It sounds like the *t* in the English word *star*.

   dien**t**e   gargan**t**a   estómago   qui**t**arse

🔊 **09-08 ¿Qué dijo?** Listen to the statements, and write the word that is used in each.

manta	manda	falda	falta	venda	venta	tose	doce

1. _____   5. _____

2. _____   6. _____

3. _____   7. _____

4. _____   8. _____

🔊 **09-09 ¿Quien lo dijo?** Listen to each word and based especially on how the people pronounce the letters **d** and **t**, indicate if each person is a native speaker of Spanish or a native speaker of English.

1. hispanohablante   anglohablante

2. hispanohablante   anglohablante

3. hispanohablante   anglohablante

4. hispanohablante   anglohablante

5. hispanohablante   anglohablante

6. hispanohablante   anglohablante

7. hispanohablante   anglohablante

8. hispanohablante   anglohablante

09-10 ¿Qué palabra dijo? Listen to each statement, and indicate which of the words from the bank the speaker used.

cara	toros	cada	modas	dura	todos	moras	duda

1. _____

2. _____

3. _____

4. _____

5. _____

6. _____

7. _____

8. _____

09-11 Refranes. Listen to the following sayings, practice reciting them, and then give your best pronunciation of each one.

1. La naturaleza, el tiempo y la paciencia son tres grandes médicos.

2. Más ven cuatro ojos que dos.

3. Acostarse temprano y levantarse temprano hacen al hombre saludable, rico y sabio.

4. Aceite de oliva, todo mal quita.

5. Beber con medida alarga la vida.

6. Para mentir y comer pescado, hay que tener mucho cuidado.

7. Todo el cuerpo duerme, menos la nariz.

Gramática

2. Un resumen de los pronombres de complemento directo e indirecto y reflexivos: Sharing about people, actions, and things (Textbook p. 337)

09-12 ¿Qué pasó con la foto? Gema went to a club last weekend and had the opportunity to dance with one of her favorite actors. To capture the moment, she asked her best friend to take a photograph using her mobile phone. Look at the photo that her friend took and answer the questions about it below. Be sure to use complete sentences and the correct direct object pronouns in order to avoid unnecessary repetition of the objects. Follow the structure of the model exactly.

MODELO   ¿Incluyó los dos ojos de Gema en la foto?
            No, no los incluyó.
            ¿Incluyó la boca de Gema en la foto?
            Sí, la incluyó.

1. ¿Incluyó las dos manos de Gema en la foto?

_____.

2. ¿Incluyó las dos manos del actor favorito de Gema en la foto?

_____.

3. ¿Incluyó los dos ojos del actor favorito de Gema en la foto?

_____.

4. ¿Incluyó las dos piernas de Gema en la foto?

_____.

5. ¿Incluyó las dos piernas del actor favorito de Gema en la foto?

_____.

6. ¿Incluyó la nariz del actor favorito de Gema en la foto?

_____.

09-13 Nuestras preferencias. Using the correct indirect object pronouns, complete the following sentences with the correct forms of the verb **encantar**.

MODELO   A mis padres *les encanta* mi novio.

1. A los profesores de literatura _____ la poesía.

2. A mi profesor de arte _____ los museos.

3. A los profesores de biología _____ las plantas y los animales.

4. A mí _____ mis amigos.

5. A ti _____ tu apartamento.

6. A nosotros _____ nuestra universidad.

7. A ustedes _____ sus clases.

09-14 Un día en el hospital. Listen to Maribel describe the day that she and her siblings went to the hospital, and then answer the questions about what occurred. Use complete sentences and direct and indirect object pronouns in order to avoid unnecessary repetition.

MODELO   ¿A quién le operaron el corazón?
           A su abuelo se lo operaron.
           ¿A su abuelo le operaron las piernas?
           No, no se las operaron; le operaron el corazón.

1. ¿A quién le operaron los ojos?

2. ¿A Maribel le examinaron las orejas?

3. ¿A quién le miraron la garganta?

4. ¿A su madre le analizaron la cabeza?

5. ¿A quién(es) le(s) limpiaron los dientes?

6. ¿A su hermana le revisaron los pies?

09-15 Ayer por la mañana. Read the description of what Pablo did yesterday. Then indicate if each pronoun numbered is functioning as a direct object pronoun or as a reflexive pronoun.

A las siete de la mañana me[1] despertó mi madre y cinco minutos después me[2] levanté. Después me[3] fui a la cocina y me[4] senté en la mesa para desayunar. Mientras tomaba el café, uno de mis amigos me[5] llamó por teléfono y contó una anécdota muy cómica que me[6] hizo reír (*made me laugh*) mucho. Después de hablar con mi amigo me[7] duché, me[8] sequé y me[9] vestí. Fui a clase y la conferencia de mi profesor de matemáticas me[10] durmió.

1.	objeto directo	reflexivo	6.	objeto directo	reflexivo
2.	objeto directo	reflexivo	7.	objeto directo	reflexivo
3.	objeto directo	reflexivo	8.	objeto directo	reflexivo
4.	objeto directo	reflexivo	9.	objeto directo	reflexivo
5.	objeto directo	reflexivo	10.	objeto directo	reflexivo

09-16 Un accidente muy grave. Laura was in a very serious accident and had to go the hospital. Complete the description of her experience with the correct reflexive, direct object, or indirect object pronouns.

Hace dos semanas, mientras iba a la casa de mis padres, tuve un accidente terrible. En este momento solamente

(1) _____ acuerdo de un poco de lo que pasó. Sé que un hombre en un automóvil deportivo iba muy

rápidamente y conducía como un loco. Ese hombre (2) _____ puso a mí y a mi amiga muy nerviosas.

Después, chocó (*he crashed*) contra nosotras y realmente no sé qué pasó en ese momento, porque estaba

inconsciente. Mi madre (3) _____ dijo después que unos paramédicos (4) _____ llevaron a mí, a

mi amiga y al hombre loco al hospital. Allí (5) _____ operaron a mí; a mi amiga y al hombre, que no

estaban muy mal, también (6) _____ examinaron sus heridas (*wounds*). Estuve en el hospital durante dos

semanas y cuando los médicos (7) _____ permitieron a mis padres llevarme a casa, al principio mi madre

(8) _____ tuvo que bañar porque yo no estaba suficientemente fuerte todavía. Poco a poco fui

recuperándome: después de dos semanas ya (9) _____ podía levantar sin la ayuda de otra persona y

después de un mes empecé a vestirme sin ayuda. Al final, el hombre loco (10) _____ tuvo que pagar

mucho dinero a mí y a mi familia.

🔊 09-17 Heritage Language: *tu español*. Although the meanings of the words se / sé and te / té are quite different, it can sometimes prove difficult to remember which of the words require the written accent and which do not. Listen to each statement, and then select the correct word based on the context.

1. se   sé   4. te   té

2. se   sé   5. te   té

3. se   sé

Vocabulario

3. Algunas enfermedades y tratamientos médicos: Explaining ailments and treatments (Textbook p. 341)

09-18 Crucigrama. Complete the crossword puzzle with the correct words.

1. medicamento muy común que alivia el dolor de cabeza y ayuda a bajar la fiebre (*plural*)

2. enfermedad común que tiene síntomas como fiebre, dolor de cabeza y dolor de estómago

3. enfermedad común que tiene síntomas como el estornudo, la tos, el dolor de cabeza, y a veces el dolor de garganta

4. tener la temperatura corporal muy alta; tener _____

5. mujer que trabaja en una clínica o en un hospital, ayudando a los pacientes y a los médicos

6. lo que tiene una persona cuando se corta

7. enfermedad o condición que pueden tratar con antibióticos

8. mujer que trabaja en una clínica o en un hospital, ayudando a los pacientes; ella puede recetar medicinas

9. enfermedad que no pueden curar con antibióticos

10. pieza de algodón que usamos para cubrir una herida

09-19 Síntomas y diagnóstico. Listen to each description of the symptoms that people are suffering, and choose the most appropriate diagnosis.

1. ____

2. ____

3. ____

4. ____

5. ____

a. una infección

b. la gripe

c. una pierna rota

d. una alergia

e. un catarro

09-20 Tratamientos. For each ailment listed below, choose the most appropriate treatment.

1. Una infección bacterial
   a. una aspirina
   b. un antiácido
   c. un vendaje
   d. un jarabe
   e. un antibiótico

2. Una fiebre
   a. una aspirina
   b. un antiácido
   c. un vendaje
   d. un jarabe
   e. una curita

3. Una herida
   a. una aspirina
   b. una pastilla
   c. un vendaje
   d. un antibiótico
   e. un jarabe

4. Una alergia
   a. un catarro
   b. una pastilla
   c. una venda
   d. un antiácido
   e. una curita

5. Un dolor de garganta
   a. una fiebre
   b. una pastilla
   c. una venda
   d. un jarabe
   e. un antiácido

09-21 En la clínica. Complete the descriptions about the different people and items associated with clinics using the correct words from the banks.

| venda | jarabe | enfermeras | herida | enfermas | tos |

Las (1) _____ trabajan muy duro para ayudar

a todas las personas que están (2) _____. Por

ejemplo, si una persona tiene una (3) _____,

entonces ellas le ponen una (4) _____. Si el

paciente tiene (5) _____, entonces probablemente le van a dar un

(6) _____ para ayudarle a sentirse mejor.

| catarro | fiebre | gripe | estornuda |

También participan en el trabajo diagnóstico en la clínica. Por ejemplo, si ven que una persona

(7) _____ mucho, pueden decirle al médico que probablemente ese paciente tiene

(8) _____. Si saben que un enfermo tiene (9) _____ y

que le duele todo el cuerpo, entonces pueden empezar a darle algo para tratar esos síntomas de la

(10) _____.

09-22 ¿Qué tienen que hacer para mejorarse? You are working in the university clinic and need to give quick advice to patients that are sending you instant messages. Respond to each person's complaints by using the correct forms of **tener que** along with the most appropriate advice for his/her situations. Be sure to follow the model.

guardar cama	tomar un antiácido	evitar el contacto con las plantas
vendarse	tratar de no mover el brazo	tomar unas pastillas

MODELO   Comí un bistec durante la cena y ahora tengo dolor de estómago.
            Tienes que tomar un antiácido.

1. Me siento horrible porque tengo la gripe.

_____.

2. Mientras cocinaba me corté con un cuchillo. Estoy sangrando mucho.

_____.

3. Tengo un catarro y estoy estornudando y tosiendo constantemente.

_____.

4. Creo que me rompí el brazo mientras jugaba al fútbol americano con mis amigos.

_____.

5. Tengo una alergia terrible al polen y estoy teniendo un ataque muy fuerte.

_____.

09-23 Heritage Language: *tu español*. In many places around the world people do not always go straight to the doctor when they do not feel well.

Paso 1. Think about what you and your family and/or friends do when common ailments and health concerns arise. Now share some of your own home remedies. List what you or members of your family do to prevent the following conditions and what you do to treat them.

el dolor de estómago

1. Para evitarlo…

_____
_____

2. Para tratarlo…

_____
_____

el dolor de garganta

   3. Para evitarlo…

   _____

   _____

   4. Para tratarlo…

   _____

   _____

la gripe

   5. Para evitarla…

   _____

   _____

   6. Para tratarla…

   _____

   _____

el catarro

   7. Para evitarlo…

   _____

   _____

   8. Para tratarlo…

   _____

   _____

el dolor de cabeza

   9. Para evitarlo…

   _____

   _____

   10. Para tratarlo…

   _____

   _____

Paso 2. Interview at least two friends, relatives, or fellow students of Spanish-speaking heritage in order to discover some of their cultures' home remedies. Make note of each of their country of origin as well as what each person does to prevent and treat the ailments.

11. el dolor de estómago

_____

_____

_____

_____

12. el dolor de garganta

_____

_____

_____

_____

13. la gripe

_____

_____

_____

_____

14. el catarro

_____

_____

_____

_____

15. el dolor de cabeza

_____

_____

_____

_____

Paso 3. Using your notes from **Paso 1** and **Paso 2** and the words and expressions in the word bank, describe the ways in which people can prevent and treat the conditions listed. Be sure to provide as many insights as possible focusing on how your own practices compare to those of the cultures of the people who you interviewed.

Tienes que… / (Usted) tiene que… / (Ustedes) tienen que…
Debes… / Debe… / Deben…
Hay que…
Es necesario…
Es importante…
Por un lado, en mi familia…., por otro lado, en la familia de mi amigo…
Mientras que en mi cultura muchas personas…, en la cultura de mi amigo es común

Nota cultural: El agua y la buena salud (Textbook p. 346)

09-24 El agua. Based on what you have learned about water and good health in the textbook, indicate if the following statements are **Cierto** or **Falso**.

1. El setenta y cinco por ciento del peso del cuerpo humano es agua.   Cierto   Falso

2. Más de tres cuartas partes de la sangre de un ser humano son de agua.   Cierto   Falso

3. Una cuarta parte del cerebro es agua.   Cierto   Falso

4. Es necesario consumir seis a ocho litros de agua al día.   Cierto   Falso

5. Es importante reponer por lo menos 500 centímetros cúbicos de agua todos los días.   Cierto   Falso

6. Algunas comidas y bebidas nos dan más agua y otras nos quitan agua.   Cierto   Falso

09-25 ¿Bebes mucha agua? Now think about your own awareness of the importance of water.

Paso 1. Consider the information that you learned in your text about the importance of water and organize the principal facts according to each category.

1. Lo sabía antes de leer

_____

_____

_____

2. No lo sabía antes de leer

_____

_____

_____

Paso 2. Now describe your own current water-drinking habits, and discuss whether or not you should adjust them in order to improve your health.

Gramática

4. ¡Qué! y ¡cuánto!: Making emphatic and exclamatory statements (Textbook p. 346)

 09-26 ¡Qué noticias! Your friends all have important news to share with you. Listen to each person, and choose the letter of the most appropriate response.

1. ...
   a. ¡Cuánto me gusta!
   b. ¡Cuánto lo agradezco!
   c. ¡Qué interesante!
   d. ¡Cuánto lo siento!
   e. ¡Cuánto me duele!

4. ...
   a. ¡Qué susto!
   b. ¡Qué triste!
   c. ¡Qué experto!
   d. ¡Qué feo!
   e. ¡Qué interesante!

2. ...
   a. ¡Qué bueno!
   b. ¡Qué triste!
   c. ¡Qué médico!
   d. ¡Qué feo!
   e. ¡Qué susto!

5. ...
   a. ¡Qué hospital!
   b. ¡Qué bueno!
   c. ¡Cuánto lo siento!
   d. ¡Cuánto me gusta!
   e. ¡Qué interesante!

3. ...
   a. ¡Cuántas clínicas!
   b. ¡Cuántos médicos!
   c. ¡Cuánto tiempo!
   d. ¡Cuánto me duele!
   e. ¡Cuánto me gusta!

09-27 Un día de mucho estrés en el hospital. Pablo has just arrived to work at the hospital and his colleague, Olga, is describing what a stressful day it has been. Complete Pablo's reactions to each of her statements using either **qué** or the correct form of **cuánto**.

OLGA: Esta mañana vinieron más de doscientos pacientes a la sala de urgencias porque necesitaban nuestra ayuda.

PABLO: ¡(1) _____ personas!

OLGA: Algunas personas tuvieron que esperar más de dos horas para recibir atención médica.

PABLO: ¡(2) _____ paciencia!

OLGA: La Dra. García les salvó la vida a más de diez personas que sufrieron heridas muy graves en un accidente de tráfico.

PABLO: ¡(3) _____ médica!

OLGA: Yo preparé a seis de esas personas para sus operaciones porque pude estabilizarlas.

PABLO: ¡(4) _____ les ayudaste!

OLGA: Una de las personas llegó con una herida tan grave que teníamos miedo de tener que amputar una pierna.

PABLO: ¡(5) _____ herida!

OLGA: Hoy todo nuestro equipo trabajó más de siete horas y no tuvimos descansos.

PABLO: ¡(6) _____ horas!

OLGA: Ahora estoy muy cansada y necesito irme a casa para descansar un poco.

PABLO: ¡(7) _____ te entiendo! No te preocupes… ahora que yo estoy aquí puedes irte a casa tranquila, y yo puedo atender a tus pacientes.

OLGA: ¡(8) _____ lo agradezco!

09-28 ¡Cuántas emociones! Your friends have all had very emotional days and are sharing with you some of the ups and downs that they have experienced. Listen to each of their comments, and then write an appropriate response using expressions with **qué** and **cuánto**.

MODELO You hear: Mi mamá tuvo que ir a la sala de urgencias esta mañana.
You write: *¡Qué susto!*

1. _____   4. _____

2. _____   5. _____

3. _____

09-29 Heritage Language: _tu español_. Because they are pronounced exactly the same way, when writing it can be difficult to always remember to differentiate between **qué** and **que**, and **cuánto(s)** and expressions with **cuanto** (as in **cuanto antes**, meaning "as soon as possible"). Listen to each statement, and use the context and meaning of the words to determine which word the speaker uses. Write the word in the space provided.

1. _____   3. _____

2. _____   4. _____

Comunicación II

Gramática

5. El pretérito y el imperfecto: Narrating in the past (Textbook p. 349)

09-30 Niños peligrosos. Read Javier's narrative about the accident his sister had when they were little.

Paso 1. Identify all of the past tense verbs that Javier uses in his narrative.

1. De niños, nosotros siempre teníamos muchos accidentes —algunos pequeños y otros no tan pequeños. Por ejemplo, recuerdo una vez cuando tenía doce años y mi hermana bailaba en la sala de nuestra casa. Ella se subió al sofá con la intención de saltar de allí al suelo. Al final en lugar de saltar, se cayó. Tenía una pequeña herida en la cara con mucha sangre. Cuando mi madre la vio, empezó a gritar. Fuimos todos directamente al hospital. Mi pobre madre sufría mucho con todos nuestros incidentes.

Paso 2. Now classify each of the past tense verbs from **Paso 1,** according to their specific tense.

2. verbos en el pretérito	3. verbos en el imperfecto

Paso 3. Now for each of the verbs in Javier's narrative, select the reason why that tense is appropriate.

4. teníamos
   a. acciones habituales y repetidas
   b. expresa lo que estaba pasando
   c. descripción del ambiente y de la situación o las condiciones generales
   d. expresa la hora

5. tenía
   a. acciones habituales y repetidas
   b. expresa lo que estaba pasando
   c. detalles descriptivos o descripción del ambiente o de la situación o las condiciones generales
   d. expresa la hora

6. bailaba
   a. acciones habituales y repetidas
   b. expresa lo que estaba pasando
   c. descripción del ambiente y de la situación o las condiciones generales
   d. expresa la hora

7. se subió
   a. un evento específico del pasado
   b. un evento que empezó o que terminó en el pasado
   c. un evento central dentro de una secuencia de eventos en una narrativa
   d. una acción que duró un espacio de tiempo específico

8. se cayó
   a. un evento específico del pasado
   b. un evento que empezó o que terminó en el pasado
   c. un evento central dentro de una secuencia de eventos en una narrativa
   d. una acción que duró un espacio de tiempo específico

9. tenía
   a. acciones habituales y repetidas
   b. expresa lo que estaba pasando
   c. descripción del ambiente y de la situación o las condiciones generales
   d. expresa la hora

10. vio
   a. un evento específico del pasado
   b. un evento que empezó o que terminó en el pasado
   c. un evento central dentro de una secuencia de eventos en una narrativa
   d. una acción que duró un espacio de tiempo específico

11. empezó
   a. un evento específico del pasado
   b. un evento que empezó o que terminó en el pasado
   c. un evento central dentro de una secuencia de eventos en una narrativa
   d. una acción que duró un espacio de tiempo específico

12. fuimos
   a. un evento específico del pasado
   b. un evento que empezó o que terminó en el pasado
   c. un evento central dentro de una secuencia de eventos en una narrativa
   d. una acción que duró un espacio de tiempo específico

13. sufría
   a. acciones habituales y repetidas
   b. expresa lo que estaba pasando
   c. descripción del ambiente y de la situación o las condiciones generales
   d. expresa la hora

09-31 Una anécdota caótica. Támara would like to tell you about something very important that happened last week, but she is so excited she is having trouble organizing the different parts of her story. Reconstruct her story by placing the fragments in their logical order.

1. ___
2. ___
3. ___
4. ___
5. ___
6. ___
7. ___
8. ___
9. ___
10. ___

a. Me contestó que estaba en frente de mi casa y que solo necesitaba cinco minutos de mi tiempo.

b. Esa noche, tenía planes de salir a una discoteca con mis amigos.

c. Miré por la ventana y vi que estaba en la calle enfrente de mi casa.

d. Cancelé mis planes con mis amigas, y él y yo pasamos toda la tarde hablando.

e. Llevaba ropa muy elegante y estaba muy guapo.

f. Me dijo que necesitaba verme urgentemente.

g. Todo empezó el sábado pasado.

h. También tenía veinticuatro rosas en la mano y era evidente que quería recuperar nuestra relación.

i. Le respondí que eso era imposible, que tenía que salir en los siguientes quince minutos.

j. Mientras me vestía y me maquillaba para salir, mi ex-novio me llamó.

Nombre: _____ Fecha: _____

09-32 Muchas interrupciones. Your friend Sara is working as a nurse's assistant in the emergency room. Life at work is extremely fast-paced and hectic. Complete her descriptions of the interruptions she experienced during the day using the correct preterit forms of the correct verbs, and the descriptions of the activities she was doing when the interruptions occurred using the correct imperfect forms of the correct verbs. Each verb should be used only once.

vendar	pedir	trabajar	entrar

¡Cuánto trabajo! ¡No paré en ningún momento del día! Mientras yo (1) _____ en la

sala de urgencias, (2) _____ muchos pacientes con diferentes heridas, enfermedades y

necesidades. Era necesario ayudarles a todos. Mientras yo (3) _____ la herida de una

persona, una enfermera me (4) _____ ayuda con otro caso importante.

ser	llegar	tratar	irse	salir	llamar

Después (*Then*), cuando (5) _____ de ayudarle a ella con ese caso, un

médico nos (6) _____ por teléfono para pedir nuestra ayuda con otro

caso diferente. Cuando por fin (*finally*) (7) _____ del hospital para casa,

dos ambulancias (8) _____ al hospital con otros cuatro pacientes.

Cuando (9) _____ las ocho de la noche, yo (10) _____

del hospital para mi casa por fin.

09-33 Eventos centrales y detalles descriptivos. Complete the following narrative using the correct preterit forms of the correct verbs for the central actions, and the correct imperfect forms of the correct verbs for the descriptive details.

Detalles descriptivos	**Evento central**
ser querer hacer sentirse	ir

El sábado pasado (1) _____ a la casa de mi mejor

amiga porque ella no (2) _____ muy bien y yo

(3) _____ ayudarle. (4) _____

las dos de la tarde y (5) _____ mucho sol.

Detalle descriptivo	**Eventos centrales**
llevar	decidir volver llegar divertirse

© 2013 Pearson Education, Inc.

Yo (6) _____ a la casa de mi amiga a las dos y media de la

tarde, y nosotras (7) _____ salir a dar un paseo por la ciudad.

Nosotras (8) _____ ropa muy informal, por eso después del paseo

(9) _____ a su casa para cambiarnos de ropa antes de salir a cenar.

Después de cenar, nosotras (10) _____ mucho bailando en una discoteca.

09-34 Tu primer día en la universidad. Think about your first day at school: all of the important things that occurred, all of the details that you took in, and all of the emotions that you felt.

Paso 1. Answer the following questions about your first day at the university.

1. Eventos centrales del día

   ¿Cuándo llegaste? ¿Cómo fuiste? ¿Con quién(es) fuiste? ¿A qué hora se fueron esas personas? ¿Qué hiciste durante el día? ¿A quién(es) conociste? ¿Qué hiciste por la noche? ¿Qué otros eventos importantes quieres compartir (*share*)?

   _____

   _____

   _____

   _____

   _____

   _____

2. Detalles descriptivos

   ¿Qué día de la semana era? ¿Qué tiempo hacía? ¿Qué ropa llevabas? ¿Cómo te sentías?
   ¿Quién(es) estaban por el campus? ¿Qué hacían esas personas? ¿Cómo se sentían esas personas? ¿Qué otros detalles descriptivos importantes quieres compartir (*share*)?

   _____

   _____

   _____

   _____

   _____

   _____

Paso 2. Mentally organize your notes from **Paso 1** in order to give a description of your first day at school. Remember that when narrating the main events of your story, you should use the preterit, and when offering expository details, you should use the imperfect.

09-35 Heritage Language: *tu español*. Complete the narrative about what happened to Isabel last week using the correct preterit or imperfect forms of the correct verbs. You may use each verb only once.

llegar	decir	estar	sentirse	ser
preguntar	llamar	esperar	contestar	doler

El viernes pasado yo (1) _____ por teléfono a la clínica porque

(2) _____ muy mal. Me (3) _____ la cabeza y el estómago. La

secretaria que (4) _____ el teléfono me (5) _____ cuáles eran mis

síntomas. Después de escucharme, ella me (6) _____ que (7) _____

necesario ir a la clínica para recibir un diagnóstico de un médico. Cuando (8) _____ a la

clínica, la sala de espera (9) _____ llena de otras personas enfermas. Durante una hora y

media (10) _____ allí sentada, sintiéndome muy mal antes de poder ver a un médico.

Nota cultural: Las farmacias en el mundo hispanohablante (Textbook p. 356)

09-36 Las farmacias. Based on what you have learned in your text about pharmacies in the Spanish-speaking world, indicate if the following statements are *Cierto* or *Falso*.

1. En Latinoamérica las farmacias son dispensarios de una gran variedad de productos.   Cierto   Falso

2. Para obtener antibióticos en muchos lugares hispanohablantes es necesario tener siempre una receta médica.   Cierto   Falso

3. Los farmacéuticos en muchos lugares hispanohablantes no necesitan consultar frecuentemente con un médico antes de darle un medicamento a un cliente.   Cierto   Falso

4. En países como Argentina, Chile y México hay un nuevo tipo de farmacia que es parecido a las farmacias estadounidenses que nunca cierran.   Cierto   Falso

5. Las farmacias como las de la cadena Inka Farma, además de vender medicamentos, también les ofrecen muchos otros artículos a sus clientes.   Cierto   Falso

Gramática

6. Expresiones con *hacer*: Explaining how long something has been going on and how long ago something occurred (Textbook p. 356)

09-37 Un compañero de clase. Some students in one of your classes are just meeting for the first time and are getting to know each other. Listen to their conversation and then answer the questions using concise but complete sentences, as in the model.

MODELO ¿Cuánto tiempo hace que la universidad tiene problemas con los documentos de Alejandro?
Hace tres años.

1. ¿Cuánto tiempo hace que Alejandro empezó a tomar la clase?

   _____

2. ¿Cuánto tiempo hace que Carmen toma la clase?

   _____

3. ¿Cuánto tiempo hace que Alejandro estudia en la universidad?

   _____

4. ¿Cuánto tiempo hace que Alejandro llegó a Estados Unidos?

   _____

5. ¿Cuánto tiempo hace que Carmen empezó sus estudios universitarios?

   _____

6. ¿Cuánto tiempo hace que Carmen salió de México?

   _____

09-38 La curiosidad. Mario is a very curious person and strikes up conversations with people in every context. Now he is at an appointment with a doctor and has lots of questions about the physician's background. Match each question with the correct response.

1. ¿Cuánto tiempo hace que es usted doctora? _____

2. ¿Cuánto tiempo hace que empezó a trabajar aquí? _____

3. ¿Cuánto tiempo hace que vive en esta ciudad? _____

4. ¿Cuánto tiempo hace que vive en los Estados Unidos? _____

5. ¿Cuánto tiempo hace que tiene esta especialidad? _____

6. ¿Cuánto tiempo hace que empezó esta cita? _____

a. Me mudé aquí hace tres años.

b. Decidí ser cardióloga hace cinco años.

c. Hace diez años que soy médica.

d. Hace media hora que usted entró a la clínica.

e. Hace un año que comencé en esta clínica.

f. Hace quince años que inmigré.

09-39 Preguntas personales. Answer the following questions about yourself using complete sentences.

1. ¿Cuánto tiempo hace que empezaste tus estudios universitarios?

2. ¿Cuántos meses hace que estudias español?

3. ¿Cuánto tiempo hace que tuviste clase de español?

4. ¿Cuánto tiempo hace que fuiste al médico la última vez?

5. ¿Cuánto tiempo hace que estuviste enfermo/a la última vez?

09-40 Heritage Language: *tu español*. Listen to each response and for each one, indicate the question that was asked, following the model. Be careful to use accents in the question words and any other words that require them.

MODELO   You hear: Hace cuatro días que tengo fiebre.
          You write: *¿Cuántos días hace que tienes fiebre?*

1. _____

2. _____

3. _____

4. _____

5. _____

6. _____

7. _____

Escucha (Textbook p. 360)

09-41 Preguntas importantes. Think about conversations that take place between patients and nurses who work at walk-in clinics.

Paso 1. Posibles preguntas. Write down some of the questions that a nurse at such a clinic often asks a patient.

_____

_____

_____

_____

_____

Paso 2. Posibles respuestas. Now give at least two possible answers for each question that you wrote in **Paso 1**.

09-42 ¿Cómo te sientes? Listen to the conversation between the nurse and her patient, Víctor, and for each question, indicate if their exchange provides the answers or not.

1. ¿Cuáles son los síntomas que tiene Víctor?   Sí   No

2. ¿Cuánto tiempo hace que se siente mal?   Sí   No

3. ¿Qué medicamentos tomó para sentirse mejor?   Sí   No

4. ¿Qué enfermedad tiene Víctor?   Sí   No

5. ¿Dónde y cómo se enfermó?   Sí   No

6. ¿Qué necesita hacer para mejorarse?   Sí   No

09-43 ¿Qué le pasa a Víctor? Listen to the conversation between the nurse and her patient, and then answer the following questions about Víctor using complete sentences.

1. ¿Cuáles son los síntomas que tiene Víctor?

_____

_____

2. ¿Cuánto tiempo hace que se siente mal?

_____

_____

3. ¿Qué medicamentos tomó para sentirse mejor?

_____

_____

4. ¿Qué enfermedad piensas que tiene Víctor?

_____

_____

5. ¿Dónde y cómo piensas que se enfermó?

_____

_____

6. ¿Qué piensas que necesita hacer para mejorarse?

_____

_____

¡Conversemos! (Textbook p. 361)

09-44 La última vez que tuve... For each of the following ailments, describe the last time you suffered from it. Begin each description by using **hacer... que** to indicate how long ago it occurred, and then describe the symptoms that you suffered, the parts of your body that were affected, what you did to get better, and how long you were sick.

– resfriado
– tos
– gripe

Escribe (Textbook p. 362)

09-45 La última vez que te enfermaste.

Paso 1. Recall the last time that you felt ill and organize your thoughts according to both the **eventos importantes** and the **detalles descriptivos**. When noting important events, you could include information such as when it occurred, what happened, how you became ill, and what steps you took to get better. When noting descriptive details, you could include information about where you were, how you were feeling, and what your symptoms were.

1. _____

_____

_____

_____

_____

Paso 2. Organize your notes from **Paso 1** into a narrative about your most recent experience feeling ill. Before you write, review the information about when to use the preterit and the imperfect, as well as the activities focused on the past tenses.

2. _____

_____

_____

_____

_____

_____

_____

_____

_____

Paso 3. Share your narrative with a classmate and ask the person to give you constructive feedback on the content of your anecdote. Then ask your classmate to check all of your verbs to confirm whether or not you conjugated them correctly in the form that you chose to use. Finally, ask your classmate to check your use of the preterite and the imperfect throughout your narrative.

Paso 4. Write a revision of your narrative using the feedback of your classmate to help you improve your writing.

3. _____

_____

_____

_____

_____

_____

_____

_____

_____

_____

Cultura: Perú, Bolivia, Ecuador (Textbook pp. 363–365)

09-46 ¿Verdad o mentira? Based on what you learned in the text about these countries, indicate if the following statements are **Cierto** or **Falso**.

1. Ayacucho es un barrio que está en Lima.   Cierto   Falso

2. La Universidad Nacional Mayor está en San Marcos.   Cierto   Falso

3. Diana Ávila Peralta vive con sus padres mientras estudia en la universidad.   Cierto   Falso

4. Las líneas de Nazca son unos dibujos misteriosos en el desierto que solamente
   puedes ver desde el aire.   Cierto   Falso

5. La Paz está en los Andes y es la capital más alta del mundo.   Cierto   Falso

6. Según el texto, hay tres lenguas oficiales en Bolivia.   Cierto   Falso

7. Titicaca es el volcán activo más alto del mundo.   Cierto   Falso

8. Los tsáchilas tienen mucho poder porque tienen un gran conocimiento
   de las plantas medicinales.   Cierto   Falso

9. Los chamanes son personas muy importantes en sus comunidades.   Cierto   Falso

10. Cotopaxi es el lago navegable más alto del mundo.   Cierto   Falso

09-47 Vistas culturales: Perú.

View the video segments in order to complete each part of the activity. You will likely not understand all of the words that you hear, but you should relax because you are capable of understanding more than enough to be able to respond to the questions without difficulty. Please be sure to read the questions that you will have to answer before viewing each video segment.

Paso 1. Introducción. Read the questions, skim through the possible answers, and then view the video in order to determine the correct response or responses.

1. ¿Aproximadamente cuántos habitantes tiene Perú?
   casi veintiocho mil
   casi doscientos ochenta mil
   casi veintiocho millones

2. ¿Con qué países tiene fronteras Perú?
   Argentina
   Bolivia
   Brasil
   Chile
   Colombia
   Ecuador

3. Según el vídeo, ¿qué tipo de diversidad tiene Perú?
   cultural
   geográfica
   étnica

Paso 2. Machu Picchu. Read the questions, skim through the possible answers, and then view the video in order to determine the correct response or responses.

4. ¿Quiénes construyeron Machu Picchu?
   los aymaras
   los incas
   los aztecas
   los españoles

5. ¿En qué año se construyó?
   1570
   1460
   1560
   1470

6. ¿A cuántos pies de altura está Machu Picchu?
   1.800
   5.800
   8.000
   10.800

7. Según el vídeo, ¿qué parece ser el Intihuatana?
   una terraza de cultivo a diferentes niveles
   un palacio
   una casa
   un lugar de adoración al sol

8. Según el vídeo, ¿qué piensan algunas personas que fue Machu Picchu?
   un lugar para observar y estudiar astronomía
   la capital oficial del imperio Inca
   un lugar religioso
   un lugar para estudiar quechua

Paso 3. El Perú de hoy. Read the questions, skim through the possible answers, and then view the video in order to determine the correct response or responses.

9. ¿Qué tiene la costa de Perú?
   animales y minerales
   playas
   altas montañas
   ríos navegables

10. ¿Qué tiene la región de los Andes?
    animales y minerales
    playas
    altas montañas
    ríos navegables

11. ¿Qué tiene la selva amazónica?
    animales y minerales
    playas
    altas montañas
    ríos navegables

12. ¿Cuáles son algunos productos agrícolas que se cultivan en Perú?
    café
    manzana
    naranja
    papaya
    melón

13. ¿Qué significa la expresión "Racialmente, es un país mestizo"?
    En Perú hay familias de muchos países de todo el mundo.
    En Perú hay familias de origen indígena.
    En Perú hay familias de origen europeo.
    En Perú hay familias que tienen orígenes indígenas y también europeos.

14. ¿Cuáles son algunos de los lugares de origen de la gente peruana de hoy?
    Italia
    Japón
    África
    China

Paso 4. La capital: Lima. Read the questions, skim through the possible answers, and then view the video in order to determine the correct response.

15. ¿Aproximadamente cuántos habitantes tiene Lima?
    85.000.000
    8.500.000
    850.000

16. ¿Qué quiere decir cuando en el vídeo se comenta que "Lima es una ciudad de contrastes"?
    Es el centro político, financiero, comercial y económico de Perú.
    Tiene diversidad en su arquitectura, sus calles y su infraestructura.
    Tiene partes modernas.
    Tiene barrios con casas viejas y construcciones coloniales.

17. ¿Quién era Pachacamac?
    unas pirámides
    unos templos
    un dios
    El fuego y los terremotos (*earthquakes*)

18. ¿Qué podemos ver desde Pachacamac?
    las ruinas después de un gran terremoto (*earthquake*)
    un gran fuego
    una vista panorámica de la ciudad de Lima
    el Océano Pacífico

19. Según el vídeo, ¿qué aspecto de la ciudad describen las palabras "moderna, colonial y republicana?
    los bancos y negocios
    la zona comercial
    la arquitectura

20. ¿Dónde está la escultura "El Beso"?
    la zona comercial de Lima
    el distrito de Víctor Delfín
    una zona muy cosmopolita que se llama Miraflores
    otra atracción de Lima

09-48 Vistas culturales: Bolivia. View the video segments in order to complete each part of the activity. You will likely not understand all of the words that you hear, but you should relax because you are capable of understanding more than enough to be able to respond to the questions without difficulty. Please be sure to read the questions that you will have to answer before viewing each video segment.

Paso 1. Bolivia: Introducción. Read the questions, skim through the possible answers, and then view the video in order to determine the correct response or responses.

1. ¿Cuántos habitantes tiene Bolivia?
    casi nueve millones
    casi noventa millones
    casi novecientos mil

2. ¿Cuál es la capital de Bolivia?
Lima
La Paz
Quito

3. ¿Por qué es importante Simón Bolívar para Bolivia?
Es el presidente.
Fue el libertador del país.
Fue el primer conquistador español en llegar a Bolivia.
El país fue nombrado en honor a él.

4. ¿Con qué países tiene fronteras?
Ecuador
Perú
Brasil
Paraguay
Argentina
Chile

5. ¿Por qué es interesante el Lago Titicaca?
Es el lago más alto del mundo.
Tiene salida al mar.
Tiene muchos ríos.

6. ¿Cuáles de las siguientes lenguas son oficiales en Bolivia?
portugués
quechua
aymara
guaraní
español

Paso 2. La ciudad que toca el cielo: La Paz. Read the questions, skim through the possible answers, and then view the video in order to determine the correct response.

7. ¿A qué altura sobre del nivel del mar está La Paz?
3.600 metros
6.600 metros
3.700 metros
6.700 metros

8. ¿Cuál es la capital constitucional de Bolivia?
La Paz
Sucre

9. Según el vídeo, ¿cuántos habitantes tiene La Paz?
más de 100.000
más de 1.000.000
más de 10.000.000

10. ¿Dónde en La Paz podemos ver artesanía de cerámica?
el Palacio de Gobierno
la Catedral
el Museo Costumbrista
el Valle de la Luna

Paso 3. La comida boliviana. Read the questions, skim through the possible answers, and then view the video in order to determine the correct response or responses.

11. ¿Qué son las chalas?
hojas de maíz
unos condimentos
picante

12. ¿Cuál de los siguientes ingredientes tienen muchos platos bolivianos?
maíz
canela
leche

13. ¿Cuáles son algunos postres bolivianos?
el chairo
el helado
el locro
la leche asada
el manjar blanco

14. ¿De qué ciudad es típico el dulce de leche?
La Paz
Sucre
Santa Cruz

Nombre: _____   Fecha: _____

Paso 4. Visitando Bolivia. Read the questions, skim through the possible answers, and then view the video in order to determine the correct response or responses.

15. ¿Cuáles de las siguientes ciudades bolivianas son Patrimonio Histórico de la Humanidad?
La Paz
Sucre
Santa Cruz
Ciudad de Potosí

16. ¿Dónde están las ruinas de Tiwanaku?
cerca de Santa Cruz
cerca de Ciudad de Potosí
cerca de La Paz
cerca de Sucre

17. ¿De qué civilización son las ruinas de Tiwanaku?
la civilización de los incas
la civilización de los aymaras
la civilización Tiwanacota

18. Según el vídeo, ¿qué hay en Tiwanaku?
monumentos
un museo arqueológico
un museo de arte
una Catedral
el Palacio de Justicia

19. Según el vídeo, ¿qué tipo de centro es la ciudad de Santa Cruz?
Es un centro de justicia del país.
Es un centro económico del país.
Es un centro artístico del país.
Es un centro político del país.

09-49 Vistas culturales: Ecuador. View the video segments in order to complete each part of the activity. You will likely not understand all of the words that you hear, but you should relax because you are capable of understanding more than enough to be able to respond to the questions without difficulty. Please be sure to read the questions that you will have to answer before viewing each video segment.

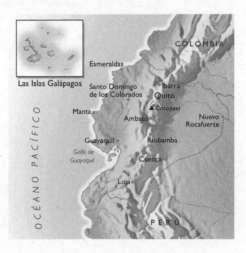

Paso 1. Ecuador, un país mágico. Read the questions, skim through the possible answers, and then view the video in order to determine the correct response or responses.

1. ¿Cuántos habitantes tiene Ecuador?
más de trece millones
más de ciento treinta millones
más de cien millones treinta mil

2. ¿Con qué países tiene fronteras Ecuador?
Argentina
Bolivia
Brasil
Colombia
Perú

3. ¿Cómo se llama el famoso archipiélago de Ecuador?
los Andes
la Amazonía
el Océano Pacífico
las islas Galápagos

Paso 2. Naturaleza del Ecuador. Read the questions, skim through the possible answers, and then view the video in order to determine the correct response or responses.

4. ¿Cómo se caracteriza la naturaleza de Ecuador?
   Hay mucha biodiversidad.
   Hay poca biodiversidad.

5. ¿Cuántas especies de pájaros hay en Ecuador?
   aproximadamente 160
   aproximadamente 1.600
   aproximadamente 16.000

6. ¿Cuántas especies de mariposas (*butterflies*) hay?
   aproximadamente 450
   aproximadamente 4.500
   aproximadamente 45.000

7. ¿Cuántas especies de reptiles hay?
   aproximadamente 350
   aproximadamente 3.500
   aproximadamente 35.000

8. ¿Qué podemos hacer en los parques naturales protegidos?
   ecoturismo
   cortar plantas y árboles
   practicar algunos deportes de aventura

Paso 3. Pasado histórico del Ecuador. Read the questions, skim through the possible answers, and then view the video in order to determine the correct response or responses.

9. ¿Cuándo empezó la historia de Ecuador?
   cuando llegaron los españoles a la zona
   cuando empezó la era cristiana
   antes de la era cristiana

10. ¿Cuándo empezó el Imperio Inca?
    1532
    1432
    1522
    1422

11. ¿Cuándo llegaron los españoles a la región que ahora es Ecuador?
    1463
    1433
    1533
    1566

12. ¿Qué partes de Ecuador ocupó el imperio Inca?
    las islas Galápagos
    los Andes
    la selva Amazónica
    la costa

13. ¿En qué zona o zonas es muy evidente la influencia de los incas?
    Quito
    las islas Galápagos
    Guayaquil

Paso 4. Las islas Galápagos. Read the questions, skim through the possible answers, and then view the video in order to determine the correct response or responses.

14. ¿Qué científico famoso estudió las islas Galápagos?
    Darwin
    Einstein
    Galápago

15. ¿A qué distancia están las islas del continente?
    casi 100 kilómetros
    casi 1.000 kilómetros
    casi 10.000 kilómetros

16. ¿En qué isla podemos ver el pájaro tropical?
    la isla Genovesa
    la isla Fernandina
    la isla Isabela

17. ¿En qué isla podemos ver pingüinos?
    la isla Genovesa
    la isla Fernandina
    la isla Isabela

18. ¿En qué isla podemos ver actividad volcánica?
    la isla Genovesa
    la isla Fernandina
    la isla Isabela

Más cultura

09-50 Estar en forma. Read the following information about fitness and lifestyle in Spanish-speaking places, and then answer the questions that follow.

- Mucha gente en el mundo hispanohablante se mantiene en forma con un estilo de vida muy sano. Ese estilo de vida se caracteriza por la inclusión de mucha actividad física, una dieta equilibrada (*balanced*) y un horario muy sano.

- Muchas personas en el mundo hispanohablante llevan una vida muy activa porque pasan mucho tiempo en la calle, paseando con sus amigos y familiares por los centros de sus ciudades y pueblos. En vez de invitar a los amigos a venir a su casa a tomar algo, la gente queda en la calle para tomar algo en una cafetería o en un bar.

- También hay muchas personas en el mundo hispanohablante que no dependen mucho de sus automóviles en su vida diaria, y otros tantos que ni siquiera tienen automóviles.

- En lugar de ir a al trabajo en automóvil, muchas personas caminan al trabajo o, si viven más lejos de las oficinas, usan el transporte público. Ir a trabajar en autobús o en metro también requiere caminar desde la casa hasta la estación de metro o la parada de autobús, y después caminar desde la estación o parada final hasta la oficina.

- Cuando hacen sus recados (*errands*) y cuando van de compras, muchas personas también prefieren ir caminando en lugar de usar sus automóviles.

- Solo con vivir la vida diaria de esta manera, es posible hacer muchísimo ejercicio yendo a trabajar, volviendo a casa, haciendo recados y saliendo con los amigos.

- Aparte de esa vida diaria tan activa, en muchos lugares hispanohablantes la gente practica diferentes deportes durante su tiempo libre. El deporte de equipo más popular es el fútbol, y en muchos lugares hay mucha gente a la que le gusta el baloncesto. Otros deportes populares hoy en día en muchos lugares son el tenis, el golf, la natación y el yoga.

- Los gimnasios también tienen éxito en muchos lugares hispanohablantes. Este éxito se concentra sustancialmente en las grandes ciudades de diferentes países.

- Otros centros recreativos más grandes, que son como pequeñas ciudades deportivas que ofrecen una gran variedad de actividades y servicios para toda la familia —desde piscinas, pistas de tenis y campos de fútbol hasta clases de yoga y gimnasia— tienen más éxito que los gimnasios más pequeños y tradicionales.

Nombre: _____   Fecha: _____

1. ¿Por qué es tan sano el estilo de vida en muchos lugares hispanohablantes?

   _____

   _____

   _____

2. ¿Cómo hacen ejercicio diariamente muchas personas en el mundo hispanohablante?

   _____

   _____

   _____

3. ¿Cómo se compara el uso del automóvil en muchos lugares hispanohablantes con el uso del automóvil en los Estados Unidos?

   _____

   _____

   _____

4. ¿Cuáles son algunos de los deportes más populares que practican muchas personas hispanohablantes?

   _____

   _____

   _____

5. ¿Por qué crees que los gimnasios tradicionales tienen más éxito en los Estados Unidos que en muchos lugares hispanohablantes?

   _____

   _____

   _____

09-51 Heritage Language: *tu mundo hispano*.

Paso 1. Read the following information about sports at universities in the Spanish-speaking world, and then answer the following questions.

- Como en los Estados Unidos, muchas personas en el mundo hispanohablante practican deportes durante su tiempo libre por diferentes razones —para divertirse, para reducir el estrés o para mantenerse en forma.

- A diferencia de los Estados Unidos, los deportes no tienen una importancia tan grande en las universidades del mundo hispanohablante. En muchas universidades, los estudiantes tienen la oportunidad de participar en diferentes deportes de equipo y también de practicar sus deportes favoritos en las instalaciones del campus; sin embargo, en la mayoría de los casos, los partidos en los que los estudiantes juegan no reciben ninguna atención en los medios de comunicación.

- Los deportes en estas universidades del mundo hispanohablante son más como un servicio que se ofrece a los alumnos —un servicio que no trae dinero a la universidad.

- Posiblemente por esas diferencias, en la mayoría de las universidades del mundo hispanohablante no existen las mismas becas (*scholarships*) para atletas que existen en los Estados Unidos. Normalmente las becas son para estudiantes de familias que necesitan ayuda económica o para los que tienen notas (*grades*) muy buenas.

1. En tu opinión, ¿por qué practica mucha gente diferentes deportes en los Estados Unidos?

_____

_____

_____

2. Según la información que acabas de leer, ¿por qué practica mucha gente diferentes deportes en el mundo hispanohablante?

_____

_____

_____

3. ¿Qué oportunidades deportivas les ofrecen muchas universidades estadounidenses a sus estudiantes?

_____

_____

_____

4. ¿Qué oportunidades deportivas les ofrecen muchas universidades en el mundo hispanohablante a sus estudiantes?

_____

_____

_____

5. ¿Por qué piensas que no hay becas para atletas en muchas universidades del mundo hispanohablante?

_____

_____

_____

Paso 2. Conduct research online about universities in at least two different Spanish-speaking cities, and then write a summary of the results of your research. For each university, you should find the answers to the following questions:

¿Qué oportunidades de hacer ejercicio y practicar deporte les ofrece la universidad a sus alumnos? ¿Qué instalaciones tiene? ¿Tiene gimnasio o polideportivo? ¿Qué deportes en equipo pueden practicar los alumnos? ¿Juegan contra otros equipos dentro de la misma universidad o contra equipos de otras universidades? ¿Existen becas para atletas?

_____

_____

_____

_____

_____

_____

_____

_____

_____

_____

_____

_____

Ambiciones siniestras

Episodio 9

Lectura: ¡*Qué mentira*! (Textbook p. 366)

09-52 Preguntas importantes. In Capítulo 9 you have worked on asking yourself questions as a strategy for assisting your comprehension. In your textbook activities you focused on honing in on one main question to facilitate your reading of ¡*Qué mentira!*. Now re-read the episode, and in order to extract more details from the text focus on answering the five main questions about the people, places, time, and main events that appear in it: **¿Quién(es)? ¿Dónde? ¿Cuándo? ¿Qué? ¿Por qué?**

1. ¿Quiénes son los protagonistas del episodio?

   _____

2. ¿Dónde están?

   _____

3. ¿Cuándo tiene lugar el episodio? ¿Cuánto tiempo pasa?

   _____

4. ¿Qué hacen o qué ocurre durante el episodio?

   _____

5. ¿Por qué hacen eso o por qué ocurre eso?

   _____

Video: *"No llores por mí"*
(Textbook p. 368)

09-53 ¿Cómo se sentían? View the episode and indicate to whom each of the following statements applies.

1. Se sentía estresado/a (*stressed*) y le dolía mucho la cabeza.
   a. Lupe
   b. Marisol
   c. Cisco
   d. Manolo

2. Se sentía más tranquilo/a aunque tenía sospechas (*suspicions*) sobre uno de sus compañeros.
   a. Lupe
   b. Marisol
   c. Cisco
   d. Manolo

3. Estaba en la biblioteca.
   a. Lupe
   b. Marisol
   c. Cisco
   d. Manolo

4. Descifró la parte del rompecabezas que se relacionaba con Eva Perón.
   a. Lupe
   b. Marisol
   c. Cisco
   d. Manolo

5. Recomendó dividir el resto de la pista en dos y trabajar en dos equipos separados.
   a. Lupe
   b. Marisol
   c. Cisco
   d. Manolo

6. Reconoció que tenía un secreto.
   a. Lupe
   b. Marisol
   c. Cisco
   d. Manolo

09-54 **Mucha tensión.** In this episode, the mounting tension that the protagonists are feeling is very evident. Look at the following photos and choose one of the topics below. Then, write a reaction to the episode.

1. ¿Qué secreto piensas que escondía (*hid*) Cisco? ¿Qué piensas que no les dijo a sus amigos?

2. ¿Por qué estaba Marisol más nerviosa y estresada que sus amigos? ¿Piensas que ella tenía un secreto también? ¿Por qué sí, o por qué no?

_____

_____

_____

_____

_____

_____

_____

_____

_____

_____

_____

_____

Comunidades

09-55 Experiential Learning: ¿Cómo eran los indígenas? Try to find pictures of several of the earliest indigenous groups known to populate Perú, Bolivia, and Ecuador. Be sure to properly cite the sources of these pictures, and then incorporate them into a PowerPoint presentation. When you present your information to the class, discuss where each of these primary groups lived when the Spaniards arrived and where they live today. Provide descriptions of their physical attributes, comparing them to those of their indigenous contemporaries who are likely descendants of those early groups.

09-56 Service Learning. El cuerpo. Contact some faculty members on your campus who teach in the areas of anatomy and physiology, nursing, athletic training, exercise physiology, pre-medical studies, biomedical engineering, and other similar fields. Ask permission for your Spanish class to visit one of those classes and teach basic body vocabulary (major body parts and organs), as well as simple triage questions. Among the triage inquiries, be sure to include questions such as "what is the reason for your visit today?", "where does it hurt?", "what happened?", "can you describe the pain (constant, throbbing, stabbing, dull)," "how long have you had this pain?", and "have you taken or done anything to alleviate or reduce the pain?" In this way, you will be providing a valuable, free service for students whose chosen fields of study could one day require them to interact with Spanish-speaking patients in a provider-client relationship.

10 ¡Viajemos!

Comunicación I

Vocabulario

1. Los medios de transporte: Discussing modes of transportation (Textbook p. 374)

10-01 ¿Personas, lugares o vehículos? Place each of the following words into its appropriate category.

1. el policía
   a. persona
   b. lugar
   c. vehículo

2. la moto
   a. persona
   b. lugar
   c. vehículo

3. el taller mecánico
   a. persona
   b. lugar
   c. vehículo

4. el autobús
   a. persona
   b. lugar
   c. vehículo

5. los peatones
   a. personas
   b. lugares
   c. vehículos

6. el carro
   a. persona
   b. lugar
   c. vehículo

7. el estacionamiento
   a. persona
   b. lugar
   c. vehículo

8. el avión
   a. persona
   b. lugar
   c. vehículo

9. la parada
   a. persona
   b. lugar
   c. vehículo

10. el camión
    a. persona
    b. lugar
    c. vehículo

Nombre: _____   Fecha: _____

10-02 ¿Adónde van? Match each person or item to the place where s/he or it would most likely stop or wait.

1. avión _____

2. carro _____

3. autobús _____

4. tren _____

5. persona _____

a. metro

b. estacionamiento

c. aeropuerto

d. cola

e. parada

10-03 Crucigrama. Complete the crossword puzzle with the correct words.

Vertical
1. vehículo de dos llantas que funciona con un motor
2. lugar, normalmente en la parte de atrás (*in the back*) de un coche, donde la gente puede llevar diversos objetos, pero donde no pueden viajar personas ni animales
3. lugar donde la gente puede dejar su coche durante un período de tiempo; en muchas ciudades es necesario pagar para poder usar este espacio
4. gente que camina por la ciudad

Horizontal
1. papel que demuestra que una persona pagó su viaje y que le permite subirse a un autobús, un tren o un avión
2. lugar donde se puede subir al (o bajar del) autobús
3. objeto con tres luces de tres colores diferentes que sirve para regular el tráfico
4. objeto que sirve para abrir una puerta o para hacer arrancar (*start*) un vehículo
5. vehículo de cuatro llantas que funciona con un motor
6. objeto con forma de círculo que apoya (*supports*) los vehículos y que llenamos de aire

10-04 Los medios de transporte. Complete each statement with the name of the vehicle described. Be sure to include the indefinite article (**un** or **una**) in your answer.

1. Un vehículo sin motor y con dos llantas que sirve para viajar por tierra es

_____.

2. Un vehículo que sirve para viajar por el aire es

_____.

3. Un vehículo con motor y con cuatro llantas que sirve para viajar por tierra es

_____.

4. Un vehículo que sirve para viajar por el agua es

_____.

5. Un vehículo con motor y con un mínimo de cuatro llantas que sirve para transportar diversos productos es

_____.

6. Un vehículo con motor y con dos llantas que sirve para viajar por tierra es

_____.

10-05 ¿Dónde estaba? Mina's best friend has been calling her all day, but has not been able to reach her. Finally they speak and Mina explains where she has been all day long. Complete the narrative about her day using the correct terms from the word bank.

taxi	llegó	el avión	manejé	la parada
nuestros boletos	estacionamiento	tu coche	cola	

MINA: Por la mañana fui a (1) _____ porque necesitaba tomar el autobús para llegar hasta el centro de la ciudad.

VERÓNICA: ¿Por qué no condujiste (2) _____?

MINA: Porque lo estacioné en un (3) _____ en el centro de la ciudad. Ayer por la

noche lo dejé allí y cuando volví para irme a casa, no pude entrar porque estaba todo cerrado.

Tuve que regresar a casa en (4) _____.

VERÓNICA: Entonces, ¿fuiste en autobús al centro para ir a buscar tu coche?

MINA: Sí. Y cuando ya tenía mi coche, fui directamente a la estación (*station*) para comprar

(5) _____ de tren para la excursión que vamos a hacer la semana que viene.

Estuve allí más de treinta minutos porque en la (6) _____ mucha gente

estaba delante de (*in front of*) mí esperando su turno para comprar. Después, yo

(7) _____ mi coche al aeropuerto porque mi madre iba a llegar esta tarde de

su viaje a Venezuela. Pero al final tuvieron problemas en Caracas y

(8) _____ llegó muy tarde —¡estuve esperándo cuatro horas!

10-06 Un pequeño incidente. Listen to the conversation between Julia and her sister Ana, and then indicate if the following statements are **Cierto** or **Falso**.

1. Ana le prestó su coche a Julia.	Cierto	Falso
2. Julia fue al centro porque su amiga perdió el autobús.	Cierto	Falso
3. Julia tiene licencia de conducir.	Cierto	Falso
4. Julia tuvo un accidente con otro coche.	Cierto	Falso
5. Julia tiene que ir al hospital.	Cierto	Falso
6. El parabrisas del coche está bien.	Cierto	Falso
7. Ana va a comprar llantas nuevas para su coche.	Cierto	Falso
8. El mecánico les va a explicar más sobre el coche.	Cierto	Falso
9. El policía necesita hablar con uno de los padres de Julia.	Cierto	Falso
10. Ana va a explicarle todo a su madre.	Cierto	Falso

10-07 ¿Qué pasó? Listen to the conversation between Julia and her sister Ana.

Paso 1. Answer the following questions using complete sentences.

1. ¿Qué le pasó a Gema, la amiga de Julia? ¿Por qué fue Julia al centro?

   _____

   _____

2. ¿Por qué decidió Julia manejar el coche de su hermana?

   _____

   _____

3. ¿Qué ocurrió durante el accidente?

   _____

   _____

4. ¿Está bien Julia o necesita ir al hospital? ¿Está bien el coche o va a necesitar arreglos?

   _____

   _____

5. ¿Cómo va a llegar Julia a casa?

   _____

   _____

Paso 2. Answer the following questions using complete sentences.

6. ¿Piensas que Julia tomó una buena decisión cuando usó el coche de su hermana? ¿una mala decisión? ¿una decisión comprensible? ¿Por qué sí o por qué no?

   _____

   _____

7. ¿Piensas que Julia tiene la culpa (*fault*) por el accidente o piensas que el otro conductor la tiene? ¿Por qué?

   _____

   _____

Paso 3. You borrowed a car from a sibling or friend without having asked permission and you have just had an accident. You have to call the person and explain what happened. Using your notes from **Pasos 1–2** for support, describe your predicament and the situation. Use additional information and plenty of details to embellish and enhance the story.

10-08 Heritage Language: *tu español.*

Paso 1. Las licencias de conducir y los vehículos. Read the following information about drivers' licenses and popular vehicles in Spanish-speaking places, and then answer the questions that follow.

- Como en muchos lugares anglohablantes, en muchos lugares hispanohablantes no todas las personas pueden sacar una licencia de conducir; es necesario cumplir con unos requisitos (*requirements*) básicos, seguir un proceso de preparación y tomar unos exámenes.

- En muchos países, como Uruguay, El Salvador y España, la edad mínima para tener una licencia de conducir es de dieciocho años, y en otros países como Argentina, es de diecisiete años. En países como México y Chile, los conductores pueden intentar sacar una licencia provisional, con limitaciones, antes de cumplir los dieciocho años, y después, con dieciocho años pueden sacar la licencia normal, sin esas limitaciones.

- En algunos países, el coche no es la única opción para la gente que quiere moverse más cómodamente por su ciudad. Por ejemplo, los ciclomotores, las pequeñas motos que también se conocen como "*scooters*", tienen motores con una potencia muy limitada y son muy populares entre la gente joven porque existen permisos especiales para conducir solamente estos vehículos. En España, un joven de catorce años puede sacar "el carnet" (la licencia) para conducir esas motos pequeñas.

- Para sacar cualquier licencia de conducir, en la mayoría de los países hispanohablantes es necesario tomar clases teóricas y prácticas de preparación, demostrar que puedes ver suficientemente bien mediante una revisión o un examen de la vista, y tomar un examen teórico y práctico. En algunos países los exámenes son muy largos y no es fácil sacar una buena nota. Muchas personas tienen que tomar el examen más de una vez para poder sacar su licencia. En algunos países como España, todo el proceso puede costar el equivalente a más de mil dólares.

1. ¿Tienes licencia de conducir? Si la tienes, ¿cuánto tiempo hace que la sacaste? ¿Cuántos años tenías cuando la sacaste?

   _____

   _____

2. ¿A los cuántos años pueden intentar sacar una licencia de conducir los jóvenes de los países hispanohablantes?

   _____

   _____

3. ¿Qué alternativas tienen los jóvenes en muchos países hispanohablantes (que son demasiado jóvenes para tener una licencia de conducir un coche) que necesitan moverse por la ciudad?

   _____

   _____

4. ¿Existen licencias provisionales en tu ciudad para gente joven? ¿Con cuántos años pueden tener esas licencias? ¿Qué limitaciones tienen?

   _____

   _____

5. ¿Qué proceso es necesario seguir en tu ciudad para sacar una licencia de conducir? ¿Es caro o barato?

_____

_____

6. Según la información que acabas de leer, ¿cómo es el proceso para sacar una licencia de conducir en muchos países hispanohablantes? ¿Es más caro que en tu ciudad, o más barato?

_____

_____

Paso 2. Interview at least two friends, relatives, or fellow students who are of Spanish-speaking heritage and ask them about driving, vehicles, and the process by which one can obtain a license in their country of origin. Then comparatively describe the results of your interviews with practices in your hometown and with the information from **Paso 1.**

Pronunciación: The letters *b* and *v* (Textbook p. 375)

1. In Spanish, the letters **b** and **v** are pronounced alike. When each letter comes at the beginning of a word or phrase, or after the letters **m** or **n**, they are both pronounced like the **b** in the English word *bat*.

2. In all other instances, the Spanish **b** and **v** have an identical, soft pronunciation. There is no equivalent in English. The lips come together but do not close so some air may pass between the lips.

10-09 ¿Hispanohablante o anglohablante? One quick way to identify a non-native speaker of Spanish is to listen to his/her pronunciation of the letter **v**. Listen to each of the following statements and, based on how the person pronounces the words that contain the letter **v**, indicate if h/she is a native Spanish-speaker or a native English-speaker.

1. hispanohablante   anglohablante   4. hispanohablante   anglohablante

2. hispanohablante   anglohablante   5. hispanohablante   anglohablante

3. hispanohablante   anglohablante   6. hispanohablante   anglohablante

10-10 ¿Hispanohablante o anglohablante? Many non-native speakers have difficulty with their pronunciation of the soft sound that the letters **v** and **b** take on when they appear between words and next to any letter that is not **m** or **n**. Listen to each word and indicate if the person saying it is a native speaker of Spanish or English.

1. hispanohablante   anglohablante   6. hispanohablante   anglohablante

2. hispanohablante   anglohablante   7. hispanohablante   anglohablante

3. hispanohablante   anglohablante   8. hispanohablante   anglohablante

4. hispanohablante   anglohablante   9. hispanohablante   anglohablante

5. hispanohablante   anglohablante   10. hispanohablante   anglohablante

📢 10-11 Refranes. Listen to each of the sayings, paying close attention to the way that the letters **b** and **v** are pronounced. Practice your own pronunciation of the sayings, and then give your best pronunciation of them.

1. Llave que en muchas manos anda, nada guarda.

2. Más vale una imagen que mil palabras.

3. Vale más saber que tener.

4. Vale más el que sabe más.

5. Quien me visita me hace un favor; quien no me visita, dos.

📢 10-12 Vamos a viajar. Listen to each of the statements about travel, paying close attention to the way that the letters **b** and **v** are pronounced. Practice your own pronunciation of them, and then give your best pronunciation of each statement.

1. El viernes vamos a subir al avión y volar a Bogotá para visitar a los abuelos.

2. Este verano van a viajar en bicicleta por Bolivia, subiendo y bajando los Andes.

3. En la primavera voy a viajar a Venezuela en barco para ver a mi novia.

4. Los boletos están en el baúl; necesito las llaves para abrirlo.

5. Victoria se bajaba del autobús en un pueblo de Venezuela, cuando vio a su novio Valentino.

6. Parte del trabajo de Tobías es revisar los boletos de los viajeros que suben al avión.

Gramática

2. Los mandatos informales: Influencing others and giving advice (Textbook p. 379)

📢 10-13 ¿Dónde están mis amigos? You are visiting some friends at another university and they are getting out of their classes earlier than expected. They want you to come and meet up with them immediately. Listen to their directions, and using the map, write the names of the buildings to which they lead you.

MODELO   You hear: Sal de la Facultad de Ciencias, dobla a
                     la derecha y sigue la curva hasta llegar al
                     segundo edificio. ¡Aquí estamos!

          You write: *Facultad de Humanidades / la Facultad de Humanidades*

1. _____   4. _____

2. _____   5. _____

3. _____

10-14 Vacaciones. Your friend is going to Argentina on vacation and needs your help. Choose the most appropriate answers to his questions from the word bank.

invítala	no lo lleves	visítalo	no vayas en coche	léelo	no los invites

1. Tu AMIGO: ¿Piensas que debo estudiar este libro sobre Buenos Aires antes de irme?

   Tú: Sí, _____.

2. Tu AMIGO: ¿Piensas que mi novia debe ir conmigo?

   Tú: Sí, _____.

3. Tu AMIGO: ¿Piensas que los padres de mi novia deben ir?

   Tú: No, _____.

4. Tu AMIGO: ¿Piensas que debo manejar a Argentina?

   Tú: No, _____.

5. Tu AMIGO: ¿Piensas que debo ir a Argentina con mi perro?

   Tú: No, _____.

6. Tu AMIGO: ¿Piensas que debo tratar de viajar a Uruguay también?

   Tú: Sí, _____.

10-15 Consejos para un viaje. One of your friends is planning a trip to South America and would like your advice about where she should go and what she should do. First read all of the questions and potential responses; then match each of her questions to the most appropriate response.

1. ¿En qué país debo pasar mis vacaciones? ____   a. Sal a tomar algo y a bailar.

2. ¿A qué ciudad debo volar? ____   b. Ten cuidado.

3. ¿Qué lugar de importancia histórica o cultural debo ver en esa ciudad? ____   c. Viaja a Bolivia.

d. Visita la Catedral.

4. ¿Qué debo hacer para divertirme por la noche? ____

5. ¿Debo visitar otros lugares, fuera de la ciudad? ____   e. Haz unas excursiones a los pueblos de los indígenas.

6. ¿Hay algo más que debo recordar? ____   f. Ve a la Paz.

10-16 Listo para el viaje. Your friend is leaving tomorrow on a trip. This is his first time flying, so he would like to know what you suggest he do and not do at the airport and on the plane. Help him by creating commands with the words below. Keep in mind that you must give him sound advice—some of the sentences require affirmative forms and some require negative forms. Be sure to follow the model exactly.

MODELO   salir de tu casa con mucho tiempo para llegar al aeropuerto a tiempo
Sal de tu casa con mucho tiempo para llegar al aeropuerto a tiempo.

1. poner tu pasaporte, tu reproductor mp3 y tu libro favorito en tu mochila en vez de tu maleta

   _____.

2. ir al aeropuerto en tu coche porque el estacionamiento es muy caro

   _____.

3. llegar tarde al aeropuerto

   _____.

4. tener cuidado en el aeropuerto

   _____.

5. quitarse los zapatos al pasar por el control de seguridad

   _____.

6. ser simpático con las personas de seguridad

   _____.

7. encender (*turn on*) ningún aparato electrónico en el avión sin permiso

   _____.

8. levantarse de tu asiento durante el despegue (*take off*) o el aterrizaje (*landing*)

   _____.

10-17 Un nuevo trabajo. You are the manager at an auto service station and you have just hired a new employee. This is her first day on the job. Listen to what is wrong with each car, and then tell her what she needs to do to each vehicle using the appropriate informal commands. Be sure to follow the model exactly.

- cambiar los limpiaparabrisas

- llenar las llantas de aire

- revisar el motor

- limpiar el parabrisas

- cambiar la batería

- pasar la aspiradora dentro del coche

- llenar el tanque con gasolina

MODELO   You hear: El coche azul no arranca (*won't start*) y pensamos que necesita batería (*car battery*) nueva.
          You write: El coche azul: *Cambia la batería.*

1. El coche azul: _____.

2. El coche rojo: _____.

3. El coche amarillo: _____.

4. El coche blanco: _____.

5. El coche negro: _____.

6. El coche verde: _____.

10-18 Heritage Language: *tu español*. It can be difficult to remember the irregular command forms of some verbs. Listen to each sentence, and then re-write it using the correct irregular command of the verb.

1. _____.

2. _____.

3. _____.

4. _____.

5. _____.

6. _____.

Gramática

3. Los mandatos formales: Giving orders and instructions
(Textbook p. 383)

10-19 ¿Relación formal o informal? You are renewing your license, and while you wait you overhear parts of several different conversations. Listen to each fragment, and then select the kind of relationships that exist between the people.

1. formal   informal   no se sabe
2. formal   informal   no se sabe
3. formal   informal   no se sabe
4. formal   informal   no se sabe
5. formal   informal   no se sabe
6. formal   informal   no se sabe
7. formal   informal   no se sabe
8. formal   informal   no se sabe
9. formal   informal   no se sabe
10. formal   informal   no se sabe

10-20 Por la ciudad. You have just arrived at your destination for an exciting trip and you need help finding your way around. Paying special attention to the singular versus the plural command forms, match each question to the most appropriate answer.

1. ¿Cómo puedo llegar al Hotel Tres Reyes? Prefiero ir andando. _____

2. ¿Nos puede recomendar un buen restaurante para esta noche? _____

3. ¿Qué lugares turísticos en esta zona de la ciudad nos recomienda? _____

4. ¿Dónde puedo tomar un café y una tostada por la mañana? _____

5. ¿Cómo puedo ir al centro de la ciudad? No quiero gastar mucho dinero. _____

6. ¿Cómo debemos ir al aeropuerto? _____

a. Desayune aquí en este bar; todo está muy rico.

b. Cenen en el asador que está en esa calle; es buenísimo.

c. Vaya en autobús; es más barato.

d. Camine por esta calle; es un edificio muy grande que está a la derecha.

e. Visiten la catedral; es impresionante.

f. Vayan en taxi; es rápido y cómodo.

10-21 Información importante para los pasajeros. You are on a plane about to take an exciting trip. Before taking off, the flight attendants share some important information with the passengers. Complete each statement with the correct **ustedes** commands of the correct verbs.

subir	usar	hacer	poner	levantarse	mantener	sentarse

MODELO   *Mantengan* el cinturón de seguridad abrochado (*fastened*) durante todo el viaje.

1. _____ en el asiento (*seat*) asignado.

2. _____ el asiento en posición vertical.

3. _____ la mesa delantera (*front table*).

4. _____ del asiento solamente para cosas importantes, como para ir al baño.

5. No _____ ningún aparato electrónico sin nuestro permiso.

6. No _____ ninguna llamada con el teléfono móvil durante el viaje.

10-22 Heritage Language: *tu español.* You are on vacation and have arrived at your destination: a luxury resort. The bellman asks you a series of questions. Answer each question using the appropriate **usted** commands and the correct direct and indirect object pronouns. Be sure to follow the model exactly and to include the written accents when necessary.

MODELO   Ustedes necesitan ir al mostrador de recepción para registrarse.
¿Se lo enseño?
Sí, enséñenoslo.

1. Sus maletas (*luggage*) están en el baúl del taxi. ¿Se las saco?

_____.

2. Creo que usted necesita las llaves para su habitación. ¿Se las doy?

_____.

3. Ustedes van a necesitar sus maletas en sus habitaciones. ¿Se las subo?

_____.

4. Usted dijo que necesitaba un despertador. ¿Se lo traigo?

_____.

5. Ustedes dijeron que querían ir al teatro. ¿Les reservo los boletos?

_____.

6. Usted dijo que quería hacer una excursión en tren. ¿Le hago la reserva?

_____.

Nota cultural: ¿Cómo nos movemos? (Textbook p. 386)

10-23 Los coches. Based on the information in the text, indicate if the following statements are **Cierto** or **Falso**.

1. En general, es más importante saber conducir en los Estados Unidos que en los países hispanohablantes.   Cierto   Falso

2. En general, el transporte público es más común y más popular en los Estados Unidos.   Cierto   Falso

3. La gente camina más y depende menos de sus coches en los países hispanohablantes.   Cierto   Falso

4. Como en los Estados Unidos, en los países hispanohablantes es necesario tomar una clase si una persona quiere sacar su licencia de conducir.   Cierto   Falso

5. En Colombia, si quieres sacar una licencia de conducir siempre tienes que tomar un examen.   Cierto   Falso

6. En Colombia, si quieres sacar una licencia de conducir tienes que hacerte una revisión médica.   Cierto   Falso

Comunicación II

Vocabulario

4. El viaje: Sharing about travel (Textbook p. 388)

10-24 Asociaciones. In each group of travel-related words, identify the one that does not belong.

1. tarjeta postal   sello   vuelo

2. sello   aeropuerto   vuelo

3. montañas   dejar   esquiar

4. propinas   nadar   playas

5. pasaporte   extranjero   botones

6. propinas   vuelos   botones

10-25 De viaje.

🔊 **Paso 1.** Listen to Ana tell her sister about the trip she just took and indicate if the following statements are **Cierto** or **Falso**.

1. El vuelo de Ana salió 4 horas tarde.   Cierto   Falso

2. El vuelo salió tarde porque hacía mal tiempo.   Cierto   Falso

3. Ana se enfermó durante el vuelo.   Cierto   Falso

4. La compañía perdió el equipaje (*luggage*) de Ana.   Cierto   Falso

5. Ana reservó un cuarto doble.   Cierto   Falso

6. Ana tiene que pagar por el cuarto doble.   Cierto   Falso

🔊 **Paso 2.** Listen to the conversation one more time, and then complete the following statements with the correct words.

maletas	cambiar	cuarto individual	avión	viajero	montañas	subir	cuarto doble

7. Cuando llegó a la puerta de embarque en el aeropuerto, le dijeron a Ana que el _____ tenía problemas técnicos.

8. Después de cuatro horas de esperar en el aeropuerto, por fin los pasajeros pudieron

_____ al avión.

9. Un _____ se enfermó durante el vuelo.

10. Durante el vuelo Ana tuvo que _____ de asiento.

11. La aerolínea no sabe dónde están las _____ de Ana.

12. En su hotel, Ana va a dormir en un _____.

13. En el hotel, Ana tiene que pagar el precio de un _____.

14. Desde su habitación en el hotel, Ana puede ver las _____.

10-26 Las vacaciones. Complete the description about Benjamin's recent trip to Costa Rica using the correct words.

playa	boletos de ida y vuelta	agente de viajes
reserva	pasaportes	extranjero

Nuestro viaje fue maravilloso. Un (1) _____

organizó todo el viaje para nosotros y él hizo un trabajo espléndido. Encontró unos

(2) _____ a muy buen precio y, como era un viaje al

(3) _____, nos ayudó a sacar nuestros

(4) _____. También nos hizo la

(5) _____ para un cuarto en un hotel muy bueno que estaba muy cerca de la

(6) _____, también a un precio aceptable.

10-27 Crucigrama. Complete the crossword puzzle with the correct words.

1. viajar en avión

2. persona que trabaja en una oficina organizando los viajes para otras personas

3. lugar en un hotel donde los clientes pueden registrarse

4. palabra que usamos para referirnos a los países que no son los nuestros

5. dinero extra que la gente les da a otras personas que tienen algunos trabajos en el sector de servicios, como a los camareros, los taxistas, etc.

6. objeto que normalmente tiene una fotografía muy bonita de un lugar famoso o de interés turístico, donde les escribimos mensajes cortos a nuestros amigos y familiares

7. objeto que compramos y que nos permite enviar cartas y otras cosas por correo

8. pieza de equipaje (*luggage*) donde la gente pone su ropa

9. persona que trabaja en un hotel, ayudándoles a las personas con su equipaje

10. personas que viajan

10-28 Las vacaciones. Think about your most recent vacation.

Paso 1. Answer the following questions about your trip.

1. ¿Adónde fuiste?

   _____

2. ¿Con quién(es) fuiste?

   _____

3. ¿Cómo fue el vuelo?

   _____

4. ¿Cómo era el lugar que visitaste?

   _____

5. ¿Cómo era el hotel?

   _____

6. ¿Qué hiciste durante el viaje?

   _____

7. ¿Cómo era un día típico durante tu viaje?

   _____

8. ¿Qué problemas tuviste durante el viaje?

   _____

9. ¿Cuál fue el evento más interesante o memorable del viaje?

   _____

10. ¿Piensas volver a ese lugar en el futuro? ¿Por qué sí o por qué no?

    _____

Paso 2. Now, give an oral description of your trip. Brainstorming and jotting down your ideas in **Paso 1** should have been sufficient preparation for you to now give this description independently and spontaneously. Give yourself the chance to show yourself what you are able to do without written support by describing your experience without relying on your notes from **Paso 1**.

10-29 Heritage Language: *tu español.*

Paso 1. Read the following information about tipping in Spanish-speaking places, and then answer the questions that follow.

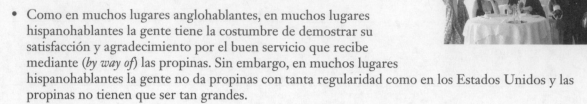

- Como en muchos lugares anglohablantes, en muchos lugares hispanohablantes la gente tiene la costumbre de demostrar su satisfacción y agradecimiento por el buen servicio que recibe mediante (*by way of*) las propinas. Sin embargo, en muchos lugares hispanohablantes la gente no da propinas con tanta regularidad como en los Estados Unidos y las propinas no tienen que ser tan grandes.

- En muchos trabajos del sector de servicios, las personas no están acostumbradas a recibir propinas. Por ejemplo, cuando la gente va a cortarse el pelo en una peluquería o para hacerse un tratamiento como una manicura o una pedicura en un salón de belleza, en muchos lugares hispanohablantes no es necesario darle una propina a la persona que le hace el servicio.

- En muchos lugares hispanohablantes, la gente les da propinas a los camareros de las cafeterías, los bares y los restaurantes. También es habitual darles una propina a los botones de los hoteles, y a veces a los taxistas.

- En los bares, las cafeterías y los restaurantes informales de muchos lugares hispanohablantes, la gente normalmente deja propinas de dos dólares o menos. Esto es porque los camareros no dependen de sus propinas para vivir, como en los Estados Unidos. En muchos lugares hispanohablantes los camareros reciben salarios más altos de los que reciben los camareros en los Estados Unidos. Por eso, las propinas son simplemente una manera simbólica de decirle al camarero que te gustó el servicio. Muchas veces las personas pagan con dinero en efectivo en vez de usar una tarjeta de crédito, y las propinas normalmente son simplemente los cambios (*change*) que hay entre el total de su cuenta y el dinero que dieron para pagarla. Por ejemplo, si toda una cena cuesta el equivalente a dieciocho dólares y treinta céntimos, es habitual usar un billete equivalente al de veinte dólares para pagar. En ese caso, el camarero recibe una buena propina de un dólar y setenta céntimos.

- En los restaurantes más elegantes, es común dejar propinas un poco más altas. Pero las propinas que las personas dan normalmente no llegan a un quince por ciento, y nunca llegan a un dieciocho o un veinte por ciento. En estas situaciones, una propina de un cinco por ciento se considera un gesto muy generoso y demuestra que el cliente está extremadamente satisfecho con el trabajo que hizo su camarero.

- En los hoteles de muchos lugares hispanohablantes, los botones tampoco dependen de las propinas para vivir. Por eso, el equivalente a uno o dos dólares es propina suficiente para ellos también.

- Cuando estás viajando, si no estás seguro si debes dejar una propina o no o si no sabes cuánto dinero dar, puedes consultar con otras personas del país para saber si ellas dan propinas, y si sí la dan, para saber aproximadamente cuánto dinero dan.

1. Según tu propia experiencia, ¿qué piensas que es una buena propina en un bar o en un restaurante informal?

   _____

   _____

2. Según tus experiencias, ¿qué piensas que es una buena propina en un restaurante formal?

   _____

   _____

3. ¿En qué otras situaciones das propinas normalmente?

_____

_____

4. En muchos lugares hispanohablantes, ¿en qué situaciones da la gente propinas?

_____

_____

5. En los bares y los restaurantes de muchos lugares hispanohablantes, ¿cuánto dinero da la gente de propina? ¿Y en los restaurantes formales?

_____

_____

Paso 2. Interview at least three different friends, relatives, or fellow students who are of Spanish-speaking heritage in order to find out about tipping practices in their country of origin. Find out in which situations and to which kinds of professionals people give tips, as well as what are considered acceptable amounts for tips. Ask also about whether or not tipping practices have changed in recent years and, if so, to what they attribute those changes.

_____

_____

_____

_____

_____

_____

_____

_____

Nota cultural: Venezuela, país de aventuras
(Textbook p. 391)

10-30 ¿Aventurero? Based on the information from the text, select the place or places in Venezuela that correspond(s) to each activity.

1. Un paseo en barco
   el río Carrao
   la Laguna Ucaima
   Pico Humboldt
   la Isla de Margarita
   el Salto Ángel
   los tepuyes
   los rápidos de Mayupa

4. Trekking
   el río Carrao
   la Laguna Ucaima
   Pico Humboldt
   la Isla de Margarita
   el Salto Ángel
   los tepuyes
   los rápidos de Mayupa

2. Un paseo en una canoa indígena
   el río Carrao
   la Laguna Ucaima
   Pico Humboldt
   la Isla de Margarita
   el Salto Ángel
   los tepuyes
   los rápidos de Mayupa

5. Practicar deportes extremos
   el río Carrao
   la Laguna Ucaima
   Pico Humboldt
   la Isla de Margarita
   el Salto Ángel
   los tepuyes
   los rápidos de Mayupa

3. Nadar al pie de una cascada
   el río Carrao
   la Laguna Ucaima
   Pico Humboldt
   la Isla de Margarita
   el Salto Ángel
   los tepuyes
   los rápidos de Mayupa

6. Jugar el golf
   el río Carrao
   la Laguna Ucaima
   Pico Humboldt
   la Isla de Margarita
   el Salto Ángel
   los tepuyes
   los rápidos de Mayupa

Gramática

5. Otras formas del posesivo: Stating what belongs to you and others
(Textbook p. 392)

10-31 ¿Es el mío o el tuyo? Para cada objeto, indica de quién es.

MODELO   ¿De quién es este pasaporte? (yo)
          Es el mío.

1. ¿De quiénes son estos boletos? (ellos) _____

2. ¿De quién es esta propina? (tú) _____

3. ¿De quién es esta maleta? (yo) _____

4. ¿De quién son estas tarjetas postales? (ella) _____

5. ¿De quiénes son estos sellos? (nosotros) _____

10-32 ¿De quién es? Read each statement about the items that have gone from one owner to another, and complete the statements with the correct form of the correct possessive adjective or pronoun.

1. Ese coche rojo era mío, pero lo compró mi primo. Ahora es _____.

2. No pude usar nuestros boletos, por eso se los vendí a ustedes. Ahora son _____.

3. Esta camisa no me gusta mucho y a ti te queda muy bien, así que te la doy. Ahora es _____.

4. Mi mejor amiga tenía un CD de uno de mis grupos favoritos y me lo dio. Ahora el CD es

   _____.

5. Mis padres tienen una agente de viajes maravillosa que nos recomendaron. Ahora es la

   _____ también.

6. Mi hermano tenía un barco, pero se lo vendió a unos amigos. Ahora es _____.

10-33 Heritage Language: *tu español*. Everybody in Elena's family has won contests and received prizes recently. Match each statement about their prizes with the correct re-statement that uses the appropriate possessive adjectives.

1. Recibió un coche nuevo. _____   a. Es tuya.

2. Recibimos un viaje en barco por el Caribe. _____   b. Son nuestros.

3. Me dieron clases de pilotear un avión. _____   c. Es suyo.

4. Recibiste una bicicleta. _____   d. Es nuestro.

5. Nos dieron unos boletos para un vuelo a Europa. _____   e. Es suya.

6. Les dio a ustedes una motocicleta. _____   f. Son mías.

Gramática

6. El comparativo y el superlativo: Comparing people, places, and things (Textbook p. 394)

10-34 Los medios de transporte. Select the mode of transportation that is best described by each superlative expression.

1. Es el medio más ecológico de los cuatro.
   a. el avión
   b. el coche
   c. la moto
   d. la bicicleta

2. Es el más rápido de los cuatro.
   a. el avión
   b. el coche
   c. la moto
   d. la bicicleta

3. Es el más lento de los cuatro.
   a. el avión
   b. el barco
   c. los pies
   d. el carro

4. Es el más común para ir al trabajo en los Estados Unidos.
   a. el avión
   b. el barco
   c. los pies
   d. el coche

5. Es uno de los más comunes para ir al trabajo en muchos países hispanohablantes.
   a. el avión
   b. el barco
   c. el camión
   d. el autobús

6. Es el más común para viajar al extranjero.
   a. el avión
   b. el barco
   c. los pies
   d. el carro

7. Es el más sano (*healthy*) de los cuatro.
   a. el avión
   b. el barco
   c. los pies
   d. el coche

10-35 El mejor hotel de la ciudad. Enrique and Ignacio are planning a trip to Colombia and have come across an advertisement for a hotel that looks wonderful. Match each element of the hotel to its most appropriate superlative description.

1. Nuestras habitaciones _____

2. Nuestras camas _____

3. El cocinero de nuestro restaurante _____

4. La comida de nuestro restaurante _____

5. Nuestros precios _____

a. Son los más razonables de toda la ciudad.

b. Son las más cómodas.

c. Es la más deliciosa de toda la ciudad.

d. Tienen la mejor vista de toda la ciudad.

e. Es el que tiene más talento de todos en la ciudad.

10-36 Planes de viaje. Fernando and Lucía are planning an exciting trip to Venezuela. They have both been doing some research about where to stay and what to do while they are there. Listen to their conversation, and then complete the following statements with the correct comparative expressions.

1. El hotel que encontró Lucía es _____ moderno _____ el hotel que encontró Fernando.

2. El hotel que encontró Lucía tiene arquitectura _____ colonial _____ el hotel que encontró Fernando.

3. El hotel que encontró Fernando tiene _____ estrellas _____ el hotel que encontró Lucía.

4. El hotel que encontró Fernando tiene _____ restaurantes _____ el hotel de Lucía.

5. El hotel de Fernando tiene _____ restaurantes informales _____ el hotel de Lucía.

6. El hotel de Fernando es _____ caro _____ el de Lucía.

7. El hotel de Fernando está _____ cerca del centro de la ciudad _____ el hotel de Lucía.

8. El hotel de Fernando está _____ cerca de la playa _____ el hotel de Lucía.

9. El hotel de Fernando es _____ bonito _____ el hotel de Lucía.

10. A Fernando y Lucía les gusta _____ el hotel de Fernando _____ el hotel de Lucía.

10-37 Estadísticas. Listen to the statistics about the populations of each of the Spanish-speaking countries, and then answer each question using complete sentences, following the structure of the model exactly.

MODELO   You hear: Argentina tiene 39.921.833 habitantes y Perú tiene 28.302.603.¿Qué país tiene más habitantes?

You write: Argentina tiene *más* habitantes *que* Perú.

1. Nicaragua tiene _____ habitantes _____ Costa Rica.

2. España tiene _____ habitantes _____ México.

3. Venezuela tiene _____ habitantes _____ Chile.

4. Colombia tiene _____ habitantes _____ Argentina.

5. Nicaragua tiene _____ habitantes _____ Honduras.

6. Paraguay tiene _____ habitantes _____ El Salvador.

7. Puerto Rico tiene _____ habitantes _____ Panamá y Uruguay.

10-38 Tú y tus amigos.

Paso 1. Answer the following questions about yourself and your friends, using the correct comparative and superlative expressions.

1. ¿Cómo se llama tu mejor amigo/a?

_____

2. ¿Tienes tantas amigas como amigos?

_____

3. ¿Cuántos años tienen, aproximadamente, la mayoría de tus amigos? ¿Cuál de tus amigos es el/la mayor? ¿Cuál es el/la menor?

_____

4. ¿Piensas que tus amigos son más inteligentes que tú? ¿menos inteligentes? ¿tan inteligentes como tú?

_____

5. ¿Cuál de tus amigos es el/la más atractivo/a? ¿Cómo es?

_____

6. ¿Cuál de tus amigos es el/la más interesante? ¿Es más interesante que tú? ¿Por qué sí o por qué no?

_____

_____

7. ¿Cuál de tus amigos es el/la más divertido/a? ¿Es más divertido/a que tú? ¿Por qué sí o por qué no?

_____

_____

Paso 2. Using your notes from **Paso 1** for support and as many comparative and superlative expressions as possible, describe your closest friends.

10-39 Heritage Language: *tu español*: Las vacaciones

Paso 1. Think about the last three times that you have been on vacation. Answer the following questions about your last three vacations.

1. ¿Adónde fuiste en cada viaje?

_____

_____

2. ¿Qué hiciste en cada viaje? ¿Qué lugares visitaste?

_____

_____

_____

3. ¿En qué tipo de hoteles dormiste?

_____

_____

4. ¿Con quién(es) viajaste?

_____

_____

5. ¿Qué te gustó más de cada viaje?

_____

_____

_____

6. ¿Cuál de los viajes fue el mejor? ¿Por qué?

_____

_____

_____

7. ¿Cuál de los viajes fue el peor? ¿Por qué?

_____

_____

_____

Paso 2. Interview at least three different friends, relatives, or fellow classmates of Spanish-speaking heritage about traveling in Spanish-speaking countries. Ask each person about the Spanish-speaking countries and cities with which they are familiar, the cultural and historical attractions that each place has to offer, the leisure and sporting activities that one can do in each place, the region's cuisine, and any other aspects that you find interesting. Then write a comparison of the impressions that each person gave you. Which region seems most interesting and why? Which one seems most fun and why? Which one has the food that you find most appealing and why?

_____

_____

_____

_____

_____

_____

_____

_____

Paso 3. You are a travel agency discussing different vacation options with two of your clients. Choose at least one of the places listed in **Paso 1** and one of the places from **Paso 2**, and using your notes from both, explain to your clients which places you recommend they visit. Mention also which place or places you recommend they not go to on their trip. Give sufficient details about what each place has to offer and your own personal impressions about each place in order to justify your recommendations.

Escucha (Textbook p. 399)

10-40 Los viajes. Before listening to something in Spanish, it can be extremely useful to think in general terms about the topic you are going to be hearing about and about your own personal experiences and preferences as they relate to that topic.

Paso 1. Answer the following questions about your own travel experiences.

1. ¿Te gusta viajar a lugares exóticos o prefieres ir a lugares más conocidos? ¿Por qué?

_____

_____

_____

2. Cuando estás planeando un viaje, ¿te gusta escuchar los consejos y recomendaciones de otras personas o prefieres descubrir las cosas sin la ayuda de otras personas? ¿Por qué?

_____

_____

_____

3. Cuando viajas, ¿te gusta quedarte en el hotel más bonito, en el de los mejores servicios o en el de los mejores precios? ¿Por qué?

_____

_____

_____

4. Cuando viajas, ¿te gusta ver todos los lugares turísticos rápidamente, prefieres pasar más tiempo en menos lugares, o te gusta pasar tiempo relajándote (*relaxing*)?

_____

_____

_____

Paso 2. Using your notes from **Paso 1** for support, describe your priorities and preferences when it comes to travel and vacations.

10-41 Nuestros viajes a Colombia.

Paso 1. Viajar a Colombia. Listen to the conversation, and then select the place to which each attraction or activity corresponds or the place to which it is closest.

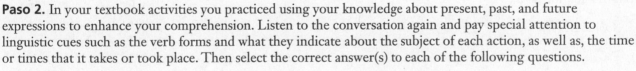

1. ver animales acuáticos
   Cartagena
   Bogotá
   Leticia

2. Museo Nacional
   Cartagena
   Bogotá
   Leticia

3. practicar deportes extremos
   Cartagena
   Bogotá
   Leticia

4. Barrio de la Candelaria
   Cartagena
   Bogotá
   Leticia

5. la Puerta del Reloj
   Cartagena
   Bogotá
   Leticia

6. pasear en barco
   Cartagena
   Bogotá
   Leticia

7. ver diferentes plantas y animales
   Cartagena
   Bogotá
   Leticia

8. Museo Colonial
   Cartagena
   Bogotá
   Leticia

9. la isla del Rosario
   Cartagena
   Bogotá
   Leticia

10. el Museo Arqueológico Municipal
    Cartagena
    Bogotá
    Leticia

Paso 2. In your textbook activities you practiced using your knowledge about present, past, and future expressions to enhance your comprehension. Listen to the conversation again and pay special attention to linguistic cues such as the verb forms and what they indicate about the subject of each action, as well as, the time or times that it takes or took place. Then select the correct answer(s) to each of the following questions.

11. ¿Quién(es) piensa(n) viajar a Colombia en el futuro?
    a. Hugo y Susana
    b. Violeta
    c. Javier
    d. Miguel
    e. ninguno de ellos

12. ¿Quién(es) estuvo/estuvieron en Colombia en el pasado?
    a. Hugo y Susana
    b. Violeta
    c. Javier
    d. Miguel
    e. ninguno de ellos

13. ¿Quién(es) estuvo/estuvieron en Cartagena en el pasado?
    a. Hugo y Susana
    b. Violeta
    c. Javier
    d. Miguel
    e. ninguno de ellos

14. ¿Quién(es) estuvo/estuvieron en Bogotá en el pasado?
    a. Hugo y Susana
    b. Violeta
    c. Javier
    d. Miguel
    e. ninguno de ellos

15. ¿Quién(es) estuvo/estuvieron en Leticia en el pasado?
    a. Hugo y Susana
    b. Violeta
    c. Javier
    d. Miguel
    e. ninguno de ellos

16. ¿Quién(es) viajó/viajaron más de una vez a Colombia en el pasado?
    a. Hugo y Susana
    b. Violeta
    c. Javier
    d. Miguel
    e. ninguno de ellos

17. ¿Quién(es) viajó/viajaron solamente una vez a Colombia en el pasado?
    a. Hugo y Susana
    b. Violeta
    c. Javier
    d. Miguel
    e. ninguno de ellos

¡Conversemos! (Textbook p. 400)

10-42 ¡Me voy de vacaciones! Your friend is planning a trip and it turns out the destination that she has chosen is a place that you have visited. Use the preterite and imperfect to describe your trip in as much detail as possible. When did you go? How long did you stay? What was the weather like? Where did you stay? Where and what did you eat? What did you do? Then use commands to give your friend advice as to what he should do during his trip. Try to use at least seven verbs in the past tense and at least five commands.

Escribe (Textbook p. 401)

10-43 Un viaje a Argentina

Paso 1. You are a travel agent and you have to help a small group of students plan a trip to any city in Argentina. Use the Internet to find out more information about Argentina, and then choose a specific city. Research that city in order to find out information that will be useful and interesting to your clients. Then, write down the following information for them.

1. Cómo llegar:

   _____

2. Dónde dormir:

   _____

3. Qué visitar:

   _____

4. Dónde comer:

   _____

5. Qué comer:

   _____

6. Otra información importante / interesante:

   _____

Paso 2. In order to communicate the results of your research, you decide to call your clients. However, they are not home. Leave them a message giving them what you consider to be only the most important and interesting details about the city and their trip, and asking them to call you so that you can discuss the information in greater detail. When asking them to do anything (such as to call you), remember to use the correct command form of the verbs.

Paso 3. Your clients have not returned your call, so you must write an e-mail message to follow up with them. In your message, communicate to them the detailed results of your research. When communicating your recommendations about what you think they should do, remember to use expressions like **deben** and **hay que**, and the correct command forms of verbs.

_____

_____

_____

_____

_____

_____

_____

_____

_____

_____

_____

_____

_____

_____

Nombre: _____   Fecha: _____

Cultura: Colombia y Venezuela (Textbook pp. 402–403)

10-44 Colombia y Venezuela. Based on what you learned in the text about these countries, indicate if the following statements describe Colombia, Venezuela or both.

1. Muchos de sus habitantes viven en las ciudades y en las montañas.   Colombia   Venezuela

2. Solamente una de sus ciudades tiene sistema de metro.   Colombia   Venezuela

3. Su capital está en la costa.   Colombia   Venezuela

4. Tiene dos costas diferentes.   Colombia   Venezuela

5. Mucha gente se mueve por la capital en bicicleta.   Colombia   Venezuela

6. Tiene la catarata más alta del mundo.   Colombia   Venezuela

7. Tiene una iglesia muy grande que está dentro de una montaña.   Colombia   Venezuela

8. Simón Bolívar se considera un héroe nacional.   Colombia   Venezuela

10-45 Colombia y Venezuela. Consider the different things that you have learned in this chapter about Colombia and Venezuela.

Paso 1. List the information that you find most memorable and interesting about each country.

1. Colombia

_____

_____

_____

_____

2. Venezuela

_____

_____

_____

_____

Paso 2. Based on the information that you gave in **Paso 1**, describe which of the two countries is most interesting and attractive to you as a travel destination and why.

10-46 Vistas culturales: Colombia. View the video segments in order to complete each part of the activity. You will likely not understand all of the words that you hear, but you should relax because you are capable of understanding more than enough to be able to respond to the questions without difficulty. Please be sure to read the questions that you will have to answer before viewing each video segment.

Paso 1. Introducción. Read the questions, skim through the possible answers, and then view the video in order to determine the correct response or responses.

1. ¿Aproximadamente cuántos habitantes tiene
   Colombia?
   casi cuarenta y tres mil
   casi cuatrocientos treinta mil
   casi cuatro millones trescientos mil
   casi cuarenta y tres millones

2. ¿Cuál es la capital de Colombia?
   Santafé
   Medellín
   Barranquilla
   Santafé de Bogotá

3. ¿Cuál es un símbolo nacional de Colombia?
   Santafé
   Barranquilla
   el cóndor de los Andes

4. ¿Cuántas regiones naturales tiene Colombia?
   3
   5
   13
   15
   32

5. ¿Cuántos departamentos tiene Colombia?
   3
   5
   13
   15
   32

Paso 2. La capital: Bogotá. Read the questions, skim through the possible answers, and then view the video in order to determine the correct response or responses.

6. ¿En qué tipo de zona geográfica está Bogotá?
   una montaña
   una tundra
   una sabana

7. ¿Por cuál/es pueblo/s pasa el tren turístico de la Sabana?
   Medellín
   Usaquen
   Cajicá
   Zipaquirá
   Cerro de Monserrate

8. ¿Qué significa la expresión "Bogotá es de todos"?
   Es una ciudad muy internacional donde viven personas de muchas nacionalidades diferentes.
   Es una ciudad con una gran variedad de actividades diferentes que toda la gente puede hacer durante el tiempo libre.
   Es una ciudad a la que puede ir toda la gente para buscar un futuro mejor.

Paso 3. Cartagena de Indias. Read the questions, skim through the possible answers, and then view the video in order to determine the correct response or responses.

9. ¿En qué costa está Cartagena?
   en la costa caribeña
   en la costa pacífica

10. ¿Qué tipo de arquitectura tiene la ciudad vieja de Cartagena?
    moderna
    colonial

11. ¿Cuáles son algunas de las atracciones de la ciudad vieja?
    la Catedral
    la Heroica
    la Torre del Reloj
    el Corralito de piedra

12. ¿Qué es una chiva?
    una zona turística
    un autobús
    una fortaleza que protegía la ciudad de los piratas
    una muralla

Paso 4. La comida nacional de Colombia. Read the questions, skim through the possible answers, and then view the video in order to determine the correct response or responses.

13. ¿Con qué región de Colombia se asocian los mariscos?
    la costa del norte
    la región de los Andes
    la sabana

14. ¿Con qué región se asocia el arroz?
    la costa del norte
    la región de los Andes
    la sabana

15. ¿Con qué región se asocia la carne de aves?
    la costa del norte
    la región de los Andes
    la sabana

16. ¿Cuáles son unos platos muy típicos en Colombia?
    maíz blanco
    arepas
    enchiladas
    empanadas

10-47 Vistas culturales: Venezuela.
View the video segments in order to complete each part of the activity. You will likely not understand all of the words that you hear, but you should relax because you are capable of understanding more than enough to be able to respond to the questions without difficulty. Please be sure to read the questions that you will have to answer before viewing each video segment.

Paso 1. Introducción. Read the questions, skim through the possible answers, and then view the video in order to determine the correct response or responses.

1. ¿Cuántos habitantes tiene Venezuela?
   aproximadamente veinticinco mil
   aproximadamente doscientos cincuenta mil
   aproximadamente dos millones quinientos mil
   aproximadamente veinticinco millones

2. ¿Dónde está Venezuela?
   en Norteamérica
   en Centroamérica
   en Suramérica

3. ¿Con cuáles de los siguientes países tiene fronteras Venezuela?
   Argentina
   Bolivia
   Brasil
   Cuba
   Colombia

Paso 2. La historia de Venezuela. Read the questions, skim through the possible answers, and then view the video in order to determine the correct response or responses.

4. ¿En qué año llegó Cristóbal Colón Venezuela?
   1492
   1493
   1498
   1499
   1508
   1509

5. ¿En qué año llegó Américo Vespucio a Venezuela?
   1492
   1493
   1498
   1499
   1508
   1509

6. ¿Cuál era el principal medio de transporte de los indígenas cuando llegó Vespucio?
   canoas
   caballos
   carros
   carruajes

7. ¿De dónde viene el nombre de Venezuela?
   el hombre italiano Vespucio
   la ciudad italiana de Venecia
   la palabra *vencedor*

8. ¿Quién fue especialmente importante en la lucha por la independencia en Venezuela?
   Cristóbal Colón
   Américo Vespucio
   Simón Bolívar

9. ¿Qué otros países liberó esa persona?
   Argentina
   Colombia
   Bolivia
   Brasil
   Ecuador
   Perú

10. ¿Qué industria tiene mucha importancia en Venezuela hoy en día?
    la tecnología
    la agricultura
    el petróleo

Paso 3. La música de Venezuela. Read the items, skim through the possible answers, and then view the video in order to determine with which musical instrument each item is associated.

11. La influencia africana en la música venezolana ____

12. Un instrumento parecido a la guitarra pero que tiene menos cuerdas ____

13. Un instrumento que sirve para acompañar a las bandas ____

a. maracas
b. bongós
c. cuatro

Paso 4. La comida de Venezuela. Read the items, skim through the possible answers, and then view the video in order to determine with which food each description is most closely associated.

14. Una comida hecha con una masa de harina de maíz, agua y sal
    carne asada en piedra
    cachapa
    arepa

15. Una comida que la gente come con jamón, queso, carne, pollo y otros ingredientes
    carne asada en piedra
    cachapa
    arepa

16. Una comida preparada con maíz amarillo y que la gente come con queso blanco
    carne asada en piedra
    cachapa
    arepa

17. Una comida muy tierna (*tender*) que la gente come muchas veces en los restaurantes
    carne asada en piedra
    cachapa
    arepa

Más cultura

10-48 Diferentes tipos de alojamiento. Read the following information about different types of lodging in Spanish-speaking places, and then answer the questions that follow.

- Como en muchos lugares anglohablantes, en muchos lugares hispanohablantes los turistas tienen diferentes opciones a la hora de elegir dónde dormir cuando están de viaje.

- Como en muchos otros lugares del mundo, los hoteles tienen un sistema de clasificación de estrellas (*stars*). El número de estrellas refleja, tanto la calidad de las instalaciones como también el precio que una persona puede esperar pagar por su estancia (*stay*).

- Los destinos con grandes atracciones turísticas normalmente tienen hoteles de lujo (*luxury*) con cuatro y a veces cinco estrellas, como también otros hoteles con una, dos o tres estrellas. Los destinos menos conocidos normalmente ofrecen menos variedad, con solamente algunos hoteles de entre una y tres estrellas.

- Muchos lugares también les ofrecen a sus turistas la opción de hospedarse en otros tipos de establecimientos, como las posadas, los albergues y los hostales, que normalmente tienen precios menos caros que la mayoría de los hoteles tradicionales.

- Las posadas son pequeños establecimientos, muchas veces en lugares rurales, que normalmente les ofrecen a sus clientes cuartos dobles o individuales con baños. Muchas veces también ofrecen desayunos típicos de la región y comidas caseras (*home-cooked*). A veces las posadas son casas históricas con mucho encanto (*charm*).

- Los albergues son parecidos a los hostales; son una buena opción para los jóvenes y los estudiantes que viajan con un presupuesto ajustado (*tight budget*). Son lugares sencillos (*simple*) que normalmente les ofrecen comidas y diferentes tipos de cuartos a sus clientes. En algunos albergues los clientes no tienen la opción de reservar un cuarto privado, sino que simplemente ofrecen camas individuales en una sala comunitaria.

- Los hostales normalmente son las opciones más baratas, y muchas veces son la opción más atractiva para los estudiantes y la gente joven. Normalmente ofrecen cuartos triples, dobles e individuales. En algunos hostales es posible tener un baño privado, pero en otros los baños están fuera de los cuartos y los tienen que compartir todos los clientes.

1. ¿Qué sistema de clasificación siguen los hoteles en la mayoría de los lugares hispanohablantes? ¿Qué indican las diferentes clasificaciones?

   _____

   _____

   _____

2. ¿Qué tipos de alojamiento ofrecen los lugares con grandes atracciones turísticas?

   _____

   _____

   _____

3. ¿Qué otros tipos de alojamiento son comunes en muchos lugares hispanohablantes? ¿Cómo son?

_____

_____

_____

4. ¿Existen otros tipos de alojamiento en algunos lugares de tu país? ¿Cómo son?

_____

_____

_____

5. Si viajas a un lugar hispanohablante, ¿qué tipo de alojamiento piensas que vas a elegir? ¿Por qué?

_____

_____

_____

10-49 Heritage Language: *tu mundo hispano*. Interview at least three different friends, relatives, or fellow students of Spanish-speaking heritage in order to learn about the different types of lodging available in Spanish-speaking countries.

Paso 1. Prepare a list of questions in Spanish that you will ask each person in order to learn about the most affordable options in his/her country of origin that are designed for students and people who are on a budget. Also find out about the most luxurious options available in those countries. Some ideas to guide you include: What is each type of establishment called? Approximately how much does it cost to stay at each type of establishment? Do prices vary according to the time of year? If so, what time of year is the most expensive and what time of year is the least expensive? What kind of amenities are considered standard? What kind of services are considered luxuries?

_____

_____

_____

_____

_____

_____

Nombre: _____ Fecha: _____

Paso 2. Conduct your interviews and take notes on each person's responses to your questions.

_____

_____

_____

_____

_____

Paso 3. Write a comparative summary of the results of your research focusing on the kinds of lodging options available in the countries you have investigated and those available in the United States.

_____

_____

_____

_____

_____

_____

Ambiciones siniestras

Episodio 10

Lectura: *¿Qué sabía?* (Textbook p. 404)

10-50 ¿Cómo estaban y qué hicieron? Recall what you learned about our protagonists in **Episodio 9** and indicate to which character or characters each statement applies.

1. Estaba preocupado/a.
   Cisco
   Manolo
   Marisol
   Lupe

2. No sabe dónde están Eduardo y Alejandra.
   Cisco
   Manolo
   Marisol
   Lupe

3. Recibió un mensaje del Sr. Verdugo.
   Cisco
   Manolo
   Marisol
   Lupe

4. Llamó a Manolo por teléfono.
   Cisco
   Manolo
   Marisol
   Lupe

5. Tiró el teléfono contra la pared.
   Cisco
   Manolo
   Marisol
   Lupe

6. Pensaba que el rompecabezas se refería a un país en Sudamérica.
   Cisco
   Manolo
   Marisol
   Lupe

7. Confesó que tenía un secreto.
   Cisco
   Manolo
   Marisol
   Lupe

10-51 ¿Qué está pasando? Read **Episodio 10** and indicate if the following statements are **Cierto** or **Falso**.

1. En este episodio Manolo, Marisol y Lupe por fin ven el mensaje que Eduardo le envió al Sr. Verdugo.   Cierto   Falso

2. En este episodio Cisco se siente mal y un poco culpable (*guilty*).   Cierto   Falso

3. En este momento Eduardo tiene las pruebas originales que Cisco descubrió.   Cierto   Falso

4. Ahora sabemos que ninguno de nuestros protagonistas va a ganar el concurso. Cierto   Falso

5. En este episodio Cisco, Manolo, Marisol y Lupe expresan muchas dudas y hacen muchas preguntas.   Cierto   Falso

6. En este episodio es evidente que ahora ya no hay más misterios entre los amigos, que todos tienen la misma información y están colaborando abiertamente.   Cierto   Falso

Video: *"Falsas apariencias"* (Textbook p. 406)

10-52 ¿Qué va a suceder? View the following stills from the video segment and based on what you see, write a paragraph predicting what is going to happen with Lupe and Marisol during the episode.

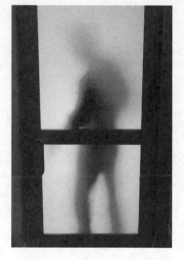

_____

_____

_____

_____

_____

_____

10-53 ¿Quién lo dijo? View the episode, and then select the character(s) who said the following statements. If necessary, view the episode more than once.

1. No te muevas de tu casa, voy para allá ahora mismo.
   a. Marisol
   b. Lupe
   c. Manolo
   d. Cisco

2. ¡No salgas de tu casa!
   a. Marisol
   b. Lupe
   c. Manolo
   d. Cisco

3. ¿Y por qué no pusiste mi nombre… solo el tuyo en el e-mail?
   a. Marisol
   b. Lupe
   c. Manolo
   d. Cisco

4. Chicos, tenemos buenas noticias. Conseguimos resolver el rompecabezas. Argentina es la respuesta correcta.
   a. Marisol
   b. Lupe
   c. Manolo
   d. Cisco

5. Creo que ya es hora de llamar a la policía.
   a. Marisol
   b. Lupe
   c. Manolo
   d. Cisco

6. ¡Lupe, por favor! ¡Habla con nosotros! ¡No hagas eso!
   a. Marisol
   b. Lupe
   c. Manolo
   d. Cisco

10-54 ¿Qué va a hacer Lupe? Write a brief reaction to the end of the episode explaining the reasons you think might be behind Lupe's behavior as well as what you think she is going to do next.

_____

_____

_____

_____

_____

_____

_____

_____

Comunidades

10-55 Experiential Learning: Un viaje. For this activity, you will work in groups to create virtual trips to Venezuela and Chile. Each member of the group will be assigned a specific part of the journey and will need to find reliable websites that your future virtual travelers can use to find their way and enjoy their journey. Every part of each virtual trip must include active websites with pictures and other vital information that might be important to a traveler.

The following assigned roles are only intended to be guidelines for you; flexibility and creativity are encouraged, as long as each group meets the basic objectives. For example:

- One person could locate all of the modes of transportation (and associated fees) with every aspect of the entire trip.

- Another student could locate all of the schedules for those different means of transportation and make sure that all of the connections will work with plenty of time to allow for layovers, missed or cancelled flights, and other transportation delays.

- Another person could work on getting information on how to order foreign currency ahead of time and the most current exchange rates between the U.S. dollar and the target country's currency.

- This same student could work with another classmate and together they could be responsible for planning and presenting the entire budget for the prospective traveler.

- Another student could locate lodging and identify good restaurant choices for meals.

- Two other students could find and plan all tours and entertainment activities and choices that will be available to the traveler while in the country of destination.

Once all of this (and any other) preliminary information has been gathered, the group will be able to combine everything into a podcast to share with the rest of the class. You should provide your audience with written support (in the form of either a PowerPoint slides or a Word document), with the most important highlights of the results of your research and hyperlinks. Each group could also do a formal presentation during class time of their virtual voyage and distribute printed copies of their supporting materials.

10-56 Service Learning: En la agencia de viajes. Contact several local travel agencies and find out which services each one offers. Request permission to translate into Spanish a list of those services and any other very basic information that those agencies might find appropriate. Be very careful to promise no more than 2 double-spaced, typed pages of text and stress that your professor will assume responsibility for final editing and proofreading before the final document is returned to the travel agencies electronically and in print format.

11 El mundo actual

Comunicación I

Vocabulario

1. Los animales: Describing animals and their habitats (Textbook p. 412)

11-01 ¿Qué tipo de animales son? Place the different animals into their appropriate categories.

1. el caballo
   a. animal doméstico
   b. animal de la granja
   c. animal salvaje

2. el elefante
   a. animal doméstico
   b. animal de la granja
   c. animal salvaje

3. el oso
   a. animal doméstico
   b. animal de la granja
   c. animal salvaje

4. el perro
   a. animal doméstico
   b. animal de la granja
   c. animal salvaje

5. la gallina
   a. animal doméstico
   b. animal de la granja
   c. animal salvaje

6. el león
   a. animal doméstico
   b. animal de la granja
   c. animal salvaje

7. el cerdo
   a. animal doméstico
   b. animal de la granja
   c. animal salvaje

8. la vaca
   a. animal doméstico
   b. animal de la granja
   c. animal salvaje

9. el gato
   a. animal doméstico
   b. animal de la granja
   c. animal salvaje

10. la serpiente
    a. animal doméstico
    b. animal de la granja
    c. animal salvaje

11-02 ¿Qué comen los animales? Match each animal to the food that is most closely associated with its diet.

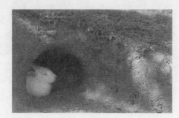

1. el conejo _____

2. el león _____

3. la serpiente _____

4. la rana _____

5. el gato _____

a. el pescado y los ratones

b. la lechuga

c. los ratones

d. la carne cruda

e. los insectos

11-03 ¿Qué dicen los animales en español? Not all dogs around the world say "bow-wow." In Spanish many of the sounds that animals make are different from the sounds in English. Look at each of the onomatopoeias and listen to their pronunciation. Then write the name of the animal to which each sound most likely corresponds.

el cerdo	la vaca	el elefante	el gato	el caballo
el perro	el pez	el pájaro	la gallina	la rana

1. pío, pío _____

2. guau, guau _____

3. miau, miau _____

4. coc, co, co, coc _____

5. glup, glup _____

6. muuu, muuu _____

7. iiii, iiii _____

8. croac, croac _____

9. oink, oink _____

10. praaah, praaah _____

11-04 ¿Qué animal soy yo? Listen to the following descriptions of different animals, and then write the name of the animal being described.

| el pájaro | la gallina | el pez | el león | el oso | la rana |

1. _____

2. _____

3. _____

4. _____

5. _____

6. _____

11-05 Heritage Language: *tu español*. Just as in English a baby horse is called a colt, there are different terms in Spanish to refer to young animals. Conduct research online in order to figure out the meaning of each name for baby animals. Then, listen to the names of the parents and match each baby to its correct parent.

1. _____   a. renacuajo

2. _____   b. potro

3. _____   c. gazapo

4. _____   d. cachorro

5. _____   e. gatito

6. _____   f. ternero

7. _____   g. pollito

8. _____   h. gorrín

9. _____   i. alevín

10. _____   j. osezno

Pronunciación: Review of Word Stress and Accent Marks
(Textbook p. 413)

In **Capítulo 2,** the rules on Spanish word stress and written accent marks were presented. Please review page xx.

11-06 ¿Qué dijo? Listen to the following statements, and write the word from the bank that is included in each affirmation.

| cuidé | cuide | montó | monto | preocupo | preocupó | domésticos | domestico |

1. _____   5. _____

2. _____   6. _____

3. _____   7. _____

4. _____   8. _____

11-07 ¿Necesita acento? Listen to the pronunciation of each word and then write it, being careful to include accents when necessary. Be sure not to include dashes when writing the word.

1. co-co-dri-lo _____   6. ra-to-nes _____

2. tor-to-la _____   7. a-ci-da _____

3. o-ve-ja _____   8. in-ver-na-de-ro _____

4. ja-ba-li _____   9. co-qui _____

5. hu-ra-can _____   10. do-me-sti-co _____

11-08 ¿Qué palabra es? As you know, in some cases accents function to distinguish between two different words that sound the same but that have different meanings. Listen to each statement, and based on the meaning of what you hear, select the word that is being used.

1. cuando   cuándo   6. como   cómo

2. cuando   cuándo   7. mi   mí

3. que   qué   8. mi   mí

4. que   qué   9. se   sé

5. como   cómo   10. se   sé

11-09 Los refranes. Read and listen to the following sayings. Practice reciting them, and then give your best pronunciation of each one.

1. El gato y el ratón nunca son de la misma opinión.

2. La rana más aplastada es la que más grita.

3. Gato con guantes, no caza ratones.

4. Perro ladrador, poco mordedor.

5. La curiosidad mató al gato.

6. Más vale pájaro en mano que cien volando.

7. Es el mismo perro con diferente collar.

8. Conejo rápido no llega lejos. Tortuga llega segura.

9. Dos perros pueden matar a un león.

10. El perro es el mejor amigo del hombre.

11-10 Las trabalenguas. Read and listen to the following tongue-twisters, practice reciting them and then give your best pronunciation of each one.

1. El perro de San Roque no tiene rabo porque Ramón Ramírez se lo ha cortado.

2. El hipopótamo Hipo está con hipo. ¿Quién le quita el hipo al hipopótamo Hipo?

3. Tres grandes tigres tragones tragan trigo y se atragantan.

4. En la calle de Callao cayó un caballo bayo al pisar una cebolla.

5. El presidente de la República avisa al público que el agua pública se va a acabar.

6. Un limón y medio limón. Dos limones y medio limón. Tres limones y medio limón. Cuatro limones y medio limón. ¿Cuántos limones son?

7. Supercalifragilístico espialidoso, aunque al decirlo suene algo enredoso, supercalifragilístico espialidoso.

Vocabulario

2. El medio ambiente: Sharing details about the environment (Textbook p. 416)

11-11 La ecología y los desastres naturales. Select the terms that belong to each of the following categories.

1. Problemas medioambientales
   el efecto invernadero
   el reciclaje
   la contaminación
   sembrar plantas
   la lluvia ácida
   el derrame de petróleo

2. Desastres naturales
   el efecto invernadero
   el huracán
   la lluvia ácida
   la inundación
   el terremoto

3. Prácticas ecológicas
   el terremoto
   el reciclaje
   la reforestación
   la lluvia ácida
   sembrar plantas

11-12 ¿Qué debemos hacer y qué debemos evitar? Choose the most appropriate answer to complete each statement about how we can better protect the environment.

1. Si queremos proteger el medio ambiente, debemos…
   a. reciclar más.
   b. hacer más daño.
   c. contaminar más.
   d. evitar el reciclaje.

2. Si queremos proteger los bosques, debemos…
   a. contaminarlos.
   b. evitarlos.
   c. reforestarlos.
   d. reusarlos.

3. Si queremos proteger nuestros recursos naturales, debemos _____ la contaminación.
   a. reciclar
   b. evitar
   c. plantar
   d. proteger

4. Si quieres ayudar a parar el efecto invernadero, debes sembrar…
   a. lagos.
   b. basura.
   c. vertederos.
   d. árboles.

5. Si quieres ayudar a parar la contaminación, puedes…
   a. hacer daño a los ríos.
   b. tirar basura a los ríos.
   c. tratar de proteger los ríos.
   d. contaminar los ríos.

11-13 ¿Protegen o hacen daño? Select the practices that correspond to each of the effects on the environment.

1. Protege el medio ambiente
   reciclar el plástico
   caminar a las clases
   botar cajas de cartón a la basura
   sembrar plantas
   evitar la contaminación
   poner el aire acondicionado
   reforestar los bosques
   reusar los contenedores de vidrio

2. Hace daño al medio ambiente
   sembrar plantas
   poner el aire acondicionado
   conducir coches que consumen mucha gasolina
   reforestar los bosques
   botar cajas de cartón a la basura
   poner las latas en los vertederos

11-14 Crucigrama. Complete the crossword puzzle with the correct words.

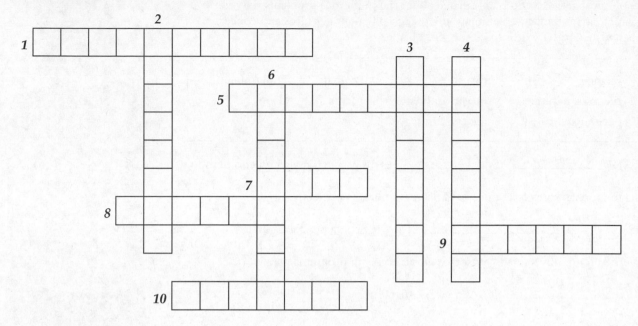

1. convertir algo limpio o puro en algo sucio o impuro; por ejemplo, poner basura o productos químicos en un río

2. el elemento químico de número atómico 13, que es un metal de muchos usos y que se puede reciclar

3. el recurso natural líquido, muy inflamable y no renovable que si lo refinas puedes obtener gasolina

4. un fenómeno meteorológico caracterizado por vientos fuertes, lluvias y/o nieve

5. el lugar donde se bota la basura

6. el estudio de la protección de la naturaleza

7. un envase o contenedor de metal que se puede reciclar

8. una sustancia sólida, dura y frágil que es transparente o traslúcida y que se puede reciclar

9. sustancia natural donde sembramos plantas y verduras

10. un fenómeno meteorológico tropical muy violento caracterizado por vientos muy fuertes que giran (*spin*) en grandes círculos y muchas veces con lluvias fuertes también

11-15 Tenemos que proteger nuestro planeta. Tămara is an ecological activist who is concerned about the numerous problems that our planet currently faces. Complete the paragraph about her ideas and concerns using the correct words from the word bank.

reciclar	cartón	ecología	contaminando
recursos naturales	medio ambiente	basura	daño
periódicos	Tierra		

El (1) _____ es mi pasión. Dedico mucho tiempo y

hago muchas cosas diferentes para proteger nuestro planeta, la

(2) _____. Soy la presidenta del Club

Verde en mi universidad y nosotros empezamos un programa para

(3) _____ papel,

(4) _____, (5) _____,

latas y botellas que antes la gente botaba a la (6) _____. Nosotros también

escribimos peticiones y organizamos manifestaciones para protestar contra las compañías que hacen

(7) _____ a la naturaleza, (8) _____ nuestra agua y

nuestro aire. Mi especialidad en la universidad es (9) _____ y en el futuro quiero

continuar con mi trabajo protegiendo nuestros (10) _____.

11-16 ¡Actúen ahora! An environmental group is planning a rally in the center of your campus in order to raise students' awareness about what they need to do and what they need to stop doing in order to protect the environment.

Paso 1. Help come up with good slogans to put on the signs that the participants will carry. Using the correct affirmative and negative **ustedes** command forms, suggest at least seven different slogans to paint on the signs.

MODELOS   *¡Siembren plantas!*
           ¡No corten árboles!

_____

_____

_____

_____

_____

Paso 2. Now practicing saying all of your slogans as forcefully and convincingly as possible.

11-17 Tú y el medio ambiente. Think about your own daily life and how your actions affect the environment and relate to environmental issues.

Paso 1. Answer the following questions about yourself and your relationship to the environment.

1. ¿Te importa la ecología y la protección del medio ambiente? ¿Por qué sí o por qué no?

_____

_____

_____

2. ¿Qué problemas ecológicos te preocupan? ¿Por qué te preocupan?

_____

_____

_____

3. ¿Cuáles son algunas de tus prácticas que protegen el medio ambiente o que evitan daños al medio ambiente?

_____

_____

_____

4. ¿Cuáles son algunas cosas que haces que no ayudan a solucionar los problemas ecológicos o que hacen daño a la naturaleza?

_____

_____

_____

5. ¿Qué más quieres hacer y qué quieres dejar de hacer (*stop doing*) para ayudar a proteger el medio ambiente?

_____

_____

_____

Paso 2. You are helping some friends who need to interview different students about their own habits and the effects of their actions on the environment for their ecology class. Explain the main effects that you as a person currently have on the environment, as well as your plans for the future. In your explanation, be sure to address the three questions in their survey:

1. What do you currently do on a regular basis that could be considered ecologically responsible?

2. What actions in your daily life have a negative effect on the environment?

3. What can you do differently to increase your positive impact on the environment and to decrease your negative impact?

11-18 Heritage Language: *tu español*.

Paso 1. Las nuevas tecnologías, el desarrollo y el medioambiente. Read the following text about technology, development, and the environment in the Spanish-speaking world, and then answer the questions below.

- En muchos lugares del mundo hispanohablante, los científicos, los gobiernos, las organizaciones no-gubernamentales y las compañías privadas colaboran para desarrollar sistemas con fuentes (*sources*) de energía más ecológicas para sustituir los sistemas de energía producida por los combustibles (*fuels*) fósiles.

- Hoy en día muchos lugares del mundo hispanohablante están disfrutando de electricidad limpia. Algunos países, como España, Argentina y México, tienen instalaciones de energía eólica (*wind*), y en muchos lugares la gente está aprovechando la energía solar para sus necesidades eléctricas. En algunos lugares también están desarrollando otras alternativas energéticas, como la biomasa, que también se considera una energía limpia y renovable.

- Un buen modelo de la conciencia ecológica en el mundo hispanohablante es la Comunidad Autónoma de Navarra, en el norte de España, que es especialmente conocida por sus diferentes parques eólicos. Hoy en día Navarra cubre más del cincuenta por ciento de sus necesidades eléctricas con energías limpias.

- Por todo el mundo hispanohablante, hay muchas iniciativas —muchas de ellas internacionales— para fomentar (*promote*) el uso de energías renovables. Muchas de esas iniciativas, sobre todo en América Latina, se relacionan con los movimientos de desarrollo sostenible. De esa manera, muchos países están trabajando simultáneamente para mejorar sus situaciones económicas, sociales y medioambientales.

---

1. En los Estados Unidos, ¿qué tipos de energía limpia se usan? ¿Dónde están usando esas energías?

_____

_____

2. ¿Qué grupos y organizaciones en el mundo hispanohablante están trabajando juntos para usar más energía limpia?

_____

_____

3. ¿Cuáles son tres energías limpias que están usando en muchos lugares hispanohablantes hoy en día? ¿Cuáles de esas energías son también renovables?

_____

_____

4. ¿En qué lugares del mundo hispanohablante podemos encontrar parques eólicos?

_____

_____

5. ¿Por qué es ejemplar (*a good example*) la Comunidad Autónoma de Navarra?

_____

_____

6. ¿Qué relación hay entre los proyectos para usar más energías renovables en América Latina y el desarrollo sostenible en general?

_____

_____

Paso 2. Interview at least three relatives, friends, or fellow students of Spanish-speaking heritage in order to discover more about renewable energy in the Spanish-speaking world. Ask them specifically about which renewable energies and environmentally sustainable practices are most prevalent in their families' countries of origin. If your interviewees are not able to give you detailed information, conduct research online in order to discover more about environmental sustainability in the Spanish-speaking world. Once you have organized the information that you have gathered, describe the most impressive and surprising results of your interviews and/or research.

Nota cultural: El Yunque: tesoro tropical (Textbook p. 419)

11-19 El Yunque. Based on what you have learned about El Yunque National Forest, indicate if the following statements are **Cierto** or **Falso**.

1. El origen del nombre del Bosque Lluvioso de El Yunque es religioso.   Cierto   Falso

2. En el Sistema de Bosques Nacionales de los Estados Unidos, hay varios bosques lluviosos tropicales.   Cierto   Falso

3. El Yunque es el bosque nacional en los Estados Unidos que tiene más plantas diferentes.   Cierto   Falso

4. El Yunque ocupa aproximadamente veintiocho mil hectáreas.   Cierto   Falso

5. Existen menos de cien cotorras ahora en Puerto Rico.   Cierto   Falso

6. Hay ochenta y cinco clases diferentes de coquí en el Yunque.   Cierto   Falso

Nombre: _____   Fecha: _____

11-20 Una excursión a El Yunque. Some of your friends are going on vacation to Puerto Rico and have asked you where you think they should go.

Paso 1. Make note of some of the reasons why you think they should visit El Yunque.

_____

_____

_____

Paso 2. Using your notes from **Paso 1,** leave a voicemail message for one of your friends highlighting the main reasons why they should include El Yunque in their itinerary. Expressions like **deben, tienen que,** and the **ustedes** form of commands will be useful as you try to convey your suggestions.

Paso 3. Two of your friends would like to follow your advice, but the third person is not quite certain if he would like to spend time in El Yunque. Write him an e-mail message to try to convince him to do so. Using expressions such as **debes, deben, tienen que,** and **tienes que,** and/or the correct **tú** and **ustedes** command forms, write him an e-mail telling him that he absolutely must visit El Yunque and explain what he and your other friends should do while they are there.

> **Expresiones útiles**
> catarata *waterfall*   hacer senderismo *to hike*   acampar *to camp*

_____

_____

_____

_____

_____

_____

_____

_____

_____

_____

_____

Gramática

3. El subjuntivo: Commenting on what is necessary, possible, probable, and improbable (Textbook p. 419)

11-21 Problemas y soluciones. Jorge has some very ecologically irresponsible people in his life. Match each of his complaints to the most appropriate solution.

1. Mis padres no reciclan nada en su casa. _____

2. Mis compañeros de cuarto imprimen (*print*) muchas páginas del Internet y gastan mucho papel innecesariamente. _____

3. Mis amigos usan el aire acondicionado todos los días durante el verano; no importa la temperatura que haga. _____

4. Mi hermano conduce un coche muy viejo que contamina mucho. _____

5. Mi hermana va en coche a todos los lugares. _____

6. Mi mejor amigo siempre pone la calefacción a casi ochenta grados en invierno. _____

a. Es importante que camine más.

b. Es preferible que lean la información en la pantalla (*screen*) de la computadora.

c. Es necesario que la ponga más baja y que se ponga un suéter.

d. Es importante que empiecen a hacerlo; pueden empezar con algo fácil, como las botellas.

e. Es preferible que lo venda y que compre uno híbrido.

f. Es necesario que lo pongan solamente cuando hace mucho calor.

11-22 ¿Qué puedo hacer? Jorge would like to do more than he currently does to protect the environment. For each of his goals, select the appropriate and correctly expressed strategy or strategies for reaching it.

1. Jorge: No quiero contribuir a la contaminación de los ríos y el océano.

   Tú: Es necesario que…

   a. botes toda la basura en los lugares apropiados.
   b. botas toda la basura en los lugares apropiados.
   c. hagas daño a los ríos y los océanos.
   d. haces daño a los ríos y los océanos.

2. Jorge: Quiero proteger los ríos y el océano.

   Tú: Es importante que…

   a. circulas peticiones para parar la contaminación industrial.
   b. circules peticiones para parar la contaminación industrial.
   c. pones vertederos en los ríos y el océano.
   d. pongas vertederos en los ríos y el océano.

3. JORGE: No quiero contribuir a la contaminación del aire.

   TÚ: Es preferible que…

   a. evites usar el transporte público.
   b. evitas usar el transporte público.
   c. tratas de usar el transporte público.
   d. trates de usar el transporte público.

4. JORGE: Quiero evitar la contaminación del aire.

   TÚ: Es preferible que…

   a. das dinero a compañías que no contaminan.
   b. des dinero a compañías que no contaminan.
   c. vayas a manifestaciones contra las compañías que contaminan mucho.
   d. vas a manifestaciones contra las compañías que contaminan mucho.

5. JORGE: Quiero que otras personas comprendan la importancia de la protección del medio ambiente.

   TÚ: Es necesario que…

   a. hagas campañas educativas.
   b. haces campañas educativas.
   c. buscas oportunidades de compartir lo que sabes con otras personas.
   d. busques oportunidades de compartir lo que sabes con otras personas.

6. JORGE: Quiero que otra gente tenga más conciencia ecológica.

   TÚ: Es importante que…

   a. les pides a otras personas que ayuden con la causa.
   b. les pidas a otras personas que ayuden con la causa.
   c. empieces a organizar protestas y otros eventos para ayudar con la causa.
   d. empiezas a organizar protestas y otros eventos para ayudar con la causa.

7. JORGE: Quiero hacer una diferencia en el mundo.

   TÚ: Es posible que…

   a. puedas ayudar a mejorar la situación con el medio ambiente.
   b. puedes ayudar a mejorar la situación con el medio ambiente.
   c. no sea demasiado tarde para actuar.
   d. no es demasiado tarde para actuar.

11-23 El efecto invernadero. Your friend Claudio has very strong ideas about global warming and the greenhouse effect. He needs your help increasing the emphasis in the way he expresses himself. For each of his statements, choose and write the appropriate expression of opinion, doubt, or wishes that will underscore and strengthen the impact of his ideas. Be sure to follow the sentence structure of the model exactly.

~~Es una lástima que~~	Es importante que	Ojalá que
Es increíble que	Es bueno que	Es malo que

MODELO   Los países del mundo tienen muchas dificultades para negociar soluciones para los problemas medioambientales y económicos que se relacionan con el calentamiento global.

Es una lástima que los países del mundo tengan muchas dificultades para negociar soluciones para los problemas medioambientales y económicos que se relacionan con el calentamiento global.

1. Muchas personas en el mundo no saben que el efecto invernadero es una realidad muy seria que está cambiando nuestro mundo.

   _____

   _____.

2. Muchos políticos dicen que el efecto invernadero realmente no es un problema muy importante.

   _____

   _____.

3. Muchas personas estamos trabajando para proteger el medio ambiente y parar el calentamiento global.

   _____

   _____.

4. Existen nuevas tecnologías como la energía solar y la energía eólica que nos ofrecen alternativas para energías renovables.

   _____

   _____.

5. En el futuro podemos crear otras nuevas tecnologías para ayudarnos todavía más.

   _____

   _____.

11-24 Un grupo de ecologistas. Your friend Jesús has joined a group of
ecological activists and is at their first meeting. Complete the opening speech of the
group's president with the correct present subjunctive forms of the appropriate verbs.

solucionar	participar	tratar	expresar

¡Bienvenidos todos, compañeras y compañeros! Veo que este año

tenemos algunos nuevos miembros; es muy importante que todos ustedes

(1) _____ activamente en todos los eventos de nuestro grupo y que también

(2) _____ abiertamente todas sus ideas. Como bien sabemos todos, es imposible que

nosotros (3) _____ todos los problemas del mundo solos. Es una lástima que mucha

gente en el mundo no (4) _____ de hacer nada simplemente porque piensa que los

problemas del mundo son demasiado grandes.

mirar	afectar	cambiar	seguir	mejorar	causar

Es probable que el trabajo de una persona no (5) _____ mucho al mundo, pero

también es imposible que una persona no (6) _____ ningún efecto si no hace nada.

Por eso, es importante que nosotros (7) _____ con nuestro trabajo y nuestros

proyectos. Es necesario que todos ustedes (8) _____ las cosas desde la perspectiva

correcta. Poco a poco es posible que nuestro trabajo (9) _____ el mundo y

(10) _____ la situación del medio ambiente.

11-25 Heritage Language: *tu español*. The new congressman representing the district where you live would like to know what his constituents' main concerns and priorities are so that he can address them during his first term.

Paso 1. Make note of your concerns (things that you are dissatisfied with and would like to see changed) and priorities (things that you would like to see remain or changes that you would like to see implemented), and write down the most important ideas that you would like to express to your new representative.

1. Preocupaciones

_____

_____

_____

2. Prioridades

_____

_____

_____

Paso 2. The congressman's office has set up a voicemail box so that his constituents can call and leave messages with their ideas. Using your notes from **Paso 1** and the expressions below that require the subjunctive, share your opinions and advice with your representative. As you are speaking to a public figure, remember to use the **usted** form when addressing the congressman.

Es una lástima que…	Es raro que…	Es malo que…	Es posible que…
Es importante que…	Es necesario que…	Es preferible que…	Ojalá que…

Paso 3. You have not received any response to the message that you left. In order to make absolutely certain that the congressman hears your voice, follow-up with an e-mail message reiterating your main concerns and priorities.

_____

_____

_____

_____

_____

_____

_____

Comunicación II

Vocabulario

4. La política: Discussing government and current affairs (Textbook p. 426)

11-26 Los cargos políticos. Match each political post to the type or part of government in which he or she leads or serves.

1. el alcalde _____

2. la diputada _____

3. el gobernador _____

4. la presidenta _____

5. el rey _____

6. la senadora _____

7. el dictador _____

a. el Congreso

b. el Senado

c. la democracia

d. la ciudad

e. el estado

f. la dictadura

g. la monarquía

11-27 ¿Personas, problemas políticos o tipos de gobierno? Select the terms that correspond to each category.

1. Personas
   dictadora
   reina
   deuda
   alcaldesa

2. Problemas políticos
   dictadura
   guerra
   deuda
   monarquía
   delincuencia
   inflación

3. Tipos de gobierno
   monarquía
   reina
   democracia
   guerra
   dictadura

11-28 Crucigrama. Complete the crossword puzzle with the correct words.

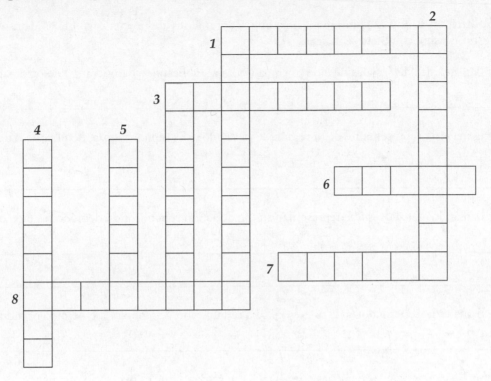

Horizontal

1. mujer nombrada en elecciones democráticas para representar a un grupo de personas en el Congreso

3. participar en un conflicto, luchar para algo

6. dinero que una persona o entidad tomó prestado de otra persona o entidad y que tiene que devolver con intereses

7. forma de protesta en la que un grupo de personas rehúsan trabajar, a fin de mejorar sus condiciones laborales

8. mujer nombrada en elecciones democráticas para representar a un grupo de personas en el Senado

Vertical

1. forma moderna de gobierno caracterizada por la participación de todos los ciudadanos (*citizens*) en los procesos gubernamentales, o directamente o a través de sus representantes nombrados en elecciones populares

2. mujer nombrada en elecciones democráticas para ser la líder de una ciudad

3. cuerpo legislativo formado por representantes nombrados en elecciones democráticas

4. dinero que todos los ciudadanos tienen que pagar al gobierno todos los años

5. conflicto armado entre dos o más naciones o entre dos grupos dentro de una nación

11-29 Heritage Language: *tu español*.

Paso 1. La política en tu vida. Think about how important politics are in your own life, and answer the following questions using complete sentences.

1. ¿Cómo se llama el alcalde / la alcaldesa de tu ciudad? ¿Es republicano/a, demócrata o de otro partido?

_____

2. ¿Cómo se llama el/la representante de tu región de tu estado? ¿Es republicano/a, demócrata o de otro partido?

_____

3. ¿Cómo se llaman los senadores que representan tu estado? ¿Son republicanos, demócratas o de otro partido?

_____

_____

4. ¿Cómo se llama el/la gobernador/a de tu estado? ¿Es republicano/a, demócrata o de otro partido?

_____

5. Para mejorar la situación de las personas que viven en tu región, ¿qué es necesario que hagan los políticos que te representan?

_____

_____

_____

6. Para tener tu apoyo y tu voto en las elecciones, ¿qué es necesario que haga un candidato político?

_____

_____

_____

Paso 2. La política en el mundo hispanohablante. Conduct research on the politics of a Spanish-speaking city that is important to you personally or that you find interesting and might enjoy visiting.

7. ¿Cómo se llama la ciudad? ¿En qué país está? ¿En qué parte de ese país está?

_____

_____

8. ¿Cómo se llama el alcalde / la alcaldesa de la ciudad? ¿Cuál es su partido político? ¿Es un partido político de ideología de la izquierda (muy liberal) o de la derecha (muy conservador)?

_____

_____

9. ¿Cómo se llama el gobernador / la gobernadora del estado (o el presidente / la presidenta de la provincia) de la ciudad? ¿Cuál es su partido político? ¿Es un partido político de ideología de la izquierda (muy liberal) o de la derecha (muy conservador)?

_____

_____

10. ¿Cómo se llama el presidente / la presidenta del país? ¿Cuál es su partido político? ¿Es un partido político de ideología de la izquierda (muy liberal) o de la derecha (muy conservador)?

_____

_____

Paso 3. Migration issues are often quite closely related to political concerns. Interview at least three relatives, friends, or fellow students of Spanish-speaking heritage, representing at least two different countries of origin. Ask them about the impact that politics have had on their own family's recent history. Did the political situation in their families' countries of origin influence in any way the decision of any members of their family to migrate? Did the past political situations in their families' countries of origin influence in any way their own current attitudes toward politics in general and/or toward specific political parties? Summarize the results of your interviews and what you learned from them.

Nota cultural: La política en el mundo hispano (Textbook p. 428)

11-30 La política en el mundo hispano. Based on the information in the reading in your textbook, indicate if the following statements are **Cierto** or **Falso**.

1. La historia política del mundo hispano es turbulenta. Cierto Falso

2. Muchos países hispanohablantes sufrieron por dictaduras muy débiles en el pasado. Cierto Falso

3. Muchos países hispanohablantes quieren más justicia en sus relaciones con otros países. Cierto Falso

4. Durante los años ochenta, Centroamérica sufrió un período muy difícil y conflictivo. Cierto Falso

5. Ahora la economía de la mayoría de los países centroamericanos está en peor situación que hace treinta años. Cierto Falso

Gramática

5. *Por* y *para*: Expressing time, deadlines, movement, destination, means, purpose, etc. (Textbook p. 429)

11-31 ¿Para qué lo hacen? Choose the correct answer to each question about why many activists do what they do.

1. ¿Para qué reciclan? _____

2. ¿Para qué van al trabajo caminando? _____

3. ¿Para qué quiere ser representante? _____

4. ¿Para qué evitan el uso del aire acondicionado? _____

5. ¿Para qué usan productos de limpieza especiales? _____

6. ¿Para qué plantan árboles? _____

a. para no contribuir a la contaminación de los ríos y los océanos con productos químicos

b. para no llenar los vertederos innecesariamente

c. para no contribuir a la contaminación del aire y al efecto invernadero

d. para no usar gasolina innecesariamente

e. para combatir el efecto invernadero

f. para escribir leyes para proteger el medio ambiente

11-32 Comparaciones. Julia is not very easily impressed. For each person or entity listed, choose the appropriate criticism or compliment and write a comparative statement, following the sentence structure of the model exactly.

MODELO   un dictador
Para ser dictador, lleva a cabo muchos cambios democráticos.

tener una deuda externa muy grande
no saber nada de los verdaderos problemas de la ciudad
tener una economía bastante fuerte
~~llevar a cabo muchos cambios democráticos~~
no ofrecer muchas soluciones para los problemas del país
saber bastante de la política internacional

1. la alcaldesa

_____.

2. el presidente

_____.

3. solo un estudiante

_____.

4. un país desarrollado (*developed*)

_____.

5. solo un país en vías de desarrollo (*developing*)

_____.

Nombre: _____ Fecha: _____

📣 **11-33 Un viaje por América Latina.** A congresswoman is about to go on an important trip to several countries in Latin America. Listen to her conversation about the trip with her husband, and then answer the questions about their plans by completing the sentences, as in the model. Make certain to use the same vocabulary from the question in your response.

MODELO   ¿Para dónde salen Marta y su familia el domingo?

El domingo, Marta y su familia *salen para El Salvador*.

1. ¿Por dónde tienen que pasar antes de llegar a su destino?

Antes de llegar a su destino tienen que pasar _____.

2. ¿Por qué medio o medios de transporte van a viajar durante la semana?

Durante la semana van a viajar _____ y _____.

3. ¿Por cuántos países van a pasar durante el viaje?

Durante el viaje van a pasar _____.

4. ¿Por qué ciudad estadounidense van a pasar durante el viaje de regreso?

Durante el viaje de regreso van a pasar _____.

5. ¿Para cuándo es necesario que Marta esté en Washington?

Es necesario que Marta esté en Washington _____.

6. ¿Para qué es importante que Marta vaya a Washington?

Es importante que Marta vaya a Washington _____ en la Casa Blanca.

11-34 Heritage Language: *tu español.*

Paso 1. El viaje de Marta y su familia. Complete the description about the trip that Marta and her family are going to take using **por** and **para**.

Marta y su familia salen (1) _____ Latinoamérica el domingo.

Ellos van a viajar (2) _____ diferentes países, como El

Salvador, Colombia y Uruguay. Van a estar en América Latina

(3) _____ más de una semana. La secretaria de Marta hizo

todos los planes y reservas (4) _____ ellos.

   Marta va a estos países (5) _____ hablar con diferentes representantes gubernamentales sobre los

diferentes proyectos de cooperación y colaboración que ella está intentando implementar. (6) _____

llevarlos a cabo, es necesario que otros países apoyen los proyectos. (7) _____ ser representante en el

Congreso, tiene importantes responsabilidades internacionales. Eso es porque a Marta le preocupan mucho, tanto los problemas nacionales, como los internacionales; (8) _____ eso se metió en la política. Ella quiere cambiar el mundo. También decidió entrar en la vida pública (9) _____ sus hijos; ella quiere trabajar todos los días (10) _____ que haya más justicia y más paz en el mundo.

Paso 2. For each use of **por** and **para** above, choose the appropriate reason behind that specific usage.

11. Marta y su familia salen _____ Latinoamérica el domingo.
    a. momento específico en el tiempo
    b. destino
    c. destinatario, receptor
    d. comparación
    e. propósito, objetivo

12. Ellos van a viajar _____ diferentes países, como El Salvador, Colombia y Uruguay.
    a. duración
    b. movimiento
    c. motivo, causa
    d. intercambio (*exchange*)
    e. medio (*means*)

13. Van a estar en América Latina _____ más de una semana.
    a. duración
    b. movimiento
    c. motivo, causa
    d. intercambio (*exchange*)
    e. medio (*means*)

14. La secretaria de Marta hizo todos los planes y reservas _____ ellos.
    a. momento específico en el tiempo
    b. destino
    c. destinatario, receptor
    d. comparación
    e. propósito, objetivo

15. Marta va a estos países _____ hablar con diferentes representantes gubernamentales…
    a. momento específico en el tiempo
    b. destino
    c. destinatario, receptor
    d. comparación
    e. propósito, objetivo

16. _____ llevarlos a cabo, es necesario que otros países apoyen los proyectos.
    a. momento específico en el tiempo
    b. destino
    c. destinatario, receptor
    d. comparación
    e. propósito, objetivo

17. _____ ser representante en el Congreso, tiene importantes responsabilidades internacionales.
    a. momento específico en el tiempo
    b. destino
    c. destinatario, receptor
    d. comparación
    e. propósito, objetivo

18. Eso es porque a Marta le preocupan mucho tanto los problemas nacionales como los internacionales; _____ eso se metió en la política.
    a. duración
    b. movimiento
    c. motivo, causa
    d. intercambio (*exchange*)
    e. medio (*means*)

19. También decidió entrar en la vida pública _____ sus hijos…
    a. duración
    b. movimiento
    c. motivo, causa
    d. intercambio (*exchange*)
    e. medio (*means*)

20. …ella quiere trabajar todos los días _____ que haya más justicia y más paz en el mundo.
    a. momento específico en el tiempo
    b. destino
    c. destinatario, receptor
    d. comparación
    e. propósito, objetivo

Gramática

6. Las preposiciones y los pronombres preposicionales: Specifying location and other information (Textbook p. 432)

11-35 El día de la Tierra. Lourdes and her friends are planning an important Earth Day event. Listen to their conversation, and then complete the sentences by selecting the correct prepositions and prepositional pronouns.

1. Durante la reunión, Lourdes habla _____ sus compañeros _____ el día de la Tierra.
   a. de... acerca de
   b. sin... para
   c. por... desde
   d. con... sobre

2. _____ la reunión, Miguel y Pedro hablaron _____ los grupos de música.
   a. Después de... cerca de
   b. Antes de... con
   c. Después de... sobre
   d. Antes de... acerca de

3. _____ la reunión, Miguel y Pedro piensan ir _____ los restaurantes.
   a. Antes de... lejos de
   b. Después de... debajo de
   c. Antes de... entre
   d. Después de... a

4. El escenario _____ los músicos va a estar en el centro _____ campus.
   a. desde... detrás del
   b. a... cerca del
   c. para... del
   d. sobre... enfrente del

5. Los baños _____ el público van a estar _____ escenario.
   a. para... detrás del
   b. de... encima del
   c. por... sobre el
   d. por... debajo del

6. _____ Lourdes, los puestos con la comida deben estar _____ escenario.
   a. Desde... al lado del
   b. A... a la derecha del
   c. Según... a la derecha del
   d. Para... a la izquierda del

7. Emilia piensa que los cocineros no deben estar _____ la contaminación producida _____ los coches.
   a. al lado de... para
   b. cerca de... por
   c. debajo de... de
   d. delante de... sin

8. Los coches no van a poder circular _____ el campus ese día; tienen que estacionarse _____ estadio.
   a. en... dentro del
   b. sobre... afuera del
   c. encima de... acerca del
   d. por... cerca del

11-36 Tus lugares favoritos. Think about your favorite places on campus.

Paso 1. Answer the following questions about your campus.

1. ¿Cuál es tu lugar favorito en el campus? ¿Por qué es tu lugar favorito?

_____

_____

_____

2. ¿Qué haces allí? ¿Quién(es) hace(n) esas cosas contigo?

_____

_____

_____

3. Si tu lugar favorito es un edificio, ¿qué hay dentro del lugar? Si no es un edificio, ¿qué hay en ese espacio?

_____

_____

_____

4. ¿Dónde está tu lugar favorito en general? ¿Está cerca de donde vives? ¿Está lejos?

_____

_____

_____

5. ¿Qué hay enfrente de tu lugar favorito? ¿y detrás?

_____

_____

_____

6. ¿Qué hay a los dos lados de tu lugar favorito?

_____

_____

_____

Paso 2. You are inviting a new friend to do something with you at your favorite place on campus. Your friend also happens to be a new student, so you are going to have to give him or her very detailed instructions about how to get to the place. Leave him or her a phone message explaining what you are going to do, when and where you are going to meet, and exactly where on campus the place is. You do not know from which direction he or she will be coming, nor do you know which places he or she is familiar with, so give as much detail as possible in your instructions.

Nombre: _____ Fecha: _____

11-37 Heritage Language: *tu español.* Marina and her friends went to see a film the other day. Complete the description about their experience using the correct prepositions and prepositional phrases from the word bank.

| en | después de | al lado del | hasta | por |
| acerca del | sobre | a | con | antes de |

El otro día fui a ver una película documental muy interesante

(1) _____ el medio ambiente

(2) _____ unos amigos. Llegamos al centro (3) _____ las siete y

media, pero la película no empezaba (4) _____ las ocho. (5) _____

eso, decidimos tomar algo (6) _____ un bar (7) _____ entrar al

cine. Fuimos al bar que está (8) _____ cine. (9) _____ la película,

volvimos al mismo bar y nos quedamos hablando (10) _____ mensaje de la película y sus

implicaciones, durante más de una hora.

Gramática

7. El infinitivo después de preposiciones: Providing more information about location, time, and other subjects (Textbook p. 436)

11-38 ¿Qué es necesario que hagan? Form complete, logical sentences by matching each fragment to its most appropriate pair.

1. Antes de plantar el árbol, ____

2. Después de sembrar las plantas, ____

3. Para combatir el efecto invernadero, ____

4. Entre una alternativa ecologista y una más

económica, ____

5. Sin colaborar todos los países del

mundo, ____

6. Hasta terminar con todos los problemas

ecológicos, ____

a. es necesario que las cuidemos mucho con agua y acceso a luz natural.

b. es importante que sigamos trabajando.

c. es preferible que gastemos más dinero para proteger el medio ambiente.

d. es importante que preparemos bien la tierra.

e. es necesario que evitemos la contaminación del aire.

f. no vamos a poder proteger la Tierra.

11-39 ¿Qué es importante que hagas?

Paso 1. Describe the important things you must do in the next few weeks as well as what you would like to accomplish. Following the examples in the model, list at least seven tasks that you must tackle and give at least one detail about what you would like the result to be like.

MODELO   *Tengo que* tomar cinco exámenes finales, *y quiero* sacar buenas notas.

                 Tengo que preparar mis cosas y mis maletas para las vacaciones, *y quiero* organizar todas las cosas muy bien antes de ponerlas en cajas y maletas.

Paso 2. Using your ideas from **Paso 1** as a springboard, create at least six statements about things that you will have to do in the coming weeks in order to achieve your personal goals, using the infinitive with prepositions and prepositional phrases and the subjunctive with expressions like **es necesario que, es preferible que, es importante que**, or **es urgente que**, as in the examples in the model.

MODELO   *Para sacar buenas notas en los exámenes finales, es necesario que estudie mucho.*

                 Antes de preparar mis maletas, es importante que organice muy bien mis cosas.

_____

_____

_____

_____

_____

_____

_____

11-40 Heritage Language: *tu español.* For each set of actions, decide which one should come first. Then indicate your selection by using the phrases to create two sentences, the first with **antes de** and the second with **después de** along with the infinitive verb form and the correct **ustedes** command forms. Be sure to follow the model exactly and to include the comma where appropriate in each sentence.

MODELO   decidir cuál es su candidato favorito / votar

                 Antes de votar, decidan cuál es su candidato favorito.

                 Después de decidir cuál es su candidato favorito, voten.

llevar a cabo su gran proyecto / obtener el apoyo de otras personas

1. Antes de _____.

2. Después de _____.

calcular cuánto dinero es necesario que paguen al gobierno / pagar los impuestos

3. Antes de _____.

4. Después de _____.

apoyar un candidato / estudiar su programa y sus ideas

5. Antes de _____.

6. Después de _____.

preguntar si hay problemas de delincuencia en el barrio / tomar la decisión de mudarse a una nueva casa

7. Antes de _____.

8. Después de _____.

formar un partido político / decidir cuál debe ser su ideología, proyectos y programa

9. Antes de _____.

10. Después de _____.

botar algo a la basura / confirmar que no es reciclable

11. Antes de _____.

12. Después de _____.

Escucha (Textbook p. 438)

11-41 Los jóvenes y la política. Think about public service announcements in general and specifically those that are designed for young adults who have chosen not to exercise their right to vote. Answer the following questions using complete sentences.

1. ¿Cuál es el propósito o el objetivo de este tipo de anuncio?

   _____

   _____

2. ¿Qué tipo de información tienen estos anuncios frecuentemente?

   _____

   _____

3. ¿Por qué crees que muchos jóvenes no participan en la política?

   _____

   _____

4. ¿Por qué crees que algunos jóvenes participan en la política?

   _____

   _____

5. ¿Piensas que es importante votar? ¿Por qué sí o por qué no?

   _____

🔊 **11-42 Cinco explicaciones, ninguna excusa.** The title of the public service announcement that you are about to listen to, "*Cinco explicaciones, ninguna excusa*" suggests that we are going to hear five different points of view about why many young people do not vote. Listen to the announcement, and next to the name of each person write the key word from the word bank that is best associated with his or her explanation.

indiferencia	protesta	tiempo	insatisfacción	ignorancia

1. María: _____

2. Ana: _____

3. Pablo: _____

4. Claudia: _____

5. Benjamín: _____

🔊 **11-43 Explicaciones y excusas.** Listen to the public service announcement about lack of voter participation and focus on the narrator's response to each person's explanation. For each of the narrator's responses, write a sentence supporting it from your own point of view. The first one is done for you in the model.

MODELO   You hear: El candidato que no ganó esas elecciones quería crear nuevas becas y ayudas financieras para estudiantes universitarios como María.

You write: *Es importante que vote porque las decisiones de los políticos pueden tener efectos muy grandes en mi vida.*

1. _____

_____

2. _____

_____

3. _____

_____

4. _____

_____

¡Conversemos! (Textbook p. 439)

11-44 Un asunto que te importa mucho.

Paso 1. Make note of some of the issues you feel are extremely important and why you feel that they are important.

1. Asuntos que me importan

_____

_____

_____

2. Por qué son importantes

_____

_____

_____

Paso 2. Using your notes from **Paso 1**, describe the issues about which you feel most passionate, and explain why these issues are important and why others should take them seriously.

Escribe (Textbook p. 440)

11-45 El medio ambiente.
You are doing an internship in the mayor's office of a city with a large Spanish-speaking population. The main focus of your work is to raise awareness, particularly among the Spanish-speaking citizens, about environmental concerns.

Paso 1. Write down some general notes about the city where you are working, the concerns you would like to focus on, and how you would like to go about raising awareness about them.

_____

_____

_____

Paso 2. The mayor just received word from the governor's office that the city did not reach its monthly recycling quota. As a result, the city is in danger of losing some important state funding. The mayor would like input from everybody in her office about what needs to be done in order to better motivate the people in the city to recycle on a regular basis. Write the mayor a memo with your ideas.

_____

_____

_____

_____

_____

_____

_____

_____

_____

_____

_____

_____

_____

Cultura: Cuba, Puerto Rico y la República Dominicana
(Textbook pp. 441–443)

11-46 El Caribe. Based on what you have learned about Cuba, Puerto Rico, and the Dominican Republic, indicate if the following statements are **Cierto** or **Falso**.

1. El zunzuncito es un tipo de música y baile que demuestra la influencia africana en la cultura cubana.   Cierto   Falso

2. La economía cubana se basaba antes en la industria azucarera.   Cierto   Falso

3. Cuba tiene bahías con millones de microorganismos fosforescentes.   Cierto   Falso

4. Puerto Rico tiene un importante observatorio con uno de los radiotelescopios más grandes del mundo.   Cierto   Falso

5. La República Dominicana es un país con muchas montañas.   Cierto   Falso

6. Cristóbal Colón llegó a la República Dominicana en su primer viaje y la nombró La Española.   Cierto   Falso

7. La bachata es un plato típico en la República Dominicana.   Cierto   Falso

11-47 Vistas culturales: Cuba. View the video segments in order to complete each part of the activity. You will likely not understand all of the words that you hear, but you should relax because you are capable of understanding more than enough to be able to respond to the questions without difficulty. Please be sure to read the questions that you will have to answer before viewing each video segment.

Paso 1. Introducción. Read the questions, skim through the possible answers, and then view the video in order to determine the correct response or responses.

1. ¿Cuántos habitantes tiene Cuba?
   aproximadamente mil ciento treinta habitantes
   aproximadamente cien mil treinta habitantes
   aproximadamente once millones de habitantes
   aproximadamente cien millones de habitantes

2. Según el vídeo, ¿cuántas islas tiene Cuba?
   más de 45
   más de 49
   más de 419
   más de 4.195

3. ¿A qué distancia de los Estados Unidos está Cuba?
   150 millas
   1.500 millas
   150 kilómetros
   1.500 kilómetros

4. ¿Cuál es otro nombre para la Isla de Pinos?
   Cuba
   la Isla de la Juventud
   archipiélago
   la Isla Caimán

5. ¿Cuáles son las tres cadenas montañosas de Cuba?
   la Sierra de Guaniguanico
   la Isla de Pinos
   el Grupo Guamahuaya
   la Isla de la Juventud
   la Sierra Maestra

Paso 2. Historia de Cuba. Read the questions, skim through the possible answers, and then view the video in order to determine the correct response or responses.

6. ¿Cuándo llegó Cristóbal Colón a Cuba?
   agosto, 1492
   septiembre, 1492
   octubre, 1492
   noviembre, 1492

7. ¿Por qué nombró la isla Juana?
   en honor a su hija
   en honor a los Reyes Católicos
   en honor a la hija de un conquistador
   en honor a la hija de los Reyes de España

8. ¿Cuáles eran los tres grupos indígenas que vivían en Cuba cuando llegaron los españoles allí?
   los Guanajatabeyes
   los Conquistadores
   los Taínos
   los Católicos
   los Siboneyes

9. ¿Cuál de los tres grupos tenía la cultura más avanzada?
   los Guanajatabeyes
   los Conquistadores
   los Taínos
   los Católicos
   los Siboneyes

Paso 3. La arquitectura de Cuba. Read the questions, skim through the possible answers, and then view the video in order to determine the correct response or responses.

10. ¿Qué tipo de edificios de estilo barroco construyeron los españoles en Cuba durante el siglo XVII (*17th Century*)?
    casas
    iglesias
    universidades

11. ¿De qué tipo de arquitectura son buenos ejemplos los castillos del Morro?
    indígena
    colonial
    religiosa

12. ¿Cuándo se fundó Trinidad?
    1415
    1450
    1514
    1540

13. Según el video, ¿cuáles son las principales industrias de Trinidad?
    el azúcar
    el café
    el turismo
    el tabaco

Paso 4. El tabaco cubano. Read the questions, skim through the possible answers, and then view the video in order to determine the correct response or responses.

14. ¿Cómo se llama la planta que mascaban (*chewed*) los indígenas?
    chaveta
    capote
    cohiba
    humo

15. ¿Cómo se enrollan (*rolled*) los tabacos cubanos?
    con máquinas muy modernas y sofisticadas
    a mano

16. ¿Qué es la chaveta?
    un cuchillo
    un cigarro
    un tipo de tabaco
    una persona que hace el tabaco

17. ¿Cuánto tiempo tienen que estar los tabacos en los moldes de madera?
    por lo menos 14 minutos
    por lo menos 15 minutos
    por lo menos 45 minutos
    por lo menos 150 minutos
    por lo menos 450 minutos

18. ¿Cómo se llama la persona que hace el tabaco?
    tabaquero
    cigarrillo
    chaveta
    capote

Nombre: _____   Fecha: _____

11-48 Vistas culturales: Puerto Rico. View the video segments in order to complete each part of the activity. You will likely not understand all of the words that you hear, but you should relax because you are capable of understanding more than enough to be able to respond to the questions without difficulty. Please be sure to read the questions that you will have to answer before viewing each video segment.

Paso 1. Introducción. Read the questions, skim through the possible answers, and then view the video in order to determine the correct response or responses.

1. ¿Qué tamaño tiene Puerto Rico?
   Es más grande que Rhode Island.
   Es aproximadamente como Rhode Island.
   Es más pequeño que Rhode Island.

2. ¿Cuántas personas viven en Puerto Rico?
   aproximadamente 400.000
   aproximadamente 4.000.000
   aproximadamente 40.000.000

3. ¿Qué tiempo hace en Puerto Rico?
   Hace sol y calor durante el verano solamente.
   Hace sol y calor durante primavera y verano solamente.
   Hace sol y calor durante primavera, verano y otoño solamente.
   Hace sol y calor durante primavera, verano, otoño e invierno.

4. ¿Qué culturas influyen en la cultura puertorriqueña?
   la taína
   la francesa
   la africana
   la española
   la norteamericana

Paso 2. Historia breve de la isla. Read the questions, skim through the possible answers, and then view the video in order to determine the correct response.

5. ¿Cómo se llamaban las comunidades de los indígenas taínos? _____   a. Cristóbal Colón

6. ¿Cómo se llamaban las casas de los indígenas taínos? _____   b. Caneyes

7. ¿Cómo se llamaban los líderes o los jefes de los taínos? _____   c. Juan Ponce de León

8. ¿Dónde vivían los gobernadores de los taínos? _____   d. Bateyes

9. ¿Dónde celebraban los taínos ceremonías oficiales importantes? _____   e. Yucayeques

10. ¿Quién descubrió Puerto Rico? _____   f. Caciques

11. ¿Quién empezó a colonizar Puerto Rico? _____   g. dos

12. ¿Cuántas lenguas oficiales tiene Puerto Rico? _____   h. uno

13. ¿Cuántos países hispanohablantes tienen el inglés como lengua oficial? _____   i. bohíos

Paso 3. La capital: San Juan. Read the questions, skim through the possible answers, and then view the video in order to determine the correct response or responses.

14. ¿Qué podemos encontrar en el viejo San Juan?
    museos
    edificios modernos
    monumentos
    plazas
    tiendas

15. ¿Quién vive en la Fortaleza?
    el presidente
    el gobernador
    el alcalde
    el senador

16. ¿Dónde está el Fuerte San Felipe el Morro?
    el viejo San Juan
    la parte moderna de San Juan

17. ¿Dónde hay casinos y discotecas?
    el viejo San Juan
    la parte moderna de San Juan

Paso 4. El observatorio de Arecibo. Read the questions, skim through the possible answers, and then view the video in order to determine the correct response or responses.

18. ¿Cuándo establecieron el observatorio en Puerto Rico?
    1966
    1973
    1976
    1963

19. ¿Qué diámetro (*diameter*) tiene el radiotelescopio?
    35 metros
    305 metros
    350 metros
    3005 metros
    3500 metros

20. ¿Qué pueden estudiar los científicos con este telescopio?
    las montañas del noroeste del país
    la atmósfera de la Tierra
    fenómenos celestiales
    emisiones de radio de otras galaxias

Nombre: _____   Fecha: _____

11-49 Vistas culturales: República Dominicana. View
the video segments in order to complete each part of the activity.
You will likely not understand all of the words that you hear, but you
should relax because you are capable of understanding more than
enough to be able to respond to the questions without difficulty.
Please be sure to read the questions that you will have to answer
before viewing each video segment.

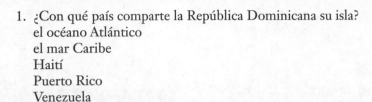

Paso 1. Introducción. Read the questions, skim through the possible
answers, and then view the video in order to determine the correct
response.

1. ¿Con qué país comparte la República Dominicana su isla?
   el océano Atlántico
   el mar Caribe
   Haití
   Puerto Rico
   Venezuela

2. ¿Cuántas personas viven en la República
   Dominicana?
   aproximadamente 800.000
   aproximadamente 8.000.000
   aproximadamente 80.000.000
   aproximadamente 800.000.000

3. ¿Cuántas personas viven en la ciudad de Santo
   Domingo?
   aproximadamente 200.000
   aproximadamente 2.000.000
   aproximadamente 20.000.000
   aproximadamente 200.000.000

Paso 2. El clima y el paisaje. Read the questions, skim through the possible answers, and then view the video
in order to determine the correct response or responses.

4. ¿Cómo es el tiempo en la República Dominicana?
   Hace sol y calor durante el verano solamente.
   Hace sol y calor durante la primavera y el verano
     solamente.
   Hace sol y calor durante la primavera, el verano y
     el otoño solamente.
   Hace sol y calor durante la primavera, el verano, el
     otoño y el invierno.

5. ¿Cuándo es posible que llueva mucho en la
   República Dominicana?
   diciembre y enero
   mayo
   junio a noviembre

6. ¿Cuándo es la época de huracanes en la República
   Dominicana?
   diciembre y enero
   mayo
   junio a noviembre

7. ¿Qué deportes podemos practicar en la playa
   Cabarete?
   windsurf
   kitesurf
   rafting
   rappel
   parapente

Paso 3. La comida. Read the questions, skim through the possible answers, and then view the video in order to determine the correct response or responses.

8. ¿Cuáles son algunas comidas muy importantes en la cocina dominicana?
arroz
pasta
pollo
carne
plátanos

9. ¿Cómo se llama una sopa típica dominicana que tiene carne?
Samaná
sancocho
salsa criolla

10. ¿Cómo se llama el lugar del país donde mucha gente come pescado y arroz con coco (*coconut*)?
Samaná
sancocho
salsa criolla

11. ¿Con qué sirven muchos dominicanos los mariscos a la parrilla?
Samaná
sancocho
salsa criolla

Paso 4. Las fiestas y las celebraciones. Read the questions, skim through the possible answers, and then view the video in order to determine the correct response or responses.

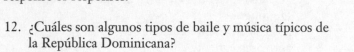

12. ¿Cuáles son algunos tipos de baile y música típicos de la República Dominicana?
cibao
merengue
altagracia
bachata
carnaval

13. ¿Cuál es un tipo de música que muchas veces incluye instrumentos como la guitarra y el acordeón?
cibao
merengue
altagracia
bachata
carnaval

14. ¿Cómo se llama la patrona del país?
la Virgen de la Altagracia
la Virgen de las Mercedes
la Virgen de la Vega
la Virgen de Cibao

15. ¿Qué celebran los dominicanos en febrero?
Cibao
Merengue
Altagracia
Bachata
Carnaval

16. ¿Dónde está la ciudad de La Vega?
Cibao
Merengue
Altagracia
Bachata
Carnaval

Más cultura

11-50 Hablar por teléfono. Read the following information about customs and etiquette related to talking on the phone in Spanish-speaking places, and then answer the questions below using complete sentences.

- De la misma manera que la gente que habla inglés tiene diferentes costumbres relacionadas con la comunicación telefónica, por el mundo hispanohablante hay también varias normas relacionadas con esa parte de la vida cotidiana (*everyday*).

- La forma más común de empezar una conversación telefónica es saludar a la persona que está llamando. Por eso, en muchos lugares del mundo hispanohablante, cuando las personas contestan el teléfono, es típico decir "Buenos días" o "Buenas tardes" (dependiendo de la hora del día) tanto en contextos formales como en situaciones informales, y "Hola", "Aló" o "Buenas" en contextos informales.

- Sin embargo, también existen otras fórmulas que la gente usa para comenzar esas conversaciones. Por ejemplo, en España y en otros lugares, mucha gente dice "Diga", "Dígame" o simplemente "Sí" cuando recibe una llamada. En México es muy común contestar el teléfono diciendo "¿Bueno?", y algunos cubanos dicen "Oigo".

- También hay diferentes maneras de responder a la persona que, al contestar el teléfono, inicia la conversación contigo. Lo más común es devolver el saludo de la otra persona y también identificarse. Si la persona con la que quieres hablar es la misma persona que contesta el teléfono, puedes decir algo como "Hola María, soy Kate. ¿Cómo estás?" Si otra persona que conoces contesta el teléfono, puedes decir algo como, "Buenas tardes, Señor Arce. ¿Cómo está? Soy Kate Smith, la amiga de su hija María". Si no conoces a la persona que contesta el teléfono, puedes decir, "Buenas tardes, soy Kate Smith. Soy una amiga de María. Llamaba porque quería hablar con ella. ¿Está en casa en este momento?" La manera más abreviada (y menos educada) de responder a la persona que contesta el teléfono es simplemente decir, "Hola, ¿está María?"

- Cuando la persona que contesta el teléfono no es la persona con la que quieres hablar, hay diferentes formas que esa persona puede usar para responder a lo que tú dices. Por ejemplo, en el caso del Señor Arce, es posible que responda siguiendo con la conversación, diciendo algo como, "Ah, hola Kate, estoy muy bien gracias, ¿y tú?", antes de decirte algo como, "Bueno, supongo que quieres hablar con María; aquí está. Hasta luego". En el tercer caso mencionado anteriormente (*above*), en el que no conocías a la persona que había contestado (*had answered*) el teléfono, esa persona puede decir algo como, "Sí, está aquí; ahora se pone" (o simplemente "Ahora se pone") y entonces vas a poder hablar con tu amiga. También puede decir, "Lo siento, pero no está. ¿Quieres dejarle algún recado?" y así te da la oportunidad de dejarle un mensaje a tu amiga.

1. ¿Cómo contestas el teléfono cuando estás en la casa de tu familia? Si no vives con tu familia durante el año académico, ¿cómo lo contestas cuando estás en la universidad?

_____

_____

2. ¿Contestan el teléfono todos tus amigos de la misma manera que tú? Si hay diferencias, ¿cuáles son?

_____

_____

3. Imagínate que trabajas en una oficina en un ambiente formal y profesional. ¿Cómo es preferible que contestes el teléfono?

_____

_____

4. Si estás en una situación formal en un lugar hispanohablante, ¿cómo es preferible que contestes el teléfono?

_____

_____

5. Si estás en una situación informal en un lugar hispanohablante, ¿cómo piensas que vas a contestar el teléfono? ¿Por qué?

_____

_____

6. ¿Qué fórmulas para contestar el teléfono es dudoso que tengas la oportunidad de usar? ¿Por qué?

_____

_____

7. En las conversaciones telefónicas, ¿cuándo es preferible que uses la forma **usted** y cuándo es bueno que uses la forma **tú**? ¿Por qué?

_____

_____

8. Al comienzo de las conversaciones telefónicas, ¿cuándo es necesario que uses el verbo **ser** y cuándo es importante que uses el verbo **estar**? ¿Por qué?

_____

_____

11-51 Heritage Language: *tu mundo hispano*.

Paso 1. El mundo laboral y las palabras que usamos. Read the following text about workforce and gender trends and how they affect the language that we use. Then answer the questions below.

- Como en muchas partes del mundo, en muchos lugares hispanohablantes hoy en día las mujeres participan directamente en la vida económica y política de los países cada vez más, trabajando fuera de casa como profesionales de diferentes campos que antes se asociaban casi exclusivamente con los hombres.

- La asociación de muchas profesiones y cargos con los hombres se ve reflejada en los significados originales de palabras como "médica", "jefa" y "presidenta". Originalmente, cuando una persona se refería a "la médica", no estaba hablando de una persona que trabajaba en el hospital o la clínica del pueblo, sino que hablaban de la esposa del médico del pueblo. Cuando la gente hacía referencia a "la jefa", hablaba de la esposa del jefe. Y cuando hablaba de "la presidenta", se refería a la esposa del presidente. También son los casos de los títulos de doctora, capitana y alcaldesa, entre otros.

- Con los cambios en la sociedad y la integración de la mujer en diferentes profesiones y cargos políticos, los significados principales que ahora tienen todas esas palabras han llegado a (*have come to*) sustituir esos significados originales. En algunos casos el significado original ha desaparecido (*has disappeared*) totalmente, y en otros ahora solamente se acepta como un significado secundario o coloquial.

- Como ya saben, hay muchos títulos y profesiones que hoy en día tienen una versión masculina y otra versión femenina, como por ejemplo: senador y senadora, ejecutivo y ejecutiva. Hay otros que, en cambio, tienen una versión femenina que es optativa; es decir, podemos usar la forma masculina para hablar de los dos sexos o podemos usar esa forma para los hombres y otra para las mujeres. Algunos ejemplos son: arquitecto/a, médico/a, abogado/a y gerente/a. Según la Real Academia de la Lengua Española, es aceptable decir que "María es médico" y también puedes decir que "María es médica". Algunas personas prefieren simplificar su forma de expresión, usando una forma para todas las personas, y otras personas prefieren distinguir entre los dos sexos mediante las dos formas diferentes. Muchas veces esas preferencias tienen una relación muy fuerte con las ideas políticas y sociales de la gente.

- Otros títulos y profesiones resultan menos problemáticos porque su forma es más fácilmente considerada neutra. Algunos ejemplos son: economista, policía, congresista, especialista, ecologista y electricista.

1. ¿Cuáles son las profesiones que se asocian más con los hombres y cuáles son las que se asocian más con las mujeres en los Estados Unidos? ¿Por qué piensas que existen esas asociaciones?

_____

_____

2. ¿Hay muchas mujeres ocupando cargos políticos importantes en los Estados Unidos hoy en día? ¿Cuáles son algunas mujeres importantes en la política estadounidense? ¿Qué cargos políticos ocupan?

_____

_____

3. ¿Cuál es el significado original de la palabra "alcaldesa"? ¿Cuál es su significado ahora?

_____

_____

4. ¿Cuáles son algunos títulos o profesiones que tienen una versión masculina y otra femenina en español? ¿Cuáles son algunos que tienen solamente una versión?

_____

_____

5. ¿Cuáles son algunos títulos o profesiones que tienen una versión masculina y otra femenina en inglés? ¿Cuáles son algunos que tienen solamente una versión?

_____

_____

Paso 2. Interview at least three relatives, friends, or fellow students of Spanish-speaking heritage, representing at least two different countries of origin.

- Ask them about women in politics and the general workforce in their families' countries of origin.

- Find out in what professions women have the greatest presence and also whether or not women hold important political offices (and, if so, which ones).

- Ask the people about which of the terms to describe women in different professions their families and friends use most frequently.

- Finally, find out also if the titles that in some countries people used to use in order to refer to the wives of professional men (the second bullet point above) is or ever was common in their families' cultures or countries of origin.

Comparatively describe the results of your own research with the information you learned in **Paso 1**.

Ambiciones siniestras

Episodio 11

Lectura: *Celia* (Textbook p. 444)

11-52 Las falsas apariencias y la verdad. After reading the episode, indicate if the following statements are **Cierto** or **Falso**.

1. Es evidente que Lupe tiene más de veinte años.	Cierto	Falso
2. Al principio del episodio es obvio que Marisol no confía en Lupe.	Cierto	Falso
3. Celia empezó a trabajar en el FBI porque quería trabajar con su novio.	Cierto	Falso
4. Celia ha sido (*has been*) una agente del FBI durante casi una década.	Cierto	Falso
5. Es evidente que Eduardo y Alejandra necesitan la ayuda de Celia.	Cierto	Falso

Video: *El desenlace* (Textbook p. 446)

11-53 ¿Qué van a encontrar? Based on the following video stills from the final episode, describe what you think is going to occur in the conclusion of the video.

11-54 ¿Quién hizo qué? Now watch the episode and for each statement below, write the name of the person who did it.

1. Llamó al FBI. _____

2. Recibió protección del FBI. _____

3. Reconoció a Lupe. _____

4. Entró en la organización del Señor Verdugo. _____

5. Puso una cámara para obtener pruebas (*proof*). _____

6. Le daba información al FBI. _____

7. Ofrece una recompensa (*reward*) por la captura del Señor Verdugo. _____

Comunidades

11-55 Experiential Learning: El medio ambiente. Contact faculty and students in your campus' environmental science, marine biology, or botany programs, or in other similar fields of study. Explain that you would like to know of resources that will help you find basic information about ecosystems, flora and fauna, and other environmental attributes.

The class will be split into a minimum of three different groups of students. One could study Cuba and the short- and long-term environmental effects of sugar cane harvesting. Another group could examine the importance of the fishing industry in the Dominican Republic and determine if larger environmental issues such as El Niño have positively or negatively influenced coastal areas that thrive on profits obtained through the fishing industry. A third group could investigate El Yunque, a rainforest covering a significant percentage of arable land in Puerto Rico. This group could focus on the tremendous variety of flora and fauna there and discuss what air and water pollution have done to harm the integrity of this valued environmental and tourism resource. Make sure to include information on the Puerto Rican frog, "el coquí," its very unique history and the fascinating sound it makes. There are sound clips available on the Internet.

Each group will present its findings in Spanish via podcast to the rest of the class. Once all of the groups have presented, the groups can pull together the combined information and produce a list of similarities and differences. As a class, you may also invent suggestions for making improvements to the environmental situations in Cuba, the Dominican Republic, and Puerto Rico, where needed.

11-57 Service Learning: En tu comunidad. Consult the staff members at a local science museum or Office of Parks and Recreation to see how you can help them serve Spanish-speaking visitors. Your class will work on very basic signs done in Spanish. This could range from something as simple as a few words to be translated for a local park or public swimming pool, to producing a brochure for the Spanish-speaking public that might frequent those locations. Be sure that the organizations know that your professor will have the final word on the translated document before it is returned to them. You and your classmates could also volunteer to assist rangers or directors when offering tours of certain areas to Hispanic children who are visiting or who have recently arrived to the United States.

12 Y por fin, ¡lo sé!

Capítulo 7 (Textbook p. 453)

12-01 Los alimentos y los restaurantes. Complete the crossword puzzle with the correct words related to food and restaurants.

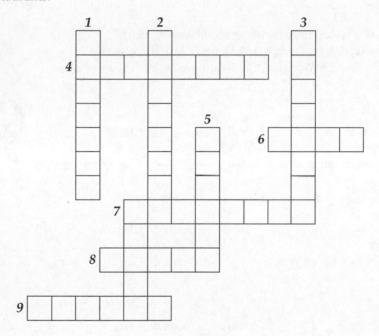

Vertical

1. comida que viene del mar; por ejemplo, el atún

2. hombre que trabaja en un restaurante atendiendo a los clientes y sirviéndoles la comida

3. instrumento que usamos para cortar la comida

5. adjetivo que describe una comida preparada en el horno durante un período de tiempo

7. parte de los músculos del cuerpo de los animales que los humanos comen

Horizontal

4. plato común en muchos países que normalmente tiene lechuga, tomate y otras verduras

6. bebida alcohólica que se hace con uvas

7. hombre que trabaja en un restaurante preparando las comidas

8. adjetivo que describe una comida preparada sin cocinar

9. trozo (*piece*) de carne, normalmente de vaca y típicamente preparado a la parrilla

12-02 ¿Qué hicieron antes? Read the following fragments about a dinner party that Ana and Pablo had the other night. Then connect each fragment to its most appropriate pair in order to form complete sentences.

1. Antes de poner la mesa, _____

2. Antes de meter el pescado en el horno, _____

3. Antes de preparar la ensalada, _____

4. Antes de servir el vino, _____

5. Antes de cortar la torta, _____

6. Antes de irse a dormir, _____

a. lavaron la lechuga y el tomate.

b. la sacaron del refrigerador.

c. la cubrieron (*covered*) con un mantel.

d. limpiaron la cocina.

e. calentaron (*heated up*) el horno.

f. abrimos la botella.

12-03 ¿Quién? Clara is speaking to her sister about herself, her friends, her sister, and her sister's friends. Listen to her statements. Then, indicate which person did, is doing or is going to do the action mentioned in each statement.

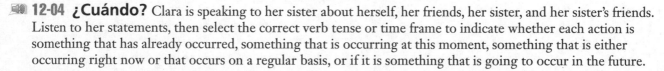

1. …
   a. Clara
   b. La hermana de Clara
   c. Clara y sus amigas
   d. La hermana de Clara y sus amigas

2. …
   a. Clara
   b. La hermana de Clara
   c. Clara y sus amigas
   d. La hermana de Clara y sus amigas

3. …
   a. Clara
   b. La hermana de Clara
   c. Clara y sus amigas
   d. La hermana de Clara y sus amigas

4. …
   a. Clara
   b. La hermana de Clara
   c. Clara y sus amigas
   d. La hermana de Clara y sus amigas

5. …
   a. Clara
   b. La hermana de Clara
   c. Clara y sus amigas
   d. La hermana de Clara y sus amigas

6. …
   a. Clara
   b. La hermana de Clara
   c. Clara y sus amigas
   d. La hermana de Clara y sus amigas

12-04 ¿Cuándo? Clara is speaking to her sister about herself, her friends, her sister, and her sister's friends. Listen to her statements, then select the correct verb tense or time frame to indicate whether each action is something that has already occurred, something that is occurring at this moment, something that is either occurring right now or that occurs on a regular basis, or if it is something that is going to occur in the future.

1. pasado	presente progresivo	presente	futuro
2. pasado	presente progresivo	presente	futuro
3. pasado	presente progresivo	presente	futuro
4. pasado	presente progresivo	presente	futuro
5. pasado	presente progresivo	presente	futuro
6. pasado	presente progresivo	presente	futuro

12-05 Una cena romántica.

Sara had such a fabulous time with her date last night that now she is having difficulty even thinking straight. Read her statements about their romantic dinner and place them in the most logical order by filling in the blanks with letters a-f.

1. _____   a. Cené ensalada con mariscos, y de postre comí una torta de chocolate.

2. _____   b. Después de la cena, vimos una película muy divertida.

3. _____   c. Me llevó a casa y antes de irse, me besó.

4. _____   d. Vino a mi casa en su coche a las seis y media de la tarde.

5. _____   e. Entonces salimos del cine y dimos un paseo por el centro de la ciudad hasta la medianoche.

6. _____   f. Llegamos al restaurante a las siete.

12-06 Una fiesta.

Aitor and his friends had a great party the other night. Complete the description about what happened using the correct preterit forms of the correct verbs.

| mandar | ser | venir | empezar | decidir |

Hace dos semanas, mis amigos y yo (1) _____ celebrar el final del año

académico con una gran fiesta. Yo (2) _____ las invitaciones por correo

electrónico y al final muchas personas (3) _____ a la fiesta. La fiesta

(4) _____ en la casa donde viven nuestros amigos Carlos y Felipe, porque es la

más grande y también porque tiene un jardín con piscina. La fiesta (5) _____ a las

tres de la tarde.

| tomar | bailar | jugar | nadar | preparar |

Durante la primera hora de la fiesta nosotros (6) _____ cerveza y

(7) _____ al fútbol. Después Carlos (8) _____ una

parrillada fabulosa. Después de cenar, yo (9) _____ por un rato con mi novia y

después todos nosotros (10) _____ en la piscina.

12-07 ¿Lo comió o no? Listen to each person's comments about his or her dietary preferences and restrictions. Then, based on that knowledge, answer the following questions about what he/she most likely did or did not eat or drink using complete sentences and the correct direct object pronouns. Be sure to follow the model exactly.

MODELO   You hear: Vivo cerca de la playa y en mi pueblo hay muchos pescadores. ¡Nosotros tenemos el pescado más fresco del mundo —me encanta! Estuve en un restaurante ayer con mis amigos y nos ofrecieron bistec o atún.

You see: ¿Comió el atún?

You write: *Sí, lo comió.*

or

You see: ¿Comió el bistec?

You write: *No, no lo comió.*

1. ¿Pidió los huevos?

_____.

2. ¿Tomó el café?

_____.

3. ¿Pudo aceptar el trozo de pastel?

_____.

4. ¿Comió el bistec?

_____.

5. ¿Bebieron las cervezas sin alcohol?

_____.

6. ¿Comió las galletas?

_____.

Nombre: _____   Fecha: _____

Capítulo 8 (Textbook p. 455)

12-08 La ropa y las tiendas. In each group of words, select the one word that does not belong.

1. camisa	camiseta	blusa	zapato
2. conjunto	claro	vestido	traje
3. zapatillas	rayas	lunares	cuadros
4. cuero	algodón	lana	estrecha
5. impermeable	abrigo	calcetín	chaqueta
6. sudadera	ancha	camiseta	pantalones cortos

12-09 Un regalo de cumpleaños. Rita planned a special 21st birthday celebration for her best friend. Complete her description of what happened using the correct indirect object pronouns.

Primero salimos al restaurante favorito de Carolina para cenar, pero ella no

tenía su pasaporte —solamente tenía su tarjeta de identidad de la universidad,

y por eso el camarero no (1) _____ sirvió cerveza. A mí eso no

(2) _____ gustó porque era un cumpleaños muy especial para ella,

pero no nos preocupamos porque no era tan importante. Después de cenar,

fuimos a la casa de otra amiga porque ella (3) _____ había invitado

(*had invited*) a nosotras a una fiesta. Muchos de los amigos de Carolina estaban

en la fiesta y muchos de ellos (4) _____ dieron regalos; ella empezó a abrirlos inmediatamente. A ella

(5) _____ gustaron todos los regalos, especialmente uno —una blusa roja que yo (6) _____

regalé. Ella no sabía que era mi regalo y en privado (7) _____ dijo "Esta es la blusa más bonita

del mundo". Su comentario (8) _____ hizo sentir muy bien y (9) _____ dije que estaba

muy contenta porque era mi regalo. Entonces dijo que estaba muy agradecida y que ella pensaba que la blusa

(10) _____ iba a quedar muy bien.

12-10 Una boda. Natalia is with her sister Sofía and they are both getting ready for Sofía's wedding. The bride is nervous and wants to know if everything is in order. Match each of the questions that she asks to its most appropriate answer.

1. ¿Nos trajeron las flores? _____

2. ¿Me planchaste (*ironed*) el traje? _____

3. ¿Te cambiaste como llevabas el pelo recientemente? _____

4. ¿Te plancharon el vestido ayer? _____

5. Llevas una venda, ¿te cortaste la mano? _____

6. ¿Me trajiste la aspirina que te pedí? _____

a. No, te lo planchó mamá.

b. Sí, me la corté ayer.

c. No, me lo plancharon esta mañana.

d. Sí, te la di hace una hora.

e. Sí, nos las trajeron esta mañana.

f. Sí, me lo corté hace dos semanas.

12-11 Consejos. Sofía has been through the experience of planning a wedding and, as a result, she has plenty of advice for her younger sister. Complete the conversation between the two women with the correct direct and indirect object pronouns.

SOFÍA: Para tu boda, tienes que aprovechar todo lo que aprendí durante el proceso de preparación. Por ejemplo, compra tu traje de novia en la misma tienda donde compré mi traje. (1) _____ (2) _____ recomiendo porque tienen trajes muy bonitos y precios muy razonables.

NATALIA: Eso es muy bueno. ¿Qué más piensas que debo hacer?

SOFÍA: No compres zapatos nuevos porque la mayoría de los zapatos formales para las bodas son muy incómodos y los míos fueron muy cómodos. Para tu boda (3) _____ (4) _____ voy a dar.

NATALIA: ¡Gracias! Sabes que también me gustaron mucho las joyas (*jewelry*) que te pusiste para la ceremonia. ¿(5) _____ (6) _____ prestas para mi boda?

SOFÍA: No son mías, Natalia, son de nuestra prima Rosario. (7) _____ (8) _____ tienes que pedir a ella, pero estoy segura de que te va a decir que sí. Otra cosa importante que tienes que recordar es la música. Creo que nuestra banda de música hizo un trabajo excelente. (9) _____ (10) _____ recomiendo también.

NATALIA: De acuerdo. Pero antes de seguir con todos estos planes, creo que es necesario que encuentre novio, ¿no?

SOFÍA: Supongo que sí...

12-12 Aquellos años felices. Eduardo is reminiscing about life when he was younger. Complete the description of his childhood with the correct imperfect forms of the correct verbs.

divertirse	ser	quedarse	ir	pasar	llover

Cuando yo (1) _____ pequeño, recuerdo

que siempre (2) _____ mucho en los

veranos. Mis hermanos, mis amigos y yo (3) _____ mucho tiempo fuera,

corriendo y jugando todo el día. A veces todos nosotros (4) _____ a la

piscina para nadar y jugar en el agua. Otras veces, por ejemplo durante los días de mal tiempo como cuando

(5) _____, pues (6) _____ en casa jugando nuestros

juegos favoritos.

querer	preparar	ir	ayudar	trabajar	hacer

Mi madre siempre (7) _____ mucha comida muy buena y todos mis

amigos (8) _____ cenar con nosotros. Todos los sábados mis padres

(9) _____ en el jardín y nosotros les (10) _____.

Por las tardes, casi siempre nosotros (11) _____ barbacoas. Los domingos muchas

veces (12) _____ al monte para andar y disfrutar de la naturaleza.

12-13 Tus intereses. Answer the following questions about yourself and your friends, using the verbs in parentheses and at least three complete sentences per question.

1. ¿Cuáles son tus comidas favoritas y cuáles son las de tus amigos? (gustar, encantar, fascinar)

_____

_____

_____

_____

2. ¿Cuáles son tus actividades favoritas y cuáles son las de tus amigos? (gustar, encantar, fascinar)

_____

_____

_____

_____

3. ¿Cuáles son tus clases más interesantes y cuáles son las más aburridas? ¿Cuáles son las clases favoritas de tus amigos? (interesar, aburrir, gustar, no gustar)

_____

_____

_____

_____

4. ¿Cuáles son los problemas en el mundo que son más importantes y preocupantes para ti y tus amigos? (importar, preocupar, interesar)

_____

_____

_____

_____

12-14 Heritage Language: *tu español*. Due to the extremely close similarity of the words **hacía** (the **yo** and **él, ella, usted** forms of the verb **hacer** in the imperfect tense) and **hacia** (an adverb meaning "toward" as in "going toward a place," or "around" when discussing an approximate time as in "around five o'clock"), it can be challenging to remember when to use the written accent and when to not use it. Listen to each statement and use the context to determine which word the speaker is using.

1. hacia   hacía

2. hacia   hacía

3. hacia   hacía

4. hacia   hacía

5. hacia   hacía

Capítulo 9 (Textbook p. 459)

🔊 **12-15 En la consulta médica.** Martín and his brother Javier are both athletes who have suffered some minor injuries lately. Listen to their conversation with their doctor. Then, using the words from the word banks, complete the following sentences about how each person is feeling with the correct indirect object pronouns and the correct forms of the correct verbs.

~~encantar~~	molestar	importar	doler	hacer falta	preocupar	gustar

~~los deportes~~	las piernas	las heridas de sus hijos	el brazo
sus pacientes	la idea de no hacer deporte	descansar	

MODELO   A Martín y a Javier *les encantan los deportes.*

1. A Martín _____.

2. A Javier _____.

3. A Martín y a Javier _____.

4. A ellos no _____.

5. A los padres de Martín y Javier _____.

6. A la médica _____.

🔊 **12-16 Antes o ahora.** Listen to Roberto discuss how different his life is now in comparison to when he was younger. Then, for each item, select the moment in time to which it corresponds.

1. hacer mucho ejercicio   antes   ahora

2. estudiar mucho   antes   ahora

3. tener una dieta muy sana   antes   ahora

4. saber cocinar   antes   ahora

5. pasar tiempo con la familia   antes   ahora

6. ir al cine a menudo   antes   ahora

12-17 El cuerpo y la salud. In each group of words, select the one that does not belong.

1. pierna   brazo   cabeza   gripe

2. catarro   gripe   oído   tos

3. pastilla   cuello   venda   receta

4. pie   nariz   ojo   boca

5. náusea   fiebre   tos   cara

6. pierna   garganta   estómago   corazón

12-18 Un día de locura. Luis is having a very busy day at work in the hospital with constant interruptions and complications. Match each fragment about what was happening to its most appropriate conclusion in order to create logical sentences.

1. Mientras hablaba con una paciente embarazada

   (*pregnant*), _____

2. Mientras le ponía una venda a un hombre, _____

3. Mientras llevábamos a un paciente para una operación del

   corazón, _____

4. Mientras le examinaba el oído a un paciente, _____

5. Mientras hablaba con un enfermo sobre qué medicamento

   íbamos a usar para tratar su infección bacteriana, _____

6. Mientras tratábamos de buscar camas para todos los

   pacientes que estaban esperando, _____

a. su herida le empezó a sangrar mucho más.

b. me dijo que podía oír perfectamente; lo que le molestaba era el pie.

c. nos dijo que tenía alergia a algunos antibióticos.

d. empezó a tener el bebé.

e. llegaron varias ambulancias con diez pacientes más que también necesitaban un espacio dentro del hospital.

f. nos dijo que su problema no era con ese órgano; solamente le dolía el brazo.

12-19 La gripe. Paula feels terrible and has gone to the clinic to see a doctor. Complete the description of how her symptoms started and progressed throughout the day with the correct preterit or imperfect forms of the correct verbs. Remember that when narrating something in the past, we use the preterit for the main events and the imperfect for expository or descriptive details.

Eventos centrales				
llamar	despertarse	tomar	ver	decidir

Detalles descriptivos				
sentirse	tener	doler	molestar	estar

Cuando yo (1) _____ por la mañana el miércoles pasado, me

(2) _____ mucho la cabeza. (3) _____ una

aspirina para tratar de mejorar la situación. Después de dos horas, (4) _____

que la aspirina no había tenido (*had not had*) ningún efecto porque no (5) _____

mejor, sino que (6) _____ peor: (7) _____

un fuerte dolor de garganta y también me (8) _____ el estómago. Entonces

(9) _____ a mi madre por teléfono para pedirle consejo y después de hablar con

ella (10) _____ venir aquí para verlo a usted.

12-20 Una anécdota interesante. Think about something curious, interesting, out of the ordinary, or funny that has happened to you lately.

Paso 1. Make note of some general ideas about what occurred, when it happened, and who was there.

Acciones e interrupciones

1. ¿Qué hacías o qué hacían otras personas cuando de repente ocurrió otra cosa u ocurrieron otras cosas?

_____

_____

Eventos centrales: ¿Qué cosas ocurrieron? ¿Cuándo ocurrieron?

2. Primero, _____

3. Después, _____

4. Entonces, _____

5. Luego, _____

6. Finalmente, _____

Detalles descriptivos

7. ¿Qué hora era? _____

8. ¿Qué tiempo hacía? _____

9. ¿Cómo te sentías? _____

10. ¿Cómo se sentían las otras personas? _____

_____

11. ¿Qué otros detalles son importantes? _____

_____

Paso 2. Now organize your notes above into a coherent narrative about your experience.

_____

_____

_____

_____

_____

_____

_____

_____

_____

_____

_____

Paso 3. ¿Qué ocurrió? Without referring to your narrative, give an oral account of what happened.

🔊 **12-21 Heritage Language: *tu español*.** At times it is difficult to distinguish between words that require an accent and words that, although written with exactly the same letters and pronounced exactly the same way, do not require a written accent. You already know that **que** and **qué** have different meanings. Similarly, while **cuánto** is used in questions and exclamations, the word **cuanto** also exists in a variety of expressions. For example, **en cuanto** means "as soon as" and **cuanto antes** means "as soon as possible." Listen to each sentence in the conversation between the doctor and the patient, and then indicate which word is used.

1. que	qué		6. que	qué
2. cuanto	cuánto		7. que	qué
3. que	qué		8. que	qué
4. cuanto	cuánto		9. cuanto	cuánto
5. que	qué		10. cuanto	cuánto

Capítulo 10 (Textbook p. 461)

12-22 Crucigrama. Complete the crossword puzzle with the correct words related to transportation and travel.

1. aparato eléctrico de luces de tres colores que sirve para regular la circulación de vehículos y peatones por las calles

2. vehículo con cuatro llantas y un motor que sirve para el transporte de personas

3. grupo ordenado, normalmente en una línea, de personas que esperan su turno

4. personas que viajan

5. vehículo grande con entre cuatro y dieciocho llantas que sirve para el transporte de objetos y productos grandes

6. un permiso para manejar un vehículo

7. manejar un vehículo

8. parte de un vehículo que tiene la forma de un círculo y que está llena de aire

9. vehículo que sirve para viajar por el agua

10. ventana de un automóvil que está en la parte de delante del vehículo

12-23 Un accidente con el coche. Federico and his friend were in an accident the other day. Complete the description of what happened using the correct preterit or imperfect forms of the correct verbs. Remember that in narrations of stories or anecdotes in the past, the preterit is used for main events and the imperfect is used for expository or descriptive details.

> **Eventos centrales**
> tener   decidir   causar   explicar   cambiar   hablar

> **Detalles descriptivos**
> hacer   estar   ser   ir

Ayer mientras mi amiga y yo (1) _____ al trabajo,

(2) _____ un pequeño accidente. (3) _____

las ocho de la mañana y (4) _____ mucho sol. Nosotros

(5) _____ en nuestro carril (*lane*), conduciendo con cuidado, cuando de repente,

otro conductor (6) _____ de carril sin poner la señal y con ese movimiento ilegal

(7) _____ el accidente. Después de hablar con el otro conductor y ver que no

había heridos, los tres (8) _____ llamar a la policía. Al llegar el policía, primero yo

les (9) _____ a los agentes mi versión de los eventos y después mi amiga y el otro

conductor (10) _____ con ellos sobre sus perspectivas. Ahora todo está bien, pero

¡qué susto! No quiero tener más accidentes en toda mi vida.

12-24 ¿Qué hago? Your friends are all having minor crises and need your help. Listen to each of their situations, and choose the best advice for each person.

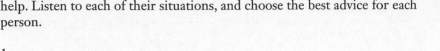

1. ...
   a. Abre las ventanas y ten mucho cuidado.
   b. Pon las luces, pero no pongas los limpiaparabrisas.
   c. Dobla a la derecha en la siguiente calle y sigue hasta el final.
   d. Estaciona el coche en un lugar seguro y espera.

2. ...
   a. Llama a una estación de servicio porque es necesario que la llenes.
   b. Dobla a la derecha en la siguiente calle y sigue hasta el final.
   c. Ve a una estación de servicio para comprar más.
   d. Usa tu teléfono móvil para llamar y pedir un taxi.

3. ...
   a. Llama a una estación de servicio porque es necesario que la llenes.
   b. Usa tu teléfono móvil para llamar y pedir un taxi.
   c. Ve a una estación de servicio para comprar más.
   d. No hables por teléfono mientras conduces; llámame luego.

4. ...
   a. Llama a una estación de servicio porque es necesario que la llenes.
   b. Usa tu teléfono móvil para llamar y pedir un taxi.
   c. Ve a una estación de servicio para comprar más.
   d. No hables por teléfono mientras conduces; llámame luego.

5. ...
   a. Abre las ventanas y ten mucho cuidado.
   b. Usa tu teléfono móvil para llamar y pedir un taxi.
   c. Dobla a la derecha en la siguiente calle y sigue hasta el final.
   d. Estaciona el coche en un lugar seguro y espera.

6. ...
   a. Abre las ventanas y ten mucho cuidado.
   b. Dobla a la derecha en la siguiente calle y sigue hasta el final.
   c. No hables por teléfono mientras conduces; llámame luego.
   d. Estaciona el coche en un lugar seguro y espera.

12-25 ¿Debe o no hacerlo? One of your friends has an important final exam first thing tomorrow morning and has been studying for it for weeks. You know that he is prepared for it, but he is nervous and needs some reassuring, sound advice about how to spend his afternoon and evening. Decide whether he should or should not do each of the things listed below. Then give your friend good advice by converting each phrase into affirmative or negative informal commands.

MODELO   tratar de leer todo el libro de texto otra vez en un día
No trates de leer todo el libro de texto otra vez en un día.

1. repasar los apuntes por la tarde

_____

2. hacer un poco de ejercicio para relajarse

_____

3. evitar las bebidas alcohólicas

_____.

4. acostarse muy tarde

_____.

5. poner el despertador antes de dormirse

_____.

6. desayunar antes de tomar el examen

_____.

12-26 Perdidos en una ciudad. You have been studying abroad all year and now know your way perfectly around the city where you have been living. Some tourists from another city in the country are on vacation and have just gotten very lost. They ask you for directions on how to get back to their hotel. Complete the directions using the correct formal command forms of the correct verbs. You are speaking to two people and, as a result, must use the plural command forms.

doblar	cruzar	caminar	doblar	andar

Primero (1) _____ por esta calle durante unos cinco minutos. Al llegar al final,

(2) _____ a la derecha. Después (3) _____ por esa

calle por otros diez minutos hasta llegar a una plaza. (4) _____ la plaza para llegar

a la Calle Mayor. (5) _____ a la izquierda en la Calle Mayor. Su hotel está a la

izquierda, a unos cinco minutos de la plaza.

12-27 Heritage Language: *tu español*. When speaking in formal register (the **usted** form), it can be difficult to remember to use that register throughout the entire conversation. Because many people generally use informal registers more often than formal ones, it is easy to fall into informal speech patterns. Listen to each question, and choose the appropriate response that uses the same register that you hear.

1. _____   a. Claro que sí. Tiene pescado, mariscos, arroz y verduras. Si le gustan esos ingredientes, le va a encantar.

2. _____   b. Por supuesto. Si te gusta la carne, pide esta parrillada. Si prefieres los mariscos, pide este.

3. _____   c. Por supuesto, es un placer. Siga por esta calle y al final doble a la derecha.

4. _____   d. Sí, claro. Cruza la calle, dobla a la izquierda y anda unos 500 metros.

Capítulo 11 (Textbook p. 464)

12-28 El medio ambiente. Important topics like the environment often bring out strong opinions and even emotions in some people. León is an ecological activist and he feels very strongly about protecting the environment. Choose the most logical and correct completion for each of his statements. More than one answer to each statement may be correct.

1. Es bueno que…
   a. tengan tanta contaminación.
   b. tienen tanta contaminación.
   c. usen energías renovables.
   d. usan energías renovables.

2. Es una lástima que…
   a. no evitan más la contaminación.
   b. no eviten más la contaminación.
   c. luchen contra la contaminación.
   d. luchan contra la contaminación.

3. Es malo que…
   a. usen la biomasa para crear electricidad.
   b. usan la biomasa para crear electricidad.
   c. ponen el aire acondicionado tan a menudo.
   d. pongan el aire acondicionado tan a menudo.

4. Ojalá que…
   a. podamos combatir el efecto invernadero.
   b. podemos combatir el efecto invernadero.
   c. podemos apoyar el efecto invernadero.
   d. podamos apoyar el efecto invernadero.

5. Es increíble que…
   a. tantas personas contaminan el aire con sus coches.
   b. tantas personas contaminen el aire con sus coches.
   c. tantas personas eviten reciclar.
   d. tantas personas evitan reciclar.

12-29 La contaminación en diferentes ciudades. Using the information from the chart, complete the following statements about how each city compares using the correct comparative and superlative expressions.

Ciudad	Vehículos motorizados privados por kilómetro de carretera	Emisiones anuales por hectárea urbana (Kg)	Emisiones anuales de CO per cápita (Kg)
América Latina			
México DF	354	20.909	152,61
Río de Janeiro	129	2.648	38,40
Bogotá	50	6.641	51,79
EE.UU.			
Nueva York	92	3.006	127,47
Los Ángeles	142	2.916	106,71
Houston	72	3.169	243,70
Atlanta	86		399,69
Europa Occidental			
Madrid	256	6.727	55,44
Barcelona	733	10.380	37,83
París	226	6.312	100,82
Berlín	241	3.500	45,57
Londres	174	6.087	73,00
Asia			
Tokio	84	1.483	10,65
Hong Kong	172	7.602	13,53
Singapur	132	7.171	45,87

1. Nueva York tiene _____ emisiones anuales de CO por persona

   _____ Tokio.

2. Madrid tiene _____ vehículos motorizados privados por kilómetro de

   carretera _____ Barcelona.

3. Los Ángeles tiene _____ emisiones anuales por hectárea urbana

   _____ Singapur.

4. Barcelona tiene casi (*almost*) _____ emisiones anuales de CO por persona

   _____ Río de Janeiro.

5. París tiene _____ emisiones anuales por hectárea urbana

   _____ Houston.

6. Hong Kong tiene casi _____ vehículos motorizados privados por kilómetro

   de carretera _____ Londres.

7. De todas las ciudades, Barcelona tiene el número _____ alto de vehículos

   motorizados privados por kilómetro de carretera.

8. De todas las ciudades, Tokio tiene los niveles (*levels*) _____ altos de emisiones

   anuales por hectárea urbana.

9. De todas las ciudades, Atlanta tiene los niveles _____ altos de emisiones

   anuales de CO por persona.

10. De todas las ciudades, México DF tiene los niveles _____ altos de emisiones

    anuales por hectárea urbana.

Nombre: _____ Fecha: _____

12-30 ¿Qué ocurre si no reciclo? We don't always stop to think about the consequences of our actions or inaction. Use the information in the chart to answer the questions about how long different types of waste actually last if they end up in a dump instead of a recycling center.

¿Cuánto dura la basura?	
Pedazo de papel	2–4 semanas
Tela de algodón	1–5 meses
Pedazos de madera	13 años
Lata de hojalata	100 años
Plástico	450 años
Botella de vidrio	más de 500 años

MODELO ¿Qué dura más, las botellas o las latas?
Las botellas duran más que las latas.

1. ¿Qué dura más, el plástico o el algodón?

_____.

2. ¿Qué dura menos, el algodón o la madera (*wood*)?

_____.

3. ¿Qué dura más, el papel o el algodón?

_____.

4. ¿Qué dura menos, el plástico o las botellas de vidrio?

_____.

5. ¿Qué dura más, la madera o las latas?

_____.

12-31 Conciencia ecológica. Your friends are impressed by all of your ecological awareness, and are interested in emulating some of your environmentally sound behaviors. Answer each of their questions using the correct **ustedes** command forms of the verbs. Based on whether or not the practices are good or bad for the environment, use either affirmative or negative forms of the commands. Be sure to follow the model exactly.

MODELOS   ¿Debemos botar las botellas a la basura?
No, no boten las botellas a la basura.
¿Debemos reciclar el cartón?
Sí, reciclen el cartón.

1. ¿Debemos poner el aire acondicionado cuando hace frío?

_____ el aire acondicionado cuando hace frío.

2. ¿Debemos contaminar el aire?

_____ el aire.

3. ¿Debemos poner vertederos en el océano?

_____ vertederos en el océano.

4. ¿Debemos luchar para proteger la naturaleza?

_____ para proteger la naturaleza.

5. ¿Debemos hacerle daño al medio ambiente?

_____ daño al medio ambiente.

6. ¿Debemos votar por el candidato que apoya el uso de energías renovables?

_____ por el candidato que apoya el uso de energías renovables.

7. ¿Debemos apoyar las compañías que evitan el uso de energías renovables?

_____ las compañías que evitan el uso de energías renovables.

12-32 Heritage Language: *tu mundo hispano*. Conduct research on renewable energy in the Spanish-speaking world.

Paso 1. First find at least two different cities or regions that obtain or are working to try to obtain part of their electricity from each of the following sources. Try also to discover approximately how many kilowatts are produced by these energy sources for the specific places that you find. Finally, find at least two different companies that are working with each of the renewable energies listed.

Energía eólica

1. Ciudades / regiones: _____

_____

2. Compañías: _____

_____

Energía fotovoltaica

3. Ciudades / regiones: _____

_____

4. Compañías: _____

_____

Energía de biomasa

5. Ciudades / regiones: _____

_____

6. Compañías: _____

_____

Energía de las olas

7. Ciudades / regiones: _____

_____

8. Compañías: _____

_____

Paso 2. Now conduct research about what sources the electricity in the area where you currently live comes from.

_____

_____

_____

Paso 3. Comparatively describe the sources of energy used in your area with those used in the regions that you discovered in your research during **Paso 1**.

Un poco de todo (Textbook p. 466)

12-33 Una guía para nuevos estudiantes. You are working as a
tour guide for students who will be new to your school next semester. Using the
expressions provided and the campus library as your main point of reference,
write a description of where the most important buildings are on your campus as
well as the most important, relevant or interesting things that the students can
do in each place.

al lado de	a la derecha de	a la izquierda de	entre	enfrente de
delante de	detrás de	dentro de	cerca de	lejos de

_____

_____

_____

_____

_____

_____

_____

_____

12-34 Cambios importantes.

Paso 1. Think about yourself now and think also about what your life was like at another, very different time. Reflect on how you have changed by answering the questions below, using complete sentences.

1. ¿Cuánto ejercicio haces ahora? ¿Cuánto ejercicio hacías antes?

_____

_____

_____

2. ¿Cuánto tiempo pasas estudiando ahora? ¿Cuánto tiempo pasabas estudiando antes?

_____

_____

_____

3. ¿Cómo es tu dieta ahora? ¿Cómo era tu dieta antes?

_____

_____

_____

4. ¿Cómo te diviertes ahora? ¿Cómo te divertías antes?

_____

_____

_____

5. ¿A qué hora te levantas normalmente ahora? ¿Por qué? ¿A qué hora te levantabas? ¿Por qué?

_____

_____

_____

6. ¿A qué hora te acuestas normalmente ahora? ¿Por qué? ¿A qué hora te acostabas? ¿Por qué?

_____

_____

_____

7. ¿En qué situaciones te sientes más feliz? ¿En qué situaciones te sentías más feliz?

_____

_____

_____

8. ¿En qué situaciones te pones nervioso/a? ¿En qué situaciones te ponías nervioso/a?

_____

_____

_____

Paso 2. Describe what you are like now and what your life was like before.

12-35 ¿Qué hizo Armando ayer? Armando had an important job interview yesterday. Complete the description of how he prepared for it using the correct preterit forms of the correct reflexive verbs.

| quedarse | ducharse | despertarse | secarse | levantarse |

Yo tenía que estar en el centro para ir a la entrevista a las nueve

de la mañana, por eso (1) _____ a

las seis y cuarto. Sin embargo, todavía tenía mucho sueño así que

(2) _____ en la cama por quince minutos

más y por fin (3) _____ a las seis y media. Fui

directamente al baño y primero (4) _____ y

después (5) _____ .

| arreglarse | cepillarse | quitarse | irse | ponerse |

Entonces (6) _____ la bata. A las siete fui a la cocina para preparar y tomar el

café y el desayuno. Después del desayuno, subí otra vez al baño y (7) _____

los dientes. Después volví a mi habitación y (8) _____ la bata

y (9) _____ . A las ocho mi novia llegó a mi casa y juntos

(10) _____ al centro.

12-36 Tu última experiencia divertida. Think about a recent experience in which you had a lot of fun (an afternoon with friends, a party, or a vacation).

Paso 1. In order to help prepare yourself to describe the experience, jog your memory and write down some general notes about when and where it happened, what you did, who you were with, and why it was so much fun.

_____

_____

_____

_____

_____

_____

_____

Paso 2. Now, you are chatting with a friend or a family member and you decide to tell them about this experience. In order to practice your spontaneous oral communication skills, describe what happened and why it was so much fun without consulting your notes from **Paso 1.**

12-37 ¿Qué es necesario que hagan? The new president of the university is looking for input from students about how she can better address their needs and concerns. Using the expressions below and the correct subjunctive form of the verbs, let the president know what you would like her to do and what you would like her not to do.

MODELO   ser necesario que / los semestres / ser más cortos
Es necesario que los semestres sean más cortos.
or
No es necesario que los semestres sean más cortos.

1. ser importante que / los cocineros / mejorar la comida en la cafetería

_____

2. ser necesario que / las residencias / tener cuartos más grandes

_____

3. ser preferible que / la universidad / construir un gimnasio más moderno

_____

4. ser necesario que / la universidad / abrir más estacionamientos para los estudiantes

_____

5. ser importante que / usted / dar fiestas para los estudiantes

_____

12-38 Tus objetivos. Think about your own objectives, responsibilities, and priorities once classes are over. Using the expressions below, write about your resolutions and your responsibilities as well as the things that you want to do, those that you will definitely do, those that you will likely do, and those that you will likely not do. Be careful: some of the expressions require the infinitive and some require the subjunctive.

Quiero…	Tengo que…	Voy a…	Es necesario que…
Es importante que…	Es preferible que…	Es posible que…	Es imposible que…
Es probable que…	Es improbable que…		

_____

_____

_____

_____

_____

_____

_____

_____

_____

_____

_____

_____

_____

_____

_____

_____

_____

12-39 ¿A qué país corresponde? Based on the information you have learned in your text, select the country to which each statement refers.

1. La influencia africana es evidente en esta cultura, sobre todo en la música salsa.
   a. Chile
   b. Colombia
   c. Cuba
   d. Costa Rica

2. Este es el único país en Suramérica que tiene dos costas.
   a. Chile
   b. Venezuela
   c. Uruguay
   d. Colombia

3. La capital de este país es la más alta del mundo.
   a. Colombia
   b. Bolivia
   c. Chile
   d. México

4. En este lugar está el bosque nacional más antiguo y más pequeño de América.
   a. Puerto Rico
   b. Perú
   c. Paraguay
   d. Panamá

5. Una de las lenguas oficiales de este país es el guaraní.
   a. Puerto Rico
   b. Perú
   c. Paraguay
   d. Panamá

6. La gente de este país considera a su país como "la Suiza de Suramérica".
   a. Argentina
   b. Bolivia
   c. Uruguay
   d. Venezuela

7. Las misteriosas líneas de Nazca están al sur de este país.
   a. Chile
   b. Argentina
   c. Venezuela
   d. Perú

8. El desierto más árido del mundo está aquí.
   a. Chile
   b. Argentina
   c. Ecuador
   d. Perú

9. Este país es miembro de la Organización de Países Exportadores de Petróleo (OPEP).
   a. Venezuela
   b. Honduras
   c. Ecuador
   d. Argentina

10. La capital de este país fue la primera ciudad fundada por los europeos en América.
    a. El Salvador
    b. Cuba
    c. La República Dominicana
    d. México

12-40 Un año en el extranjero.

Paso 1. You are applying for a prestigious scholarship to study abroad in a Spanish-speaking country. Part of your application requires that you write a proposal in Spanish. Think of the countries that most attract you and review what you learned about them. In preparation for writing your proposal, write a paragraph about your top three choices and why they interest you.

_____

_____

_____

_____

_____

_____

Paso 2. ¡Eres uno de los finalistas! Your proposal was so strong that you are now a finalist and might possibly receive the scholarship. The selection committee needs more information about each finalist's plans in order to make their decision. For this part of the selection process, you need to narrow your choice down to one. Write a paragraph about your past experiences studying Spanish (and any other areas that you consider relevant) and about what you plan to accomplish during your year abroad in the city and country that you have chosen. If there is a specific university or study abroad program that you are interested in, you should mention that as well. You may use the Internet to investigate specific study abroad programs in the country that you have selected.

_____

_____

_____

_____

_____

_____

Paso 3. ¡Tienes la beca! Congratulations! You just received word that you have won the scholarship! Now you are calling an important person in your life, perhaps your favorite Spanish instructor, in order to share the news and to tell him or her about where you are going to go and what you are going to do there. You should explain what you had to do in order to receive the scholarship and give as much detail about your plans for study and fun while you are away.

12-41 Tus propias ambiciones siniestras. The director of *Ambiciones siniestras* is not satisfied with the ending and, as a result, he has decided to set up a contest for people to submit alternate endings. View the final episode once again, and then write your own alternate ending for the video.

_____

_____

_____

_____

_____

_____

_____

Comunidades

12-42 **Experiential Learning:** *Programas de estudio por el mundo hispano.* Investigate study abroad programs in countries that you have found especially interesting and that you would enjoy visiting. Comparatively analyze the curricular offerings, lodging options, excursions, and other extras that each program provides in relation to the cost of each program. Decide which program best suits your interests and needs, and then explain why you find that program so attractive. What aspects of the program do you find most appealing? What does it offer students that the other programs you investigated do not offer?

12-43 **Service Learning:** *Tu comunidad.* Investigate the variety of places in your community where you can practice your Spanish while also helping those in the community of which you are an important part. In order to find the best fit for your talents, interests, and the causes that inspire you the most, contact your local city hall, hospitals, clinics, police department, and churches. Find at least one organization that you can help and which you would be excited to work with. Describe the organization, their mission, the people that they serve, and the ways that you can use your Spanish to help them help others.

Notas

Notas